インド・中国・日本

仏教通史

平川彰

春秋社

はしがき

本書は、インド・中国・日本の「仏教通史」と題したが、チベット・朝鮮の仏教にも簡単にふれ、仏教史の全体をカバーすることに意を用いた。しかしインド仏教については、別に『インド仏教史』を上梓したので、本書では簡略にあつかった。そのために日本仏教の叙述が、全体の半分にわたり、バランスを失った感じもするが、しかしこのような通史も何程か意義があろうと考えて公刊することにした。しかし仏教史を簡略にまとめることは容易なことではない。ことに私はインド仏教の一部分を専攻しているので、インド仏教史の全体についてすら十分の知識を持っているものではない。しかし仏教史の全体を鳥瞰的に述べる書物も必要であると考えて、本書をまとめた。したがって本書の叙述の大部分は、他の研究者の研究成果に基いたものである。本来ならば典拠の一つ一つを明示すべきであろうが、そのためには沢山のページ数を必要とするし、本書は研究書ではないために、それらの典拠は省略した。依用した諸学者の研究成果にたいしては、深く謝意を表する次第である。

しかし本書は仏教史の全体にわたって簡略に述べたために、説明の不十分な点や、言葉の不足の点も多いであろうし、或いは著者の理解の不足から、叙述の誤りの含まれていることも懸念される。それらの不備な点は今後心掛けて訂正することにつとめたい。

本書では、仏教の歴史的発展を述べるだけでなしに、教理の展開についてもなるべく触れるようにつとめた。しかし各宗の教理の全体を取上げることは、この小冊子においては不可能であったので、それぞれの宗派の、特徴ある教理を解説して、その一端を示すにとどめた。例えば、天台宗の教理では三諦円融については比較的詳しく述べたが、一念三千や五時八教の教理については、その名目を示すにとどめた。華厳宗の教理についても、事事無礙の教理については若干詳しく述べたが、十玄六相や五教十宗の教理については説明を省略した。日本仏教についても同様に、各宗の教理の一面を示すにとどめた。しかし日本仏教の理解に役立つと考えた教理は、若干詳しく述べた点もある。例えば最澄や空海の思想、観音・不動・地蔵・修験道など、平安時代に興った民衆信仰、浄土宗・真宗等の宗派の発展や徳川時代の教学の発展等は比較的詳しく示した。そのために教理の説明が偏った点もあるが、しかし全体について網羅的に簡単に示しても、読者の理解に役立たないと考えたからである。

思想史の叙述は、各時代ごとに思想の流れを流動的に述べるのが理想であろうが、仏教は学派や宗派に細かく分れて発展したために、全体を一つにまとめて述べることは困難である。そのために本書においては、各宗派ごとに教理や教団の発展を別々に叙述することになり、説明が小さく区切られてしまって、全体としての思想の流れを示すことは出来なかった。将来、中国仏教や日本仏教の研究が進歩して、各時代ごとに仏教の発展をまとめて叙述するような通史が現われることを期待するものである。

本書には多数の人名を挙げたが、その生没年の決定は容易なことではない。異説のある場合には、妥当と思われる年代を示したが、その場合、中国仏教では、陳援菴の『釈氏疑年録』一二巻の年代に拠った点が多く、日本仏教では、辻善之助『日本文化史年表』に拠った点が多い。しかしそのために日本仏教では、一般の仏教史家の依用する年代と年数の異なるものが多くなった。しかし辻善之助博士の年表は、日本史の諸文献を広く参照して年代を決定しているので、信頼しうると考えたからである。

多岐に発展した仏教史の全体を概説的にまとめることは容易でない。そしてまた、これまでに発表された仏教に関する多数の研究成果に、すべて通暁することも、ほとんど不可能である。そしてまた現段階では、仏教発展のすべての段階が明瞭になっているのでもない。そういう状況で「仏教通史」をまとめることは、無謀の誹りを受けるかも知れないが、これから仏教を研究せんとする初学者にとっては、発展した仏教の全体を頭に入れて、その上に立って自己の研究の足場を築くことが必要である。本書は不完全なものではあるが、つとめて平易に述べることに努力した。これから仏教研究に志す人に多少とも寄与するところがあれば、望外の幸いである。

おわりに、原稿の点検や校正等に協力を惜まれなかった春秋社の各位に感謝の意を表する次第である。

昭和五十二年三月一日

著者しるす

目次

第三章　中国仏教　62

第四章　朝鮮の仏教　159

インド・中国・日本

仏教通史

第一章 インド仏教

一　原始仏教

仏教の成立

仏教が成立したのは、釈尊が菩提樹の下で悟りをひらき、その悟りを人々に伝えたからである。釈尊は悟りによって、如来（Tathāgata, 真理に到達した人）となり、仏陀（Buddha, 覚った人）と仰がれ、一切智者になった。仏陀は三五歳で悟りを開いたが、その後、彼のもとに集まった弟子たちを指導しつつ、出家の弟子たちとともに中インドの各地を遍歴し、各地で在家の人々にも教えを説いた。そして遍歴のうちに四十五年を過ごし、八〇歳でクシナガラで没した。これは紀元前三八三年ごろ（別説では四八四年ごろ）のことである。

釈尊の死後、その遺骸はクシナガラのマッラー人たちが貰いうけ、鄭重に火葬により葬儀をなした。その遺骨は中インドの八つの部族に分配され、各地に塔（スツーパ stūpa）を建てて祀った。この仏塔は信者の手で経営され、年を経るにしたがって仏塔信仰が盛大となった。各地に壮麗な仏塔が建立されるようになり、仏塔礼拝から仏陀の救済を希う信仰が起る端緒となった。

つぎに、釈尊が四十五年間に説いた教えは、主として出家の弟子たちによって、仏陀の滅後これが集められ、後世に伝えられた。当時、すでに文字はあったが、聖典の伝持はもっぱら記憶にたよっていた時代である。ゆえに釈尊の説法も、それを聞いた人の記憶の中に保存せられていた。それゆえ弟子のことを声聞《しょうもん》（声を聞いた人）という。仏陀の滅後、弟子たちが相談し、中インドのマガダ国の首都ラージャグリハ（王舎城）に五百人の弟子が集まり、仏陀が四十五年間に説法した教法を蒐集することになった。すなわち各自が憶持していた教えを示し合い、教えの内容を確認しあったのである。これによって仏陀の教法が確定し、後世に伝わる基いができた。これが第一結集《けつじゅう》である。この会議は、大迦葉《かしょう》が主宰した。教法（dhamma, ダンマ）の結集には、記憶第一のアーナンダ（阿難）が中心となり、戒律（vinaya, ヴィナヤ）の結集には、律の研究第一といわれたウパーリ（優波離）が中心となった。

このように仏陀の教えは、入滅の直後から教法と戒律とに分かれて伝持された。その中、教法は、師から弟子へと口伝によって伝えられる間に、次第に整理され、形式が整えられて「経」（sūtra, スートラ）と呼ばれるようになった。スートラとは、「たて糸」の意味であり、教法を簡単な形に圧縮してまとめたものをいう。こうすれば、記憶に便利だからである。しかし次第にこれに説明の文句が付加され、「如是我聞」（このように私は聞いた）のごとき極まり文句も加えられ、長文の経典も作られた。かくして整備されたたくさんの経典を集大成したものが「経《きょう》蔵《ぞう》」（Sutta-piṭaka）である。これは四阿含《あごん》（Āgama）あるいは、五ニカーヤ（Nikāya）に分類されている。しかし古くは九分教に分類されていたらしい。つぎに戒律とは、弟子たちの修行規則を集めたものであるが、同時に仏教の出家教団の教団規則をも含める。仏教の教団をサンガ（saṃgha, 僧伽《そうぎゃ》、僧）という。この僧伽の規則や運営方法が整備されるにつれ、戒律の内容も増大した。この戒律を集めたものを「律蔵」と呼ぶ。大体、仏陀の滅後百年ごろまでに、経・律二蔵が成立したと見てよい。

仏滅後の仏教教団は、経蔵と律蔵とを伝持しつつ、戒律を守って修行し、教法を研究し、実習し、悟りを目ざして修行した。この結果、教法についての研究や解釈が発達し、長い間に多くの著作がつくられた。これらは弟子の著作であるから、経蔵には含まれず、独立に集められて「論蔵」となった。律の注釈も作られたが、これは数が少なく独立の「蔵」とはならず律蔵の中に組み入れられて伝持された。以上の経・律・論の「三蔵」でもって、仏教の文献がすべて含められる。後世に新しく大乗経典が述作されるようになると、事情が違ってくるが、しかし三蔵という用語は、その後も長く用いられた。この三蔵が紀元前一世紀のころから文字に写され、貝葉《ばいよう》（貝多羅葉、ターラの葉から作る）に書かれ、書物の形になってゆく。

原始仏教の教理

経・律二蔵に説かれる仏教を「原始仏教」と呼び、とくに経蔵に含まれる経典を阿含経（あごんとは伝承の意）という。これは弟子たちの記憶や理解を交えて編集されたものであるから、仏陀の説法そのままではない。しかし仏陀の思想を求めるとすれば、まずこの中に求めるべきであり、直接ではないにしても、われわれはこれによって仏陀の精神に触れることができる。

原始仏教の思想を一言に尽くすことはむつかしいが、その特徴は理性的・合理的性格がつよいということである。例えば「実に怨みは怨みによっては、止むことがない。怨みをすててこそ、はじめて止む。これ万古不易の法則である」という倫理的聖句においても、単に倫理的であることのほかに、現実の迷いを断ち切る理性的な洞察が含まれている。「眠れざる人には夜は長く、疲れた人には道は長く、正法を知らざる愚者には流転は長い」などという聖句においても同じことがいえる。倫理的行為が人間の生活を幸福にし、豊かにすることを洞察して、仏陀は人々に倫理をすすめた。すなわち殺さないで愛し合うことを教え、盗まないでかえって施すことを教え、妄語を語らないで真実を語る喜びを教えた。阿含経には、このほかにも多くの倫理的な規則が説かれているが、それらの教説は、単に倫理的であるのではなく、そこには合理性によって行きつくところ、この矛盾を含む現実そのものからの脱出の通路が示されている。

すなわち現実の生活がいかに楽しくとも、その底には本質的な矛盾があり、苦悩が横たわっている。仏陀はそれを洞察して「諸行無常」と「諸法無我」を説いた。無常とはすべては変化するという意味であるが、とくにこれは生老病死で示され、無我は「五蘊《ごうん》無我説」などによって詳しく述べられている。生老病死が避けられないことは何人にも明らかであるが、しかしそれに直面するまでは、人は深くこれを考えない。そして人間は不死を願い、常住を望み、すべてを自己の思いのままに動かそうとする。しかし現実は諸行無常である。ここに一切皆苦の生ずる理由がある。これらの教説は何人にも納得される基盤の上に立っている。

主体の欲望と現実の無常との矛盾より、苦悩や対立、争いなどが生ずる。それゆえその根拠を追求して、貪《むさぼ》り・瞋《いか》り、慢心等の煩悩《ぼんのう》を発見し、さらにそれらの奥に無明《むみょう》のひそむことを明らかにした。もし慢心がなければ、他人に負けても悲しみや悩みは起らないはずである。しかも慢心がなくとも発憤し努力することは可能である。してみれば、慢心のあることは自己を不幸にし、自己に何の益もないことは明らかである。しかし人はこれを捨てようと努力しないで、かえってこれになじんでいる。このように貪りや瞋り等の煩悩は、われわれの心を束縛し、正しい判断をくらますものである。心はつねに煩悩に支配せられ、それに動かされている。しかし人間はそのことに気がつかない。煩悩があるから人間の心は自由を得ないのである。それあるがゆえに、真理を見ることができないのである。そして種々の苦悩におちいっている。この煩悩の束縛を断ち切り、心が自由自在を得た所が解脱《げだつ》であり、無明を断じて、心が真理を達見し、真理と合一した所が涅槃《ねはん》である。ゆえに「涅槃寂静」といわれる。この束縛を脱した涅槃が、すがすがしい自由な状態であることは、何人にも想像されよう。これは久しき病いから解放された人のすがすがしさに比べられ、「無病は最上の利益にして、満足は最上の財産なり。信頼は最上の親族にして、涅槃は最上の安楽なり」などと表現されている。

この諸行無常・諸法無我・涅槃寂静を「三法印」と呼び、またこれに、一切皆苦を加えて「四法印」ともいう。これは原始仏教の基本的立場を示すものであるが、その後の発達仏教をも貫く中心的理念である。しかし実践的には、これは善をなして、自己の心を無限に浄化してゆくことに極まるから、「もろもろの悪をなさず、善を行ない、自己の心を浄める。これが諸仏の教えである」とも示される。涅槃を実現した世界は、煩悩に色づけられた迷いの世界とは、まったく異なっている。

この迷いと悟りの構造を、原因と結果の形で示したものが「四《し》諦《たい》」の教えである。四諦とは「四つの真理」の意味であり、詳しくは「四《し》聖諦《しょうたい》」という。苦諦・集《じっ》諦・滅諦・道諦である。

第一の苦諦とは、人間の生存は苦を本性としているという意味で、生・老・病・死の「四苦」、さらにこれに、愛する者と別れる苦、憎い者と出会う苦、欲するものを得られない苦、煩悩に色づけられた生存は苦である（五《ご》陰《おん》盛苦《じょうく》）の四苦を加えて「八苦」で示す。これらは、人間の生存に避けられないものであるから、苦の真理（苦諦）という。

第二の集諦は「原因の真理」の意味である。生存が苦となる原因を示す。それは渇愛（taṇhā）である。これは、欲望を満たしても満たしても、つねに不満足を感ずる根本的な欲望である。この根本的な不満足性が自己を不幸にする。渇愛は、愛欲にたいする欲望（欲愛）・生存にたいする欲望（有《う》愛）・生存の否定にたいする欲望（無有愛）の三つに区別して示されている。

第三の滅諦は「苦の滅の真理」であり、渇愛がすべて滅したとき入る「絶対の平安」をいう。この渇愛の滅を「涅《ね》槃《はん》」（ニルヴァーナ）という。ニルヴァーナとは「吹き消された状態」をいい、煩悩がすべて寂滅したときの安楽であるという（寂滅為楽）。

第四の道諦は、「道の真理」の意味であり渇愛の滅を実現する実践をいうが、同時に涅槃に住する生活をも指す。手段と目的とが、ここでは区別されない。道諦は「八聖道」（八正道）で示される。これは、人生の正しい見方（正見）、正しい思惟（正思惟）、正しい言葉（正語）、正しい行為（正業《しょうごう》）、正しい生活（正命《しょうみょう》）、正しい努力（正精《しょう》進《じん》）、正しい注意力（正念）、正しい精神の統一（正定《じょう》）の八である。ここで「正しい」とは、二つの極端を正しく見きわめて、正しい実践を発見する「智慧」をいうのである。この実践を「中道」という。これは悟りの智慧に裏づけられた実践であり、この悟りの生活を「解脱《げだつ》」という。解脱は心が煩悩の束縛から解放された自由な境地をいう。この解脱に、慧解脱・倶解脱・心解脱の三種が区別されている。慧解脱は、心の中でまず理性が自由を得た状態、倶解脱はそれに加えて最高の禅定を得て、心がさらに自由になった状態、心解脱は煩悩を滅して心の全体が自由になった状態である。

釈尊が悟ったものは縁起（paṭiccasamuppāda, pratītyasamutpāda）の真理であったという。縁起は「縁によって起る」という意味であり、ものが生ずるのは多くの縁の助けによることをいう。これを法則的に示して、「これ有るとき彼れあり、これ生ずることより彼れ生ず。これ無きとき彼れなし、これの滅するより彼れ滅す」という。これを「相依性」ともいう。さらに凡夫の生存が「苦の生存」となっている根拠を、縁起の道理によって追求したものが「十二縁起」の説である。これは、無明《むみょう》・行《ぎょう》・識・名色・六入・触・受・愛・取・有・生・老死の十二の支分から成る。現実の生存を「老死」（老い死ぬこと）と捉え、それの生ずる条件を「生」（生れること）に捉え、さらに生の成立する条件を「有《う》」（生存を存続させる存在の根拠）に求め、このようにして遡って「無明」に至る。無明は認識の根底にある迷妄性であるが、これは発見されることによって消滅するものである。迷妄を知ることは、真実の智慧によってのみ可能だからである。したがって無明が滅すれば、その条件によって存在している行が滅する。行が滅すれば識も滅する。かくして迷いの生存、苦の生存が滅し、覚者の生活が展開する。「無明を縁として行あり、行を縁として識あり、……生を縁として老死あり」の「苦の生起」の系列を、「流転《るてん》門」の縁起といい、「無明滅すれば行滅す、行滅すれば識滅す、……生滅すれば老死滅す」の「苦の滅」の系列を「還滅《げんめつ》門」の縁起という。

このほか原始仏教の教理には、人間存在を「五蘊《ごうん》」に分析して、色蘊・受蘊・想蘊・行蘊・識蘊となし、それぞれが無常であり、苦を本性とし、無我であることを示す「五蘊無我説」、さらに、認識の世界を、眼・耳・鼻・舌・身の五つの感覚の領域と、第六に意識の領域の六つに分かって示す「眼・耳・鼻・舌・身・意」の「六入《ろくにゅう》」（六処ともいう）の説、さらにこれを外と内とに開いて示す「六内処」（眼・耳・鼻・舌・身・意）と「六外処」（色・声・香・味・触・法）の説、これを合して「十二処」という。さらにこれを根《こん》（認識力）、境《きょう》（認識の対象）・識の三に分かって示す六根・六境・六識（眼識・耳識・鼻識・舌識・身識・意識）の説、これを合して「十八界」という。この感覚能力によって対象の世界（存在）を区別する認識説が、その後の仏教の存在論、認識論の方向を決定づけている。

さらに仏教の実践を示す説が「三十七道品」にまとめられ、さらに戒・定・慧の「三学」にもまとめられている。

原始仏教の経典

仏滅百年ごろまでに、経蔵と律蔵の原形が成立した。さらにそれが、部派教団において伝持される間に整備されて、現在の形になった。律蔵は出家教団（僧伽）の規則を集めたものである。中心になるのは、比丘の守るべき二五〇条の戒律の条文、これを「波羅提木叉《はらだいもくしゃ》」（戒経）という。最も重罪は婬・盗・殺（断人命）・妄（大妄語）の四戒で、これを破ると教団追放になる。これを「波羅夷罪《はらいざい》」という。次に重いのは僧残法で一三条、さらに不定法二条、捨堕法三〇条、波逸提法九〇条、波羅提提舎尼法四条、衆学法一〇〇条、滅諍法七条となっている。ただし二五〇戒の波羅提木叉は『四分律』（法蔵部の伝持した律蔵）の説であり、『パーリ律』では「二二七条」となっている。伝持した部派によって、条文の数に若干の違いがある。以上の二五〇戒は比丘の波羅提木叉であるが、比丘尼の波羅提木叉は、波羅夷八条、僧一七条等と条文の数が多い。組織は比丘の波羅提木叉と同じであるが、ただし不定法を欠いている。一口に「比丘尼の五百戒」というが、それ程多くはなく、四分律で三四八条、パーリ律で三一一条となっている。

以上の比丘戒経・比丘尼戒経の一々の条文の解説をしている部分が、律蔵の前半分である。次に僧伽の議事決定の方法を「羯磨《かつま》」というが、この羯磨の解説をなすのが律蔵の後半であり、これを「犍度部《けんどぶ》」という。犍度とは章節の意味である。第一の「受戒犍度」は比丘になる儀式、即ち受戒作法を明した章であり、この作法を受戒羯磨という。第二の「布薩犍度」は布薩羯磨の作法を明した章である。犍度の数は二十前後であり、最後に、第一結集と第二結集の記事をふくむ。なお律蔵にはそのあとに、後世附加した説明の部分がある。律蔵には、四分律・パーリ律のほかに、化地部の伝持した五分律、大衆部の伝持した摩訶僧祇律、説一切有部の伝持した十誦律、根本説一切有部の伝持した根本説一切有部毘奈耶等があり、この外に律蔵を注釈した文献が数部ある（例えば善見律毘婆沙等）。

次に経蔵は、漢訳は「四阿含《あごん》」（アーガマ Āgama）に分かれ、パーリ経典は「五部」（五ニカーヤ）に分かれている。即ち、長い経典を集めた『長阿含』（長部）、中程度の経典を集めた『中阿含』（中部）、短経を集めた『雑阿含』（相応部）、法数によって教説を集めた『増一阿含』（増支部）がある。パーリにはこの外に『小部』（クッダカ・ニカーヤ）があり、古い成立の経典や有名な経典を含んでいる。例えば、倫理的な香りの高い『法句経』や『スッタニパータ』（経集）は有名であり、また弟子たちの修行の境地の悦びを語った『長老偈』や『長老尼偈』も味わいが深い。それから、仏陀の偉大な智慧と慈悲の根拠を追求して、仏陀は前生において、これを得るにふさわしい激しい修行をしたに相違ないと考え、前世における仏陀の慈悲・忍辱・精進の善行をいろいろに説いた『本生経』（ジャータカ、仏陀の前生話）も重要である。ここに仏身論の萌芽があり、また衆生救済の利他の精神が見られる。これが後に大乗仏教をおこす動因の一つとなっている。『本生経』は、のちには「五百のジャータカ」といわれるほど多くなり、民間の説話文学などを包摂して発展したが、すでに紀元前二世紀のバールハットの仏塔にも、それらの多くが彫刻されており、つづいてサーンチーやアマラーヴァティー、アジャンターなどの仏塔や石窟寺院に彫られたり、画かれたりして、民衆教化に大きな影響を与えた。のちに、これが材料になって、仏陀の伝記を系統的に綴る「仏伝文学」が作られた。西紀前一世紀には、各種の仏伝文学の原型が成立していたと見てよい。このほか『長阿含』には、仏陀時代の他の宗教家や思想家の説をまとめて述べた『梵網経』や『沙門果経』、仏陀の入滅に関する言い伝えをまとめた『大般涅槃経』、縁起説を述べた『大縁方便経』、四念処を説いた『大念処経』、在家者の修行を示した『善生経』など、多彩な経典が多い。これにたいして『中阿含』には、教法の解説をなした哲学的な経典が多い。

原始教団の組織

仏教では男性の出家修行者は、ビクシュ（比丘《びく》）と呼ばれ、集まって比丘僧伽を組織し、共同生活をした。女性の出家者はビクシュニー（比丘尼）と呼ばれ、比丘尼僧伽を形成していた。在家の信者は、男性はウパーサカ（優《う》婆塞《ばそく》）、女性はウパーシカー（優婆夷《うばい》）と呼ばれたが、彼らは教団（僧伽《サンガ》）を形成せず、比丘や比丘尼に帰依し、その指導をうけて修行した。ウパーサカとは「かしずく人」の意味であり、比丘・比丘尼にかしずき、食物・衣服・医薬等の生活物資を供給する。比丘とは、「食を乞う人」の意であり、信者の施食によって生活しつつ、修行する人である。比丘・比丘尼・優婆塞・優婆夷を「仏の四衆」と呼び、仏教教団は、この在家出家の二重構造において成立していた。何人も欲する人は、信者にも出家者にもなりうる。教団はすべての人に開放されていた。これは、教法の恩恵を特殊な人々にのみ制限していたヴェーダの宗教とはまったく異なっており、画期的なことであった。

人は信者になりたいと思えば、比丘あるいは比丘尼の前で、仏法僧の三宝に帰依し、信者たることを告白すればよい。さらに熱心な人は、比丘や比丘尼から五戒を受け、これを守って修行する。そして毎月四回の布薩には、比丘らより八斎戒を受け、法を聞き、坐禅をして法を観ずる等の修行をする。

さらに出家を願う人は、具足戒を受けて僧伽に入る。その時、指導者として「和尚」をきめて、その弟子となる。僧伽に入ってからは、和尚の指導のもとに、日常生活の行儀を習い、戒律を学び、教法を授けられ、坐禅において法を観じて修行する。しかし和尚の許可を受けて、とくに坐禅や教法、戒律などにすぐれた比丘につくこともできる。かかる指導者を阿闍梨《あじゃり》と呼ぶ。和尚や阿闍梨のもとで共に修行する同僚を同梵行者と呼ぶ。和尚、阿闍梨、弟子、同梵行者等は乞食《こつじき》で得た食物や衣服等を分かち合い、病気のときには看病し合う等、互いに助け合って生活する。しかし同時に僧伽全体としても、僧伽に布施されたものは、食物でも衣服でも、全員に平等に分配して享受する。精舎の利用も公平を旨として共同生活をなす。

僧伽の秩序は、出家してからの年数（法臘）によるのであり、長上を敬って礼儀を守り、この秩序において団体生活をなす。僧伽にはこの上下の秩序以外には、何人も平等であり、特権を持つ人や階級による差別はない。仏の一子ラーフラも特別待遇を受けていなかったことが、これを示している。比丘となるときには、妻子・財産・家柄・地位・名誉等の世俗のつながりをすべて捨て、「釈子沙門」という資格のみになる。これは、百川海に入ってもとの名を失うに比せられ、僧伽は一味平等である。そこにはなんらの階級もなく、世俗の権力も介入しない。

仏の在世には、比丘も比丘尼も仏陀の指導を受けていた。そして仏滅後には比丘尼たちは比丘僧伽の指導を受けることとなったが、しかし僧伽は本来自治的な団体であり、その立場から、僧伽の規則としての戒律が制定せられている。僧伽の自治の単位となるものを現前僧伽という。ある土地に四人以上の比丘がいれば、彼らは現前僧伽を形成する。現前僧伽の人数は、多くなるには制限はないが、しかし実際には、精舎を公平に利用したり、食物や衣服を分配し、つねに会議を開いて団体生活を運営してゆく必要から、地域もそれ程広くなることはできず、人数もおのずから制限された。しかし比丘たちは一つの現前僧伽から他の現前僧伽に移ることは自由であった。むしろ遊行して、一ヵ所に定住しないことが、比丘たちの基本的な生活形式であった。僧伽に入団を欲する人は、入団の条件さえ満たせば何人でも許可された。また退団も自由であった。ゆえに僧伽は四方に開放されたものであり、無限に拡大を欲する性質のものである。そして食物や衣服などは原則として現前僧伽で分配したが、精舎や精舎の土地、園林、さらに精舎に属する寝台、寝具等の常住物は、他から到来する比丘たちも公平に使用するから、これらは現前僧伽を超えたものである。現前僧伽の決議によっては、処分することが許されない。同様に僧伽の秩序の根源である戒律も、現前僧伽の決議で変更することは許されない。このように僧伽の理念には、現前僧伽には摂しきれないものがある。この現前僧伽を超えた僧伽を四方僧伽という。精舎等の常住物は四方僧伽の所有物と規定されている。四方僧伽は、理念的には戒律そのものであり、現実的には、現前僧伽の生活を可能にする財物の所有者である。また一切の現前僧伽を含み、さらに未来の比丘たちをも摂する三世一貫の常住僧である。

このように僧伽は、現前僧伽と四方僧伽の二重構造において運営され、その中において比丘たちは安住して修行にいそしみ、和合の生活（和合僧）の実をあげた。仏教の僧伽を「和合僧」（平和を実現する団体）というが、その和合は、以上のような形で実現された。

この僧伽において教法や戒律の授受が行なわれ、この僧伽の存続と拡大とにおいて、仏教は後世に伝えられ、次第にアジアの全域に広まったのである。仏教は僧伽として活動することによって、その時代時代の社会にはたらきかけたのであり、僧伽なしには教法も戒律も伝達されず、仏教は滅びるのほかはないから、僧が仏と法と並んで、「三宝」の一つとして帰依される理由がある。

二　教団の発展と分裂

アショーカ王の仏教帰依

仏滅直後の仏教教団は、中インドに広まった地方教団にすぎなかった。仏の誕生地ルンビニーと入滅の地クシナガラとは、中インドの北辺にあり、悟りをひらいたブッダガヤーはその南部にあり、初めて説法をした初転法輪の地サールナート（鹿野苑）はその西部にある。この四ヵ所は四大霊場として仏塔が建てられ、仏陀を慕う信者たちの巡礼参拝の地として栄えた。仏教徒の考えた「中国」も、中インドを中心に考えられている。しかし仏滅後には、まず西方および南方に伝道がすすめられ、仏教教団は徐々にこの両方面に発展していった。そして西方の都市マッラーや南方の都市ウッジェーニーなどが仏教の中心地として重要になってくる。

政治的には、仏滅当時にはマガダの阿闍世王が次第に近隣を征服し、王朝を創立した。その後シシュナーガ、ナンダ王朝等に交替したというが、紀元前三一七年ごろチャンドラグプタがこの王朝を滅ぼし、マウリヤ王朝を創始した。彼は西北インドに侵入していたギリシア人の勢力を一掃し、ほぼインド全域にわたる中央集権的な国家を建設した。この事業は子孫に受け継がれ、孫のアショーカ王（Aśoka, 前二六八―二三二年ごろ在位）によって、さらに発展せしめられ、インド空前の大帝国が出現した。彼は東南海岸にあったカリンガをも平定し、マウリヤ王朝の勢力は、アショーカ王のとき最盛期に達した。

王は即位七年に仏教に帰依したが、即位九年のカリンガ征伐において、戦争の悲惨と罪悪性を身をもって痛感し、慈悲と平和を説く仏陀の教えの真実を深く体験した。それより熱心な仏教徒となり、仏陀の教えを理想として、正法国家建設に身を挺して踏み出した。王は、仏教にもとづく政治理想を国民に知らせるために、領土内の各地に石柱や岩壁に法勅を刻みつけ、人々に知らしめた。近代に至って王の碑文は、インドのみならずアフガニスタン等をも含め、三十余り発見されている。

王が、自己をも含め国民の守るべき「法《ダルマ》」と考えたものは、人間の本質は平等であるという仏陀の教えにもとづいて、生物をいつくしみ、真実を語り、寛容と堪忍をおこない、困窮者を助ける等の、真実と慈悲の理念である。これは単純であるが、しかし万人の守るべき不易の真理であると信じ、これを万代までも伝えんとして、法勅を刻ましめたのである。王はこの理想を実行し、国民に不必要な殺生を戒め、王宮でも犠牲獣等を禁じ、食膳にも肉類を遠ざけ、広く病院を設け、薬草を栽培し、道路に街路樹を植え、休息所や井戸・池等を設け、人民の利益と安楽を計った。官吏には、法にしたがって裁判を公平にし、刑罰は寛大を旨とすることを示し、政治は国民への報恩行と考えていた。これを「法の教勅」と称し、自らも法の実践に努め、国内に法が行なわれていることを調べるために、法大官を任命し、五年ごとに法の巡察を行なっている。法の勝利こそ、最上の勝利であるといっている。

王は仏教に帰依したが、他の宗教をも排斥せず、それぞれの宗教者が国内に安住することを願っている。この寛容も法の精神である。王は仏教に帰依し、僧伽を援助し、仏教の宣布に力を尽した。サールナートやルンビニー園等の仏蹟に石碑を建てて記念し、各地に仏塔を造立し、僧団に莫大な布施をなし、僧伽の和合を破るものを戒め、国内のみならず国外にも、法の宣布のために使臣を派遣している。

このアショーカ王の帰依と援助によって、仏教教団は盛大となり、仏教は急速にインド全体に広まり、さらに国境を越えてアジア全体に広まる端緒をつくった。

原始教団の分裂

仏滅からアショーカ王即位までは何年であるかは、学界未解決の問題である。『セイロン島史』によって算定すると、仏滅よりアショーカ王即位までは二一八年であるという。これに対して中国に伝わった説一切有部系統の伝承によれば、王の即位は仏滅一一六年ごろであったという。セイロン伝は『歴代三宝紀』に伝える衆聖点記の説（四八五年）ともほぼ合し、これは外国の学者が多く依用する。これに対して宇井伯寿博士は、北伝によって、仏滅を紀元前三八六年と算定した。両者にはほぼ百年の開きがあるが、しかし現在のところ、このどちらを正しいとするか、決め手となるほどの資料はない。しかしアショーカ王時代の仏教を検討してみると、それはかなり素朴な形であったようであるから、仏教の聖典発達史の立場からみると、宇井博士の説を採用するのが妥当であると考える。

『異部宗輪論』や『セイロン島史』によると、原始教団は仏滅百年余りで上座部と大衆部に分裂したという。その原因は、戒律に関する「十事」すなわち戒律を厳格に守るべしとする長老（上座）たちと、除外例を認めて緩やかに守ることを主張する一般の比丘たちとの対立であったという。とくに上座たちは、中インドの西方パーテッヤや南方のアヴァンティ等に進出し、伝道に努力していたので、彼らと、安逸に生活する中インドの比丘たち、即ち「東西の対立」となったという。この分裂を根本分裂という。これがアショーカ王より前であったか否かは、上記の年代論とも関係するが、アショーカ王の碑文から見る限り、王の時代にすでに、僧伽が二大教団に分裂していたとは見難い。王の時代には、僧伽に諍いがあり、王がこれを戒勅したことは碑文にも出ている。しかし法勅では、僧伽は単数で呼びかけられており、王は単一なる僧伽を考えていたようである。二つの僧伽を予想するような文章は、法勅には見当たらない。ゆえにアショーカ王時代に、僧伽に諍いが起ったことは確かであろう。そうしてこの諍いは王の戒勅によって、表面は収まったとしても、次第に分裂への道を進んだのであろうと思われる。

王の時代までに僧伽は五代を経過したというが、セイロン伝では、時の教界の長老はモッガリプッタ・ティッサ（目犍連子帝須）であったとし、彼がアショーカ王の師であったという。説一切有部の説では、これはウパグプタ

（優波笈多）であったという。ウパグプタはマッラーの出身で、その師の商那和修はマッラーを教化した人である。即ちこの時代に、仏教の開教は西方のマツラーまで達したのである。その商那和修の師は阿難であるが、阿難の老年時代最後の弟子の末田地はカシュミールに開教し、悪竜を教化し、カシュミール仏教の基礎を作ったという。後にカシュミールには有部が盛大となる。セイロン上座部系統の『善見律毘婆沙』では、目犍連子帝須が、教団から伝道師を派遣することを提案し、罽賓（カシュミール）と犍陀羅（ガンダーラ）には末闡提を派したというが、これは有部のいう末田地と同人であろう。『善見律』によれば、さらに南インドのマヒサマンダラには大天、同じく南インドのヴァナヴァーサにはラッキタ、南西のアパラーンタにはダンマラッキタ、マハーラーシュトラにはマハーダンマラッキタ等を派遣し、西北インドのギリシア人の国（ヨーナ世界）にはマハーラッキタを、北辺の雪山辺国にはマジマを、スヴァルナブーミー（金地国）にはソーナカとウッタラを、そしてセイロンにはアショーカ王の子（あるいは弟）マヒンダを派遣したという。この中マジマが雪山辺を開教したことは、発掘された彼の舎利壺の碑文により確認されている。この中、大天は後世大衆部系統の派祖とされる人と同一人と思われるが、ここでは区別的に取り扱われていないことも、両者の対立の激化しなかった時代であることを示すであろう。

ただセイロン伝では、アショーカ王までに二百余年とするから、仏滅の百年余り後に根本分裂があり、そのとき教法の乱れを防ぐために第二結集（七〇〇人がヴェーサーリーに集まった）が行なわれ、さらにアショーカ王の治世に、王の布施によって僧伽が富んだため、生活のために出家する賊住比丘が多くなり、僧伽に異説が生じ、諍いが起った。そのために異説をとどめ、正説を顕示するために目犍連子帝須が主宰して、第三結集を行なったという。しかし北方伝を採用する場合には、この第三結集は否定される。

ともかく以上によって、アショーカ王時代に、仏教教団が教線を拡大し、活発な活動をしていたことがわかる。教団が地方までも広がったことも加わって、教団に第二の分裂が生じた。これを枝末分裂という。まず大衆部は、仏滅百年から二百年の間に八部派に分派し、本末合わせて九部になったという。上座部はそれより百年遅れ、仏滅二百年をすぎてから分派をおこし、それより二百年間に七回の分裂をなし十部派に分派し、本末十一部になったという。大衆部系では、根本の大衆部と末派の説出世部、多聞部、制多山部などが勢力があった。中インドより南インドにかけて勢力を張ったが、概して大衆部系は上座部系より勢力が弱かった。上座部系ではセイロン等に現在も存続する上座部、カシュミールに強固な地盤を持った説一切有部などが最も勢力があり、アートマンに近い「非即非離蘊の我」を説いた犢子部、さらにこの説を継承した正量部は後代には中インドその他に強大な勢力を獲得し、他の部派をしのいだ。そのほか、化地部・法蔵部などが勢力があり、後世には有部から分派した経量部も有名である。大体紀元前二世紀のころには、原始教団は部派に解体し、部派仏教として盛大に向かいつつあった。しかし初期における諸部派の勢力分布の詳細は不明である。ただし五世紀初頭にインドを旅行した法顕の『仏国記』や、七世紀の玄奘の『大唐西域記』、それにつづく義浄の『南海寄帰内法伝』等によって、その時代時代の部派教団の勢力分布がわかるが、それらによると正量部の勢力が次第に強くなっている。そして部派教団は、大乗仏教よりも質量ともにはるかに強大であったことがわかる。ゆえに部派仏教は、その後も長く存続したと見てよく、その歴史は長い。すなわち部派仏教は、大乗仏教の興起によって打破されたというごときものではない。大乗に発展したといわれる大衆部ですら、玄奘や義浄の時代に、四大部派の一つとして存続していたのである。

北インドへの発展

アショーカ王の没後、マウリヤ王朝は急速に衰微し、紀元前一八〇年ころにプシャミトラに滅ぼされ、インドは再び分裂状態に陥った。中央にも強力な王朝が出現せず、西北インドにはギリシア人が相ついで侵入し、王朝をたてた。これらの王朝の国王や官吏には、仏教に帰依した人々があった。最も有名なのは紀元前一六〇年ころに西北インドを支配したメナンドロス王である。彼はナーガセーナ比丘（那先比丘）に教えを乞い、彼との対話が『ミリンダ王の問い』（那先比丘経）として伝わっている。紀元前一世紀ころには、ギリシア人の祀った仏塔の碑文が、いくつか西北インドから発掘されている。仏教はギリシア人の世界に浸透していったのである。

ギリシア人についでサカ人（Saka, 塞種）がインドに侵入し、ついでパルチア人（Parthia, 安息）が侵入し、つぎにはクシャーナ族（Kuṣāṇa）が侵入した。クシャーナ族は月氏の一種族であるが、紀元六〇年ころより西北インドに侵入し、カニシカ王（Kaniṣka, 一三九—一五二年ころ在位）におよんで、北インドを中心に大帝国を建設した。以上の諸民族にも、仏教に帰依した人びとのあったことは、出土する碑文によって確かめられる。とくにカニシカ王は説一切有部に帰依し、有部の教学を集大成する集会（第四結集という）を開催したという。また華麗な仏塔（カニシカ大塔）を建立したことでも有名である。

カニシカ王の帝国は領土が広大であり、中国やローマとも交渉をもち、内に多くの異民族を含んでいたため、異種類の文化を包摂融合し、ギリシア文化の影響を強く受け、結果としてここに新しい文化が興った。仏教にも、ギリシア文化の影響をうけて仏像が製作されるようになり、ガンダーラの美術を生み出した。また紀元前後のころより大乗仏教が興起したと考えられるが、これも西北インドにおいて顕著な発達を遂げている。

ともかく以上のごとくにして西北インドに進出した仏教は、国境を越えて異民族の間にひろまり、さらに中央アジアから西域を越えて紀元一世紀には早くも中国に達したのである。

三　部派仏教の教理

アビダルマ

部派仏教の教理をアビダルマ仏教という。アビダルマ（Abhidharma）とは「法の研究」の意味である。仏滅後には、仏説の蒐集について、その中に散説されている教法を同種類のものごとに分類整理したり、体系的に配列したりして整理することがなされ、つぎに教法の語義の解釈、注釈、内容の広説、さらに法の理解にもとづく自己の学説の樹立へと発展してゆく。かかる方法の法の研究をアビダルマという。これを訳して「対法」という。しかしアビダルマには「すぐれた法」（勝法、無比法）の意味もある。これは法の研究によって解明される真理そのものを、アビダルマの語によって意味せんとするのであり、この意味ではアビダルマはダルマを超える意味を含むものである。ダルマは、インド哲学一般で用いるが、アビダルマは仏教で発明した用語であるようである。この語はすでに『阿含経』に用いられており、仏教における法の研究の起源は古い。

アビダルマの特徴は「分別」（ヴィバンガ）ということである。これは、教法を種々の点から考察し、分析的に説明することである。経典では一応の説であるが、論ではあらゆる角度から諸門分別をなして、解説し、定義する。諸門分別は理解を助ける点もあるが、型にはまった解説の仕方は、極めて機械的であり、教法のはつらつたる生命を失う危険があった。

このように分別によって教法を解釈することをアビダルマ論議（アビダンマカター）という。この語もすでに『阿含経』に現われ、舎利弗や摩訶拘絺羅はとくにアビダルマ論議にすぐれていた。分別のタイプの経典も『阿含経』には多い。しかし『阿含経』が固定したあとには、弟子のアビダルマの労作は、独立して「アビダルマ蔵」

(Abhidharma-piṭaka) すなわち論蔵としてまとめられるに至った。とくに部派仏教時代にアビダルマ論の述作が盛んであり、これに各部派の教理の特徴が現われている。かかるアビダルマ論をなす学者を阿毘達磨論師といい、また注釈を重んずる点で毘婆沙師（注釈家）ともいう。

諸部派の中で現在論蔵を完全に残しているのは、セイロンに残った上座部と、文献が中国に訳された説一切有部とである。それ以外には部派不明の『舎利弗阿毘曇論』や正量部の『三弥底部論』など二、三の論書があるにすぎない。『成実論』もアビダルマの一種であるが、これは経量部あるいは大衆部に属する。これは、羅什によって中国に訳され、中国仏教に大きな影響を与えたが、インドには知られるところがない。有部の世友の書いた『異部宗輪論』は、諸部派の分派の順序や、教理の特徴をまとめた書で、部派仏教の研究には重要な資料である。またセイロン上座部の『カターヴァッツ』（論事）も、他部派の説を引用し、有部の『大毘婆沙論』も他部派の説を引用することが多い。これも部派仏教の教理の研究には重要である。

部派仏教の教理の特徴を最も鮮明に打ち出したものは、有部の教学である。有部のアビダルマには、部派仏教のすぐれた点もあるが、また欠点も顕著に含まれている。そのために大乗仏教の攻撃は主として有部に向けられたのである。

上座部の教理

アショーカ王の子マヒンダによってセイロンに伝わった上座部の仏教は、その後ときに盛衰隆替があり、大寺派と無畏山寺派に分かれて争ったこともあるが、正統説としての大寺派の勝利に帰し、二千余年を生き抜き、現在に至っている。十一世紀にはセイロンよりビルマに伝わり、ついでタイ、カンボジヤ等にひろがり、現在の南方仏教となっている。ゆえに南方仏教は、原始仏教の直系を伝える仏教であり、原始仏教の戒律を忠実に実行する点に、その特徴がある。

上座仏教の論蔵は「七論」といわれ、七種の論より成る。これらは成立が古く、内容も素朴であり、『阿含経』からあまり離れていない。七論のうちでは、『分別論』『人施設論』が最初にまとめられたという。次に『法聚論』『界事論』『双論』『発趣論』などが成立した。これらは『舎利弗阿毘曇論』や有部の『六足論』などと内容的に関連が見られ、部派分裂以前の論蔵の先在を思わしめる。第七の『論事』は、これらより成立が新しい。これは、目犍連子帝須がまとめ、第三結集の内容とされるが、しかし実際はこの論は枝末部派の教理を多く紹介しており、部派分裂完成以後の成立と見られている。七論のほかに、『阿含経』に対する注釈類も多数に作られており、これらは五世紀の仏音（ブッダゴーサ）によって整理された。なお『ミリンダ王の問い』も上座部で重要視されている。仏音には『清浄道論』の名著があり、彼によって上座部の教学が集大成された。さらに十二世紀ごろのアヌルッダの『摂アビダンマ義論』は、それ以後の教理の発達をも含めて、上座部の教理を簡単にまとめた綱要書として珍重される。これら以外にも、南方仏教の学者の著作は多い。そして『阿含経』より一歩すすんだ教理が現われており、とくに心理説の研究には注目すべき発達があり、有分識の説のごとく、唯識説の発展に影響を与えたと見られる理論もある。しかし全体として言えば、上座部の教理には独創性がとぼしく、説一切有部の精緻な理論体系には及ばない。

説一切有部

仏滅三〇〇年中に迦多衍尼子（カートヤーヤニープトラ）が現われて、『発智論』を述作し、有部の教理を確立した。これによって有部が一派として独立したという。そのあと『識身足論』『品類足論』『法蘊足論』『集異門足論』『施設論』『界身足論』がつくられ、『発智論』と合わせて「六足発智」というが、しかし実際には『集異門足論』

の成立が最も早く『法蘊足論』がこれに次ぐ。これらはパーリ七論の中期の論書とほぼ同期の成立である。次に『識身足論』『界身足論』『施設論』等が作られ、そのあとで『発智論』が成立した。これは西紀前一世紀であろう。『品類足論』は、その内容から見て『発智論』よりも成立が少しおくれるようである。有部においてはその後、『発智論』を中心に精緻な「法の研究」が行なわれ、西紀二世紀にはカニシカ王の加護のもとに、カシュミールにおいて『発智論』の研究成果が集大成せられ、『阿毘達磨大毘婆沙論』二百巻が編集された。これは当時の部派仏教のあらゆる問題を取り上げ、『発智論』の教理を説明し、一々について他部派の説を紹介し、発智の立場からそれらを破斥する形で有部の正統説を説明している。毘婆沙（vibhāṣā, ヴィバーシャー）とは、分別、注釈の意味であり、有部の学者はとくにこの点にすぐれていたので、彼らを毘婆沙師（Vaibhāṣika）という。

『婆沙論』は、部派仏教のあらゆる問題を取り上げ、百科全書的内容のものである。部派の引用は北インドにかたよっているが、『論事』（これは資料が南インドにかたよっている）と併せて、部派教理研究の好資料である。さらに大乗仏教も、基礎教理を有部から借用している点が多いため、大乗の理解にも『婆沙論』の研究が必要である。しかし『婆沙』はあまりに大部であるため、その後これの綱要書が多数現われた。なかでも四、五世紀に出世した世親（Vasubandhu）の『倶舎論』は最もすぐれている。世親はガンダーラで有部の教理を学んだが、進歩的であり、経量部の立場に立ち、「理長為宗」の立場で有部の教理を批評的に祖述した。これを見て衆賢《しゆげん》は『倶舎』を破斥するため『順正理論』を作ったが、かえって世親の説に影響せられた点もある。ともに有部の教理の理解には重要な論書である。『倶舎論』はインドでも大いに研究せられ、注釈が多いが、中国に翻訳せられてからも、大いに歓迎せられ、中国・日本にわたって多くの注釈が著わされ、小乗仏教の研究といえば、直ちに倶舎の研究と見られるほどである。

説一切有部の教理

説一切有部とは、一切の法の実在を説く部派の意味である。一切とは過去・未来・現在の三世の法（有為法）と無為法との四者をいう。法は現在のみでなく、過去世にも未来世にも実在であるとなす。しかし現在世は一刹那のみである。したがって、未来世の法が現在世に入るときには、形を変えねばならないから、法は時間的には刹那的存在（刹那滅）であるという。心理現象が刹那滅であることは明らかであるが、物質界でも音や光、焔などが刹那滅であることは言をまたない。このほか、常住のごとく見えるものでも、徐々に変化しているから、その変化は、すでに刹那にあると見なければならない。物資をエネルギーに還元して考えれば、一切が刹那滅たることが主張されうる。そのために人間や家、山、森などのように一刹那の存在ではなく、多刹那の相続の上にはじめて成立する存在は、「実有の法」とはされず、実有の法の結合の上に成立する「仮法」となす。これにたいして色や形・音・匂・味などは、刹那にも存在しうるから、これらは実法であるとする。実有の法とは、刹那にもそれ自身で存在しうるもの（svabhāva, 自己存在、有自性の法）の意味である。すなわちそれは、現象を成立させる基体（要素）である。物質界を構成する実有の法に一一種を立てる。これらは極微よりなるという。心理的な法には心王（識）一、心理現象（心所法）四六種を立てる。これらは、感覚・意志・動機・貪り・瞋《いか》りなどの心理作用をそれぞれ独立の実体と見たものである。貪りと瞋り、愛と憎しみ、善と悪等は、同じ心の中にあっても、相反する作用をなすから、これらの心作用をそれぞれ独立の存在と見なし、しかるのち、刹那滅のこれらの心作用の協働によって、心の変化を説明するのである。さらに物質にも、精神にも属しない法（心不相応行）を一四種たて、合して七二法となる。これを有為法（作られたもの）と呼び、刹那滅でない常住の法を無為法という。無為法には虚空・択滅《ちゃくめつ》（涅槃）非択滅の三を立て、合して「五位七十五法」という。

五位　七十五法

1　色法　十一法　眼根・耳根・鼻根・舌根・身根・色境・声境・香境・味境・触境・法境（無表色）。

2　心法　一法

3　心所法　四十六法

大地法十（受・想・思・触・欲・慧・念・作意・勝解・三摩地）。

大善地法十（信・勤・捨・慚・愧・無貪・無瞋・不害・軽安・不放逸）。

大煩悩地法六（無明・放逸・懈怠・不信・惛沈・掉挙）。

大不善地法二（無慚・無愧）。

小煩悩地法十（忿・覆・慳・嫉・悩・害・恨・憍・誑・諂）。

不定法八（悪作・睡眠・尋・伺・貪・瞋・慢・疑）。

4　心不相応行法　十四法　得・非得・衆同分・無想果・無想定・滅尽定・命根・生・住・異・滅・名身・句身・文身。

5　無為法　三法　虚空無為・択滅無為・非択滅無為。

法が刹那滅であるとすれば、法は未来世から生じて現在化し、さらに過去世に落謝すると見なければならない。それゆえ法は三世に実有であるとして、三世実有、法体恒有を主張する。有部はこの立場に立って、現象の変化、世界の成立、善悪の行為の成立と結果、業《ごう》、心の変化と煩悩、煩悩の断尽、悟りの段階、悟りの内容などについて、細かな理論体系を作り上げた。

上記の有為法が未来世から現在世、過去世へ生起し、落謝するのは、業の因果の法則によるのであるが、それを六因・四縁・五果によって示す。

四縁	六因	五果
増上縁	能作因	増上果
因縁	倶有因・相応因	士用果
	同類因・遍行因	等流果
	異熟因	異熟果
		離繋果
等無間縁		
所縁縁		

つぎに生物の生存する世界を「五趣」として示す。即ち、地獄・餓鬼・畜生の三悪道と人間・天上である（これに阿修羅を加えて「六趣」とする説もある）。さらに天上を、欲界の天を六種、色界の天に十六天、乃至十八天を立て、無色界を四種に分けている。有情はこれらの世界を輪廻するという。この一世界が千集まって小千世界となり、これが千集まって中千世界、さらに中千世界が千集まって三千大千世界となる。これが一人の仏陀の教化の範囲であるという。五趣の衆生を有情世間といい、有情の住する場所としての世間を器世間という。しかし、器世間は常住

ではなく、そこに住すべき有情が無くなると最下の地獄から破壊が起る。そして火と水と風の三災によって破壊され、物質は極微の状態で空中に漂う。しかし後に有情の業力によって再び器世間がつくられ、そこに有情が輪廻する。この世界の循環を成劫・住劫・壊劫・空劫によって説明する。

有情の輪廻の生存を十二縁起で説明する。即ち過去の無明と行が因となって、今世の生存を引起し、第三の識はこの世における生を示し、これを托胎の初刹那、結生の識という。次の名色・六入・触・受でこの世の生存の果を示し、次の愛・取・有でこの世における善業・悪業を示し、これが因となって未来世の生存が引起される。未来世の生存が、生と老死で示される。これは果である。このように十二縁起を、過去・現在・未来の三世に当てはめ、因と果とを二重に説くので、これを「三世両重因果」の十二縁起という。

つぎに、有情が五趣に輪廻し、苦楽の果報を受けるのは、業によるのである。これを「世の別は業に由りて生ず」という。業（カルマ karman）とは「行為」の意味であるが、とくに行為を善悪の立場から見て、行為があとに残す力が狭義の業の意味である。例えば殺人の命令をしても、その言葉は直ちに消失するが、しかし命令を受けた人が人を殺せば、命令者は殺人の罪を得る。あるいは自ら、物を盗んだり、人を殺したりしても、盗むという行為、殺すという行為は刹那に滅してしまう。しかしそれらの行為がそれで全く滅するとは言えないから、後に見えない力が残っていると見るのである。これが業である。

業の本質は、行為をなそうとする「意思」すなわち「思」である。そして行為を、意業（心中の行為）・身業（身体による行為）・語業（言葉による行為）の三業に分ける。そして意業を思業、身業と語業を思已業という。そして身業と語業には、表業《ひょうごう》（形に現われた業）と無表業（後に残る見えない力）との二つを区別する。業は過去世に落謝しても、過去世に実在し、因縁が合するとその果報を感ずるという。無表業は、善業・悪業に種々のものがあるが、とくに戒を受けたときに得する「戒の力」を無表色という。戒を受けると、殺生・妄語等の悪を抑制する「防非止悪の力」がそなわる。これが戒体であり、それは無表色を体としているという。善業の中では戒の実行が最もすぐれているので、五戒・八斎戒・十戒・正学女戒・具足戒等の区別について述べ、さらに防非止悪の力については、受戒より生ずる力（波羅提木叉律儀）のほかに、禅定より生ずる防非止悪の力（定生律儀）、悟りより生ずる力（無漏律儀）を説く。さらにこれらの律儀を、如何なる時に得し、如何なる時に失うかをも考察し、さらに善悪の規準を十善業道・十悪業道によって示している。

業には善業・悪業・無記業の三種があり、さらに福業・非福業・不動業の区別もある。あるいは順現報受・順次生受・順後次受の三種の定業と、不定業とに分ける。しかしこれらの業の因果を超えたところに涅槃がある。

つぎに善悪の業を起すものは煩悩であるので、煩悩について、貪・瞋・癡・慢・疑・悪見の六随眠について考察する。悪見を、身見・辺見・邪見・見取見・戒禁取見に開くと十随眠になる。これらを欲界・色界・無色界の三界に分け、あるいは煩悩を断ずる四諦の智慧によって区別し、九十八随眠、百八煩悩等として示している。

つぎに煩悩を断ずる修行の階位を、凡夫位の三賢（五停心・別相念住・総相念住）・四善根（煖・頂・忍・世第一法）と、聖者位の見道（預流向）・修道（預流果・一来向・一来果・不還向・不還果・阿羅漢向）・無学道（阿羅漢果）とに分けて、それぞれの位における煩悩の断尽について明している。なお煩悩を断ずるのは智慧であるために、智慧を世俗智・法智・類智・苦智・集智・滅智・道智・他心智・尽智・無生智の十智として示している。さらに真実の智は禅定において働くものであるので、禅定についても四禅を中心として、その性格を説明している。

以上の如く有部は、現象世界を構成する要素的な諸法と、法の動く因縁果の法則、諸法の生滅の上に成立する迷いの世界と聖者の世界とを研究して、いわゆるアビダルマの法の体系を組織した。その理論体系は極めて精緻であるが、しかし学風が分析に偏したために、事物の真相を直観的に洞察する点において不完全な点があった。法を実在として立てて、法が空であるとの洞察に達し得なかった。しかし諸法が集まって存在している人間の空を説明し得たから、これを「我空法有」の立場と称する。そして「我空法空」（人法二空）を説く大乗仏教と区別する。

四　大乗仏教の成立

大乗仏教の発生

現在存在する大乗経典の最も古いものは『般若経』であり、その中でも『小品般若経《しょうぼんはんにゃきょう》』と『大品般若経』が古い。この両者には、「如来滅後に般若波羅蜜は南インドにあり、ついで西インドに流布し、さらに仏滅五〇〇年には北インドに流布すべし」と述べている。すなわち仏滅五〇〇年（一世紀ごろ）に『般若経』は北インドに明確な形をとって現われたのであるが、その起源は南インドであるとも見られている。

支婁迦讖《しるかせん》（一七〇年ごろ来支）が『道行般若経』等の十余部の大乗経典を訳したのは二世紀の後半であるが、しかしそれらの原典が北インド（大月氏国）に存在したのは、西紀二世紀の前半であったと見てよい。しかもこの時訳された『道行般若経』十巻は三〇章を含み、その中には数段の新古の層を含んでいる。したがってもっとも古層である『道行般若経』「道行品」の成立は、おそらく世紀前一世紀に遡ると見てよいであろう。しかもこの『道行般若経』には、阿閦仏《あしゅく》の浄土についてかなり詳しい記述がある。したがって同じく支婁迦讖の訳した『阿閦仏国経』二巻の起源も、般若経に劣らず古いことが知られる。さらに同じく支婁迦讖訳『遺日摩尼宝経』には六波羅蜜経・菩薩蔵経等を読誦すべきことが説かれている。したがって『六波羅蜜経』や『菩薩蔵経』の起源の古いことが知られる。さらに同じく後漢の霊帝（一六八―一八九在位）の時、厳仏調が安玄と共に訳した『法鏡経』には、昼夜六時に『三品経』を読誦すべきことを説いている。この『法鏡経』も二世紀前半に存在したことは明らかであるが、その中に引用せられる『三品経』の成立がさらに古いことが知られる。『三品経』は、懺悔と随喜・勧請を示す経典であり、仏前に過去の悪を懺悔し、他人の福徳に随喜し、諸仏の説法を勧請することを説く大乗経典である。

このように現存経典よりも先在した大乗経典があったのである。これらの先在経典の起源を西紀前一世紀に求めることは無理ではなかろう。さらに支婁迦讖には、上記の諸経典のほかに、『首楞厳経』『般舟三昧経』『伅真陀羅経』『阿闍世王経』などの翻訳があり、さらに華厳系統の『兜沙経』も翻訳せられている。これらによって見るに、西紀一世紀の北インドに成立していた大乗経典は意外に種類が多かったことが知られる。

なお『般若経』には、般若経の起源が南インドであったらしいことを述べているが、同じく『華厳経』の「入法界品」には、文殊菩薩が舎衛城より南方に行き、覚城（ダヌヤーカラ）の東にある大塔廟所に止住し、そこで多くの信者を獲得したことを述べている。その中に善財童子がいたのである。文殊は弥勒菩薩とともに、大乗仏教の諸菩薩の中で最も実在性の濃い菩薩であり、『智度論』には、文殊と弥勒が阿難とともに大乗経典を結集したことを伝えている。同じく「入法界品」には、観音菩薩が南海の補陀落山（ポータラカ）に住して、人々を教化していたことをいう。観音信仰もはじめは南インドに起ったらしい。さらに大乗仏教の確立者の竜樹も、南方アンドラ地方のシュリーパルヴァタ（吉祥山）に住んでいたというが、これはダーニヤカタカの近くであり、キストナ河の中流である。近くに竜樹（Nāgārjuna, ナーガールジュナ）の名を冠する「ナーガールジュニー・コーンダ」の仏教遺跡がある。

このように大乗仏教の興起は、南インドに関係が深いと見られるが、しかし『般若経』が「北方に流布すべし」といっているごとく、『般若経』その他の大乗経典の発達には北インドが重要な役割を果したと考えられ、大乗仏教の興起には北インドも関係が深い。

政治的には、クシャーナ帝国はカニシカ王以後数代で勢力を失い、三世紀には版図は分裂した。その後、中インドにチャンドラグプタ一世が起り、三二〇年にグプタ王朝が成立した。つぎのサムドラグプタ王がその版図を拡大し、マウリヤ王朝以来の大帝国をつくり、国運隆盛におもむき、王自らも文学や音楽の才能があり、学者を保護したので、古典文化の華を開き、仏教教学もこれにつれて盛大となった。さらに四九〇年ごろに西インドのカーティヤワール半島にイラン系のヴァラビー王朝がグプタ王朝から独立して立ち、学問芸術を保護したために、文化が盛大となり、仏教研究の一大中心地となった。六世紀に中国に来て唯識仏教を伝えた真諦三蔵はヴァラビーの出身といわれる。

中インドで重要なことは、五世紀の後半、グプタ王朝の第五代帝日王が、王舎城の近くのナーランダー(Nālandā)に仏教寺院を建立したことである。代々この王家の保護によりナーランダー寺は次第に増築され、六世紀には数千の学徒の雲集する大学となり、ヴァラビーと並んで、仏教研究の東西の二大中心地となった。七世紀に入竺した玄奘も義浄も、ともにここで学んだのである。しかし仏教がこの二ヵ所に限られていたのではなく、インド全体に及んでいたことは、法顕や玄奘の見聞記によって明らかである。

大乗仏教の源流

教理的な観点から大乗の興起を考えてみるに、その源流として、仏伝文学・仏塔信仰・部派仏教の教理の三つを考えることができる。仏伝文学には、『仏本行集経』『過去現在因果経』『大事《マハーヴァスツ》』(Mahāvastu)、『普曜経』等をはじめ、多くの経典がある。これらの経典が、初期の大乗経典より古い成立であることを示す確証はない。古いといわれる『大事』にも、後世の挿入が見られる。故に仏伝文学の現在形の成立は西紀以後であろうが、しかしその教理を大乗経典と比較してみるに、かなり素朴であるから、仏伝文学の古層は大乗仏教の先駆思想であったと見てよい。仏伝文学は、釈迦の成仏の因由(本行)を研究し、仏陀の成仏が偉大であればある程、前世における成仏のための修行も偉大であったに相違ないと考え、その成仏のための修行を組織的に考察し、前世における成仏の因行の完成と、この世への下生（入胎）、出家、成道、転法輪、入涅槃等を、それぞれ意味づけて説明したものである。

仏陀の成仏の因行の探求は、仏陀の入滅後間もなくはじまったと考えられ、それらがまとめられて『ジャータカ』（前生譚）となった。仏陀の修行時代を「菩薩」(bodhisattva, 菩提《さとり》を求める人）と呼ぶことも、この時代に成立したと考えられる。さらに菩薩が菩提を実現するために、いかなる修行をしたかを考察し、布施・持戒・忍辱・精進・禅定・智慧の六波羅蜜《パーラミター》の修行を説くに至った。そしてどの位の期間、菩薩の修行をしたかを問題にして、三阿僧祇劫の期間を考え、さらにそのあとに、三十二相の因縁を植えるために百劫（釈迦仏は九十一劫）間修行をしたという。さらにその間にどのように修行が昇進したかを考え、「十地」の階位が説かれるようになった。そして十地の行を完成して、一生補処の菩薩となり、兜率天に住し、時期が来て、この世に降生し、六牙の白象の形をとって摩耶夫人の胎に托したという。このような成仏の因行と、托胎以後のこの世における行蹟とを綜合的にまとめて仏伝文学となった。十地は『大事』に説かれるのが有名であるが、十地の名は他の仏伝文学にも出る。

仏伝文学で重要なことは、釈迦菩薩が燃灯如来から、将来、釈迦仏という仏陀になるという「記別」（授記）を受けたことである。「燃灯」(Dīpaṅkara) とは、仏教の炬火を点じた仏陀の意味であり、仏教の始源を示す仏である。釈迦菩薩はこの仏から授記されて、当来成仏が保証されたのであり、仏教の伝統を継いだことが示されている。原始仏教の時代に「過去七仏」が説かれたが、その最初の仏は「毘婆尸仏」(Vipaśyin, 正しく観ずる）である。ここにはまだ「燃灯」の自覚は見られない。故に「燃灯」には、仏伝文学における正法の伝統の自覚が示されている。この燃灯如来の授記は、『般若経』等の大乗経典に、仏陀の回想の形でしばしば説かれており、大乗経典興起の精神的基盤となったことが知られる。

しかし釈迦菩薩はなお多くの仏陀のもとで修行をしたとされるから、必然的に多仏思想が成立し、それらの諸仏の前生である菩薩も、釈迦以外に多くが説かれるようになった。ともかく、燃灯授記の思想、菩薩の思想、六波羅蜜、十地の修行等が大乗経典に説かれるのは、仏伝文学の教理を受けたものと見てよい。ただし「菩薩」の観念は、大乗仏教になって一変した。仏伝文学の菩薩は、当来作仏の決定した菩薩である。成仏が保証されている菩薩であるが、大乗仏教の菩薩は凡夫の菩薩であり、成仏から遠い菩薩である。凡夫が菩薩の自覚を起しうるのは、自己に成仏の素質があることを信ずることに拠るといわねばならない。この思想は後に「悉有仏性」の思想に発展する。この凡夫の菩薩の概念は、仏伝文学にはまだ存在しなかった。大乗には凡夫の菩薩が説かれると同時に、他方では観音・文殊・普賢・弥勒等の大菩薩が説かれ、いわゆる「自利利他」の思想が高唱されている。この思想も、凡夫の菩薩の観念と共に大乗独自のものである。ただし弥勒菩薩は、将来仏として大乗の興起以前から説かれていた菩薩である。

凡夫の菩薩については、『般若経』に、初発心菩薩・行六波羅菩薩・不退菩薩・一生補処菩薩の四種の階位が説かれている。即ち「発菩提心」が菩薩の出発点であり、それから六波羅蜜を修行する。しかしその中、戒波羅蜜は「十善」であり、「不退転」の条件も、『般若経』によってみるに、決して困難なものではない。これは、卑近な立場で説かれた菩薩の階位である。「十善」は菩薩の戒波羅蜜として、大乗経典に広く説かれる。この四種の階位は般若経のほかに、宝積経や大集経にも説かれている。これにたいして、仏伝文学で発達した十地の階位は、華厳経に受けつがれ、成仏の因行を説明する立場で、思想が深化されている。般若経にも十地を説くが、この十地は小乗仏教の修行道を包摂した「共の十地」の説である。

次に仏塔信仰が大乗の仏陀観、仏陀の衆生救済の思想の発達に大きな影響を与えたと見られる。仏陀の入滅に際して阿難が、仏陀の葬式をどのようにしたらよいかを尋ねたのにたいし、仏陀は、出家の弟子が葬式に参与することを禁じ、仏陀の遺骸は在家者の婆羅門や刹帝利の賢者たちが葬儀をなすであろうと答えたという。実際にも仏陀の葬儀をしたのは、クシナガラのマッラー族の人びとであり、遺骸は火葬にされ、遺骨（舎利）は中インドの八つの部族に分けられ、八つの骨塔と、一つの灰塔、一つの瓶塔とが建てられたという。塔（stūpa）はそれ以前には見当らないようであり、それ以後にも、仏陀や阿羅漢等のごとき覚者にたいしてのみ建てられた。仏陀の滅後には、誕生処（ルンビニー）・成道処（ブッダガヤー）・転法輪処（サールナート）・入涅槃処（クシナガラ）にも仏塔（チャイトヤ caitya, 枝提。舎利のない塔を枝提という）が建てられ、仏陀を慕う信者たちの巡礼の聖地として栄えた。

このように仏塔は、在家信者たちによって建立せられ、信者たちによって管理運営せられた。仏塔には金銀宝物が寄進せられ、華花、香料、食物等を供え、音楽・舞踏等の法楽が供養せられる。しかし、金銀に触れることや、華香を身につけること、音楽・舞踏をなすこと等は、出家者である比丘たちには、すべて戒律によって禁止されている。この点からも、仏塔供養の法式が、比丘教団の指導のもとに成立したものでないことが知られる。仏塔信仰は在家者の間におこり、在家者が主体となって起した宗教運動であった。出家者は家族を捨てて身軽になり、厳しい戒律を守り、禅定を修し、聖なる智慧を得て悟りに至る道を進むのである。これは「法中心」の仏教である。この場合、仏陀は法の開示者であり、導師であるにとどまる。

これにたいして在家者は、妻子を持ち、家業をおこない、生活のためには殺生や妄語をなすこと等も避けられない。禁欲生活（梵行）も実行できない。このような生活には、悪業の果報への怖れがある。彼らは戒律を守らず、禅定に専心する余裕もないから、聖なる智慧の獲得も望めない。したがって在家者が、仏陀の示した「苦の生存」から脱出しようと思うならば、仏陀の大慈悲にすがる以外に方法はない。ここに、仏塔を建立したり、仏塔を荘厳したり、あるいは仏塔を礼拝し、法楽をささげる等の聖なる功徳を積んで、その功徳によって来世に善趣（よい世界）に生れ、そこで解脱に至ろうとする宗教的実践がおこったと考えてよい。このような在家者の宗教的欲求のために、仏塔信仰は急速に発展したごとくであり、とくにアショーカ王がインドの各地に壮麗な仏塔を建立したので、仏塔信仰はインドの全域に拡まった。

仏塔信仰が大乗経典と密接な関係があることは、多くの大乗経典に仏塔礼拝について説き、あるいは諸仏・菩薩が仮りに入涅槃を現じて舎利を遺し、人々に舎利塔を建立させ、舎利塔礼拝をなさしめて、功徳を積ましめること等を説いている点から明らかである。例えば『法華経』の「方便品」には、諸仏の滅度のあと、人々が舎利を供養したことによって成仏したことを繰り返し説いている。幼児が戯れに砂を集めて仏塔を作ったのでも、仏道を成ずるという。さらにその「見宝塔品」には、多宝如来の仏塔の中に多宝如来と釈迦仏とが並んで座し、さらにその中で釈迦仏は、未来世に法華経を弘める上行菩薩に正法を付嘱している。即ち仏塔を場として、過去の多宝如来と現在の釈迦仏、未来の上行菩薩等への正法の永遠性が証明せられているのである。これ以外にも仏塔礼拝が成仏の行となることを説く大乗経典は非常に多い。

仏塔には土地が寄進されており、中心の仏塔のほかに、巡礼者たちの宿舎や、水浴のための蓮池、井戸等があった。彼らを迎えるために、仏塔には管理者があったであろうし、案内人もあったであろう。彼らは巡礼者たちの宿泊を差配し、礼拝・勤行の指導等をもしたであろうし、仏塔の周囲に彫刻された菩薩の過去世の捨身の物語や、仏陀の入胎・出家・成道等の意義についても説明をしたであろう。かかる説明を繰り返しているうちに、自然に、仏陀の大慈悲の精神や衆生救済の教理が成熟したと考えてよい。仏塔の止住者たちは、信者が仏塔に布施した施物によって生活することができたから、僧伽に所属する「比丘」とは異なる「仏塔所属の宗教者」の教団が成立したと考えてよい。仏塔に施されたものは「仏物」であって、僧伽所属の比丘たちがこれを消費することは禁ぜられていた。三宝は別体だからである。したがって仏塔所属の宗教者の教団が成立したことは十分考えられる。彼らは、比丘の具足戒は受けていないが、信者の布施によって生活する出家者である。彼らは烈しい修行もしたであろうし、教理の研究にも専心したであろう。

多くの大乗経典が述作されるためには、そこに専門の大乗の宗教者があったに相違ないが、彼らは何を生活の基盤として、菩薩の修行をなし、大乗の経典を述作したかが問われねばならない。大乗経典は例外なしに、深い三昧に入って体験したことを叙述している。彼らは在家信者の布施によって生活して、修行をしていたと考えられる。このような関係から、初期大乗の宗教者の生活の基盤が仏塔であったことが十分に考えられる。さらに仏塔には、仏伝図やジャータカの彫刻が多い点から、仏伝文学と仏塔とも関係が密接であったと考えてよい。

これにたいして部派仏教の教理が大乗経典に影響を与えていることも無視できない。『異部宗輪論』によれば、大衆部の仏陀観は非常に進んでおり、大乗仏教に近い見方である。さらに『婆沙論』には「一音説法」を分別論者の説とするが、これが『維摩経』に説かれている。さらに「十二分教」では、有部や化地部・法蔵部などの教理が大乗経典に採用されている。さらに犢子部の「五法蔵」説は『般若経』などに引用されている。しかし濃厚に部派の教理が大乗仏教に反映するのは、『大智度論』や『唯識論』などになってからであり、初期の大乗経典に『阿含経』の教理が多く活用されている。これは、大乗仏教も原始仏教の伝統を継いでいることを示すものである。

初期の大乗経典

『法鏡経』に引用されている『三品経』は大乗の最古の経典の一つであるが、この「三品」とは、懺悔・随喜・勧請を説く経典である。過去の悪を仏前に至心に懺悔することが、行法の中心になっている。原始仏教では戒律を破った者が、破戒の罪を懺悔することはあったが、しかし貪瞋癡による悪を仏前に懺悔する方法はなかった。西紀前一世紀にはまだ仏像はなかったから、この懺悔は仏塔の前で行なわれたのであろう。懺悔は悔過ともいわれ、大乗仏教の重要な行法となる。さらに仏前に至心に悪を懺悔し、礼拝をつづけておれば、その礼拝行の中で、仏を見る宗教体験が生じた。これが「般舟三昧」（仏立三昧）である。この体験を述べた『般舟三昧経』の起源も古い。

初期の大乗経典で重要なものは『般若経』である。『小品般若経』『大品般若経』の成立が古いが、この外に『金剛般若経』や『般若心経』『理趣経』などが有名であり、のちには般若部の経典が集められて『大般若経』六百巻が編集されている。『般若経』は「般若波羅蜜」(prajñā-pāramitā) を説くが、これは「智慧の完成」の意味である。しかしこの般若は「空の智慧」であり、「無執着の智慧」である。したがって「完成」といっても、完成に捉われない智慧である。そのために波羅蜜は「彼岸に到ること」とも理解されている。この般若経に示された「空」(śūnya) の思想が、大乗経典をつらぬいている。『維摩経』は「入不二法門」を説くが、般若経系統の経典であり、『阿閦仏国経』も般若経と関係が深い。

つぎに『華厳経』は詳しくは『大方広仏華厳経』といい、仏陀が成仏においてあらゆる功徳を身にそなえた点を、華鬘によって美しく飾られたのに喩えて「仏華厳」と言ったのである。これを毘盧舎那仏の世界という。しかし仏の成仏は、完全であるために言葉で説くことができない。これを「果分不可説」という。そのために成仏を菩薩の時の因行によって示したものが華厳経である。とくに最後の「入法界品」は、善財童子の求法の物語によって、法界に証入することを示している。

つぎに『法華経』も重要な大乗経典である。詳しくは『妙法蓮華経』という。「妙法」を泥中から生じて泥に汚れない蓮華に喩えて示した経である。この「妙法」は、煩悩の中にあってその汚れに染まらない「心の本性」(心性本浄) を指したものと思うが、法華経ではこれを「一乗」の語によって示している。声聞・縁覚・菩薩それぞれ別の教説があるとなすのは方便説であり、三乗すべての人が成仏しうる秘密を明かすのが法華経の一乗の教えである。これを「開三顕一」「会三帰一」という。さらに法華経の「寿量品」には、釈迦仏が久遠実成の仏陀であることを示す「開迹顕本」の教えが説かれている。さらに「観音菩薩普門品」には、観音菩薩があらゆる仕方で衆生を救済することを説き、これを観音の「普門示現」という。法華経は、仏陀の衆生救済の大慈悲を巧みに示した経典であり、大乗経典の中でも最も重要視された。

なお『法華経』や『般若経』には「経巻受持」の教えがある。即ち仏塔信仰が「舎利崇拝」であるのにたいし、経典を「法身舎利」として崇拝する行法であり、とくに法華経や般若経にこの思想が顕著である。経典を憶持し、読誦し、他人のために解説し、書写し、供養するならば、大きな功徳をうると説いている。これは、舎利崇拝に影響せられて起った行法と考えてよい。

大乗経典に広く説かれるものに阿弥陀仏の信仰がある。阿弥陀仏の教理を中心に説くものは「浄土経典」であるが、その中では『無量寿経』『観無量寿経』『阿弥陀経』の三部経が有名である。「阿弥陀仏」とは「アミターユス」(Amitāyus, 無量寿)「アミターバ」(Amitābha, 無量光)の訳語であり、無量の寿命・無量の光明の仏陀の意味である。『無量寿経』によると、阿弥陀仏の前身である法蔵菩薩が衆生救済のために四十八の本願をおこし、この本願を完成して西方極楽国土を建立し、往生を願う衆生を迎えとって救済するというのである。その場合、浄土往生にはきびしい修行は要求されず、ただ如来の本願を信じ、仏の名号を唱えることが要求されるのみである。したがって戒律を守ったり、禅定を修する力のない弱力の菩薩でも、阿弥陀仏の本願を頼めば速やかに不退転の位に入りうるという。この点より阿弥陀仏の信仰は「易行道《いぎょうどう》」といわれる。

以上、初期大乗経典のうち主なるものを示したが、なおこの外にも多くの大乗経典があり、ほぼ西紀前一世紀より二〇〇年くらいの間に成立した。これらの経典の思想が、その後に現われた竜樹によって組織づけられたのである。

五　大乗仏教の発展

竜樹の大乗仏教の確立

竜樹（ナーガールジュナ Nāgārjuna）は、多くの大乗経典が成立したあとに現われて、大乗経典の思想を理論的に組織した人として有名である。彼は『大品般若経』に注釈して、『大智度論』を著わし、『十地経』に注釈して『十住毘婆沙論』を著わしたが、これらの中に多くの大乗経典を引用している。そのためにこれらに引用せられている経典は、竜樹以前の成立であることがわかる。そして如来蔵系統の経典や唯識系統の経典は『大智度論』に引用されていない。そのために、この二つの系統の経典は竜樹以後の成立と考えるのである。ただし『大智度論』の著者としての竜樹と、『中論頌』や『十住毘婆沙論』の著者としての竜樹とは別人であろうという説が近年主張せられている。

竜樹は南インドの人で一五〇―二五〇年ごろの生存といわれる。著作は多いが、大乗仏教の教理を基礎づけた『中論頌』、空の立場で他学派の思想を破斥した『廻諍論』、『大品般若経』の注釈をした『大智度論』、華厳の『十地経』の注釈である『十住毘婆沙論』、大乗仏教の立場から実生活の心得を示した『宝行王正論』や『勧誡王頌』などは有名であり、とくに『中論頌』（Madhyamaka-kārikā）や『大智度論』『十住毘婆沙論』などは後世に大きな影響をあたえ、これによって彼は「八宗の祖師」と仰がれる。

竜樹は『中論』で、仏陀の根本思想である縁起説を空（śūnya, シューヌヤ）の立場で解明した。事物の本性は空であるから、現象の世界が成りたつ。諸法の本性は無自性・空である。これは有部が、法を有自性と見る立場で現象を説明するのと真向から対立する。空の立場は、物質の本性をエネルギーと見る近代科学の立場に近い。すなわち空とは虚無の意味ではなく、力としての実在であるが、特定の固有性を持たない意味であり、物質的と精神的との無自性の力の結合、協力のあり方の上に、現象の成立、変化を理解する立場である。赤の自性は青には変わり得ないように、人間の本性が固定的であれば、向上も堕落も見せかけだけのものになってしまう。しかし人間の本性は空であるから、悪人も改心すれば善人に変わりうるし、その変わったことが真実なのである。また迷っている人が、自己の迷いに目覚める「自己否定」が可能なのである。それゆえ、空とは現象成立の能動的根拠を示した用語である。

竜樹はこの空に基づく「不生不滅、不常不断、不一不異、不来不去」の「八不」によって縁起を説明し、それに基づく実践的な在り方を、空・仮・中道によって明らかにした。空になりきった世界は、諸法実相の世界であり、これは言葉によっては表現できない。戯論寂滅・無分別の境地であるが、これから発して現実に処するとき、第一義諦と世俗諦の二諦の立場が可能になることを説いている。この縁起を空で解明した点と二諦中道の教説とは、大乗仏教の基礎教理となっている。

さらに『十住毘婆沙論』では、大乗には烈しい修行にたえうる漸々精進のすぐれた菩薩もあるが、同時に厳しい修行にたえられない弱力無力の菩薩（敗壊の菩薩）もあることを示し、かかる人々には、阿弥陀仏の救済にたよる道のあることを示し、他力易行道を開説し、念仏の行法を明らかにしている。これは浄土教の教理を理論的に示した最初のものである。

つぎに竜樹は仏陀の本質を考察し、生身と法身の二身によって、大乗経典に説かれた仏陀観を整理している。生身とは、父母より生まれ、八〇歳のときクシナガラで入滅した肉身の釈迦仏をいう。『阿含経』や部派仏教で考えている仏陀は、この生身の仏陀である。この仏陀を超絶的に見て、三十二相をそなえ、欲するならば一劫までも生きられると言っているのである。まだその奥にある「理仏」を考えていない。しかるに大乗経典には、これを超えた仏陀が説かれている。『無量寿経』等には寿命無量・光明無量の阿弥陀仏が説かれ、『華厳経』には一切に遍き毘盧舎那仏（ヴァイローチャナ）が説かれ、『法華経』にはこの世で悟りを開いた釈迦仏（伽耶近成の仏）のほかに、久遠の昔にすでに成仏を完成している久遠実成の仏陀を明かしている。

かかる仏陀を、竜樹は法身の仏陀と呼んでいる。すなわち仏の仏たる点は、その悟った真理（理）にある。この真理を法、法性、法界などという。この真理は永遠である。しかし理のみでは仏とはいえない。仏の悟りの智がこの理と合体するところに、人格者としての仏陀が現成する。ゆえにこの人格は「理智不二」である。しかも理が永遠であれば、これと合体した智も永遠性を獲得し、たとい肉体が死によって滅びたとしても、真理と合体した智の永遠性は失われないと考える。この理智不二の法身仏が、生身の仏を仏たらしめる根拠なのである。ゆえに生身仏はこの法身から現われたものと考えることができる。この法身《ほっしん》仏はまた報身《ほうじん》仏ともいう。悟りの智は、一朝一夕に成立するものではなく、過去の長い修行の結果、実現したものであるから、過去の修行に「報われた身」である。ゆえにこれを報仏、報身仏などという。後世の法・報・応の三身説では、法身と報身とは区別されるが、竜樹は阿弥陀仏や毘盧舎那仏を法身、あるいは法性身と呼び、これと生身との二身説で仏陀を解釈している。

　このほかにも竜樹は、『華厳経』の三界唯心の思想にもとづいて唯心論的な思想を述べた著作もあり、大乗経典のあらゆる思想を祖述した広い立場に立っている。この中でその基礎的な空の教理を受けついだのが聖提婆（アールヤデーヴァ Āryadeva, 一七〇―二七〇年ごろ）である。彼は『百論』や『四百論』などを著わし、空の立場に立って、烈しく外道を排斥した。破邪の点で有名であるが、あまり烈しく異学を破したために、その怨みを買って殺されたという。その弟子にラーフラバドラ（羅睺羅跋陀羅、二〇〇―三〇〇年ごろ）があったという。彼には詩偈で著わされた著作が残されている。

中観派の成立と発展

ラーフラバドラ以後の伝統は不明であるが、しかし『中論』に注釈した『中論頌』の作者の青目《しょうもく》や、『百論』の注釈をした婆藪などが、彼らにつづいて存在したことが知られる。竜樹・提婆・羅睺羅の系統を中観《ちゅうがん》派(Mādhyamika) と称するが、しかしまだこの時代には、他と対立する学派として成立していたのではない。中観派が学派として明確な形をとったのは、仏護(ブッダパーリタ、四七〇―五四〇年ごろ)の時代からである。彼が『中論頌』に注釈を作って、自己の思想を述べたが、これにたいして清弁（Bhāvaviveka, バヴィヤ、バーヴァヴィヴェーカ、四九〇―五七〇年ごろ)がこれを批判し、さらに仏護の系統をついだ月称(Candrakīrti, チャンドラキールティ、六五〇年ごろ）が烈しく清弁を批判したために、中観派が分かれることになった。仏護の系統をプラーサンギカ派（Prāsaṅgika, 必過性空派）というが、これは、空の立場は「立場なき立場」であり、積極的に表出することができないとなす。そのために「空の立場」は、相手の主張や立場を破斥することによって、間接的に示しうるに過ぎないとなす。この認識にもとづいて相手の主張自身の論理的矛盾を指摘し、その主張を破斥することによって空を示すのが、「必過性空」の意味である。

これに対して清弁は、「空」は論理によって積極的に説明しうるという。適切な論理を用いれば、論理によって空の立場を示しうると主張した。そのために彼の系統をスヴァータントリカ派（Svātantrika, 自在論証派）という。清弁は『中論』に注釈をつけて『般若灯論』を著わし、また独自の大著『中観心論思択焔』や『大乗掌珍論』などを著わし、空観《くうがん》の解釈に独自の境地を開拓した。とくに清弁は唯識説に反対して、外界の存在性を容認したので、彼の立場を経量部中観派ともいう。その後観誓（アヴァローキタヴラタ、七〇〇年ごろ）が『般若灯論』に注釈して、大著『般若灯論釈疏』を作っている。月称も、『中論』の注釈『プラサンナパダー』（Prasannapadā, 浄明句）を著わし、さらに中観思想への入門書『入中論』を著わした。彼の説はチベット仏教で広く行なわれ、チベット仏教に大きな影響を与えた。月称の系統には寂天（シャーンティデーヴァ、六五〇―七五〇年ごろ）が出て『大乗集菩薩学論』『入菩提行経』などを著わして、大乗教徒の修行道を解説した。ともに大乗経典を多数に引用しており、当時の大乗の修行を知る上に重要である。これにたいして寂護（Śāntarakṣita, シャーンタラクシタ、七二五―七八八年ごろ）及びその弟子の蓮華戒（Kamalaśīla, カマラシーラ、七四〇―七九六年ごろ）は、清弁の系統の中観説を継承し、論理学を重視しつつも、唯識の思想を中観に導入している。師子賢（Haribhadra, ハリバドラ、八〇〇年ごろ）の中観思想もこの系統に属するという。

如来蔵思想

如来蔵（Tathāgata-garbha, タターガタ・ガルバ）の語が初めて現われるのは『如来蔵経』である。この経は西紀三〇〇年ごろの成立と見てよい。そのあとで『不増不減経』、ついで『勝鬘経』が現われた。『楞伽経』も如来蔵思想を説くが、同時に唯識思想をも説いており、両系統を融合した教理を述べている。大乗の『涅槃経』も如来蔵思想を説いている。この経は「如来蔵」の語も用いるが、より多く「仏性」の語を用いており、『勝鬘経』より成立は新しいと見てよい。『勝鬘経』、四巻の『楞伽経』、四十巻の『涅槃経』等はいずれも四三〇年ごろに中国に翻訳せられている。それゆえにこれらは四〇〇年以前の成立と見てよいが、おそらく『勝鬘経』は三五〇年ごろ、『涅槃経』と『楞伽経』とは四〇〇年ごろまでに成立したと見てよいであろう。

以上は如来蔵経典の正系であるが、この外にも如来蔵について説く経典は多い。如来蔵思想はさかのぼれば「自性清浄心」の思想につながるが、人間の心の本性は自性清浄であると見る考えは、仏教に古くからあったのである。これにたいして『華厳経』には、成仏の因由を追求して、「如来性起品」で成仏しうる因が凡夫にすでに具わっていると見る思想を述べている。成仏の因は自性清浄心と別のものではないが、これを「成仏の因」として捉えるところに特色がある。成仏した仏陀から衆生を逆観すれば、凡夫にも成仏の因があるとしなければならない。しかし凡夫の現実には、それは自覚されないから、現実から出発すれば「無」としなければならない。このような意味で、如来蔵の思想は従果向因の法門であり、華厳系統の思想を承けているのである。

如来蔵は「タターガタ・ガルバ」（tathāgata-garbha）の訳語であるが、それ以外に「如来の界」（tathāgata-dhātu）とか「如来の姓」(tathāgata-gotra) の用語も用いられている。そして「仏性」も原語は「ブッダ・ダーツ」(buddha-dhātu) であり、「界」(ダーツ dhātu) の語が「性《しょう》」を示す言葉として重要な役割を果している。如来蔵は「凡夫が成仏の因子を蔵している」の意味に解釈することができる。この場合は、この因子が、内からわれわれに働きかけて、凡夫を仏道に向わしめると解するのである。さらにまた「如来蔵」を「如来が衆生を蔵している」と解することもできるのであり、仏陀の慈悲の光明に自己が光被されているという宗教体験が如来蔵の教理となるのである。如来蔵の「蔵」(ガルバ) は母胎の意味であり、能蔵と所蔵の二つの解釈が可能である。

『如来蔵経』では、群蜂に守護された淳蜜等の九つの喩で、如来蔵を示している。『不増不減経』には、過恒沙の不思議仏法功徳をそなえる法身が、無辺の煩悩にまとわれ、生死に流転すれば衆生と呼ばれ、この法身が生死を厭離して十波羅蜜を修行するのが菩薩、法身が一切煩悩の垢を離脱して、自在力を得、純浄となったのが如来であると説明している。つぎに『勝鬘経』は勝鬘夫人という女性が師子吼をしたとなす点で特異な経であるが、この経で如来蔵の教理は一段と整備されている。如来の法身が煩悩蔵を離れないのが如来蔵であると説き、如来蔵を「在纏《ざいでん》位《い》の法身」と見ている。そして如来蔵が煩悩蔵の中にありながらも、如来蔵そのものには煩悩が全然ない点を「空如来蔵」といい、さらに如来蔵に恒沙をすぎた不思議な仏法がそなわっている点を「不空如来蔵」という。同じく「空」という用語を用いながらも、『般若経』と『勝鬘経』とでは空の意味が異なっている。如来蔵は常住の実在であるから、一切皆空とは言えない。そのために「煩悩の空」をいうのである。そして迷いの世界は無常・苦・空・無我であるが、如来の法身には常・楽・我・浄の四波羅蜜がそなわることをいう。「我波羅蜜」は次の大乗の『涅槃経』では「大我」と説かれており、ウパニシャッドの思想に近づいていることが注目される。しかし自性清浄なる如来蔵が煩悩に触れずして、しかも染せられることは、凡夫はもとより、阿羅漢、大力菩薩にも了知し難く、ただ如来の説を信ずるのみであると言っており、如来蔵は「信の宗教」であることを示している。

つぎの『涅槃経』では、如来蔵という用語も用いるが、より多く「仏性」を用い、「悉有仏性」と説き、仏性が常・楽・我・浄の四徳をそなえていることを強調している。しかし凡夫が本有の仏性を見ることは難中の難であり、十住の菩薩といえどもわずかに見るにすぎないという。仏性は、修行をなし、煩悩を断ずるに随って顕わになるものであり、そのために戒律を守り、修行に精進することを重視する。同時に『涅槃経』では、クシナガラで入涅槃する仏の色身を無常と見るのは、真実の仏身を見るものにあらずとして、仏身の常住・無有変易を説き、色身に即して法身を見るべきことを強調する。さらに悉有仏性の立場から、一闡提成仏を説いている。「一闡提」(icchantika) は「断善根」と訳し、善を行なう能力を断じた人であるが、そのような人でも成仏しうるとなす。

如来蔵の思想を理論的に組織した論書は『宝性論』である。『宝性論』は五一一年ごろ中国に訳出された。漢訳では著者は堅慧《けんね》とあるが、チベット訳では詩偈の部分は瑜伽行派の弥勒の作、散文の部分は無着の作となっている。如来蔵思想の起源は古いから、弥勒（三五〇―四三〇年ごろ）が、この論の偈文を著わしたとしても不思議はないが、その成立は『勝鬘経』以後であろう。とくに散文の部分には、『華厳経』『如来蔵経』『勝鬘経』をはじめ、多くの如来蔵系統の経典を引用している。唯識系の論書も引用されるが、阿頼耶識の用例はない。四〇〇年前後の成立と見てよい。本書は仏・法・僧・如来性・菩提・仏功徳・仏業の「七種金剛句」を中心として一論が構成されている。そして如来性が因となって三宝を生み出すので「宝性」といわれることを説き、この如来性が衆生のうちにあって煩悩にまとわれているとき如来蔵と呼ばれるが、本論はこれを十種の観点や九種の譬喩等によって示している。さらにこの如来性が転依によって煩悩を離脱し、仏の徳性と慈悲の働きとが顕現することを示している。本書は如来蔵思想を組織的に説いた最も重要な論書である。

なお真諦の訳した『仏性論』も如来蔵説を説く重要な論書である。本書は世親（四〇〇―四八〇年ごろ）著とあるが、内容が『宝性論』と合致する部分が多いために、その著者については疑問がある。ただし、如来蔵について、所摂蔵・隠覆蔵・能摂蔵の三義を明かし、さらに唯識の三性説や相名分別聖智如如の五法や、阿陀那識・阿梨耶識等に言及し、唯識思想と関係が深い。中国・日本の仏教では、本書は「一切衆生、悉有仏性」を説く論書として重視された。同じく真諦訳とされるが『大乗起信論』も、如来蔵を説く論書として重要である。本書は「中国撰述」の説も有力であるが、内容から見て中国人には説き得ないと思われる法相が少なくないので、インド成立と見てよい。ただし著者は「馬鳴」とあるが、竜樹以前の馬鳴、すなわち『仏所行讃』(Buddhacarita)や『サウンダラナンダ』等の著者としての仏伝文学者としての馬鳴が本書の著者でないことは明らかである。五世紀にインドに存在した別人の馬鳴の作と見てよい。

本書は一心・二門・三大・四信・五行をもって「衆生心」に大乗の意味のあることを明かしている。衆生心にあらゆる善法が具わっており、真如である点が「大」の意味であり、衆生心に迷いから悟りに至る力がある点を「乗」という。そして一心を心真如門と心生滅門とに分かち、心生滅門を体大・相大・用大の三大に分かって説明し、そして「相大」において、如来蔵が無量の性功徳を具足することをいう。しかし凡夫においては、不生不滅の如来蔵と無明の生滅とが和合して生滅心となっている。これが阿梨耶識である。阿梨耶識には覚と不覚の二義があり、さらに覚を本覚と始覚に分け、不覚より進んで始覚に達することによって本覚に合することを説く。さらに不覚によって、無明業相等の三細六麁の生ずることを示し、心の生滅を五意・六染によって説いている。さらに心の生滅相を真如と無明の相互の熏習によって示している。真如が無明の熏習を受けるとなす点が唯識思想と異なる点である。さらにその後に実践論としての四信と五行を説いている。『起信論』は『宝性論』とはまったく異なる仕方で、如来蔵思想を体系的に示しており、中国・日本の仏教に与えた影響は大きい。

如来蔵の思想がインド仏教において、その後どのように発展したかは明らかではないが、『大日経』の「菩提心を因となし、大悲を根となし、方便を究竟となす」という場合の因としての菩提心は仏性・如来蔵を意味すると見てよい。大乗仏教の根底には、この仏性・如来蔵の思想が流れている。

唯識思想と瑜伽行派

「唯識」（vijñapti-mātratā）とは、われわれが「外界」と思っているものは、真の外界ではなくして、認識されたもの（認識内容）であるという意味であるが、かかる考えの起る萌芽はすでに原始仏教にあった。原始仏教では、認識を眼・耳・鼻・舌・身・意の六つの領域に区別して説いている。この六根六識によって存在を考えるから、眼で見られた対象と、耳で聞かれた対象とは別の存在となる。即ち二つ以上の感官にまたがって認識されるものは、感覚の素材を意識が推論によって綜合して定立したものであるから、「仮法」となる。そして感覚の素材を「実法」と見る。このような認識論からは、容易に唯心論は発展する。『華厳経』には「三界は虚妄にして、唯是れ一心の作なり。十二因縁分は是れ皆心に依る」と唯心説を述べている。さらに『般舟三昧経』では、「見仏」の体験をもって、「我が所念を見る、心、仏となり、心自ら見る、心これ仏なり」と観じ、唯心の次元で観仏の体験を理解している。見られた仏陀を超絶的な実体とはしない。そして日常の認識生活も、このような唯心論の立場で理解し、これを体系的に考察したのが唯識説である。唯識とは、一切が認識（識）のみであるという説であり、主観の構造も識（見分）であり、客観の構造も識（相分）であることをいう。この理論体系の組織には、説一切有部の法相、とくにその心理分析が、『般若経』の空の思想で解釈し直されて採用されている。

唯識説は経典としては『解深密経』『大乗阿毘達磨経』などに、はじめて理論的に説かれた。『大乗阿毘達磨経』は現存しないので、両経の前後は不明であるが、『解深密経』五巻（十一章、或いは八章）も一度に成立したものではない。菩提流支（五〇八年来支）によって「五巻十一章」が訳されたが、部分訳が『勝鬘経』を訳した求那跋陀羅によって訳されている。『解深密経』の起源は三〇〇年ころであろうが、五巻本の成立は西紀四〇〇年ごろであろう。唯識説の成立は如来蔵思想よりも後である。『解深密経』には、阿頼耶識を説き、遍計所執性等の三性説や三無性説、声聞種性・独覚種性・如来種性の三乗各別を説き、「識の所縁は唯識の所現である」という唯識説の自覚も示されている。

この経典の唯識説を論書においてまとめたものが瑜伽行派（Yogācāra）の論師たちである。弥勒（マイトレーヤ Maitreya, 三五〇—四三〇年ごろ）の『瑜伽師地論』や『中辺分別論頌』『大乗荘厳経論頌』等に示され、これをうけた無着（アサンガ Asaṅga, 三九五—四七〇年ごろ）の『摂大乗論』や『顕揚聖教論』『大乗阿毘達磨集論』などにおいて発展せしめられ、さらに彼の肉弟にして弟子であった世親（ヴァスバンドゥ Vasubandhu, 四〇〇—四八〇年ごろ）によって、唯識の理論は大成した。世親ははじめ小乗仏教を学んで『倶舎論』を作ったが、のち無着によって大乗に転向し、多くの著作を作って、唯識説を大成した。彼の『倶舎論』から『唯識論』への過渡期の著作に、『五蘊論』や『成業論』がある。また『法華経』や『十地経』『無量寿経』などに注釈を作り、『法華経』の教学や浄土教の教学の基礎づけをなしている。とくに唯識説の完成に力をつくし、『中辺分別論』や『摂大乗論』等に注釈を作るとともに、自己の唯識説を組織して『唯識三十頌』を著わした。『成唯識論』十巻は、この『唯識三十頌』の注釈であり、唯識説理解の根本論書である。さらに唯識の立場から反対説を破して『唯識二十論』を作り、唯識への入門書として『大乗百法明門論』を著わした。この百法は『倶舎論』の七十五法を受け、たりない所を補い、唯識の立場から解釈し直してできたものである。

唯識説は、禅定体験においては、認識の対象が主観によって顕現されるものである点にヒントを得て、成立したものである。平常時の認識も、禅定中の認識と、その本質においては異ならないからである。禅定において唯識を体験するのを「影像門の唯識」と称し、平常時の認識が唯識であることを、縁起の立場から理論的に説明するのを「縁起門の唯識」と称する。さらに、三性説で唯識を説明するのを「三性門の唯識」という。このように唯識説は、禅定すなわち瑜伽行（ヨーガ）の実践家（瑜伽師）たちによって組織され、伝承されたから、唯識説を説く人々を瑜伽行派（ヨーガーチャーラ）と称する。

唯識説によれば、われわれの経験はすべて識である。外界を直接に把握しているのではない。例えば、外界にあるものは光の波動であるが、われわれはそれを「色」として知覚している。また外界にあるものは空気の波動であるが、われわれはそれを「音」として知覚する。色や音は心理的なものである。外界に光の波動があっても、眼（視力）がなければ、色や形は顕現しない。すなわち、色が顕現するのは、眼が因であって、外界の光の波動は助縁にすぎないと見るのである。赤色の色盲の人には、赤色の世界が顕現しないことによっても、眼が色の因であることが明らかである。すなわち眼（主観・見分）に具わる力だけの要素が、色（客観・相分）として顕現するのである。それゆえ、眼は色の主観的あり方、色は眼の客観的あり方にすぎず、両者は同一存在が主客に分裂したすがたである。このような立場で眼耳鼻舌身意の六識と、色声香味触法の六境（対象領域）とを説明する。この六識の奥に自我意識としての末那識（manas）を説く。そしてこれらの七識の成立する根拠としての阿頼耶識（ālaya-vijñāna, アーラヤ識）を説く。阿頼耶識とは、人間の生命力に遺伝や記憶、習慣性などを含めた「心理的基体」をいうのである。これが認識や判断、衝動などの生ずる根源である。七識が顕在的であるに対して阿頼耶識は潜在的である。ゆえにこれを種子《しゅうじ》といい、種子識ともいう。過去の業《ごう》が、ここに保存されており、因縁が合すれば七識に現行《げんぎょう》し、また七識の経験は業の形で阿頼耶識に熏習せられ、種子として保存せられる。潜在的な阿頼耶識から七識が生じ、それが主客に分裂し、認識が成立する経過を「転変」という。このように阿頼耶識にもとづいて現実の世界の成立を説く説を「阿頼耶識縁起」という。

唯識説は、われわれが外界として受けとめているものは心の顕現したものであるという認識にもとづいて、唯識観を修し、阿頼耶識の本質を改造（転依）して、転識得智して、悟りを実現せんとする。その修行道を五位に分け、八識を転じて四智を得、真如所顕の四種涅槃を実現する。四種涅槃のうち有余依涅槃と無余依涅槃は、すでに『阿含経』に説かれるが、自性清浄涅槃と無住処涅槃とは新説である。とくに生死にも住せず、涅槃にも住せず、永久に衆生を救済して倦まないとする無住処涅槃は、大乗仏教の極致である。

さらに弥勒等によって仏陀の本質の考察も深められ、三身説が成立した。弥勒や無着では、仏における悟りの智と、悟られた理とを一つにして「法身」の仏となし、教化する対象を二つに分かち、初地の位以上の菩薩に法を説く「応身」と、凡夫に法を説く「化身」とを立て、法・応・化（法・報・応）の三身説を説いている。これを開応合真の三身説という。しかし世親においては、法身の理と智とを分かち、理のみを法身となし、智に自受用身と他受用身とを分かつ開真合応の三身説も説かれている。

世親以後の仏教と論理学

世親は広汎な学者で、多くの経典に注釈を著わし、それ以前のすべての学説を総括した観があるが、弟子によって再び学説が分散して発展した。第一に唯識説には十大論師があって、『唯識三十頌』に注釈を作ったというが、ただし彼の直後の弟子は不明である。唯識説の系統では、陳那（四八〇―五四〇年ごろ）と徳慧とが重要である。陳那の系統は有相唯識派ともいわれ、無性（五〇〇年ごろ）、護法（五三〇―五六一）、戒賢（五二九―六四五）と師資相承した。護法は理世俗の立場で、唯識説を新しく組織した人であり、彼の説を主として、十大論師の注釈を玄奘が糅訳した『成唯識論』は戒賢に師事した玄奘（六〇〇―六六四）によって中国に伝えられ、法相宗の根本聖典となった。

他方、徳慧の弟子に安慧（五一〇―五七〇年ごろ）があり、境識倶空を説く古説を宣揚した。この系統は無相唯識派と言われる。ヴァラビーから来た真諦（四九九―五六九）もこの系統の学者であり、彼によって訳された『摂大乗論』及び『釈』によって、中国に摂論宗が起った。

陳那（Dignāga, ディグナーガ）は世親以後の大学者であり、『観所縁縁論』『解捲論』その他の著作において有相唯識説を宣揚したが、また論理学において、『集量論』（プラマーナサムッチャヤ）、『因明正理門論』などを著わし、世親の論理学（因明《いんみょう》）を承けて発展させた。知識根拠を現量、比量の二量に限り、これを厳密に定義し、比量（推論）に関しては「因の三相」と「九句因」のそなわるべきことを明らかにし、在来の五支作法の比論的論証方式を演繹的論証の三支作法に改変した。もってインド論理学を改革し、新因明を大成した。

現量（pratyakṣa）とは直接経験のことで、主として感覚的認識（五識身の現量）を指すが、他に意地の現量・貪等における自証分・修定者の現量などが説かれている。現量は「現量除分別」といわれ、誤りのない認識である。感覚は刹那滅であるため、現量の対象は刹那滅的存在者である。これを「法の自相」という。例えば自相としての青は、眼で見られている青であるが、刹那刹那に変化している青である。現量の研究は認識論を発展させている。これにたいして比量（anumāna, 推論）の対象は共相である。例えばあらゆる青に妥当する「青一般」である。この青一般は「他のものの排除（アポーハ）」によって成立する。現実の青は相互に差別があるが、しかし非青すなわち赤白黄等を排除することによって差別がなくなり、青一般が成立するという。比量の対象はこのような「法の共《ぐう》相《そう》」である。推論には誤謬が入りうるから、因の三相・九句因によって、正しい因を用いて推論をなすべきであるという。

推論には「自比量」（自分のための推論）と「他比量」（他人のための推論、すなわち論証）とがある。論証は「宗」（主張命題）、「因」（理由命題）、「喩」（比喩命題）の三支から成る。因の三相は理由命題の三つの特質のことで、「遍是宗法性」（因が宗の主辞の賓辞となること）、「同品定有性」（因が宗の主辞の同類に必ず有ること）、「異品遍無性」（因が主辞の異類に必ず無いこと）の三である。例えば、「宗　あの山に火あり」「因　煙あるが故に」「喩　かまどの如し（同喩）、湖水の如し（異喩）」の三支作法において、第一相は山（宗主辞）に必ず煙があることである。山と煙が結合していること。第二相は山の同類、すなわちかまど等に煙が結合していること。火（宗賓辞）について言えば、火には必ずしも煙はない。しかし煙には必ず火が附随するという関係にある。第三相は異品、すなわち湖水等には必ず煙が結合していないことである。「声は無常なり、作られたものなるが故に、瓶等の如し」という推論では、因である「作られたもの」が、声と無常との媒概念のごとき関係にあるが、さきの「あの山に火あり」の場合には、このような概念の包摂関係はない。インド論理学では、論証の根拠である「因」は宗の主辞・賓辞との結合関係で推論をなすのである。この因の三相説をさらに厳密に示したものが「九句因」である。因が同品と異品とに有と無と倶（一部に存し一部に存しない場合）とに分け、九句を立て、そのうちの第二句と第八句が正しい因となることを示したものである。つぎに論証に「比喩命題」があるのは、インド論理学が帰納的な性格を持っていることを示すであろう。実例の積みかさねの上に論理を構築する意味である。

陳那の論理学は法称（Dharmakīrti, ダルマキールティ、六五〇年ごろ）によって継承され、さらに精緻になった。法称は『正理一滴』（ニヤーヤビンドゥ）を著わし、簡明に新因明をまとめ、さらに『プラマーナヴァールティカ』（量評釈）を著わし、精緻な哲学を展開した。彼の説は仏教徒のみならず、当時のインド哲学の諸学派からも重要視され、研究された。ダルマキールティの論理学は、デーヴェーンドラブッディ、プラジュニャーカラグプタ、ダルモーッタラその他によって受けつがれ、中観派にも瑜伽行派にも追随者を出し、大きな影響を与えた。

中観と瑜伽との関係について見ると、瑜伽行派の中にも、無着には『順中論』があり、安慧や徳慧も竜樹の『中論頌』に注釈を書いており、唯識説は空思想と離れたものではなかった。中観派もまた、時代とともに唯識説を導入し、両者の結合がおこっている。清弁は外界を実有と見る立場で唯識説を攻撃し、中観経量派と称せられたが、この系統の寂護（Śāntarakṣita, シャーンタラクシタ、七二五—七八八年ごろ）と、その弟子蓮華戒（Kamalaśīla, カマラシーラ、七四〇―七九六年ごろ）などによって、無相唯識の思想がとり入れられた。彼らの説は瑜伽行中観派（ヨーガーチャーラ・マードヤミカ・スヴァータントリカ）と称せられた。寂護は大著『タットヴァサングラハ』を著わし、蓮華戒はこれに注釈『パンジカー』を施した。これは全体を三一章に分かって、中観の立場から当時のインド哲学や仏教の諸学派を批判しており、清弁の『中観心論思択焔』とともに、インド哲学の研究書としても貴重である。

玄奘はナーランダーで戒賢に師事したが、寂護等もナーランダーの学者であった。しかし招かれてチベットに入り、チベットに仏教を伝えた。寂護等は蓮華生（パドマサンバヴァ）をチベットに招いて、ラマ教の基礎を作ったが、蓮華生は密教学者であると同時に瑜伽行派系統の学者であった。寂護の弟子の蓮華戒もチベットに入ったが、彼は『タットヴァサングラハ』の注釈のほかに『修行次第』（バーヴァナークラマ、広釈菩提心論）その他の著作を作り、また中国からチベットに法を伝えた大乗和尚とサム・イエにおいて対論し、頓悟を説く和尚を論破したという。このあとインドには、ハリバドラ（師子賢、八〇〇年ごろ）が現われ、中観派に無相唯識説を導入したという。彼は弥勒の『現観荘厳論』に、『般若経』に依拠して注釈を作っている。これは『現観荘厳論光明』(Abhisamayālaṃkārālokā) といい、チベット仏教で重要視された。なお後世の仏教論理学者であるジュニャーナシュリーミトラ（九八〇―一〇三〇年ごろ）やラトナキールティ（一〇五〇年ごろ）等は有相唯識の立場で論理学を述べている。これにたいして同時代のラトナーカラシャーンティは無相唯識説に立って論理学を発展させたという。

密　教

寂護や蓮華戒は中観派の学者であり、蓮華生は瑜伽行派の学者であったが、同時に彼らは密教の学僧であった。七〇〇年ごろにはナーランダーは密教の道場となっていた。中観派も瑜伽行派も次第に密教化したのである。

仏教に密教的要素が入ったのは古いことである。仏陀の悟りは、世俗の呪術の盲目性とは矛盾するが、しかし宗教が呪文や密呪と結合することはさけられない。原始仏教経典にもすでに護呪（パリッタ）が用いられており、毒蛇よけの呪文などが説かれている。現在の南方上座部でもパリッタは広く行なわれている。大乗経典になると、さらに陀羅尼や真言がとり入れられ、次第にこれらが増大した。これらが雑部密教の経典である。この段階では、密教は仏教の一部分として付随的に取り扱われていたが、これが独立して、密教を中心として仏教全体を見るようになって、大日如来の説法と名乗る密教が成立した。これが「真言乗」（Mantrayāna）である（或いは金剛乗 Vajrayānaともいう）。これにたいして、在来の大乗仏教を「波羅蜜乗」（Pāramitāyāna）と呼ぶ。そして波羅蜜乗は因であり、真言乗は果であるという。密教は、現実を覚りの世界と見る見方が、大乗仏教より更に一歩進んでいる。神秘的な行法によって、この完成した世界を発見せんとするのであり、その立場から現実の煩悩を解釈するので、その価値がまったく変ってくる。

密教経典は厖大であるが、教理の発展段階によって四段階に分ける。すなわち作タントラ（Kriyā-tantra）・行タントラ（Caryā-tantra）・ヨーガタントラ（Yoga-tantra）・無上ヨーガタントラ（Anuttarayoga-tantra）である。「作タントラ」に属する経典が早く成立したというのではないが、思想的には第四の無上ヨーガタントラが最も勝れた内容を持っていると考えられている。第一の「作タントラ」には、『薬師経』『金光明最勝王経』『孔雀明王経』、その他多数の経典が含まれている。第二の「行タントラ」には『大日経』（Mahāvairocana）『金剛手灌頂大タントラ』『八天女ダラニ』『青衣金剛手タントラ』その他が含まれる。第三の「ヨーガタントラ」には『金剛頂経』（Tattvasaṃgraha）『理趣経』（Prajñāpāramitānayapañcaśatikā）『幻網タントラ』『三世間勝儀軌大王』その他が含まれる。最後の「無上ヨーガタントラ」には『時輪タントラ』（Kālacakratantra）『サンバローダヤ・タントラ』（Saṃvarodayatantra）『ヘーヴァジラ・タントラ』（Hevajratantra）『不動儀軌』『秘密集会』（Guhyasamāja）その他の経典が含まれている。

これらの密教経典がいつごろ成立したか明確でないが、日本の密教に関係の深い『大日経』は七世紀半ばごろ、『金剛頂経』はそれより少しおくれて成立したと考えられる。そしてヨーガタントラや無上ヨーガタントラに属する諸経典は、それ以後、すなわち八―十二世紀ごろに成立したものであろうが、詳しいことは不明である。（ただし外国の学者は、根本タントラを西紀三、四世紀の成立と見、古いところへ持っていく。）伝説によれば、密教の開祖は竜猛（六〇〇年ごろ）といわれるが、玄奘渡天のころ（六二九―六四五）にはまだ盛んでなく、義浄入竺（六七一）のころから急速に盛んになった。とくに中インドを中心に栄えたパーラ王朝（七四〇―一二〇〇年ごろ）の保護のもとに発展した。とくに第二代ダルマパーラ王（―七八〇年―）がガンジス河の南岸にヴィクラマシラー寺（Vikramaśīlā）を建立し、密教の中心道場としたため、ナーランダー寺と相助けて、密教は盛大におもむいた。のちには、オーダンタプリにも大寺が建てられ、密教寺院となった。とくにヴィクラマシラー寺には、代表的な密教学者を集めたが、なかでも六門を守護した「六賢門」が有名である。東門を守護したラトナーカラシャーンティ、南門を守護したプラジュニャーカラマティ、北門を守護したナーローパなどは特に有名である。そのあとにジュニャーナシュリーミトラ、アティーシャなどが現われているが、アティーシャ、（Atīśa, Dīpaṃkaraśrījñāna ともいう、九八二―一〇五四）はチベットに招かれ、チベット密教を改革したことで有名である。

密教の根底には、中観の空の思想や瑜伽行派の唯識の教理が豊富にとり入れられている。その教理的根底の上に密教独得のヨーガの実践をなす。例えば空性と悲（カルナー）を観想するが、空性は般若の智であり、大悲は苦を除く方便であり、愛（ラーガ）の性質のものであり、般若と方便の合一を大楽と呼び、ここから一切が生ずると観ずる。あるいは空と悲とをヘールカ神と般若母の二神で示し、その「不二」を二神の抱合で観想することが行なわれる。あるいは自己の本有の菩提心と、観想する女神との合一を念ずるヨーガなどが実習せられる。これらは仏陀の覚りの境地をヨーガにおいて実現せんとするのであるが、そのために種々の印契を結び、マントラ（真言）を誦し、マンダラにおいて、諸仏、諸神を観想する。マンダラは、万徳円満した仏陀の自内証の境地を形象化したものであり、これを観想することにおいて、自己がマンダラ中に融合せんとするのである。

このようなヨーガの実践において、女神との合一は、観想にとどまる場合もあるが、実際に男女の抱合も行なわれ、そのための儀式として「五摩事」(ma のつく五つの事、酒、肉、魚、穀物、性交)が採用され、シャクティが覚りの境地の実現に重要視された。このような傾向が強まるところに密教の堕落があった。一二〇三年にヴィクラマシラー寺やオーダンタプリ寺がイスラム教徒によって破却されて、仏教はインドに滅びたのである。しかしその後も、インド教と習合し、形を変えた仏教がベンガル州を中心として、後世までも残っている。

第二章　チベット仏教

チベットには、古くから民族宗教としてのボン教があった。これは、シャマニズム的な、呪術を重視する宗教である。仏教はソンツェンガンポ王（六一七―六四九在位）の時、チベットに伝来したというが、仏教は本来寛容な宗教であるから、ボン教を滅ぼすことなく、両者の習合においてラマ教というチベット独自の仏教となった。ソンツェンガンポ王のとき、チベットの国威は強大となり、王は唐室より文成公主を迎えて妃となし、ネパールよりブリクチを迎えて妃となしたが、これが仏教がチベットに入る端緒となった。文成公主は深く仏教を信じ、唐より法師や経論を迎え、ラモチェ寺を建立したというが、同時にネパールからインド系の仏教が流入した。ブリクチによってトゥルナン寺が建立された。王も厚く仏教に帰依したが、同時にチベットの文化の向上に努力した。とくにトンミサンボータをインドに派遣し、文字や文法を学ばしめ、帰朝してチベット文字を制定せしめ、文法書を作らしめた。これによって、仏典をチベット語に翻訳することが可能になった。

しかしその後八世紀ごろまでは仏教はそれほど盛んではなかった。約百年ほどたってからチーソンデーツァン王（七四二―七九七在位）の時、インドからシャーンタラクシタ（寂護）を迎え、そのために王はサム・イエ寺を建立した。建立には一二年を要し、七八七年に落慶法要が営まれた。さらにパドマサンバヴァ（蓮華生、ペマジュンネ）が七七三年に王の招きにより入蔵して密教を伝えた。彼らは秘密法によって悪魔を調伏し、多くの奇蹟を行なって、人心をひきつけたという。かかる祈禱や奇蹟がチベット人の呪術的な性格に合致し、密教がチベットに根を下ろすことになった。さらにそのあと寂護の弟子カマラシーラ（蓮華戒）がチベットに来て、サム・イエ僧院を拠点にし、チベット仏教の基礎をかためた。彼は多くの著作を著わしたが、とくに『バーヴァナークラマ』（修行次第）は重要である。チベットでは彼は非常に尊崇され、チベット仏教弘通に果した功績は偉大である。彼は中国から来た大乗和尚（摩訶衍）と対論し、頓悟を説く大乗和尚を論破したという。チベットに対しては、中国からも仏教の伝道が行なわれていたが、これによってチベット仏教はもっぱらインド仏教によることになった。哲学的な中国仏教は、チベット人には歓迎されなかったのである。これに対して密教の神秘的な秘儀や、とくに左道密教の性的快楽を神聖視する点などが、チベット人の性格に合致したのである。その後インドより翻訳家が相ついで入蔵し、多くの経論を訳出した。そして九世紀初頭（八一二年）には最初の訳経目録『デンカルマ目録』が作られた。

チーソンデーツァン王より二代して、孫のレェパチェン王が八一五年ごろに即位したが、この王も大いに国威を発揚し、文化を高め、仏教の興隆につくした。ジナミトラ、スレーンドラボーディ、ダーナシーラ等の有名な翻訳者が相ついでチベットに入り、当時翻訳官であったカーワパルチェク、ルイギャルツァン、イシェーデーなどとともにチベット語を改訂し、新たに多数の経論を訳出し、すでに翻訳されていた経論をも改訂した。そして訳語を一定して『翻訳名義大集』を編集した。また九世紀の中葉にはパルチェク等により、『パンタン目録』がつくられた。この目録には、インドから翻訳せられた経論のほかに、中国から重訳せられた経論の目録が付加せられている。

レェパチェン王は弟のランダルマ（八〇三―八四六）に殺され、彼が王となったが、烈しい破仏を行ない、経論の翻訳を禁じ、僧徒を還俗せしめ、あるいは殺害した。そのために僧徒は難を隣国に避けたが、有名な法成は敦煌にのがれたという。しかしランダルマも間もなく殺され、イーシェーオェが王位について仏教を復興したという。しかしチベット仏教の復興に最も貢献したのは一〇三八年ごろインドから招かれてチベットに入ったアティーシャ

（九八二―一〇五四）である。彼は『菩提道灯論』を著わし、戒律を厳しくし、僧侶の独身をさだめ、ボン教の儀式を排斥するなど、堕落したチベットの密教を改革した。彼以前の密教をニンマ派と称し、彼によってカーダム派が生じた。この派よりさらに種々の派が生じたが、なかでもカンギュ派はマルパ（一〇一二―一〇九七）によって立てられ、彼の弟子に詩人として有名なミラレパがある。さらに一〇七三年には、コンチョクギャルポ（一〇三四―一一〇二）によりサキャ派が樹立されたが、この派は元朝と密接な関係ができた。彼の曾孫クンガーギャルツァン（一一八二―一二五一）はインドに留学し密教をきわめ、のち元の闊端《ゴデン》に迎えられて、その灌頂の師となった。その子発思巴（パクパ、一二三五―一二八〇）は一二五三年に世祖に迎えられ、一二六〇年にその帝師となり、のちチベットに帰って、世祖よりチベットの政権を付与され、サキャ政朝（一二五三―一三五四）を樹立した。仏教史を書いたターラナータ（一五七五―一六一六）はこの派に関係の深いジョーナン派出身である。

なおこの時代までに経論の翻訳がほぼ完成し、訳出された経論は四千余仏教、伝訳者三百五十人ほどに達したという。そして十三世紀にはじめて『チベット大蔵経』が開版された。これをナルタン古版という。この際目録も作られた。なおこのころプトンリンポチェ（一二九〇―一三六四）が現われ、『インド仏教史』を著わした。

さらに十四世紀にチベット最大の宗教家ツォンカパ（宗喀巴、一三五七―一四一九）が出て教風の改革をはかり、チベット仏教の基礎を確立した。彼は般若中観と密教との融和をはかり、中観の立場に立って密教を改革した。とくに月称の説を重んじ、このことがその後のチベット仏教の性格を決定した。彼は一四〇九年にガンデン寺を建て、多くの著作をこなし（『ツォンカパ全書』三〇筴二一〇部）、なかでも顕教においては『菩提道次第』（ラムリム）を著わし、因明、アビダルマ、律、中観、瑜伽等の教学を統一融合し、密教に関しては『秘密道次第』（ガクリム）を著わし、教学の基礎をかためた。彼の宗派をゲールク派と呼び、旧教ニンマ派に対して新教となす。あるいは旧教が紅帽を用いるのに対し、新教が黄帽を用いるので、これを黄帽派ともいう。その後のチベット仏教は、大部分は黄帽派になっており、紅帽派はふるわない。

彼の弟子にゲドンドブ（一三九一—一四七八）があり、一四四七年にタシルンポ寺を創建し、教権を拡張し、ダライラマ（達頼喇嘛）の初祖となった。同じくツォンカパの他の高弟ダルマリンチェン（一三六四—一四三二）は黄帽派の法灯をついで、ガンデンチィパの第二祖となった。ラマとは「上人」の意味であり、ダライとは蒙古語で海の意味である。チベット人は自国を観音の浄土と考え、その統治者であるダライラマを観音の化身と考えた。そしてラマは代々転生すると考え、ダライラマの後継者は、その死後奇瑞のあった新生児の中から選ばれた。ダライラマ第三世のソナムギャムツォ（一五四三—一五八八）の時にはチベットの勢力は蒙古にも及んだ。しかし第五世ガワンロザンギャムツォ（一六一七—一六八二）の時、蒙古にグシ汗が出てチベットまでも攻略したが、一六四二年に第五世ラマにチベットの政権を与えて、みずからはその後見に当たった。これがダライラマ政権の始めである。第五世ダライラマは資性英邁で、全チベットを統一するとともに、深く仏教教理に通じ、一六四八年にラサにポタラ宮殿を営み、政治と教法の中心地とした。ポタラとは、南インドにあるという観音の霊場ポータラカ（補陀落山）にならったものである。第五世ダライラマ叢書は、顕密両教にわたる文献や、チベットの歴史や経録等を含み重要である。なお第七世ダライラマの時ナルタン新版の『チベット大蔵経』が開版せられ、同じく一七二九年ごろデルゲ王によって『デルゲ版大蔵経』が開版された。その後、チョーネ版、プナカ版、北京版（一六八三—　）、ラサ版その他、『チベット大蔵経』の開版は多い。現在のダライラマは、第十四世テンジンギャムツォ（一九三五—　）である。

ツォンカパの弟子ケェドゥプジェー（一三八五—一四三八）の系統では、十七世紀の前半に至りローサンチョキギャルツァン（一五六七—一六六二）の時、タシルンポ寺によって五世ダライラマよりパンチェンラマの称号を贈られ、一六六二年に没した。これがパンチェンラマの始祖である。パンチェンとはサンスクリットのパンディタに由来する言葉であり、学者の意味である。これはまたタシラマ（吉祥のラマ）ともいう。現在は第七世（一九三八―　）である。ダライラマが世俗的権威も兼ねもつのに対し、タシラマは宗教上のみの権威として尊崇せられる。そして阿弥陀如来の転生化身と崇められている。しかし同じ国に、二つの権威が並び存することはむつかしい。ダライラマとパンチェンラマとの間は必ずしも平和ではなく、近世に至ってチベットの周辺が政治的に動揺してくると、このチベットの二つの権力は、外国勢力に利用されるところとなった。概していえば、ダライラマは英国側につき、パンチェンラマは中国に亡命したりして、中国の政策を支持した。この対立は最近までもつづき、ついに共産中国によってチベットが制圧され、第十四世ダライラマはインドに亡命するに至った。

第三章 中国仏教

一 初期の仏教

仏教の伝来と西域の仏教

中国に仏教が伝来した伝説として有名なのは、後漢の明帝が夢に金人を見て、使いを大月氏国につかわした。その結果、永平一〇年（六七）に迦葉摩騰と竺法蘭とが洛陽に来て、白馬寺において『四十二章経』を訳したという説である。しかしこの『四十二章経』が後世に訳出された経典の抜粋らしいために、この伝説は承認されていない。しかし『魏略西戎伝』には、前漢の哀帝の元寿元年（前二）に景盧が大月氏の使者伊存から仏教の経典を口受されたといい、また『後漢書』には、後漢の明帝（五七—七五在位）の異母弟の楚王英が洛陽の東の彭城において、仏教を信じていたという説がある。

中国とローマやインドを結ぶ「絹の道」は西紀前二世紀から開けていたから、この道を通ってインド商人や、仏教を信じていた西域《さいいき》人等が中国にも来ていたであろう。したがって仏僧の渡来がなくとも、西域の仏教信者との接触において、中国人が徐々に仏教を理解したであろうと考えてよい。したがって紀元一世紀には、仏教が中国に伝わっていたことは確かであろう。

仏教は西域から中国に伝わった。西域とは、中国から西の方全体を指すからインドなども入るが、狭い意味では中央アジア（シナトルキスタン）を意味する。この地方にはそれ以前から多くの民族が居住しており、仏教が栄えていた。前漢の武帝（前一四〇―前八七）が張騫に命じて西域を経営せしめたが、そのころから中央アジアを通る通商路が開けたのである。これがいわゆる「絹の道」である。クシャーナ王朝は紀元一世紀に北インドを中心に大帝国を建設したが、この民族は月氏であり、もともと彼らは中央アジアの出身である。故に中央アジアとの関係は密接であった。そのためにクシャーナ王朝時代には、中国から中央アジア、インド、さらにイランからローマへと、広大な地域にわたる交通が盛んであった。仏教もこのルートに乗って、かなり早くから西域に伝わっていたと考えてよい。

西域にいかなる民族が栄えていたか、確かでないが、月氏の出身で敦煌《とんこう》に生れた竺法護は、二六六年（泰始二年）に洛陽に来て、多くの経論を訳出したが、彼は西域三六ヵ国語に通じていたという。それほど多くの国はなかったにしても、多数の国があったことは、法顕や玄奘等の旅行記によっても知られ、また近代における西域の発掘からも確かめうる。中国西部の西安の西方に敦煌があり、その西の玉門関をすぎて、道は天山北路と天山南路とに分かれる。北路をとれば、高昌（トルファン）・焉耆《えんぎ》（カラシャル）・亀茲（クッチャ）をへて西トルキスタンに入り、タシケント（フェルガナ）・サマルカンド（ボーカーラ）・アフガニスタン（バクトリヤ・大夏）に向かう。南路をとれば、于闐《うでん》（コータン）・莎車（ヤルカンド）・疏勒（カシュガル）をへてパミール高原（葱嶺）を越え、カシュミールに入る。二〇世紀初頭の数回にわたる敦煌・高昌・于闐・亀茲等の発掘によって多くの石窟寺院を発見し、仏像・壁画・仏画・写本等を多数に発見した。それによって西域にトカラ語・コータン語・ソグト語・チベット語などが行なわれており、そのあとでトルコ人のウイグル語が広く行なわれたことが明らかになった。これらの原語に翻訳せられた経論も多数に発見され、トルコ人がイスラムに改宗するまで、約千年以上にわたって西域に仏教が盛んであったことがわかった。

カラシャルやクッチャ等の西域北道には小乗仏教が盛んであり、南道のコータンには大乗仏教が盛んであった。これらの残された写本の中では、『阿含経』や『ウダーナヴァルガ』(法句経)、説一切有部の戒律の断片などのほかに、大乗経典では『般若経』が最も多く、ついで『金光明経』が多い。さらに『大無量寿経』『維摩経』『法華経』『首楞厳経』『仏名経』など、各種のものがある。敦煌やクッチャなどには千仏洞が現存し、その他からも多数の石窟寺院が発見され、仏教美術の点でも不朽の名品が多い。しかも敦煌からは、莫大な漢文の仏教写本が発見された。これは中国仏教の研究に画期的な変化をもたらしたほどに重要な資料である。その中には若干の道教関係の資料も含まれ、僅かながら異教の資料もある。

初期仏教の発展

初期の中国仏教は道教と一緒に信奉せられたらしい。上記の伊存の記述にも、仏教と老子の教えとに合致点のあることを述べ、楚王英も「黄老の微言を誦し、浮屠の仁祠をとうとぶ」といっている。桓帝(一四七―一六七)も宮中に黄帝老子、および仏陀を祀って、豪華な儀式を行なったという。また後漢書の襄楷伝にも、宮中に黄老浮屠の祠を建つといっている。立派な仏堂(浮屠祠)を建てて、金人(仏像)を祀り、焼香・誦経する異国的な法要が、当時の王侯貴族の好みに合ったらしい。仏誕会(浴仏)・飲食供養(設飯)なども行なわれている。これらは、善行をなして功徳を積む意味があった。

経典の翻訳の最初は安息(パルティヤ)出身の安世高である。彼は一四八年ごろに洛陽に来て、主として小乗経典を訳出した。それから間もなく月氏出身の支婁迦讖が桓帝の末ごろ洛陽に来て、『般若経』や『般舟三昧経』、その他の大乗経典を訳出している。そのあとで厳仏調や、月氏からの帰化人の子孫である支謙の翻訳（二二三―二五三）などが注目される。また朱子行（―二五七―）のように中国人であって、出家して『般若経』を求めて于闐に行った人もある。その他多くの訳経家があるが、最も重要なのは敦煌出身の竺法護である。彼は二六六―三〇八年の間に『般若経』や『法華経』『維摩経』『無量寿経』など、多くの経典を訳出した。

政治的には、後漢末に黄巾の乱があり、ついで呉・魏などの三国の対立となり、さらに西晋（二六五―三一六）の時代となるが、西晋末には洛陽に四十二寺があったというから、僧侶の数もかなりあったであろう。しかし同時にそのころ北シナではこの時代から北方からの異民族の圧迫が強くなる。そして三一六年には西晋が匈奴に滅ぼされ、それより北シナは異民族の天下となる。彼らは漢民族を支配するために、漢民族の文化に匹敵する異国文化として仏教を採用し、これを信奉してその弘通につとめた。このことが、仏教が中国に根をおろすのに、大きな助けとなった。たとえば後趙（三一九―三五二）の石勒や石虎が仏図澄（二三二―三四八）の宗教的霊験に深く帰依し、その布教を助けたことなどもその一つであり、それによって仏図澄は三十余年北シナに布教し、しばしば神通力を現わし、九百に近い寺院を建て、一万に近い門下を養成したという。これによって仏教は中国に急激に発展した。彼の門下からは、有名な道安（三一四―三八五）をはじめ、竺僧朗・竺法雅・竺法汰など有力な弟子が輩出した。また前秦の符堅（三五七―三八五在位）も道安をはじめ多くの仏教者を尊崇し、布教を助けたが、道安のすすめでクマーラジーヴァ（鳩摩羅什、三四四―四一三）をクッチャから迎えた。符堅は羅什の到着をまたないで死んだが、その後、長安に君臨した後秦の姚興（三九四―四一六在位）は後涼を降して、羅什を長安に迎え、莫大な費用を投じて羅什の翻訳を助けた。羅什が短期間に厖大な翻訳をなし得たのは、彼の非凡な才能によることはもちろんであるが、同時に費用を惜しまず、多くの助手をつけて、訳業を助けた姚興の援助による点が大きい。また符堅は、僧侶と経典とを高句麗に送ったという（三七二年）。これが朝鮮半島に仏教が伝わった最初である。

西晋が滅ぼされたとき、その一門が南下して、建康に都したのが東晋（三一七—四二〇）であるが、これによって漢文化が南方に進出し、将来南方に仏教が栄える基いとなった。仏教は伝来以来、貴族の間では黄帝や老子とならんで信奉せられたが、同時に思想的にも、仏教の般若の空の思想は老荘の無の思想と合致点があり、そのために老荘思想を媒介として仏教を理解したり、説明することが行なわれた。当時、六家の般若解釈があったという。すなわち琛法師の本無義、支敏度等の心無義、支遁の即色義、于法開の含識義、道一の幻化義、于道邃の縁会議である。道安も本無義を唱えたというが、彼の説と支遁の即色義とは、羅什仏教の伝来以前において、もっともよく般若の経意を会得したものと評せられた。しかしこのような仏教と老荘思想との結合は、仏教の真意を理解する道でないとして「格義は迂にして本に乖き、六家は偏にして即せず」と批判され、道安は仏経は仏経によってのみ理解すべきであるという、仏教研究の正しい道を確立した。しかし江南の貴族の間には清談や玄学が盛んであり、彼らの知遇を得た南遷僧たちは仏教と並んで老荘哲学をも講じ、この点で竺道潜（二八六—三七四）や支遁（三一四—三六六）はすぐれていたという。老荘思想との結合は、道安によって排撃されたとはいえ、道安自身の仏教理解にも老荘的な性格が強いことは否定できない。『不真空論』を著わして格義仏教を批判した僧肇の仏教理解にしても同様である。老荘思想と仏教との結合は後々までも中国仏教の性格を形成する強い要素としてはたらいている。空とか涅槃とか、縁起などという思想は、中国にはなかった思想であるから、中国人がこれを消化するには、長い年月を要した。しかし同時に中国人は、インド人とは違った仕方で仏教を自分のものにしたのである。

しかし格義の仏教と同時に、やがて道教や儒教からの反対攻撃も起り、攻撃に対しては、三国時代に牟子《ぼうし》の『理惑論』のごとく三教の調和をはかる著作も現われているが、道教が宗教として力を得るにつれて、道教と仏教との対立は激しくなった。道教は老子をもって祖とするが、これに神仙思想や陰陽五行説・服薬長寿の法などの民間信仰をとり入れて成立した宗教である。民間信仰に基礎をもち、服薬長寿・治病除災の現世利益と結びついているために強固な宗教となった。道教は後漢末の張陵によって、四川地方に起ったというが、次第に中央にも拡まり、三国時代には一般庶民のみでなく、名門貴族の間にも信者を得、一大教団となった。仏教に影響されて、道教経典も作られ、懺悔・贖罪等の行法を定め、社会事業をなす等、民衆を心服せしめ、一大教団となった。西晋時代に帛遠と道士王浮との間に道仏の論難が行なわれ、王浮は『老子化胡経』を作って帛遠に対抗したという。道士葛洪は『抱朴子』を著わしたが、その神仙道修行には仏教の影響が明瞭である。二教の争いは東晋以来益々激しくなっていく。儒教と仏教とは道仏の場合より距離があったが、しかし儒教の説く孝の倫理は仏教の出家主義と相容れない点があり、両者の間にも論戦が行なわれるようになった。

東晋時代までに一般民衆に仏教がどの程度まで浸透したか明らかでないが、高僧が持つと信ぜられた呪術的な力が一般民衆に与えた影響は大きかった。さらに仏像礼拝の時の焼香詠唱儀礼が不可思議な力を持つと信ぜられた。とくに梵唄《ぼんばい》として知られる仏教讃歌が中国人に大きな影響を与えたという。東晋の仏教界では西方の管絃楽器にあわせて、漢文の経典の詩偈を梵唄で詠唱したという。とくに仏陀の伝記を讃歌に作り、詠唱した。これらは、インドにおける仏塔礼拝の作法が伝来したものであろう。中国ではかかる音曲的宗教儀礼が、仏堂で、仏像前でなされたのである。なお当時の知識人が仏教をどの程度理解し、実行していたかは明らかでないが、『弘明集』に収められている郗超《ち》（三三六―三七七）の『奉法要』を見るに、仏教の理解が深かったことが知られる。彼は本書で在家信者の実行すべき仏教を解説しているが、その中で若干の点に中国的改変を加えつつも、仏教の理解は極めて正確であり、帰依三宝、五戒、八斎戒、六随念、十善、三界五道、五蘊、五蓋、六処、三世因果、応報、四無量心、無心、苦、無常・苦・空・無我・六波羅蜜、涅槃、空の実践等について解説を行なっている。内容は仏教の要点を巧みに採りあげており、「実践仏教概論」といってよいほどのものである。しかも彼の引用している『十二門経』は安世高の訳、『成具光明経』は支曜の訳、『維摩詰経』『本起経』『差摩竭経』『賢者徳経』等は支謙の訳、『法句経』

は維祇難の将来した経、『普曜経』は竺法護の訳である等、すべて古訳時代の経典でも特に古い経典である。これらは訳文が晦渋で読みづらいのであるが、当時はこれらの経典が研究され、理解され、生きていたことを知るのである。

なお東晋時代の仏教の発展には、道安の果した役割が大きい。彼は格義を排して仏教の正しい理解の方法を確立したが、同時に梵僧の翻訳を助け、経典の訳出に力をつくした。そして自ら訳経に序をつくり、経典の講義をなし、注釈を施し、翻訳の際注意すべき「五失本三不易」を示し、経典に序分・正宗分・流通分の三分あることを示したという。また経典の翻訳の事情を研究し、経論の訳時、訳者、書名等を決定し、『綜理衆経目録』を作っている。さらに道安は戒律を研究し、僧徒の日常の行儀を正し、昼夜の行動や布薩の仕方などを定め、僧団の日常生活の規矩や僧徒の修行方法を明示した。この道安の努力によって、仏教の正しい研究方法、修行方法が明らかにされ、つぎの羅什の新しい経論の翻訳をまって、仏教の飛躍的発展の準備がなされた。

二　羅什及び南北朝の仏教

羅什の訳経

道安は前秦の符堅（三五七―三八五在位）にすすめて、亀茲より鳩摩羅什（Kumārajīva, 三四四―四一三年ごろ）を迎えしめた。符堅は襄陽から道安を迎えるために百万の軍勢を動かしたというが、羅什を迎えるためにも六十万の軍を出したという。しかし羅什が来ないうちに両者とも亡くなり、次の姚興（三九四―四一六在位）によって、羅什は長安に迎えられた。

鳩摩羅什以後の翻訳を「旧訳《くやく》」と呼んで、それ以前の「古訳」と区別する。これを旧訳となすのは、玄奘以後の

「新訳」と区別するためである。ともかく羅什の翻訳は一時代を画するのであり、訳語がすぐれており、訳文が流暢であるために、彼の翻訳にいたって初めて訳文のみによって仏教を理解し、研究することが可能になった。『法華経』や『阿弥陀経』などは、現在も彼の訳した経典が読誦用に用いられている。彼の翻訳は「三五部三〇〇余巻」という程に多いが、後世に大きな影響を与えたものは、経典としては『大品般若経』『小品般若経』『法華経』『阿弥陀経』『維摩経』などであり、律に『十誦律』があり、論としては、『中論』『百論』『十二門論』『大智度論』『十住毘婆沙論』『成実論』などがある。門下三千というが、とくに、道融、僧叡、僧肇、道生の四哲、曇影、慧観、道恒、曇済の四英が有名である。なかでも僧肇は、「般若無知論」などの『肇論』と『注維摩』などを著わし、中国人にして仏教哲学の著作をなした最初の人といわれる。彼は老荘思想にも理解の深かった人である。僧叡は羅什の訳した経論に多くの「経序」を著わしており、それによって彼の般若思想への理解の深さが知られる。曇影には『中論』の注釈があったが、現存せず、その「序」のみが残っている。彼は『中論』研究の最初の人である。僧叡にも『中論』の序がある。道生は頓悟成仏や闡提成仏を唱えて後世に大きな影響を与えた。頓悟・漸悟が中国では早い時代から問題になるのであり、これは中国仏教の特色の一つである。チベットのサム・イエの法論でも、カマラシーラが漸悟を主張したのに対し、中国の大乗和尚は頓悟で対したという。インド仏教にはいわゆる頓悟説は存在しない。インド仏教にも頓現観・漸現観の対立はあったし、アビダルマには「超越証」も説かれている。しかしそれらは中国仏教の頓悟説とは異なる。輪廻思想に立つインド人には、生を繰り返して修行を続けるのは当然のことであり、頓悟説の生ずる余地はなかったと見てよい。

慧観は『涅槃経』を研究し、五時の教判を立て、涅槃宗の確立に大きな役割を果した。「教判」も中国仏教の特色の一つである。インド仏教は歴史的に発展したために「教相判釈」の必要はなかった。ただ後に起った『解深密経』などに、教判に類似の説があるにすぎない。しかし中国仏教には、インドで千年近くの間に発達した大小乗の経論が、前後の区別もなしに訳出せられ、しかも大小乗の経典が、すべて「仏説」を主張しているために、諸経典の取捨選択、価値批判が避けられなかったのである。それが教相判釈という形で現われたのである。

羅什の翻訳の中では、『中論』が最も多く研究され、『百論』『十二門論』と共に三論学派をおこし、またこれに『大智度論』を加えて四論学派もおこっている。『十誦律』も大いに研究され、四分律宗がおこるまでは、律の研究は十誦が中心であった。『成実論』も広く研究され、南北朝時代には、仏教の基礎学としては『成実論』の研究が天下を風靡したのである。

羅什以後の翻訳

羅什につづいて五世紀のはじめに仏陀跋陀羅（覚賢、三五九—四二九）によって『華厳経』が訳出せられた。彼は法顕の将来した『摩訶僧祇律』や『涅槃経』六巻の訳出にも協力している。仏陀跋陀羅ははじめ長安に迎えられたが、彼は修禅者であり持戒堅固であったために羅什の門下と相容れず、擯せられて廬山の慧遠に迎えられ、廬山に入ったが、さらに建康の道場寺に入って『華厳経』等を訳した。禅師であった彼の仏教は、羅什の仏教とは異質的なものがあった。さらに曇無讖（三八五—四三三）は西域より涼州に来て、河西王蒙遜に帰依せられて、『涅槃経』四十巻、『菩薩地持経』十巻、『金光明経』等を訳出した。とくに『涅槃経』と『菩薩地持経』を訳したことは、後世の中国仏教に大きな影響を与えた。曇無讖は姑蔵に在ったとき、道進等に菩薩戒を授けたが、受戒前に三年間も懺悔せしめ、業障の消えるまでは受戒を許さなかったという。きびしい懺悔の行が菩薩戒の受戒に伴っている。これが「地持戒」である。四一七年に『六巻泥洹経』が建康において、法顕・仏陀跋陀羅等によって訳されたが、道生はこれを研究して、一切衆生にすべて仏性があり、断善根の一闡提も成仏しうると主張した。しかし「六巻本」には一切皆成仏を主張しながらも、一闡提の成仏は保留されていたために、道生の主張は極端な説であるとして、建康の仏教界から擯出された。その後曇無讖の『涅槃経』四十巻が四二一年に訳されて、道生の説の正しいことが証明された。涼州は洛陽より遥か西方にある遠隔の地であるが、しかし『涅槃経』四十巻は道生の去った建康に間もなく伝えられ、建康でも長安でも研究されたのである。

建康の仏教では、求那跋摩と求那跋陀羅の訳経が重要である。求那跋摩は四三一年に南海より建康に来て『菩薩善戒経』を訳し、南地に菩薩戒を伝えている。これは「地持戒」と同種の大乗戒である。彼は『四分羯磨』をも訳し、戒律の弘通にもつくしている。入滅の時、南林寺の戒壇の前で火葬に付した。当時はすでに戒壇も作られており、戒壇上で受戒する作法も行なわれていたのである。

求那跋陀羅は四三五年に海路広州に達し、建康に迎えられて、祇洹寺で『雑阿含』『勝鬘経』『四巻楞伽経』『相続解脱経』その他を訳した。彼の訳した『勝鬘経』や『楞伽経』も次の時代に大いに研究せられた。さらに『相続解脱経』は『解深密経』の部分訳である。

中国仏教では、法華経・涅槃経・維摩経・勝鬘経・楞伽経・無量寿経等が重要視せられ、学者が競って注釈を施している。『無量寿経』も宋の孝武帝（四五四―四六四在位）の時代に宝雲によって訳されている。そしてこれらの中では、『法華経』と『涅槃経』とが中国仏教に与えた影響が最も大であったと言ってよい。羅什が長安に来たのは四〇一年であるが、それから五十年を経ない間に、これらの重要な経典が揃ったのである。しかもこれらの経典がすべて文章が流暢で理解し易いのは、羅什によってすぐれた訳文が作られたことが大きな理由であると考える。なお『雑阿含経』の少し前に『長阿含』『中阿含』『増一阿含』等も訳出され、さらにアビダルマ関係の論書も訳出されている。これらが研究されて毘曇宗が起るのである。さらに律蔵も、羅什の『十誦律』の訳出につづいて、『四分律』『摩訶僧祇律』『五分律』が続いて訳出された。『十誦律』の訳出以前には、中国には律蔵の完備したものがなかった。そのために僧は出家しても、受戒の作法も完備せず、戒律の条文の受持も明らかでなかった。とくに曇柯迦羅が魏の嘉平年間（二四九—二五三）に洛陽に来た時代には、「衆僧あれどもまだ帰戒を受けず」という時代であり、頭髪を切って俗に異なるのみという状態であった。その後、梵僧の来る人も多く、戒経や羯磨の翻訳もなされたが、しかし広律の翻訳はなく、戒律の実践は極めて不完全であった。法顕は中国に律蔵が完備しないのを残念に思い、慧景等と共に三九九年に長安を出発して、律蔵を求めてインドに旅立った。彼は中インドで『摩訶僧祇律』の梵本を得、セイロン島で『五分律』の梵本を得たが、前後一五年を費して四一四年に帰国した時には、『十誦律』と『四分律』とがすでに訳出されていた。しかし法顕は仏陀跋陀羅と共に『摩訶僧祇律』を訳し、『五分律』は彼の没後、仏陀什によって訳され、中国には完全な広律が四部も備わることになった。これらが研究されて、戒律の実践が明らかになり、僧伽の運営や修行方法も正しく理解されるようになった。そして受戒作法や布薩・安居等の作法も正しく実行され、戒律に基づいて僧の修行がなされるようになった。はじめは羅什の門下が長安に勢力を持っていたので、『十誦律』が主として研究され、『十誦律』に基づいて受戒作法等も行なわれたのである。その後も『十誦律』の研究は、天台宗では長く実行せられている。例えば智顗の『菩薩戒義疏』に律蔵を引く場合は、つねに十誦律である。したがって彼は十誦律によって具足戒を受けたものと考えられる。

羅什の仏教が般若・空の仏教であるのにたいし、華厳経や涅槃経・勝鬘経等は悉有仏性を説く「有」の仏教である。南北朝時代に伝わった『十地経論』や『解深密経』『摂大乗論』等も同じく「有」の仏教である。羅什の系統が『十誦律』によったため、これらの系統では羅什の系統と異なり、『四分律』を採用するようになった。

なお仏教の実践家としては、廬山の慧遠（三三四—四一六）が重要である。彼は道安の弟子であるが、のち師とわかれて南シナの廬山に行き、弟子百余人と共に白蓮社を設立し、西方極楽往生を期して、浄土の浄行を修した。これは、中国における組織的な仏教結社の最初であるという。彼は戒律を厳格に守り、三十年間山を下らず、修行と研学と教化とにつくした。世俗の権力と妥協せず、桓玄が沙門に王者を礼拝せしめようとしたのにたいし、世間と出世間の区別を明かし、『沙門不敬王者論』を著わし、仏教の出家主義をつらぬいたことは有名である。後世、廬山が浄土教や禅宗の中心地として重きをなすにいたったのは、慧遠の徳化による点が大きい。

なお法顕が三九九年に西域に出発したことは先に述べたが、彼は帰国して『仏国記』一巻を著わしている。しかし彼より早く朱子行は二六〇年に、般若経を求めて于闐に行っている。つぎに慧遠は経典の不備をなげき、三九二年に弟子の支法領、法浄を西域に遣わして仏典を求めている。支法領は西域から大乗の新経二百余部をもたらして、長安に帰っている。覚賢（仏陀跋陀羅）の翻訳した『華厳経』はその中にあった。さらに法顕と同じころに、智厳や宝雲等が入竺している。このようにこの時代から、中国人がインドに行き、実際にインド仏教を見聞するようになったことは注目される。この時代からは、インドから仏教が直輸入されるようになったのである。

南北朝時代

劉宋の興った四二〇年から陳の滅亡（五八九）までを「南北朝」という。この時代の仏教は、次の隋唐時代の仏教を出生する準備時代の仏教である。羅什は四〇一年に長安に来たが、仏教伝来以来それまでに四百年近くたっている。その間、中国人の仏教への理解は次第に深まってきたが、羅什の翻訳は仏教研究に一時期を画したものである。彼の翻訳は文章が流暢で、理解が容易である。彼によって訳文の模範が示された。そしてそれ以後の訳経者の訳文は、羅什に従っているために理解が容易になっている。そのことは、それ以前の翻訳である支謙や竺法護の訳文と、羅什以後の訳経者の訳文とを比較すれば明らかである。このように仏教研究が、中国文の経典や論書のみによってできるようになったことが、隋唐時代の中国独自の仏教を生み出す主要な原因になったと考える。

羅什を長安に迎えた後秦の姚興は、いわゆる五胡十六国時代に属する。北シナが北魏に統一されたのは四三九年であり、東晋が宋（劉宋）に滅ぼされたのは四二〇年である。それからがいわゆる「南北朝」であり、南朝は宋・

斉・梁・陳と交替し、北朝は北魏が五三五年に西魏と東魏とに分裂し、西魏は北周に代り、東魏は北斉に代ったが、北斉は北周に亡ぼされ、北周は隋に亡ぼされた。隋は南朝の陳をも併せて、南北朝を統一するのである。求那跋摩や求那跋陀羅は宋代の人であるから、南北朝に属する。しかし羅什の弟子のうち、南渡した道生や慧叡(僧叡)・慧観等は宋の元嘉(四二四—四五二)のころまで活躍しているために、道安・羅什・慧遠等から、曇無讖・法顕・仏陀跋陀羅・求那跋摩・求那跋陀羅までを一つの時代と見てよい。彼らと次の菩提流支や勒那摩提等の仏教との間には、一つの段落が見られる。菩提流支は五〇八年に洛陽に来ている。ゆえに南北朝の仏教は、菩提流支以後と、それ以前とに区分される。

大乗戒の興起

中国仏教をつらぬく仏教の実践理念として「菩薩戒」すなわち大乗戒がある。中国では、「律蔵」は小乗戒であり、「自利」のみの声聞の受持する戒と見られていた。そして中国仏教は純大乗仏教であるために、菩薩の「利他の精神」に基づいて受持すべき戒が要求された。これが「菩薩戒」である。曇無讖が四二〇年ごろに訳した菩薩戒本は大乗戒であるが、これは『菩薩地持経』から抜粋されたものであり、『瑜伽師地論』の系統の菩薩戒である。ここに「三聚浄戒」を説き、律儀戒のほかに、摂善法戒と摂衆生戒とを説く。ここには、進んで善を行ない、衆生を救う大乗の精神が示されている。しかし第一の律儀戒には「七衆の別解脱戒」を当てており、これは律蔵の戒を受ける立場である。ゆえに、これを「通三乗」の戒という。

これにたいして「純大乗」の戒を説くのは『梵網経』の「梵網戒」である。梵網経は、『梁高僧伝』には羅什の訳となし、道融の伝の中にも彼が羅什に請うて「菩薩戒本」を出さしめたことをいう。しかし僧祐の『出三蔵記集』には羅什の訳経中に菩薩戒本を加えていない。そのために現今では梵網経は中国撰述であると見る学者が多い。

しかし少なくとも四五〇年ごろにはすでに梵網経は存在していた。その後、天台の慧思（五一五―五七七）や智顗（五三八―五九七）等によって弘められた菩薩戒は、この梵網経の菩薩戒である。智顗には『菩薩戒義疏』があり、梵網戒の注釈を行なっている。その他にも『十誦律』とあわせて菩薩戒を説いた僧が何人かあるが、彼らの受持した菩薩戒も梵網戒と見てよい。その後、梵網戒は広く中国仏教界に迎えられ、華厳の法蔵の『梵網経菩薩戒本疏』、太賢の『梵網経古迹記』等のすぐれた注釈が著わされた。そしてこれが中国の大乗戒の主流となる。これにたいして北シナではさきに曇無讖が「地持戒」を伝えたが、求那跋摩は四三一年ごろに『菩薩善戒経』を訳して、江南に菩薩戒を伝えた。これも瑜伽戒の系統である。同じく広東に来た求那跋陀羅も菩薩戒法を説いたというが、その内容は不明である。地持戒が中国でどこまで実行されたか不明であるが、その後、玄奘によって『瑜伽師地論』が訳され、その中の「菩薩地」にこれと同じ戒が説かれている。これは三聚浄戒と菩薩の「四重・四十二犯事」とを説く戒である。この「四重・四十二犯事」は、大乗経典の中から、菩薩の守るべき戒を抜粋したものであるという。しかし玄奘が『瑜伽師地論』を訳したあとに、法相宗の太賢が『梵網経古迹記』を著わし、勝荘が『梵網経菩薩戒本述記』を著わす等、法相宗にも梵網戒が行なわれている。

梵網経の菩薩戒は「十重・四十八軽戒」であり、三聚浄戒を説かない。しかし一々の条文が止悪（律儀戒）・作善（摂善法戒）・慈悲（摂衆生戒）の三段で説明されている。この梵網戒に基づいて三聚浄戒を説くものは『菩薩瓔珞本業経』である。この経は梵網経のあとに現われたが、本経では、摂善法戒を「八万四千の法門」となし、摂衆生戒を「慈悲喜捨で衆生を摂すること」、摂律儀戒を「十波羅夷」となしている。この十波羅夷は梵網の「十重」である。このように『瓔珞経』は梵網経を受けているために、この経も中国撰述と見られている。

梵網経の菩薩戒は、毘盧舎那仏の心地を開顕した戒であり、金剛宝戒ともいう。一切の仏・菩薩の本源である「仏性種子」を戒の本質となす。そしてこの仏性が一切衆生に具わると主張する。そして「衆生が仏戒を受ければ、即ち諸仏の位に入る」と説き、衆生は当成の仏、仏陀は已成の仏であると説いている。声聞戒では在家戒と出家戒とは異なるが、梵網戒は在家・出家が等しく受けうる「真俗一貫」の戒である。そして千里内に能授戒師がなければ、仏前で自誓受戒することを認め、さらに波羅夷罪を犯すも、仏前に至心に懺悔をなし、好相を見るを得れば罪は浄化され、再び得戒しうるという。そのほか、梵網戒には、「放生《ほうじょう》」を説き、身を焼いて仏を供養すべきことを説き、食肉を禁じ、五辛を禁ずる等、中国・日本の仏教に与えた影響は大きい。

唯識系経論の伝来

唯識系統の経典としては、求那跋陀羅が四二四年から四五三年の間に訳出した経典の中に『相続解脱経』二巻があったが、これは『解深密経』の部分訳である。これが、中国に唯識系統の経典の紹介せられた嚆矢であるが、見るべき影響は与えなかった。さらに彼の訳経中に『楞伽経』四巻があるが、楞伽経にも阿頼耶識が説かれている。しかしこの経も、唯識思想よりは、如来蔵思想の立場で、中国仏教に影響を与えた。本格的に唯識説が中国に伝えられたのは、北魏の永平元年（五〇八）に洛陽に来た菩提流支・勒那摩提等によってである。彼らによって無着・世親の仏教が中国に伝えられた。菩提流支と勒那摩提とは『十地経論』十二巻、『宝性論』四巻、『法華経論』一巻等を訳したが、意見が合わなくて別々に訳したという。その外に菩提流支は『深密解脱経』五巻、『楞伽経』十巻、『金剛般若経論』三巻、『無量寿経論』一巻その他を訳し、五二五年に洛陽に来た仏陀扇多は『摂大乗論』二巻を訳した。深密解脱経は解深密経の異訳であり、唯識思想の根本聖典である。さらに十地経論は世親の著作、摂大乗論は無着の著作である。これらによって、無着・世親の仏教が中国に紹介せられることになった。しかし『摂大乗論』は難解なために、真諦が来て、その『釈論』（世親作）を訳すまでは理解されなかった。これにたいして『十地経論』は訳出と同時に重要視され、これに基づいて中国に「地論宗」の一派が起った。とくに勒那摩提の弟子に慧光（四六八―五三七）があって相州（河南省鄴都）南部に教えを広め、地論宗南道派の祖となり、菩提流支の弟子の道寵は相州北部に教えを広めて、北道派の祖となった。

『十地経論』は十地経を解釈したものであるが、世親の著作であるために六識のほかに阿黎耶識を説いている。しかしこの阿黎耶識と、六識ならびに真如・如来蔵との関係が『十地経論』の上では明確になっていない。そのために菩提流支と勒那摩提との解釈が一致せず、二つの系統を分かった。北道派は阿黎耶識を妄識とし、真如とは別であると見たのにたいし、南道派は阿黎耶識を真識となし、真如と異ならないとなしたという。ゆえに南道派の方が起信論の説に近いようであるが、しかし第八識を真識とすれば、妄識は第七識となり、細かな点では不明な点が多い。ともかく南道派は、唐代に華厳宗が起るとその中に吸収せられた。ゆえに華厳宗の如来蔵的な考え方と共通点があったことは否定できない。これにたいして菩提流支系統の北道派は阿黎耶識を妄識とするから、法相宗の説と共通点があったのであろう。北道派は後に真諦の摂論宗に助けられたとも言うが、道寵以後勢力がない。

慧光（光統《こうず》律師）は学徳一世にすぐれ、多くの経論に注釈を書き、多数の弟子を養成した。彼の系統に浄影寺慧遠（五二三―五九二）がある。さらに慧光は四分律の研究を道覆に受けて、その研究を盛んにし、四分律宗をおこした。彼の律の系統は道雲・道洪・智首（五六七―六三五）と次第し、智首の弟子に道宣があり、南山律宗をおこした。なお道雲の弟子に洪遵があり、その系統に法礪（五六九―六三五）が出て、相部宗の祖となる。なお慧光には四分律の疏百二十紙があったというが、いまは伝わらない。智首には同じく「疏」二十巻があり、法礪には十巻の「疏」があったという。これを光統（慧光）の「略疏」、智首の「広疏」、法礪の「中疏」という。彼らによって四分律宗の教理が確立し、律の研究が十誦から四分に移行するのである。光統が四分律を選んだのは、羅什系統の「空」の仏教が十誦律を依用していたために、世親系統の「有」の仏教をおこした慧光は、わざと十誦をさけて、四分律に依ったのではなかろうか。したがって、慧光の系統の僧達や僧稠の受けた「菩薩戒」がどの系統の菩薩戒であるか検討を必要とする。但し十誦が空の思想とつながり、四分が有の思想とつながるというのではない。

なお菩提流支は世親の『無量寿経論』を訳したが、これは曇鸞（四七六—五四二）によって研究され『浄土論註』が作られた。これが中国浄土経の基礎的な論書となり、このあと道綽（五六二—六四五）、善導（六一三—六八一？）などが輩出し、次第に浄土教が盛んになる。曇鸞ははじめは四論・仏性の研究者であり、梁の武帝に「仏性義」を説いたという。その後に菩提流支に会って『無量寿経優波提舎願生偈』（『浄土論』）を授けられ、『論註』ならびに『略論安楽浄土義』等を著わしたのである。彼が「仏性」の研究者であったことは、彼の浄土教を理解する上に留意すべきことである。

唯識系の仏教の伝来としては、南朝の梁の武帝（五〇二—五四九在位）に迎えられ、五四八年に建康に来た真諦《しんだい》（四九九—五六九）が重要である。しかし梁は間もなく侯景の乱によって国が乱れたため、真諦はその後の戦乱の間に各地を流浪しつつ、多くの経論を訳出した。訳出経論は著述をも含めると約八十部三百余巻になり、四大翻訳家（羅什・真諦・玄奘・不空）の一人である。真諦は無着の『摂大乗論』三巻と世親の『摂大乗論釈』十二巻とを訳し、『義疏』八巻をも出したという。さらに『倶舎釈論』二十二巻を訳し、唯識と倶舎の弘通に大きな功績を果した。彼の訳した摂大乗論によって、摂論宗の一派が起った。なお彼の訳した唯識系の経論には、解節経・十七地論・決定蔵論・中辺分別論などがあり、さらに彼の訳した大乗起信論も後世に大きな影響を与えた。唐の時代に玄奘も摂大乗論や摂大乗論釈を訳して、法相宗を興したが、玄奘と真諦とでは唯識の理解が異なり、真諦は「二分依他性」の立場に立っていたという。即ち依他性である阿黎耶識が顕現して分別性となり、そこに凡夫の認識の世界が現われる。それが摂《おさ》まって真実性となり、真如に帰する。一切法が心に認識せられた時にはすでに分別せられているから、一切が分別性である。しかしその根底は真如であり、この両者の統一である阿黎耶識を依他性となすから阿黎耶識は染浄和合識であることになる。摂論宗では阿黎耶識が純浄となったところを真如となし、また阿摩羅識ともいう。これを阿黎耶識とは別となし、第九識とする。真諦に『九識義記』の著もあったという。このように阿黎耶識を染浄和合識となす点や、第九識を別立する点などは、玄奘の唯識説と異なる点である。ただし真諦の著作はすべて失われたので、彼の摂大乗論の訳文のみからは、彼の唯識説が玄奘といかに異なるかを必ずしも明らかにできない。

真諦の弟子に慧愷（五一八―五六八）があり、真諦の訳業を助けたが、彼は師より先に没した。しかし、道尼・智敫・法泰・曹毗、その他の弟子達の努力により、摂論・倶舎の学風は次第に各地に弘まった。なお摂論の北地流伝に力のあった人に曇遷（五四二―六〇七）がある。彼は大乗起信論に注釈を著わした最初の人である。

禅の伝来

南北朝時代の仏教で重要なものに、菩提達摩の禅宗がある。禅は達摩以前から中国に行なわれていた。羅什は坐禅三昧経を訳し、仏陀跋陀羅は達摩多羅禅経を訳した。とくに仏陀跋陀羅は禅師であり、廬山を中心に禅の実習を広めた。それ以外にも禅師で中国に来て、禅の実習を伝えた人はあったであろう。六朝時代には「観仏三昧」の経典がいくつか訳されており、観仏三昧、念仏観も行なわれている。観仏三昧は浄土教の念仏に発展するが、他面では仏前における懺悔の行法となり、菩薩戒と結合して、慧思（五一五―五七七）や智顗（五三八―五九七）の法華懺法・方等懺法に発展し、四種三昧の「止観」に組織されている。なお禅法の実習としては、慧光の師、仏陀禅師が伝えた禅が重要である。仏陀の弟子に道房があり、その弟子の僧稠（四八〇―五六〇）は所悟の深い点で有名であった。

その間に達摩（菩提達摩、後世は達磨と書く）が宋境南越に達した。宋境というから宋の時代（四七九以前）のことであり、その後彼は、北方魏に行った。おそらく五一六年ごろに魏に行ったのであろう。『洛陽伽藍記』巻一

（五四七年撰）には、達摩が洛陽の永寧寺に住したが、彼は波斯《ペルシャ》国の胡人で、自ら一五〇歳であるといい、諸国を歴渉したがこの寺のごとき精麗なるものは見ないといい、口に南無を唱え、連日合掌していたという。この寺は孝昌二年（五二六）大風により刹上の宝瓶が地に落ちたという。この時代、達摩は魏にいたため、彼が梁の武帝（五〇二—五四九在位）と「無功徳」の問答をしたことを認めない学者が多い。達摩はのち嵩《すう》山少林寺に入り、面壁九年であったという。達摩は「虚宗」を法としたといわれ、また「二入四行」を説いたという。二入は理入と行入で、四行は行入を開いたもので、報冤行・随縁行・無所求行・称法行である。理入は、教をかりて宗を悟り、衆生の同一真性なるを信じ、壁観に住して自他なく、道と冥符して、寂然無為なるをいう。これは頓悟を示し、行入は漸悟を示したものといい、そこに維摩経等の経文が引用されている。しかし「衆生の同一真性を信ずる」思想は楞伽経とも合し、後には楞伽経がこの系統で重要視される。達摩の禅が壁観に住する点で、それ以外の中国の禅が「四念処観」を重視するのと、大きく異なる。

達摩の弟子に慧可（僧可、四八七—五九三？）があり、禅宗の第二祖となり、第三祖は僧璨であり、この系統が次第に禅の主流となる。

毘曇・成実の研究

毘曇とは阿毘曇、即ちアビダルマの略であるが、中国では古くからアビダルマの研究が行なわれている。とくに南北朝時代にはアビダルマの翻訳も充実し、毘曇の研究者も多くなっている。当時はアビダルマと並んで成実論の研究も盛んであり、毘曇を「数論」、成実論を「成論」と呼び、前者の研究者を「数人」、後者の研究者を「論人」と呼んだ。そして両者の学をあわせて「論数の学」ともいう。

アビダルマは仏教の基礎学であり、アビダルマの法相に通じなくては、大乗仏教の経典や論書を読んでも、その深義に達することはできない。そのために中国仏教においても古くから毘曇の研究が行なわれた。道安や慧遠も阿毘曇の翻訳に助力し、「序」を書いている。南北朝時代までに多くの毘曇の論書が訳出せられ、道泰等によって『阿毘曇毘婆沙論』(百巻中六十巻存)のごとき大部の論書も訳された。しかし何れも長短があり、難解な毘曇の教理を容易に学習しうるものではなかった。それらの中で最も歓迎されたのは、四三三年に僧伽跋摩等の訳した『雑阿毘曇心論』十一巻であった。本書は法救の作で、世親の倶舎論の現われる前に作られたアビダルマの入門書としては最も優れたものの一つである。しかし倶舎論に比較すれば簡略であり、不足の点もあったために、当時の中国の学者を十分に満足させるものでなかったらしい。恐らくそのために『成実論』の研究が盛んになったのであろう。

『成実論』十六巻は羅什が四一二年に訳出した。彼の門下の僧導・僧嵩《すう》が成実の研究者として令名があった。その後、僧淵・法度(四三七―五〇〇)・僧柔(四三一―四九四)・慧次(四三四―四九〇)等が成実の学者として名を馳せた。とくに僧柔・慧次は斉の文宣王(　―四九四)の請によって成実を講じ、成実論を抄して九巻となしたという。慧次の弟子に開善寺智蔵(四五八―五二二)・荘厳寺《しょうごんじ》僧旻《びん》(四六七―五二七)・光宅寺法雲(四六七―五二九)等、いわゆる梁の三大法師がある。さらに智蔵の弟子に竜光寺僧綽がある。彼らはいずれも成実論を講じ、注釈を著わし、成実論を大乗の論書と判定している。とくに成実を般若系統の思想を説く論と理解し、それに基づいて大乗経を解釈していた。当時、法雲は法華経の解釈において当代随一といわれ、『法華義記』八巻を残している。このように彼らは成実を大乗の立場で解釈したので、彼らを「成実大乗師」といい、彼らの説を「成実大乗義」ともいう。

『成実論』は二五〇―三五〇年ごろインドに現われた訶梨跋摩《ハリバルマン》の作である。その内容は有部の毘曇の学説を解釈したものであるが、しかし経量部の思想や大乗の説を採用して、有部の説を解釈し、新しく組織したものである。そのために、現在有体・過未無体の説を採り、人法二空を認め、俗諦有・真諦空の二諦を説き、中道・仮の思想を述べており、小乗の論としては極めて進歩した論である。しかも羅什の翻訳であるために、当時この論は大乗の論と見られていた。梁の昭明太子（　—五三一）が二諦義・法身義を諸学者に問うたとき、その答えをなした人は多く成実の学者であった。真俗二諦について、智蔵は二諦不二にして、二諦即中道と解し、僧旻は二諦不異にして相即すと解したという。これにたいして法雲や僧綽は二諦は異体であると解したという。

梁の三大法師の時代は成実学派の黄金時代であるが、この学風が日本に伝来したために、南都六宗の中に成実宗が含まれるのである。しかし当時は「宗」といっても「学派」の意味であり、一人で多くの宗を兼ねることも可能であった。なお梁より後、隋の時代に現われた嘉祥大師吉蔵（五四九—六二三）や、天台大師智顗（五三八—五九七）、浄影寺慧遠等は、成実論を大乗論書と認めず、とくに吉蔵は十ヵ条の理由を挙げて、成実論が小乗論であることを論証した。その論証には無理な点もあるが、その後はこの主張が学界に容れられ、成実論は小乗論と判定されたために、その研究は急速におとろえた。一方には当時、真諦によって『倶舎釈論』が翻訳され、さらにその後、玄奘によって『成唯識論』や『倶舎論』等が訳出され、法相の研究書が完備したために、成実研究の必要が薄れたのである。ただし律宗の立場からは本論は四分律と同じ法蔵部の論と見なされ、戒体論で特殊な役割を荷わされた。即ち有部が無表色をもって戒体とするのに対し、成実論が「無表」をもって色法となさず、「非色非心の不相応行」となしている点から、これをもって四分律の戒体論と見るようになった。東塔宗が「色法戒体説」をとり、説一切有部の立場に立ったのにたいし、道宣は四文律宗の立場を成実論によって示し、その戒体を非色非心の不相応行となした。「非色非心」は成実の説であり、それをそのまま法蔵部の立場と見たのである。この点で成実論は大乗と小乗の中間の立場と見られるに至ったのである。ただし成実論が法蔵部の論書でないことは言うまでもない。なお道宣はのちに南山律宗自身の立場を、「種子戒体説」で説明するに至った。

仏教の記録

道安は『綜理衆経目録』を著わして、訳経を明らかにしたが、僧祐（四四五―五一八）はそれを受けて、それ以後の訳経をも含め『出三蔵記集』十五巻を著わした。これは、道安録をもとにした厳密な経録で、現存最古の貴重な経録であり、仏教研究に重要な役割を果している。ただし、厳密を旨としたため、訳者不明の「失訳経」を多数に残すことになった。これがその後の経録家の課題となった。なお出三蔵記集には、訳経録のほかに、多くの「経序」を収録しており、さらに「目録」や訳経僧の伝記を収め、中国仏教史研究の指南となるものである。彼はさらに『弘明集』『釈迦譜』等をも著わしている。弘明集も当時までの仏教関係の記録を集めたものであり、古代の仏教史研究の貴重な資料である。僧祐の弟子に宝唱（―五〇五―）があり、名僧伝・比丘尼伝・経律異相・経録（宝唱録）等を著わした。名僧伝と宝唱録は散逸したが、『比丘尼伝』四巻は中国仏教の比丘尼の活動を知るのに貴重な資料である。なお当時慧皎（四九七―五五四）があって『高僧伝』十四巻を撰した。彼は宝唱の名僧伝の杜撰なるを改めんとして、本書を編述したといい、後世、僧伝の模範とされている。

さらに東魏の楊衒之が五四七年に洛陽を遊覧し、城郭・仏寺の廃亡するを歎いて著わした『洛陽伽藍記』五巻も、当時の洛陽の大寺院の縁起・結構を記するのみならず、「西域行記」その他の貴重な史料を含んでいる。

国家と仏教

当時の仏教は、南朝は建康を中心に栄えたが、北方は北朝の都のおかれた大同・洛陽・鄴・長安・太原などが仏教の中心地であった。しかし同時に廬山や嵩山等の神聖な山岳が仏教修行の地として重要になっていた。

東晋時代にその基礎を築いた仏教教団は南北朝に入って急速に発展した。例えば北朝において、寺院は三万から四万、僧尼は二百万から三百万あったと推定されている。『洛陽伽藍記』によると、当時の寺院は天宮のごとく大伽藍が甍をつらね、金碧を以て荘厳し、壁画を以て飾られ、美しい仏像を安置し、あたかも浄土のごとくであったという。その華麗な様式が法隆寺などにも伝わってきたのであろう。当時の洛陽には千余の壮大な寺院があったが、国都が鄴に移ったため、それらは荒れるにまかせていたという。

このように仏教教団の急速な拡大のために、教団にたいする国家の統制の問題が起った。ほんらい仏教の出家教団は出世間であり、世俗の外の存在である。しかも僧伽は和合僧であり、平和の実現を目的としていたから、非暴力をむねとし、政権の争奪や革命、戦争などとは無関係であった。ゆえに世俗の権力者である王者も、僧伽にたいして刑法を適用することを控え、寺院の境内を聖域として尊重した。さらに僧伽は乞食者の集団であり、世間から与えられる物で生活したのであり、積極的に富の獲得を計ることはなかった。そのために国家も寺院にたいして税金を免除したのである。このように仏教僧伽は精神的に「出世間」であったばかりでなく、法律的にも経済的にも国家からその出世間性を承認せられていた。この仏教教団の基本的性格は、仏教が中国に伝わったときも受容せられた。しかし中国においては、古来とかく民衆の煽動や反乱に、道教や仏教が利用せられ、宗教一揆が起っており、その暴動に寺院が利用せられたことが少なくなかった。あるいは寺領が免税になり、僧尼が人頭税を免除せられていたために、貴族が土地を寺院に寄進したことにして税金を脱税せんとしたり、あるいは人民が税金を免れるために出家する等のことが起り、教団の出世間性は内より破戒されると共に、外からは国家の教団統制、廃仏・破仏等の仏教迫害が起っている。

慧遠の『沙門不敬王者論』は出家教団の世間に対する独立性の主張であったが、実際には中国の仏教教団は次第に国家機構の中に組入れられる度合いを深めていったのである。道安や慧遠は中国の仏教教団の制度を整備し、自治的に教団の統制を計ったが、その程度では僧尼の秩序は維持されなかった。すでに後秦は羅什の弟子の僧䂮《りゃく》を僧正に任じて、僧尼を統括せしめたが、北魏では道人統の制度を設けて僧尼を取締った。沙門法果が最初の道人統に任ぜられた。さらにその後、慧光が沙門統に任ぜられている。僧官は昭玄寺に住したため、沙門統を昭玄都統ともいう。大統の下に統一人、都維那三人がいたという。南朝では僧官は、僧正・悦衆・都維那・僧主・法主等と呼ばれ、宋の初め、智斌は僧正に任ぜられ、僧瑾は天下僧主になったという。さらに各寺には、上座・寺主・維那の「三綱」が任ぜられ、自治的に寺内の統制を維持した。

僧尼の規制には仏教独自の規則である「戒律」と並んで、北魏には僧制四十七条が四九三年に制定せられている。唐代には道士や僧尼を取締るために「道僧格」が制定せられている。わが国の大化改新の際の「僧尼令」は、この道僧格を参考にして作られたという。

概していえば南北朝時代の王朝は仏教に帰依し、その弘通を助けた。とくに南朝斉の文宣王や梁の武帝、及びその一族等は仏教を深く研究し、文宣王の『浄住浄行法門』や武帝の「断酒肉文」、昭明太子の『解二諦義』をはじめ、多くの著作が作られており、彼らの仏教の理解は深かった。とくに武帝の「捨道奉仏」は有名であり、道教を排して仏教に帰依し、同泰寺をはじめ多くの寺院を建立し、しばしば大法会を催し、同泰寺において四回「捨身」を行なっている。皇帝菩薩・菩薩天子等と尊称され、布衣を着し酒肉を絶ち、出家者と同じ生活を行なったという。

北朝においても、北魏の仏教は寺院三万、僧尼二百万といわれ、その盛んなことは南朝を凌いだが、仏教が盛大になったことが、却って仏教の弾圧を引きおこした。北魏の太武帝（四二四―四五二在位）の時に、いわゆる「三武一宗の法難」といわれる最初の廃仏が起った。太武帝は道士の寇謙之を信任し、さらに崔浩が帝側に仕えるようになってから、次第に道教の信仰を深め、国家財政の圧迫や仏教教団の堕落とも相まって、仏教教団の大整理を断行した。これは四四六年のことである。堂塔を破却し、仏像経巻を焼き、尼僧を悉く還俗せしめた。しかし次の文成帝（四五二―四六五在位）に至って、仏教復興が計られている。さらに北周の武帝（五六〇―五七八）が第二回の廃仏を行なっている。この場合も、道教と仏教の対立、教団の堕落等が原因であったという。この時武帝は儒仏道三教の優劣を論議せしめたので、甄鸞は、『笑道論』三巻を奉り、道安（ —五八一。彼にたいして東晋代の道安を弥《み》天《てん》の道安という）は『二教論』を著わして仏教が道教に優れることを論じたが、ついに建徳三年（五七四）廃仏が断行された。寺廟は多く王公の邸宅となり、仏像経巻は焼棄せられ、三宝の財産は国家に没収せられ、僧侶や道士は軍民に編入せられた。武帝はのち（五七七）北斉を滅ぼすと、この地にも廃仏を断行した。当時、静藹や曇延、浄影寺慧遠等が烈しく廃仏に反対した。しかし両度の廃仏によって北地の仏教はほとんど廃絶に帰した。しかしその翌年、武帝が死んで宣帝が立つに及んで、仏教復興が計られるようになった。

道教は南北朝に入って、仏教をまねて教団の組織化に成功し、道教経典を多数に作成し、宗教儀礼や道士の修行方法なども確立し、教団としても仏教に対する大きな勢力となっていた。このような教団組織の確立に大きな功績のあったのは、上述の寇謙之《こうけんし》であったという。その他、宋の陸修静、梁の陶弘景、周の張賓等が著名な道士である。南朝では北魏の廃仏のあと二〇年たって四六七年、顧歓によって『夷夏論』が著わされた。「夷夏」とは、仏教は夷狄の宗教であるから、中夏に行なわるべきでないとして排斥する思想である。そのほか道仏の対立には、教理の優劣のほかに、釈迦と老子の出生の前後問題、道術の争いなどがあり、その後、隋唐時代にかけて長く対立・角逐を繰り返すこととなった。さらに儒教もこの争いに加わり、東晋の時代より儒教から仏教への論難が行なわれている。仏教の出家は、孝の倫理に反するとして攻撃され、さらに仏教が神（霊魂）不滅を説くにたいし、儒教は神は滅すとなし、仏教の三世因果の道理を否定する。とくに「神滅不滅」の論争が、仏教と儒教との間には烈しかった。

北魏・北周の廃仏は仏教界に大きな衝撃を与え、かえって護法の運動が起っている。その著名なものは、北魏の廃仏以後におこされた「大同の石仏」と「竜門の石仏」である。北魏の都が大同から洛陽に移されたため、両処に多数の石窟寺院が開鑿され、大石仏が作られた。これは曇曜の奏請によって工が起され、武帝の懺悔滅罪、追善供養の意味がこめられている。さらに北斉の文宣帝（五五〇—五五九）の時代に、天竜山・響堂山に石窟が開鑿され、石壁に維摩経等の多くの経典が刻されている。さらに泰山に金剛経の石経が作られている。

民衆の仏教

廬山の慧遠は白蓮社を結び、阿弥陀仏の信仰を起したが、当時は弥陀信仰と共に弥勒菩薩の信仰が起っている。弥勒の住む兜率天への往生を願い、あるいは竜華三会の説法にあわんことを願い、さらに観音菩薩の信仰も盛んになっている。仏教は次第に民衆化していった。仏教を平易に説く唱導師が現われ、地方には一族や一村をもって作られる法社が起り、僧尼はその邑師として、仏教の民衆化につくした。貴族の間には、灌仏会や盂蘭盆会、八関斎会、祝禱会、無遮大会などの法会が行なわれている。これらは、国家の護持や一般社会のための修福の法会であった。さらに寺院の社会奉仕の事業として、北魏の僧祇戸・仏図戸、梁の武帝の無尽蔵の制などがある。これらは飢饉の時に窮民に穀物を貸与し、豊年の時返却させるのである。これらは仏教の「福田思想」に立脚するものであり、この方面に努力した僧尼も多い。さらに医療方面に活躍した僧尼もあり、仏教と医療との結合も密接であった。

三階教の発生と末法思想

当時は釈迦と老子の生誕の前後が争われたため、仏滅年代を周の穆王五三年（西紀前九四九年）に置く説が行なわれた。正法五百年、像法千年、末法万年説によると、梁の元帝承聖元年（五五二）から末法が始まることになる。ちょうどそのころ、斉（四七九―五〇二）の曇景によって『摩訶摩耶経』が訳され、『大集月蔵経』を訳した那連提耶舎は五五六年に鄴に来ている。これらの経に末法思想が説かれており、しかも当時北周武帝の廃仏（五七四―五七八）をまのあたりにして、末法法滅の意識が強烈になってきた。そのために一方では護法運動がおこり、教法を末代まで伝えんとして「石経」が刻された。とくに隋代に静琬の起した房山（石経山）の石経事業は大規模である。

他面では末法思想が強調されることになった。

中国において末法到来を最も早く実感した人は、天台の慧思（五一五―五七七）である。彼の『立誓願文』にこの思想が見られる。つぎに浄土教を唱えた道綽や善導、三階仏法を説いた信行（五四一―五九四）なども末法思想に立脚している。信行や道綽（五六二―六四五）の活躍したのは隋の時代であるが、廃仏を契機として、末法思想が醸成されたのである。

三　隋唐時代

隋代仏教の特色

中国仏教が全盛時代を迎えたのは隋唐時代である。南北朝時代の仏教の研究が実って、美しく花ひらき、実を結んだ時代である。それを代表するものは、初期には天台宗・三論宗であり、中期には律宗・法相宗・華厳宗・真言宗等である。浄土教は初期から民衆の間に広まり、禅宗は山野に拠って自給自足の生活のもとに、中国独自の仏教教団を確立した。当時は「宗」といっても、現在の日本仏教のごとき「宗派」があったのではなく、「学派」の意味であり、それぞれの専門に研究者のグループが集まっていたのである。それゆえに「衆」ともいわれた。隋の時代には、涅槃衆・大論衆・講論衆・講律衆・十地衆の「五衆」があり、それぞれに「衆主」が任ぜられていたという。

隋（五八一―六一八）が南朝をも併せて南北朝を統一したのは五八九年であり、それから唐の建国（六一八）まで約三十年である。期間は長いとは言えないが、その間仏教の発展は目ざましいものがあった。隋の文帝は幼時仏教寺院に養育された関係もあり、深く仏教に帰依し、仏教の理念によって天下を統治せんとした。各州に「官寺」や舎利塔を建立して仏教信仰の中心となし、さらに各地に多くの寺を建て、仏像を造り、経典を書写し、僧尼の出家を公許し、王法よりも仏法の優位を公認した。そのために曇延・霊裕・曇遷・慧遠・彦琮等多くの碩学が輩出したが、とくに地論宗の浄影寺《じょうようじ》慧遠（五二三―五九二）、天台大師智顗《ちぎ》（五三八―五九七）、三論宗の嘉祥大師吉蔵（五四九―六二三）は学徳一世に高く、隋の三大法師と称せられた。

中国で最も広く歓迎せられた経典は『涅槃経』である。涅槃経の「悉有仏性」の思想が中国人の性格に合ったのであり、すでに早く道生（三五五―四三四）・慧観（三六八―四三八？）等によって涅槃経研究の基礎がおかれた。南北朝時代に入って涅槃経の研究者はさらに増大している。『涅槃経集解』七十一巻は梁武帝に勅によって撰せられたらしいが、この中には経題を釈するに道生・僧亮等十家の説を出し、本文解釈に曇愛・慧朗等諸家の説を出している。道生・慧観のほかに法瑶・曇済・宝亮等が涅槃の研究者として聞こえているが、その後にも曇延・霊裕・曇遷等をはじめ、有名な仏教者は殆んどすべて涅槃経の講義をなしているほどである。「仏性」の研究が中国仏教に与えた影響は決定的であったと言ってよい。隋代にも慧遠・吉蔵・灌頂（五六一―六三二）等に涅槃経の注釈が残されている。

涅槃経と並んで中国仏教に大きな影響を与えたのは『法華経』である。すでに道生に法華経の「疏」があったが、梁の三大法師・隋の三大法師等すべて法華経に注釈を行なった。とくに光宅寺法雲、天台大師智顗の法華経解釈が優れていた。法華経の説く「一乗」の思想は涅槃経の説く仏性と別のものではない。そのために天台大師も「法華・涅槃」と両経を併挙している。さらに法華経には「観音菩薩普門品」があって、とくにこの部分の注釈も作られている。さらに法華経は観音菩薩の「霊験」と結合して信奉せられたことも無視できない。仏性を説く経典としては、如来蔵を説く『勝鬘経』も南北朝時代に多く研究せられ、注釈が作られた。敦煌本に多くの注釈が発見されたが、現存するものでは吉蔵の『勝鬘宝窟』が有名である。

『般若経』関係では、『大品般若経』の注釈である『大智度論』が研究せられたが、同時に『金剛般若経』『仁王般若経』『般若心経』等に多くの注釈が作られている。さらに『維摩経』の研究も広く行なわれ、羅什の弟子僧肇に『注維摩詰経』があるが、維摩経にも多くの注釈が作られた。南北朝時代のこれらの注釈が朝鮮を経由して日本に伝えられ、聖徳太子によって『法華経義疏』『勝鬘経義疏』『維摩経義疏』が作られたことは有名である。

その他、無量寿経・観無量寿経・阿弥陀経・金光明経等も考究せられ、注釈が多い。とくに『観経疏』については、慧遠・智顗・吉蔵・善導等の疏が有名である。恐らく南北朝から隋唐時代には、仏教の碩学が競ってこれらの経典を研究し、講義を行なったのであろう。しかし残念ながら南北朝時代の経典の注釈の残るものは少ない。隋唐時代になって、慧遠・吉蔵・智顗の著作が多く伝わっている。その後、唐の時代になると華厳経の注釈が多い。論としては、大智度論・中論・成実論等が多く研究せられたが、成実論の注釈はすべて散逸し、中論の研究書も、吉蔵の『中論疏』以外には、僧叡と曇影の「序」を残すのみである。

このように南北朝から隋唐にかけて、中国では、代表的な諸大乗経典の講義・注釈に力が入れられ、経典の内容を理解し、消化する努力が払われている。日本では、聖徳太子によってこの傾向が導入されながらも、その後は振わない。すでに奈良朝時代から、経典「読誦」の呪術的価値が重視されている点に特色がある。日本では、各宗の所依の経典以外には、大乗経典の研究は殆んど行なわれなかった。論書も、中論の研究は平安時代で中絶し、わずかに倶舎・唯識の研究が続けられたにすぎない。

慧遠

隋の三大法師の一人であり、慧光の高足法上（四九五―五八〇）を和尚として具足戒を受け、地論宗南道派に属する。北周の武帝が北斉を亡して廃仏を断行したとき、慧遠一人敢然としてこれに反対し、極諫したという。のちに西山に潜んだが、隋が天下を統一したとき、長安に出て講経をなした。のち浄影寺《じょうようじ》に住したので、浄影寺慧遠と呼ばれる。彼は地論宗の人であるが、晩年には曇遷について摂大乗論をも学び、学問が広く一宗にかたよらず著作が多い。大著『大乗義章』二十八巻を著わし、『十地経論義記』十四巻、『涅槃経義記』二十巻をはじめ、法華経・維摩経・勝鬘経・起信論・無量寿経・観無量寿経等をはじめ、多数の経典に注釈を残している。

三論宗

「三論」とは中論・百論・十二門論をいう。さらにこれに大智度論を加えて「四論」ともいう。三論の研究では、羅什の弟子、僧叡・僧肇・曇影・道生等が有名であるが、僧叡が慧叡の名で南方に行き三論を伝えたともいう。ただし遼東出身の僧朗が関内において羅什・僧肇の思想を学び、四八〇年ごろに南方梁に来て鐘山に住し、三論を伝えたのが明確な史実である。当時周顒《ぎょう》（—四八〇—）が『三宗論』を著わしたが、彼と僧朗との前後は明らかでない。僧朗の弟子に僧詮があり、摂山止観寺に住して三論を広めた。彼は武帝（五〇二—五四九）時代の人である。彼は三論の講学と習禅とをならべ行ない、弟子に法朗・智弁・慧勇・慧布の四人が有名である。僧詮は経を講ずるよりも禅に力を入れた人である。その禅の系統を継いだのは慧布（五一七—五八七ごろ）であり、彼は慧可にも許された人である。智弁は「中仮師」として吉蔵から批判された人である。

僧詮の弟子法朗（五〇七—五八一）は江蘇省の皇興寺に、陳の永定二年（五五八）勅によって住したので、皇興法朗と称せられる。彼の弟子には二十五哲があったというが、なかでも吉蔵・智矩・慧哲・明法師等が重要である。四論玄義を書いた慧均も法朗の弟子であるという。智矩（五三五—六〇六）は四論・大品を講じ、中論疏を作り、その学問は吉蔵に優っていたという。茅山の明法師は法朗の後継者として遺嘱を受けた人で、禅を修して終生茅山を出なかった。思想理解と実践に秀でた人である。弟子に慧暠・法敏・法融等があり、禅の実践で有名な人が多い。

弟子の系統では吉蔵の系統よりも優れていたという。しかし吉蔵（五四九―六二三）は嘉祥寺に住し、さらに揚州の慧日道場、長安の日厳寺等に住し、著作・講説に活躍したために、三論宗の大成者は吉蔵とされる。ただし彼は学に優れたが衆を御する徳は其の長ずる所にあらずと伝えられる。弟子にすぐれた人が少なく、その後の天台・法相の擡頭と相俟って、三論宗は間もなく衰える。吉蔵は陳・隋の戦乱の際、無住となった諸寺に入り文疏を蒐集し、その内容を自己の著作に引用しているために、現在知られないもので、彼の著作に引用されている資料が多く見出される。著作には中論疏・大乗玄論・三論玄義・二諦章等があり、法華の注釈、大品・涅槃・華厳・勝鬘・維摩等をはじめ、多くの経典に注釈を書き、現在も二十六部の著作が残されている。三論玄義は三論の教理を簡潔にまとめたものであり、中論疏は中論の注釈をなしつつ、彼の根本的立場である「中道正観」を明かしたものである。大乗玄論は大乗の根本思想である二諦・仏性・一乗・涅槃等の八個の問題を説明したものであるが、その中の「八不義」は慧均の作ともいい、後人が要義を集めて一部となしたものとも見られている。

三論宗は「中道」を「無得正観」として示す。そのために破邪顕正を説く。しかし破邪のほかに顕正があるのではなく、破邪のきわまったところ、四句を超え百非を絶した絶言絶慮の無名相を「顕正」となし、ことに無得の正観が示されるとなす。しかし世俗諦によらなければ第一義諦は示されず、第一義諦によらなければ涅槃は証得されないので、真俗二諦を説く。空に着するものには俗諦を説いて有を明かし、有に執するものには真諦を説いて空を示す。空は宛然として有、有は宛然として空であり、色即是空、空即是色であり、これを諸法の実相という。この諸法の実相を八不の縁起をもっても説く。さらに対偏中、尽偏中、絶対中、成仮中の四中を説き、仮生仮滅と見る俗諦中道、仮不生仮不滅と見る真諦中道、非生滅非不生滅と見る二諦合明中道等、種々の側面から無得正観を明かしている。したがって吉蔵の中道は「空観」に重点が置かれているが、しかし同時に吉蔵は涅槃経や法華経を重視し、「非有非無の中道仏性」を説き、般若空観の思想と、中道を主体的に受けとめた「仏性」の思想との相即において、「中道」を理解している。仏性を中道と見たのは、仏性が普遍的な真理であるからである。仏性を中道となす点に竜樹の中論よりも一歩進んだ理解が見られる。

なお三論宗の教判として、根本法輪・枝末法輪・摂末帰本法輪の「三転法輪」が説かれ、これで仏一代の教を摂したという。

三論宗には、慧布や法沖・茅山明法師等、習禅者として名の聞こえた人が多く、達摩系の禅と関係が深い。吉蔵も命終の時、『死不怖論』を製し、筆を落《くだ》して卒したという。三論の実践は空観にもとづく修禅である。即ち禅という無所得の実践において、空観と仏性との相即を実現せんとしたのである。吉蔵には慧遠・智抜・智凱・智命等、多くの弟子があったというが、その中に慧灌がある。彼は高麗の出身で中国に学び、吉蔵の弟子となったが、帰国のあと、推古朝の時代にわが国に来て三論宗を伝え、三論宗の第一伝となった。唐代以後、三論宗は振わないが、その烈しい空観の修禅は、禅宗の中に発展的に吸収されたと見られている。

天台宗

天台宗は北斉（五五〇―五七七）の慧文、慧思（五一五―五七七）、智顗（五三八―五九七）と次第し、智顗によって教理が大成された。慧文は禅師慧文といわれ、修禅者であるが、大智度論によって「一心三観」の理を無師独悟し、これを慧思に伝え、慧思は法華経を研究して法華三昧を発得し、さらに大智度論の「三智一心中得の文」や中論の三諦偈を深く領解し、これを智顗に授けた。智顗はこれを受けて、一念三千、三諦円融の教理を大成したのである。「三智一心中得の文」とは、大智度論に道種智をもって一切智を具足し、一切智をもって一切種智を具足し、一切種智をもって煩悩を断ずるが、しかしこの三智は順次に得るのではなく「一心」の中に得るとなす文をいう。道種智は差別仮名を照す「有の智」、一切智は無差別平等を照す「空の智」、一切種智は有と無、差別と無差別に偏《かたよ》らない中道を照す「中の智」である。これを三智というが、これが一心中に得られるとなすのである。さらに中論の中に、因縁によって生じた法（存在）は、空であり、仮であり、中道であると説かれている点から、この空・仮・中を三諦という。しかも、空のままが仮、仮のままが中であり、三諦は円融している。この三諦を照す道種智・一切智・一切種智も一心中に得られるのであるから、一心に三智、一境に三諦をそなえ、一心三観の理が成立する。しかしこれは「観法」において実現するのであり、観法は即ち禅にほかならないのである。天台は「教観二門」というが、教は観のための教であり、止観の実践が中心である。

慧文については、「徒数百を集め、衆法清粛、道俗高尚」というのみで、その伝記は明らかでない。慧思は少にして出家し、法華経等を誦し、弥勒・弥陀の像を造って供養し、懺法を修し、覚悟するところがあったが、のち慧文に帰依し、正法を受けた。その後専ら禅を修し、法華三昧、大乗の法門を一念に明達した。かくして名行遠く伝え、学徒日に盛んであったが、ために悪論師により幾度か害されんとした。五五四年に光州大蘇山に入り、ここに数年とどまった。その間に智顗が来て弟子となった。五六八年に南嶽（衡嶽）に入り、ここ十年往して卒した。そのために「南嶽慧思禅師」という。

慧思の明達した「法華三昧」は、その著『法華経安楽行義』によると、末法の時機にかなった速疾成仏の道を説く経典は法華経であるとなし、その安楽行品と普賢勧発品とに基づいて法華経の修行法を明かしたものが「法華三昧」である。慧思は法華三昧に無相行と有相行とを区別したが、智顗の『法華三昧懺儀』では、この二行の区別を立てていない。法華三昧を行ずると、普賢菩薩が六牙の白象に乗って、眷属と共に行者の前に現われる。行者はこの普賢菩薩に向かって発露懺悔をする。そのために道場を厳浄し身を浄め、三宝を道場に勧請し、讃歎し、礼仏して、しかるのち至心に懺悔をなす。さらに法座をめぐって行道し、終って本座に還って法華経を誦唱し、坐禅をなす。この坐禅において、一切法は空・如・実相なりと観ずる「無罪相懺悔」をなす。このような行法を「三昧行」

において修するので「法華三昧」という。したがって法華三昧は、懺悔を根幹とする三昧行である。この法華三昧は慧思から智顗に伝えられて、智顗によって『法華三昧懺儀』が著わされたのである。法華三昧の「懺悔」の一段には「六根懺悔」が説かれるが、このことは、慧思が「六根清浄位」（十信鉄輪位）を得たということと関係があろう。

慧思には『安楽行義』のほかに『四十二字門』二巻、『無諍行門』二巻、『釈論玄』『随自意』『次第禅要』『三智観門』その他の著作があったという。

第三祖智顗（五三八―五九七）は一八歳の時、果願寺の法緒によって出家し、慧曠律師につき、太賢山に潜んで法華経・無量寿経・普賢観経等を誦し、二旬にして究竟した。のち大蘇山の慧思禅師に詣でて、心観を受業した。慧思は、「昔、霊山において同じく法華を聴きし宿縁により今また来れり」といい、普賢道場を示し、四安楽行を説いた。これは法華三昧である。この三昧を修学して、学成ったあと、師と別れて金陵に行き、瓦官寺に在って禅法を広めた。およそ八年間金陵にあって講説し、当時の一流の学者たちをして信伏せしめた。灌頂が弟子になったのは、この期間である。瓦官寺滞在中に、智顗は大智度論を講じ、『次第禅門』『六妙門』『小止観』等を著わした。しかし三八歳の時、慧弁等二十余人と共に天台山に入った。金陵では弟子は年ごとに多くなったが、しかしそれに比例して得法者が減少した。そのために人の師となることが自損損他の道であると知り、天台山に隠れたのである。智顗が天台山で最初に草庵を構えた銀地の北に華頂峯がある。或る時ここで智顗は終夜頭陀を行じ、明星の現われるころ神僧より一実諦の法門を授けられたという。さきに大蘇山で慧思より法華三昧を授けられて、空定を悟ったのにたいし、華頂峯の頭陀によっては法華円頓の一実中道を体験したという。これ以後を智顗の後期時代という。

智顗は天台山に住したため天台大師と尊称される。しかし住すること九年にして陳の少主の招請によって、五八三年四六歳の時再び金陵に出て、太極殿において大論・仁王経を講じ、光宅寺に在って法華経を講じた。これが

『法華文句』となる。陳が亡びたあと廬山に居たが、隋の晋王広に招かれて菩薩戒を授けた。このとき智者大師の号を賜った。ついで南嶽に上り故師をしのび、故郷の荊州に行き玉泉寺を建て、五六歳のころ法華玄義を講じ、翌年摩訶止観を講じた。その後、揚州に下って晋王のために維摩疏を撰し、再び天台に帰ったが、晋王広の再度の招きにより病いをおして再び揚州に行かんとして山を下り、石城寺に至ったときついに入滅した。遺言により、遺骸は天台山の仏隴に葬られ、晋王広の援助によって天台山に国清寺が造営された。これによって天台教団の基礎が固まった。

智顗の著作のうち初期のものは、『釈禅波羅蜜次第法門』(次第禅門)、『法華三昧懺儀』『六妙法門』『覚意三昧』『小止観』その他であり、後期のものの代表は『法華玄義』『法華文句』『摩訶止観』の「三大部」である。三大部は門人灌頂の筆録によってできた。この外に、『四教義』『維摩疏』『金光明経疏』『観音経疏』『仁王経疏』等をはじめ、著作は非常に多い。智顗の伝記には、灌頂の著わした『智者大師別伝』があり、さらに灌頂の撰した『国清百録』に天台山入山以後の智顗に関する資料が集められている。

智顗の思想は前期と後期に分けて考えられる。前期思想の中心は、大蘇山で慧思にしたがって法華三昧を発得して、大乗の法門を一念に明達したといわれるものであり、後期の出発点は天台山の華頂峯の頭陀行において、神僧より一実諦を授けられたといわれるものである。前期の大蘇の開悟は「空観」に基礎を置くものである。法華三昧は懺悔の行であるが、罪業は「有」の立場では解消し得ないからである。いかに厳しい懺悔を行なっても、有の立場では罪を滅することは不可能であり、心を空にして、「罪福は主なし」と観ずる実相懺悔＝無罪相懺悔に徹することが必要である。これは、初期の著作である『次第禅門』が主として大智度論を拠りどころとして著わされており、般若経の空観と関係の深いことと応ずるものである。これにたいして後期のスタートをなす華頂峯上の一実諦の証得は、法華経の諸法実相観に根底を持つものである。これに基づいて円融の三諦三観、十乗観法等の独自の教学が組織された。

智顗が空諦・仮諦のほかに中諦を第三諦として立てる点に、吉蔵の二諦観との違いがある。中道を世俗諦と第一義諦との「相即」において摑む吉蔵の立場は、中論の「八不中道」の立場に近い。中道を第三の立場としないのが、竜樹の二諦の立場である。「空観」に立つ限り、中道は「二諦の相即」以外には出ないのである。しかし吉蔵においても「非有非無の中道仏性」が打ち出されている点は注目すべきである。即ち、中道が「仏性」として摑まれている点に、中道が二諦から独立しつつある点が認められる。何故なれば、仏性は「有」であって、空ではないからである。空観に立つ限り、中道を仏性といっても、それに「実在」の性格を十分に与えることはできないのである。しかし仏性を立場として三諦を考えると、空性は仏性の実在性の在り方を示すものとなり、中道諦を主にして、空諦や仮諦の内容を意味づけることができる。『小止観』に、空観は「定力多きが故に、仏性を見ず」となし、仮観は「智慧力多きが故に仏性を見るも、明了ならず」といい、中道正観は、「定慧の力等しく、了々に仏性を見る」といっているのは、三観の対境が同じく「仏性」であることを示している。仏性は、主体的に表現された真理であるが、これを客体的に表現すれば「真如」といってもよいのであり、これは普遍的な実在を意味する。智顗が神僧から指授された「一実諦」を、このような普遍的な実在と理解することができると考える。「一実諦」も涅槃経にある。これによって、空・仮・中の三諦を、空性を中心にしてではなく、仏性としての中諦を中心にして理解することができる。そこに中諦が、空諦と仮諦とから独立して三諦となりうる。したがって吉蔵の二諦説は空観に立場をおくものであり、智顗の三諦説は仏性に立場を置いていると見ることができる。ここには立場の転換があると思う。智顗の「諸法実相」はこのように理解しうるが、しかしこの三諦が「円融三諦」であり、空諦がそのまま仮諦であり、仮諦がそのまま中諦であり、即空即仮即中であるとなす点に、智顗の思想の特色がある。ここに中論や智度論の般若空の立場を生かしながら、しかも法華涅槃の深意に達した天台の立場が示されている。しかしこの「円融三諦」観には、慧文によって開発された「一切智・道種智・一切種智」が一心中に得られると見る「三智」や、『小止観』等に説かれる「従仮入空観・従空入仮観・中道第一義諦観」の「三観」の思想等が生かされていると見てよい。しかし『小止観』では、まだ「次第の三観」であって、円融の三観になっていない。これが『摩訶止観』に至って円融相即の三観になる。即ち主体的に見れば「一心三智」であるが、客体的に見れば「円融三諦」であり、この両者をつなぐものが「円融相即の三観」である。空仮中の三諦といっても、それは「三智」以外のものではない。一つの現実が、主体的には三智と呼ばれ、客体的には三諦と呼ばれるのであり、この現実を実現しているのが円融相即の三観である。この主客未分の実相は、智に即していえば仏性であるが、諦に即していえば真如と言ってよい。これが天台の「諸法実相」の世界である。吉蔵が「中道仏性」を説きながらも「二諦」にとどまったのにたいし、天台が三諦を立てたのは、空性や仮名にたいして中道、即ち仏性の比重を重んじたためであろう。仏性は真実在の世界であるが、これを空性や仮名との円融において理解するところに、天台の立場が、唯識説や華厳思想と異なり、また吉蔵とも異なる点が示されていると思う。

この「円融」の考えは、天台の止観の実践から生れたものであろうが、『摩訶止観』の「十乗観法」の「一念三千」の説にも、この円融の思想が見られる。「一念三千」とは、一念（一心）に三千の法を具するという意味である。地獄・餓鬼・畜生・阿修羅・人間・天上の六凡と、声聞・縁覚・菩薩・仏の四聖を合して「十界」となす。これを「一心十界」ともいい、すべての心が十界を具えていると見る。人間の心にも、地獄もあり、仏性もある。したがって、この十界が各々十界を具するので「十界互具」で百界となる。この一々に、如是相・如是性・如是体・如是力・如是作・如是因・如是縁・如是果・如是報・如是本末究竟等の「十如是」を具するから千となる。さらに衆生世間・国土世間・五陰世間の「三種世間」を、十界十如各々に具するから「三千」となる。この三千の法が一念に具わるから「一念三千」というのである。これは諸法が相互に関係しあって、融摂して成立していることを現わすのである。一念は一刹那の心であり、一刹那の心に三千の法を具すると観ずるのが「観門」である。天台は「教観二門」といって、教理と実践を同じく重んずる。とくに『摩訶止観』に説かれる「止観」が重要であるが、これは円融三諦・一念三千の観法である。しかし止観の作法を明かすものとしては『小止観』などの説が、具体的であり巧みである。さらに初期に説かれた「法華三昧」や「方等三昧」の行法などが、後期においてその重要性を失ったとは考えられない。

つぎに天台は、修行の階位に、別教の菩薩の階位を示す五十二位の外に、円教の菩薩の階位を示すのに「六即」を立てている。六即とは、理即・名字即・観行即・相似即・分真即・究竟即である。六は迷悟の階次、即は迷悟の不二を示すという。理即とは、衆生すべてに仏性を具すること、名字即とは理即の名字を理解するもの。観行即は五品弟子位、相似即は六根清浄位、即ち十信位。分真即は十住より等覚まで、究竟即は仏果である。

つぎに天台の教判に「五時八教」の教判がある。八教とは、化法の四教と化儀の四教とである。化法の四教とは、蔵教・通教・別教・円教である。化法とは教化の内容である教理をいう。仏一代の教を四教に分類したものである。この中、蔵教とは小乗教、通教とは三乗に通ずる教、別教は純大乗教、円教は円融円満の教で法華経を指す。この四教が天台の代表的な教判である。化儀の四教は、化儀とは教化の儀式方法の意味で、頓・漸・秘密・不定の四教をいう。つぎに「五時」とは、華厳時・鹿苑時・方等時・般若時・法華涅槃時である。これは、仏陀は成道の直後に華厳経を説いたが、声聞は理解しなかったので、次に鹿野苑で阿含経を説き、次第に程度を上げて、方等経典、般若経典、法華経涅槃経を説いたとなす説である。ただしこの「五時」は智顗の著作にその明文がないとして、後世の成立と見る説もある。

灌頂（五六一―六三二）　智顗の弟子は得業伝法の者三二人というほどに多いが、彼の入寂は戦乱の時代であった。その間、隋王室の助けを得て天台山に国清寺を創建し、智顗の講義を筆録し三大部以下の著作を完成したのは灌頂である。灌頂は七歳で出家し、二七歳の時、師の滅にあい、天台山に詣でて智顗の弟子となった。その後印可をうけ、聴講につとめ、三大部の講説はすべて聴いた。彼は卓越せる記憶と華麗な文章とによって、天台の口述を著作にまとめ、天台教観の精髄をよく後世に残したのである。さらに彼は自らも『涅槃経玄義』ならびに『疏』三十五巻を著わし、『天台大師別伝』一巻、『国清百録』四巻をまとめ、天台の史料を蒐集した。『法華玄義』『摩訶止観』等の「首序」をはじめ、「三大部」の諸所に彼の注釈的文章が含まれている。なお『観心論』『八教大意』等も彼の著とされる。

灌頂は師の滅後、その著述を整備し、国清寺を創建し、天台宗の基礎を固めた点に大功があるが、同時に『涅槃経玄疏』を著わした功績も逸することはできない。天台は「法華涅槃、同醍醐味」と涅槃経を高く評価したが、天台の立場から涅槃経を解説したものは灌頂である。これによって、南北朝時代の涅槃宗の学者が天台宗に統一されることになったのである。なお吉蔵が智顗の滅後、灌頂から『法華玄義』を借覧したという伝説は事実のようである。

天台二祖の章安灌頂の滅後から六祖荊渓湛然（七一一―七八二）の出現するまでは、第一期の「天台暗黒時代」である。玄奘の長安帰着は六四五年で、灌頂滅後一三年である。その後、玄奘、窺基（六三二―六八二）と法相宗の隆盛がつづき、その後に禅宗の神秀（六〇六―七〇六ごろ）、華厳の法蔵（六四三―七一二）、真言宗の善無畏・金剛智・不空（七〇五―七七四）等が輩出し、朝廷の帰依がその方面に移ったためである。

灌頂の弟子のうち、そのあとを継いだのは智威（　―六八〇）である。彼は一七歳で章安の門に投じ、のち天台の深旨を得、止観を成就し、法華三昧を証悟したという。彼は晩年に法華寺を開いて住した。彼のあとを継いだのは第四祖慧威（六三四―七一三）である。彼は一五、六歳で智威に投じ、開悟ののち師の下を辞し天宮寺に住した。彼の弟子に左渓の玄朗、永嘉の玄覚がある。玄覚はのち曹渓の慧能に参じ、一宿のあとに頓悟したという。有名な

『永嘉集』がある。第五祖となったのは玄朗（六七三―七五四）である。彼は『法華科文』を作ったが、彼の弟子は荆渓湛然をはじめ二六人あったという。

湛然（七一一―七八二）は六祖といわれ、天台の中興である。彼は一七歳で芳巌より天台の教観を受学したが、二〇歳にして左渓玄朗の門に投じ、専ら天台を研鑽した。三八歳の時出家し、曇一より四分律を受け、四三歳の時玄朗が入滅した。彼は終生天台の振興につとめ、天台教観の深旨を発揚し、多数の著作をなし、七二歳で天台山に示寂した。湛然は、三大部にすべて注釈を書いた。即ち『法華玄義釈籤』十巻、『法華文句記』十巻、『摩訶止観輔行』十巻である。天台では『摩訶止観』ではじめて「一念三千」の法を説いたが、これを三諦円融三観の説と並べて、その精義を発揮したのは湛然の功績である。さらに起信論の真如の不変と隋縁の説を天台の説に応用したのも湛然であり、この説は趙宋天台、日本天台に継承せられた。さらに「五時八教」の教判をもって、法華経の勝れた点を示し、他宗派に対して、天台宗の教理的独立を果したのも湛然であった。彼の著作には三大部の注釈の外に、『止観大意』一巻、『五百問論』三巻、『十不二門』一巻、『金錍論《こんぺい》』一巻、その他多数がある。学徳一世に高く、玄宗・代宗等の宮廷に召されたが辞し、弟子の養成と自宗の発揚につとめた。妙楽大師と尊称せられる。弟子に道《どう》邃《すい》・行満・元皎等がある。道邃は大暦年間（七六六―七七九）湛然にしたがい、止観輔行を受け、深旨を得て、八〇五年最澄に天台宗を授けた。しかし道邃は天台を主としながらも、天台・真言・禅・円頓戒の四宗を合一せしめていたから、最澄は四宗合一の天台宗を受けることになった。弟子に宗穎・宗諝があり、宗穎は慈覚大師の師、宗諝は智証大師の師である。第七祖は行満ともいわれ、第八祖は広脩であるが、彼の滅後、会昌の破仏が起る。その後、天台宗は第二の暗黒時代に入る。

三階教

隋の時代に非常に盛んになった仏教に三階教がある。三階教の創始者は信行（五四〇—五九四）である。彼は当時盛んになった末法思想に乗じて、新しい仏教を説いたが、これが南北朝末期の社会不安に合致して、急速に広まった。信行は五八九年、文帝に召されて京に入り、真寂寺に住した。彼は仏教を、時と処と人とに就いて三階に分類し、現代は、時は末法であり、処は穢土、人は破戒邪見の第三階の凡夫であるから、かかる人びとを救うためには、新しい時機相応の教えが必要であるとして、三階仏法を宣説した。一仏一法をすすめる在来の仏教では、かかる人びとは救済できないとして、法に差別を認めない普法の仏教、仏を選ばない普仏の仏教こそが、第三階の末法の凡夫を救いうるとして、三階教を説いたのである。

隋が南朝陳を合併し、天下を統一するまでは、かかる変革を要求する仏教も、国家に迎えられたが、しかし隋王朝が確立した後には、かかる主張は在来の仏教教団とも相容れなかったし、同時に国家の政府からも歓迎されなかった。そのために信行の没後間もなく、六〇〇年ごろには早くも三階教は禁止されている。しかし末法思想に立脚する民衆の宗教であったため、その後も民間には長く隠然たる勢力を維持していた。信行の住した長安の真寂寺は化度寺と改名され、三階教宣教の中心となっていた。そして無尽蔵院を経営して経済的基礎を確立し、他の有力寺院にも三階院が設けられていた。したがって三階教は唐一代を通じて永く勢力を持っていたが、しかし則天武后の時や玄宗の時などに、三階教を異端として、その典籍の流通を禁止したり、無尽蔵院を廃止して、これを滅せんとした。そのために三階教の典籍は大蔵経にも入蔵されず、唐末五代のころには姿を没するに至った。しかし近年、敦煌より三階教の典籍が多く発見されたために、その教理が明らかになってきた。

法相宗

法相宗は玄奘（六〇二―六六四）がインドから帰朝して、唯識関係の経論を翻訳したことに始まる。彼は、出国の時には単身流沙を渡って出発したが、多年の艱難辛苦と前後一七年の大旅行の末、仏像経巻仏舎利等を多数に将来し、六四五年に長安に帰朝した。帰朝の時には朝野の人士が競って彼を迎え、太宗また深くこれを悦び、弘福寺に迎えて厚く遇し、さらに慈恩寺を建ててここに居らしめ、ここに翻経院を造って、彼の訳業を助けた。

彼の翻訳には国家の厚い援助があったが、しかし没するまでの二〇年間に、七五部一三三〇巻の経論を翻訳し、さらに『大唐西域記』十二巻を撰している。これは中国に翻訳された経論の六分の一以上に当り、玄奘がいかに非凡な翻訳者であったかがわかる。彼の翻訳は訳語が厳密であったといわれ、羅什以後の旧訳の訳語と異なる訳語を用いている。これを「新訳」といい、それ以後の翻訳者は、この玄奘の訳語を採用した人が多い。玄奘はナーランダーで戒賢について唯識を研究した。戒賢はこの時一〇六歳であったといわれ、護法の弟子である。彼は戒賢から護法の唯識を学び、勝軍からも唯識を学んだ。さらに彼は護法の成唯識論の原本を得た。世親の唯識三十頌にたいする護法をはじめ十師の注釈を得たので、それらを合糅して、『成唯識論』十巻を訳出した。このほか解深密経・瑜伽師地論・摂大乗論・摂大乗論の世親釈・無性釈・大乗阿毘達磨集論・雑集論・弁中辺論・顕揚聖教論等、多数の唯識関係の経論を訳出している。この中、法相宗の根本の所依となるのは成唯識論である。

玄奘の弟子は多数であったが、神昉・嘉尚・普光・基の四人が上足といわれる。わが国から六五三年に入唐した道昭は玄奘に学び、帰朝して法相宗第一伝となった。玄奘の教えを受けて法相宗を確立したのは基（六三二―六八二、窺基という）である。慈恩大師と尊称される。彼は『成唯識論述記』二十巻を著わし、さらに『唯識枢要』四巻、『大乗法苑義林章』七巻等を著わし、法相宗の教理を樹立した。唯識説は、五〇八年に菩提流支・勒那摩提等によって『十地教論』等が訳され、地論宗が成立し、さらに真諦が五四六年に南海より広州に上陸し、西インドのヴァラビーの唯識説を伝えた。これは安慧（五一〇―五七〇年ごろ）と同系の唯識説であるといわれる。ただし最近の研究では、安慧の年代が真諦よりさがるために、安慧の説を真諦が受学して、中国に伝えたとは言えないが、しかし両者は共にヴァラビーで学んでいるために、真諦も徳慧と同系統の唯識を受けていると見てよい。一般にはこの系統の唯識説は、無着や世親の説を忠実に伝えていると見られている。これにたいして玄奘の受けた唯識説は、陳那・無性・護法・戒賢と次第した唯識説であり、問題を明確に定義する学風をもっており、いわゆる「理世俗」の唯識である。そのために、無着や世親の唯識説の根底にあった空の思想が、護法においては稀薄になっている。世親の唯識三十頌にたいする注釈においても、護法の釈を主とする成唯識論の説は世親の説から離れているとも見られている。即ち護法説では、八識は別体であると見、転変も因転変・果能変を因能変・果能変と訳し、果能変の所変である見分と相分とを依他起性と見る。かかる点は真諦の説と異なる。さらに三性説の解釈においても、存在論的解釈をなすために、真諦の三性説とは異なる点がある。識の性は真如であり、識の相は唯識百法といわれる法相であるが、この性と相とをはっきり分けるのが法相宗の説である。そのために「転依」の解釈や仏身論なども特殊な説となっている。これらの点が、後に起った華厳宗から批判されることになる。

ただし成唯識論には、三類境を説き、破我を詳しく述べ、種子の六義、所熏の四義、能熏の四義、識の四分等を定義し、阿頼耶識縁起説を大成し、三性説、転依等に独自の説を出し、唯識の修行を五位に分かって体系立て、十真如・六転依・四種涅槃・四智・仏の三身等を詳しく定義し、唯識説を大成していることは、護法の功績と言わねばならない。これが玄奘によって中国に伝来し、慈恩によってさらに詳しく解説され、これが日本に伝えられて、その研究が現在までも保存されているのである。

窺基のあとをついだのは慧沼（六五〇—七一四）であり、法相宗第二祖である。彼は『唯識了義燈』十三巻を著わし、円測（六一三—六九六）・道証等の説を破し、師説を顕わしている。道証は円測の弟子で共に新羅の出身である。彼らは慈恩と異なる唯識説を述べたというが、円測の『解深密経疏』以外には伝わらない。慧沼の弟子は智周

(六六八―七二三)であり、『成唯識論演秘』十四巻を著わした。慈恩の枢要・慧沼の了義燈、智周の演秘を「唯識三箇の疏」といい、法相宗の教理研究の標準書となっている。

法相宗は智周以後は中国では振わない。ちょうどそのころ華厳宗や真言宗が盛んになり、朝野の関心がその方に向かったのと、法相宗が「論宗」(論を所依とする宗)であり、学問的ではあるが宗教性に欠けることが支持を失った理由であろう。ただし唯識の研究は、その後も中国で続けられている。さらに日本には、道昭の初伝のあと、智通・智達(六五八年入唐)の第二伝、玄昉(七一六年入唐)の第四伝等によって伝えられ、とくに玄昉は智周に学び、奈良時代に帰朝し、興福寺に入って法相宗を広め、日本の法相宗の確立に重要な役割を果した。

なお玄奘の翻訳においては『倶舎論』の翻訳を逸することはできない。真諦も倶舎釈論を訳したが、実際に中国・日本で研究せられたのは玄奘の訳した倶舎論三十巻である。彼は同時に、婆沙論二百巻をはじめ、発智論・品類足論等の六足発智(施設論を除く)や順正理論・顕宗論・異部宗輪論等を訳し、説一切有部のアビダルマ仏教の重要な文献を中国に将来した。これによって倶舎宗が成立することになる。玄奘の倶舎学を受けついだのは普光と法宝である。普光は『倶舎論記』三十巻を著わし、倶舎論の注釈をなすと共に、玄奘がインドで見聞してきた部派仏教に関する知識を紹介している。法宝は『倶舎論疏』三十巻を著わし、自由な立場で倶舎論を注釈した。その外、神泰も疏を作り、円暉は倶舎論頌疏を作り、倶舎論の頌の解説を行なった。これらの倶舎学が日本に伝えられ、奈良朝時代に倶舎宗が起っている。倶舎宗は間もなく衰えるが、しかし倶舎論の研究はその後も続いており、仏教研究の基礎学として重要視されている。

律　宗

慧光(四六八―五三七)は律を道覆に受けたが、それ以後の律の伝承は次のごとくである。

道覆—慧光—道雲
　├道洪—智首（五六七—六三五）
　│　　　├道宣（五九六—六六七）（南山宗）
　│　　　└玄惲
　└洪遵—洪淵—法礪（五六九—六三五）（相部宗）—（道成）
　　　　　├満意
　　　　　│├法蔵
　　　　　│└定賓
　　　　　└懐素（六三四—七〇七）（東塔宗）

慧光の律の弟子に道雲があり、その弟子に道洪と洪遵がある。道洪からは智首・道宣と次第し、南山宗が興る。次に洪遵からは洪淵・法礪と次第し、法礪が相部宗の祖となる。ただし法礪の弟子に満意と懐素があり、満意は法礪の説を継いで相部宗を広めたが、懐素は自ら一家を建て、東塔宗を開いた。（ただし、法礪の弟子は道成であり、満意と懐素は道成の弟子であるという説もある。）このように律宗は三派に分かれ、東塔宗は間もなく衰えるが、南山宗と相部宗は広くひろまり、とくに道宣と満意には弟子が多かった。華厳宗の法蔵（六四三—七一二）や大亮なども満意の弟子である。さらに大亮の弟子に天台の荊渓湛然、華厳の清涼澄観があり、鑑真も大亮から相部宗を受けている。ただし鑑真は道宣の弟子の弘景からも南山律を受けており、受具の和尚は弘景であったため、鑑真は南山・相部の両宗を受けながらも、系統としては南山律宗に入る。なお日本から律を求めて入唐した永叡と普照とは、満意の弟子の定賓から具足戒を受けた。永叡は唐で没するが、普照は鑑真と共に帰朝している。鑑真は日本に来て、南山宗の律疏と共に、相部宗の律疏をも講義している。

ただし中国において全体としていえば南山律宗が盛んであり、宋代までも連綿と続いている。慧光の師道覆には四分の疏六巻があり、慧光には四分の疏百二十紙があったというが、共に今は伝わらない。十誦律の系統では智文（五〇一―五九一）が十誦を研究し、律疏・羯磨疏・菩薩戒疏等を著わし、彼を受けた道成（五三二―五九九）にも律疏・羯磨疏等三十六巻があったという。その外にも十誦の研究者は多いが、それらの著作は伝わらない。四分では道雲の弟子の洪遵（五三〇―六〇八）が北地に四分律を広めて功績があった。当時北シナには専ら僧祇律が行なわれていたが、洪遵の努力により「僧祇の唱を絶した」という。ただし、四分を盛んにした人としては、道洪の弟子智首（五六七―六三五）が重要であり、五部区分鈔二十一巻を著わし、あるいは四分律疏二十巻を著わし、四分律の特色を明らかにした。洪遵から一代おいた法礪（五六九―六三五）は智首と同時代であるが、四分疏十巻、羯磨疏三巻等を著わしている。これを慧光の略疏、相部の中疏、智首の広疏という。

智首の弟子道宣（五九六―六六七）によって、四分律宗の教理は確立された。彼は四分律に四分律行事鈔十二巻、羯磨疏四巻、戒本疏四巻、拾毘尼義鈔三巻（二巻のみ存）、比丘尼鈔三巻の「五大部」を著わして、四分律宗の教理を確立し、さらに釈門章服儀・釈門帰敬儀その他の律に関する著作を著わし、法相宗の教理を援用して、南山律宗の教理を組織した。即ち彼は行事鈔において、一代仏教を「化教」と「制教」に分け、化教に教理的仏教を含め、制教を律宗とする。そして戒を止持戒と作持戒とに分け、その教理を、戒法・戒体・戒行・戒相の「四科」に分かって説明している。即ち戒法とは仏の制定した戒律、戒体とは受戒者が心府に領納するもの、戒行とは戒律の実践、戒相とは五戒・十戒・二百五十戒等の一々の条文の相をいう。この中、戒体論において、道宣は四分律宗の「戒体」を「非色非心の不相応行」であるとなす。この説は成実論に説かれるものであり、成実をもって曇無徳部（四分律の所属部派）の論書となしている。そして戒体をもって「色法」（無表色）となす小乗の説と、戒体をもって「心法」となす大乗、とくに瓔珞経の説との中間に、四分律宗を位置づけている。さらに道宣は、四分律の中に大乗仏教の精神に通ずる教理を五ヵ所指摘し、これを「五義分通」と称し「義当大乗」とも言い、四分律宗は部分的には大乗に通ずると主張した。この点、南山宗が大乗仏教をもって任ずる中国仏教に迎えられた理由がある。ただし『行事鈔』には、「三聚浄戒」については説いていない。道宣の『釈門帰敬儀』や『浄心誡観法』等には「三聚浄戒」を説いているが、重要な教理にはなっていない。

大乗仏教には梵網経の説く大乗戒があるが、しかしこれは出家在家一貫の戒である。したがって出家者が出家と在家との区別を立てようとすれば、どうしても五戒（在家戒）・十戒（沙弥戒）・二百五十戒（比丘戒）等の律蔵の説に依らねばならない。律蔵の戒を受けることによって、出家して寺に住し、袈裟衣をつけ、戒律によって日常生活を律し、在家者と異なる立場を確立しうる。梵網戒ではそれができない。そのために道宣は「律儀一戒不異声聞」と説いて、戒律の点では大乗小乗に区別はないと説いている。このように中国の大乗仏教の出家者にとって、道宣の南山律宗の教理は、専ら有部の教理によって戒体を説く東塔宗よりも望ましいものであった。さらに道宣は『羯磨疏』において一歩すすめ、一乗の心を起こして、小の律蔵に依りて受戒すれば、一乗の戒体が阿頼耶識に熏在すると述べ、受戒の時、阿頼耶識中に生ずる「善の思の種子」をもって戒体とした。これは唯識説によって戒体を基礎づけたものであり、中国仏教における南山律宗の地位を不動のものにした。ただし相部宗も成実論によって、戒体をもって「非色非心」となしており、条文の解釈においては相部宗のほうが妥当な点がある。鑑真が南山宗と共に相部宗をも日本に伝え、しばしばその講義をしたのもそのためであろう。ただし東塔宗は相部宗以上に条文を窮屈に解釈し、道宣や法礪の融通のある解釈を非難している。懐素の四分律開宗記二十巻を「新章」というが、このような狭い解釈であったため、東塔宗は間もなく衰えた。なお満意の門人定賓は『破迷執記』を著わして、懐素の説を破し、さらに四分律飾宗記二十巻を著わして法礪の疏を解釈した。

道宣は四分律宗の確立者であるだけでなく、僧祐のあとをついで『広弘明集』三十巻を著わし、『大唐内典録』十巻の経録を作り、さらに慧皎のあとをついで『続高僧伝』三十巻を撰し、道教と仏教との交渉を示す記録を集め

『集古今仏道論衡』四巻を撰している。さらに『釈迦方志』二巻を著わし、全体として彼の著作は二〇〇巻に達し、仏教文献の保存に貢献した功績は大きい。道宣の同門に玄惲《げんうん》（　―六六八）があり、『毘尼討要』を著わした。道宣の行事鈔と並び研究せられ、行事鈔による人を鈔家、討要による人を要家といって重視したという。玄惲は道世ともいわれ、『法苑珠林』一〇〇巻や『諸経要集』二〇巻の著者としても有名である。大蔵経が簡単に披見できなかった時代には、これらの書物が大蔵経の代りに珍重されたのである。またその役割も大きかった。

唐代の律に関しては、義浄（六三五―七一三）の根本説一切有部律の将来を留意しなければならない。彼は玄奘の壮挙を慕い、早くから渡天の志を持ち、三七歳（六七一）の時南海よりインドに出発し、ナーランダー寺に留学し、留まること一〇年、専ら根本説一切有部律を研究し、諸所を周遊して、帰途、南海仏誓において南海寄帰内法伝と求法高僧伝を著わして本国の諸徳に送り、六九五年に帰国した。それから没するまでの一八年間に多くの経典を訳し、六八部二九〇巻に達するが、最も力をつくしたのは根本説一切有部律一八部二〇〇巻である。彼は根本有部律こそ最も純正な律であると信じて、この律を翻訳したのであるが、なにぶん大部の律蔵であって、戒律の習学には不便である。しかも彼の翻訳した時には、すでに中国の律宗は成立してしまっていたために、折角の彼の努力も中国では実を結ばなかった。徳川時代の慈雲尊者飲光が正法律を唱えたとき、この律に注目した程度である。

ただし義浄の著わした『南海寄帰内法伝』は七世紀後半のインド仏教を知るための貴重な資料であり、法顕伝・大唐西域記と共に珍重されている。さらに彼の翻訳には唯識や論理学に関する論書があり、彼が訳経家として優れた才能を持っていたことを示す。なお彼の訳経に密教に関する翻訳が多いことも、当時インドに漸く密教が盛んになったことを示すものである（玄奘はインドの密教について、殆んど注目していない）。

道宣以後の南山律の系譜は、凝然の『律宗綱要』によれば、次のごとくである。

道宣[1]—周秀[2]—道恒[3]—省躬[4]—慧正[5]—法宝[6]—元表[7]—守言[8]—元解[9]—法栄[10]—処恒[11]—択悟[12]—允堪[13]—択其[14]

—元照[15]—智交[16]—准一[17]—法政[18]—法久[19]—妙蓮[20]—行居[21]

法政—了宏—守一
了宏—俊芿
妙蓮—真照

以上のうち、注目されるのは第十三祖允堪（一〇〇五—一〇六一）と第十五祖元照（一〇四八—一一一六）とである。共に宋代において律宗を復興した人である。允堪は天台を学んだが、学が広く、律にも通じ、道宣の著作に一〇種の注釈を書いている。即ち行事鈔に『会正記』、戒疏に『発揮記』、業疏に『正源記』等を著わし、合して「十本の記主」と称せられた。元照は天台や浄土教にも理解が深く、学問の広い人である。律では道宣の三大部にそれぞれ注釈をつけている。即ち行事鈔に『資持記』、戒疏に『行宗記』、業疏に『済縁記』である。いずれも道宣の三大部研究の必須の指南書となっている。さらに第十九祖法久の同門の如庵了宏には、日本から一一九九年に入宋した俊芿《しゅんじょう》が就学し、帰国して南山律を伝えた。同じく日本人の東大寺の真照も正元・弘長（一二五九—一二六三）の間に入宋して、上翁妙蓮について受戒し、行居について律を学んだという。

なお宋代としては、『宋高僧伝』三十巻を著わした賛寧（九一九—一〇〇一年ごろ）が重要である。宋高僧伝は正確な伝記とはいい難いが、類書がないために重要である。彼は律を研究し『大宋僧史略』三巻を著わしている。これは、僧伽の理解の入門書として優れている。

華厳宗

華厳宗は天台宗と共に、中国仏教の中、最も円熟した仏教である。通常華厳宗の初祖は杜順（法順、五五七―六四〇）とされているが、近代の学界で、五教止観と法界観門とは彼の著作でないとされ、むしろ智儼の師である智正を初祖と見る説が主張された。しかし最近では『法界観門』を杜順の著作と認める説が有力であり、杜順を初祖と認めうる。杜順は「神僧杜順」といわれ、神異をもって尊敬せられた実践家であった。彼は弟子の樊玄智に普賢行を修せしめたといわれる点から、彼は華厳経による普賢行の実践家であったらしい。当時、華厳斎会が行なわれており、華厳経に依る修行者の集団があったらしい。華厳経には、経典信仰が古くからあったことを注目してよい。華厳経巻二九に、清涼山に生身の文殊菩薩が住すると説いているために、その文殊菩薩を求めて五台山が清涼山と同一視された。そして華厳経の信仰は五台山と結合して発展した。霊弁（四七七―五二二）が五台山の清涼寺に在って華厳論百巻を作り、同じく北魏の劉謙之も五台山に入って奇瑞を感じ、華厳経を研究して、華厳論六百巻を作ったという。それ以後、華厳経の研究のみならず、華厳経の読誦・書写等も行なわれ、華厳経信仰に基づく実践が「普賢行」や「華厳斎」として発展したと見られている。華厳経は六十巻という大部な経典であるために、内容のすべてを知ることは容易ではない。そのために普賢菩薩の示す法界への証入を「法界観」という実践によって通達せんとしたところに、普賢行が行なわれるようになったと見られる。杜順の『法界観門』はそのような「観門」を明かした書である。

杜順は没して樊川の北原に葬られたというから、長安の附近に住したのである。彼は法順ともいわれ、青年時代には、専ら野に伏して観行を修した珍禅師に仕えた。そして自らも普賢行を実践し、しばしば神異を現じたので民衆に尊敬せられ、唐の太宗は内禁に迎えて帝心尊者の号を賜い、王族群臣が帰依したという。古くから文殊菩薩の化身として尊崇され、終南山の麓の華厳寺にその塔がある。杜順の伝記には華厳経について説くことは少ないが、彼の思想を示す『法界観門』には、真空観・理事無礙観・周徧含容観の三観をもって「法界観」を示している。そして第一の真空観を、会色帰空観・明空即色観・空色無礙観・泯絶無寄観の四観に開いて説明している。第三の「周徧含容観」は事事無礙法界を明かしたものであり、ここに、理事無礙・事事無礙という華厳宗の基本的な思想がすでに現われている。さらに第一の真空観を四観に開いたものと、第二、第三観をもあわせて考えると、『五教止観』の「五門」や小止終頓円の「五教」の思想も、ここから引き出しうるものである。さらに天台の三諦三観をも考慮して、真空観を空観に、理事無礙観を仮観に、周徧含容観を中道観に配する解釈もなされている。杜順は智顗より少し後の人であるから、天台の影響のあったことも考えられる。

智儼《ちごん》（六〇二―六六八）は一二歳で杜順に従い、杜順は彼を上足の弟子達法師に付して教育させたという。のち梵語を学び、摂論や十地・涅槃等を学び、さらに経蔵に入って立誓して捜って華厳を得たので、至相寺智正に従って華厳を聴くと共に、刻苦精励して蔵経ならびに衆釈を討尋し、ついに二七歳の時、華厳経の経疏を製した。これが『華厳経捜玄記』十巻である。さらに華厳経孔目章や華厳五十要問答等を著わして、華厳の深義を現わし、なお他の著作も伝わっている。彼は至相寺に居たから至相大師といわれ、また雲華寺にもいたから、雲華尊者とも称せられる。弟子には懐斉・義湘・法蔵等がある。義湘《ぎしょう》（六二五―七〇二）は新羅人で二六歳の時、元暁（六一七―六八八）と共に入唐せんとし、元暁は中止したが義湘は入唐し、雲華寺において智儼にしたがい、華厳の奥義をきわめ、六六八年帰国し、海東華厳宗の初祖となった。

第三祖は法蔵（六四三―七一二）で、香象大師ともいう。彼は康居国の出身といわれ、一七歳の時、智儼が雲華寺で華厳経を講じたのを聞いて、その門下に投じた。二六歳の時菩薩戒を受けた。その年智儼は寂した。翌年出家し、それから四年たって、高宗は京城の十大徳に命じて法蔵のために満分戒を授けしめ、賢首《げんじゅ》と号せしめたという。ゆえにこのとき具足戒を受けたのである。その後、日照三蔵や実叉難陀の翻訳を助け、新訳華厳経八十巻の訳出の筆受となっている。その間、講説や著作に努力し、華厳宗を大成せしめた。則天武后に信任せられ、武后から長生殿において十玄六相円融義を問われたとき、法蔵が金師子の喩えをもって答えたことは有名である。かれは生涯華厳経を講ずること三十余遍、無尽法界、帝網重重の義を了解せざる者のために、鏡十面を八方上下に配置し、中心に仏像をおき、これを灯火で照し、その像が十万の鏡に互影交光するを喩えとして説明したという。七一二年、大薦福寺において寂した。彼の弟子には、宏観・文超・華厳寺智光・荷恩寺宗一・静法寺慧苑などがある。わが国に聖武天皇の代に来朝して華厳経を講じた審祥も法蔵に学んだという。新羅の義湘は法蔵と同門であったため、法蔵は自己の著作を義湘に送って批評を乞うており、その手紙の実物が現存している。そして法蔵の『華厳五教章』（『華厳一乗教義分斉章』）が、中国本と和本とで順序が異なるのは、義湘の意見が加わったためとも言われる。なお法蔵と同時の後輩に李通玄（六三五―七三〇）があり、新訳華厳経八十巻を研究し、『新華厳経論』四十巻、その他の著作を著わした。彼の著作は、澄観等に影響を与えた。

法蔵の著作は華厳経探玄記、華厳五教章、妄尽還源観、遊心法界記等をはじめ、非常に多い。さらに梵網経疏や大乗起信論義記など、名著が多い。華厳宗の思想は、杜順を受けた智儼において、事事無礙、無尽縁起、十玄六相等の基本的な思想が示されているが、それを受けた法蔵によって華厳宗の教理が完成した。

華厳宗の教理は「果上現の法門」といわれるように、華厳経の示す毘盧舎那仏の悟りの世界に立って、現実を縁起的に示したものである。華厳経に「初発心の時、便ち正覚を成ず」とあるごとく、長い時間の世界がそのまま一刹那に収まると見る。時間には実体がないから、過ぎ去った過去を考えると、長い時間も一刹那と区別がなくなる。そのために「一念成仏」が説かれ、「生即無生、同時具足」が重視される。したがって華厳の「唯心縁起」では、縁起といっても時間の考えは稀薄であり、論理的な依存関係で縁起を考える。そこに、因位の如来蔵自性清浄心が果位において全現して仏陀となるという「性起」が説かれる。これは果位に立場を置くからである。この点、天台が因位の妄心に即して「一念三千」を説くために、仏陀にも「性悪」があると説くのと異なる。

無時間的立場で縁起を考えるため、その縁起は「相即相入・重重無尽」の性格となる。これが「事事無礙」の考えであり、この事事無礙の世界を「法界」と呼ぶ。そのためにこの縁起を「法界縁起」という。法蔵は法界を、事法界・理法界・理事無礙法界・事事無礙法界の四法界に分かって説明する。この「事と理」の考えは中国仏教の特色ある思想であり、すでに僧肇に事と理の考えがあり、天台の『摩訶止観』等にも「事理具足」を説いている。インド仏教には有為法と無為法を分けるが、有為法を事に当てるとしても、理は有為法にそなわる理性《りしょう》であって、無為法とは少しく異なる。或いは倶舎論等で、見道・修道を分け、迷理の惑と迷事の惑を区別し、迷理の理と迷事の事とを区別し得るが、しかし事理相即を説くことはない。杜順の法界観門では、起信論の説く心真如門を「理」、心生滅門を「事」に当てている。したがって事と理の区別がインド仏教になかったとは言えないが、しかし事と理を対立して考え、その融即を説くのは中国仏教の特色の一つであり、華厳の事事無礙の説は融即の考えを完成したものと考えてよい。事は縁起差別の諸法、即ち現象世界の存在であり、理は真如平等の理性であるが、これは差別の諸法に離れてあるのではない。即ち法性は法に離れてあるのではない。理と事は区別しうる面もあるが、本質的に他者ではないので、理事無礙から事事無礙が説かれることになった。現象を「真理の相」において見るのが、法界縁起観である。それは、悟った仏陀の純粋清浄な心に映じた万象の世界である。

法界は相即相入の在り方を持っている。「相即」とは、万有が互いに己れを捨てて他に同ずることである。他に縁って自己が成立するからである。相即は法の体について言う。一を主とすればつながっている他の多者は伴となって、その一を助ける。主伴具足である。「相入」は、万有が互いに入り交っていることをいう。一の中に多が入って無礙自在であるをいう。相入は法の作用についていうから、甲は乙に全力を与えて無力、乙はまた甲に全力を与えて無力なるがごとき関係にあるをいう。または部分が全体に奉仕して、まとまって「一」の力になっているごときをいう。ゆえに相即相入は、「一即一切、一切即一」の理を示すものであり、迷った人には、雑多な現象界、彼我対立の相対界と映る世界が、悟った人には法界として映ずる。心に煩悩が滅しているからである。この法界が相即相入の在り方にあり、個々の法が永遠の相のもとに真理を荷っているのである。個々の法が真理の顕現である点に法界と呼ばれる理由がある。

この法界の相即相入を明かすのが「十玄門」である。十玄の第一は同時具足相応門、空間的・時間的に万有が万有の相を保ちつつ、しかも一体であることを示す。第二広狭自在無礙門、一行は狭であるがその中に広の一切行を含む。第三一多相容不同門、一の中に多があり、多の中に一がある。第四諸法相即自在門、万有の体相が互いに無差別自在なること。第五隠密顕了倶成門、一が顕われれば、それを助ける多は隠れる。相互に表となり裏となる。第六微細相容安立門、一芥子に須弥山を容れ、一微塵に大千世界を収めて、しかも現状を破らない。第七因陀羅網境界門、インドラ即ち帝釈天の宮殿の羅網にある無数の明珠が互いに相映発しているのを重重無尽の関係に喩える。第八託事顕法生解門、目前の個々の事に即して相即相入を示すこと。第九十世隔法異成門、過去未来現在の三世にそれぞれ三世を含むから合して九世となり、しかも九世は相入して一世となる。合して十世は一念を出ることができない。万有は時間的に前後して隔てるも、実には一世一念にほかならぬこと。第十主伴円明具徳門、一を挙ぐれば他はすべてそれに収まり、いずれの一をとってもそれが主となり他は伴となる。挙一全収であり、個々の一が絶対の顕現である点を具徳という。

以上は法蔵の探玄記に出す十玄門で智儼の十玄門や五教章の十玄門はこれと少しく異なる。法界を事と事の重重無尽で示す点に華厳宗の特色がある。そして、起信論や天台宗の説は理事無礙を説く立場であるとして、華厳宗より一段低く評価する。

つぎに「六相」とは、総相・別相・同相・異相・成相・壊相で、この中、総相・同相・成相は平等門、別相・異相・壊相は差別門であり、存在はすべてこの六相を具するという。例えば家屋について言えば、家屋という一全体は総相、ただし部分が厳存するのが別相、部分が自己を抑えて家屋という一を成立させるのが同相、ただし部分の柱や窓、屋根等が自性を有するのが異相、成相は部分が全体を成ずる点、壊相は部分が各自の相を有する点、この六相によって一多縁起の理を示す。

華厳宗には有名な「五教十宗」の教判がある。十宗判は、1我法倶有宗、2法有無我宗、3法無去来宗、4現通仮実宗、5俗妄真実宗、6諸法但名宗、以上は小乗仏教を分類したもの。7一切皆空宗、8真徳不空宗、9相想倶絶宗、10円明倶徳宗である。第十が華厳宗である。この中、前八は慈恩の「八宗判」のうち、7勝義皆空宗、8応理円実宗を名を変えて採用し、さらに二宗を加えたものである。

つぎに「五教」とは、小乗教、大乗始教、大乗終教、大乗頓教、大乗円教で、小乗教は人空を悟るも法空を説き得ない教。大乗始教は大乗の初門で、人法二空を説くも、相始教（法相宗）と空始教（三論宗）とを分ける。始教は事と理の一体を説き得ない教。第三大乗終教は、大乗終極の実教で、事と理の無礙を説く教、涅槃経や起信論、天台宗を入れる。大乗頓教は速疾頓悟の教で、一念不生即ち仏なりと説くもの、後世は禅宗を当てる。大乗円教は重重無尽・十玄六相の縁起を説く華厳宗をいう。

この「五教十宗判」は、天台や法相宗の後に出て、教判のうちで最も完備したものとされる。

なお第五の円教の修道門に、次第行布門と円融相摂門とを分け、次第行布門は因果次第して、順次に昇進していく修道門であり、円融相摂門は一念速疾に仏果を証する道であるという。そして次第行布門に見聞位・解行位・証入位の三生成仏の行位を説いている。なお華厳宗は、華厳経によって、解境の十仏、行境の十仏を説き、この世界がそのまま毘盧舎那仏の現われであると見る仏身論を示している。

この法蔵の仏教は、法相宗の後におこって、法相宗の説を批判的に取捨して、それ以前の三論・天台の思想に同じて、如来蔵・仏性の立場に立っている。真如と阿頼耶識と峻別する法相宗の立場を取らないで、真妄交徹を説く。

しかし法蔵の探玄記等には、法相宗の教理が豊富に活用されている。この法蔵の立場は、相宗（法相宗）と性宗（三論・天台等）との立場を綜合したものであるとして、「性相融会」の立場という。

法蔵の弟子のうち、静法寺慧苑（六七三―七四三年ごろ）は法蔵の華厳略疏を完成せんとして『華厳刊定記』二十巻を著わした。これは新訳華厳経八十巻の注釈である。彼はこの中で、如来蔵に対する理解の有無によって教えを四種に区分し、迷真異執教・真一分半教・真一分満教・真具分満教の四種教判を立てた。この説は如来蔵に立脚する故、華厳宗の立場を離れるものではないが、しかし師法蔵の五教の教判を取らないことと、そこに「事事無礙」の思想が十分に顕われていなかったこと等により、澄観（七三八―八三九）から烈しく排斥された。しかし澄観の華厳経疏の作成には刊定記が大いに利用されているし、慧苑の弟子法詵（七一八―七七八）も刊定記を重視し、それに注釈を施し刊定記纂釈を作っている。澄観は『華厳経随疏演義鈔』の中で、はじめて「華厳宗」の名称を用い、師資相承を尊重したために、師説に反した慧苑を排斥したのである。澄観のあとを継いだ宗密（七八〇―八四一）は、はじめて華厳宗に、杜順・智儼・法蔵の三祖説を立てたが、まだ第四祖をきめてはいない。しかしそのあと何人かによって、四祖を澄観、五祖を宗密として、慧苑が除かれるに至ったのである。しかし刊定記の思想を十分に研究するならば、慧苑や法詵を華厳宗の法系から除くのは正しくないといわれている。

澄観と同時の先輩である湛然（七一一―七八二）が「天台宗」の呼称をはじめて用い、澄観と湛然との間に、天台と華厳のいずれが勝れるかについて論諍のあったことなども、慧苑が華厳宗の列祖から除かれるに至った一つの理由であろう。

澄観（七八三―八三九）は九歳で出家し、二〇歳の時曇一から四分律を受け、常照律師より菩薩戒を授けられた。さらに牛頭宗の径山道欽から禅を受け、荷沢宗の無名大師から印可された。ついで華厳を法詵に学んで、玄旨を聴受し、頓悟した。さらに七七五年には天台の湛然に師事し、天台止観・法華・維摩疏を学んでいる。さらに悉曇や五明にも通じ、不空三蔵の訳場にも列したという。澄観は修学が終ると七七六年に五台山にのぼり、大華厳寺に入って一〇年間華厳経の注釈に全力を傾注した。七八四―七八八年『八十華厳経疏』六十巻を作り、さらに『華厳経随疏演義鈔』九十巻を著わした。七九八年には勅により般若三蔵と共に四十華厳経を訳出した。普賢行願品疏も作っている。爾来、著作と講述につとめ、鎖国・清涼の国師号を賜わり、大統国師と呼び七帝の師として尊敬され、八三九年に上足の弟子海岸に付法して没した。清涼澄観と尊称される。弟子には他に寂光・僧叡・宗密以下多数があるが、宗密以外は明らかでない。

澄観は律・禅・天台・密教を学び、三論をも修学したといい、広い学問を身につけていたが、とくに華厳を主とし、法蔵が六十華厳を主として華厳経を解釈したのにたいし、彼は八十華厳を研究し、その研究を大成した。彼は禅にも造詣が深かったために、五教の教判中、頓教に禅宗を当て、教禅一致の立場をとっている。そして華厳経を「頓中の円」、法華経を「漸中の円」と判定した。当時、湛然は天台の思想に華厳の真如随縁の説を導入したのにたいし、澄観も天台を学んでその性悪説に影響せられる等、一般に諸宗融合の傾向が見られる。しかし性悪説を導入した点では澄観は後世批判せられている。

宗密（七八〇―八四一）彼は澄観と四三歳もちがい、彼の晩年の弟子である。宗密の寂した八四一年は会昌の破仏のはじまる直前にあたる。当時は禅宗が益々盛んになったため、宗密は澄観以上に禅の影響を受け「教禅一致」の立場を大成した。宗密は四川省の生れで、若くして儒学を学び、一八歳以後在家のままで仏教を学んだ。二五歳の時、荷沢宗の道円に会い、彼について出家した。その後、円覚経を入手して研究し、これが彼に大きな影響を与えた。受具の後、念仏禅の系統である浄衆寺神会の弟子南印唯忠にも師事し、荊南張にも謁した。その後、杜順の法界観門を入手して研究し、さらに八一〇年ごろ澄観の弟子の恢覚寺霊峰から澄観の華厳大疏二十巻、大疏鈔四十巻を与えられ、これを研究し、華厳教学を本格的に研究するに至った。後、宗密は三二歳の時澄観に書を呈し、澄観七四歳の時より二年間、澄観に師事した。

宗密は八一六年に長安にあった『円覚経科文』一巻、『円覚経纂要』二巻を著わし、八二一年には草堂寺に退居して、『円覚経大疏』十三巻、『同略疏』四巻、『同略疏鈔』十二巻を著わした。草堂寺の南、圭峯に住したため圭峯宗密という。著書としては、その外『原人論《げんにんろん》』一巻、『起信論疏』四巻、『注華厳法界観門』一巻等を著わし、八三一年には裴休《はいきゅう》の求めに応じて『中華伝心地禅門師資承襲図』一巻を、八三三年に『禅源諸詮集都序』二巻を著わした。原人論は「原人」即ち真の人間を示したものであり、儒教の人間観、道教の人間観に対比して仏教の人間観を浅から深にわたって示し、最後に華厳宗の「真心」に基づく人間観を示している。仏教の人間論を知る上にすぐれた書であるだけでなく、儒教や道教の理解にも役立つ。つぎに『承襲図』や『都序』は八世紀から九世紀にかけての禅宗各派の分派や思想を歴史的に述べたもので、他に類書のない貴重な文献である。禅宗に史書は多いが、八世紀の禅宗各派の歴史や宗旨を述べた書物はないため、この二書がなかったら、この部分の禅宗の歴史は暗黒になるところである。彼は承襲図で、牛頭宗・北宗・南宗・荷沢宗・洪州宗の禅の五宗について述べ、牛頭法融や北宗神秀の系統を禅の傍出となし、南宗曹渓慧能を禅の本宗と判定している。そして慧能の法を受けた荷沢神会を正系となし、彼を伝法の第七祖となし、達摩以来の南宋の法を正しく継承したものと見る。神会の同門に南嶽懐譲があり、彼の弟子に馬祖道一がある。彼らは洪州開元寺を中心に禅を広めたので洪州宗と呼ばれるが、宗密は荷沢宗を正系となし、洪州宗を曹渓の傍出と判定した。慧能には荷沢神会のほかに南嶽懐譲や青原行思があり、将来彼らの系統に優れた禅者が輩出し南宗の主流となるが、宗密はそれを見抜くことができなかった。彼自身、念仏禅の系統の浄衆寺神会（七二〇—七九四）の法系を受けながらも、他方では荷沢神会の法系を受けた道円から荷沢禅を継承したことが、彼の禅宗評価に影響したものと見てよい。

つぎに『都序』においては、華厳の「五教判」に立脚しながらも、宗密は「教の三宗」と「禅の三宗」の教判を出している。教の三宗とは、⑴密意依性説相教、⑵密意破相顕性教、⑶顕示真心即性教で、相を説くものより、性を顕わし、さらに真心を説く教を高く評価するものである。⑴をさらに三種に分け、人天教・断惑滅苦教（小乗教）・将識破境教（大乗始教の相始教）としている。⑵は空始教で三論宗、⑶は大乗終教・頓教・円教を含む。宗密が教の三宗を開いたのは、これを禅の三宗に対配し、禅の三宗の価値づけをなさんがためである。禅の三宗とは、⑴息妄修心宗（北宗）、⑵泯絶無寄宗（牛頭宗）、⑶直顕心性宗（洪州宗・荷沢州）である。教の三宗の⑴の三の将識破境教を禅の三宗の第一の息妄修心宗に対配する。これはアーラヤ識を説く法相宗と、漸悟を説く北宗禅との間に共通性を認めるのである。教の三宗の⑵密意破相顕性を禅の泯絶無寄宗に対配する。「破相顕性」は三論宗の破邪顕正の空観を示すが、これを牛頭宗に対配するのである。牛頭法融は第四祖道信から達摩の法を受けたが、同時に三論宗の茅山大明法師から三論の教を受けており、三論の慧嵩や法沖なども牛頭禅と関係が深い。したがってこの対配は理由がある。つぎに教の⑶顕示真心即性教を禅の直顕心性宗に対配する。如来蔵自性清浄心を説く華厳宗と、直ちに仏性を見性することを示す洪州宗・荷沢宗とに一致点を認めるのである。これも理由のあることである。

宗密の教の三宗と禅の三宗の教判は、「教禅一致」を基礎づけたものであるが、同時に他面においては当時禅宗が益々盛んとなり、仏教を覆うごとき力となっていたから、法相・三論・華厳の教の三宗が、禅に移行するならばどのようになるか、教から禅への移行を考えて、教の三宗と禅の三宗とを対配したのである。これによって、教が法相・三論・華厳と順次高くなっていくように、禅も北宗・牛頭宗・洪州宗荷沢宗と順次に高く評価されるべきことを論証したものである。このような教と禅との教判は、彼以前には見られなかったものであり、宗密の独創的見解である。しかし同時に、当時は禅が盛んになり、このような教判を要求する教界の情勢でもあったのである。なおこの教判には天台が含まれていないが、しかし天台は「教観二門」を説くのが本旨であり、教と禅とが一体となっているために、このような教と禅とを分けて対配する教判には取り上げられなかったのであろう。

宗密の「教禅一致」の説は、その後、宋の永明延寿（九〇四―九七五）や中峰明本（一二六三―一三二三）、明の雲棲袾宏（一五三五―一六一五）等に受けつがれている。なお華厳宗は、宗密の没後直ちに会昌の破仏が起っているため、弟子の事蹟は不明である。

密教

中国に密教が伝来したのは、善無畏（六三七―七三五）が七一六年に陸路長安に来て、大日経を翻訳した時に始まる。ただしその前に密教系の経典が中国に伝わったのは古い。東晋の元帝（三一七―三二一在位）の時代に帛尸梨蜜が『灌頂経』十二巻を訳出したのは有名であるが、それに続いて竺曇無蘭が孔雀王呪経以下二、三の密教経典を訳している。それ以前、支謙が二二三年から二五三年までに訳出した経典の中に無量門微密持経、華積陀羅尼神呪経などがあるが、これらも密教経典に含まれる。仏教にはすでに原始仏教時代にも、護呪や蛇呪等があった。さらに大乗仏教になると、種々の陀羅尼が説かれている。とくに孔雀が蛇に勝つ点から、蛇呪に関連して孔雀王呪経の成立が古い。これらの密教関係の経典が中国に伝わったのであるが、これらは大乗経典の中に含まれており、まだ密教経典として独立していなかった。そのためにこれらを「雑密」という。本格的な密教の伝来は、善無畏・金剛智・不空にはじまる。

善無畏は中インド烏荼国の国王であったが、出家してナーランダー寺で密教を修行し、北インドを経て、七一六年に長安に来て、玄宗皇帝に迎えられた。その翌年彼は虚空蔵求聞持法を訳した。それより前に無行がナーランダーに遊学し、義浄と同学であったが、無行は密教を学び、大日経の梵本を中国に伝えんとしたが、中途で没した。しかしその経典はのちに長安に届けられていたので、善無畏は七二五年にこれを訳出した。大日経七巻は詳しくは『大毘盧舎那成仏神変加持経』といい、『行タントラ』に属する経典である。密教経典としては比較的早い時代の成立であり、仏を仏・蓮花・金剛の三部族として説いている。この経は胎蔵界のマンダラを明かしている。翻訳には一行（六八三―七二七）が筆受をなした。善無畏はその翌年、蘇悉地羯羅経、蘇婆呼童子経等を訳している。蘇悉地羯羅経三巻は蘇悉地経と略し、天台宗の密教では、大日経・金剛頂経と並んで、三部の根本経として重要視される。

善無畏の弟子には一行のほかに、敬賢、明畏、智儼、義林等がある。義林の弟子に順暁があり、順暁は最澄の密教の師である。智儼は温古と共に一行の著わした『大日経疏』を再治して『義釈』となした。

つぎに金剛智（六七一―七四一）は南インドの人で、一〇歳の時ナーランダーで出家した。その後ナーランダーを中心にして、各地で修学し、声明論・因明・律・中観・瑜伽等の学に達した。さらに三一歳の時南インドで竜智に七年間承事して、金剛頂瑜伽経等を授けられ、密教に熟達した。彼は密教の外に中観派や瑜伽行派の学問にも深く達しており、七二〇年に不空（七〇五―七七四）と共に、南海を経て洛陽に達した。彼の訳した『金剛頂瑜伽中略出念誦経』四巻は、十八会のうちの「初会」を訳したものである。しかしその後不空によって『金剛頂一切如来真実摂大乗現証大教王経』（三巻本）として再訳されている。これがいわゆる『金剛頂経』であり、大日経と共に、中国や日本の密教の根本聖典であり、最近梵本が刊行された。金剛頂経は「ヨーガ・タントラ」に属し、金剛界のマンダラを明している。金剛頂経は仏を仏・蓮花・金剛・宝・羯磨の五部族に分かって示し、大楽思想を説いている。金剛智はその後密教関係の経典を多数に訳出し、一行は金剛智からも教えを受けている。

金剛智の弟子に不空があり、師と共に広東に達し、師の入滅まで随従し、密教のすべてを伝えられた。しかし師の没後、さらに密教経典を求めてインドに帰り、セイロン島で普賢阿闍梨に会い、密教の法門を受け、さらに各地を尋ねて多くの密教経典を入手した。七四六年再び長安に帰り、没するまでに「百十部百四十三巻」の経論を訳出し、羅什・真諦・玄奘と並んで、四大翻訳家の一人として重視される。密教は特に祈禱の仏教であるが、玄宗は不空より灌頂を受け、しばしば国家や帝のために祈禱を修している。つぎの粛宗の代には内道場に入って、護摩を修し、つぎの代宗の代にも祈禱によって尊崇せられている。寂するや朝を廃すること三日であったという。弟子には、含光、潜真、慧朗、恵果、慧琳等多数であったが、法位をついだのは慧朗であったという。慧琳（七三七―八二〇）は二三年を費やして『大蔵経音義』百巻を著わした。これには玄奘時代の玄応の著わした『一切経音義』二十五巻が収められている。

密教の教理を組織したのは一行であるが、彼は善無畏の講義を聴く前に、三論宗や天台宗の教理を学んでいる。その後、善無畏の大日経の翻訳に筆受となった。そしてその講義を聴いて『大日経疏』二十巻を著わした。一行は天台の学者であったため、彼の大日経疏には天台の教理による解釈を含んでいるという。その後、智儼がこれを再治したことが、温古の『義釈序』によって知られる。この再治本が『大日経義釈』である。ともかく大日経疏は、わが国の真言宗で依用し、大日経義釈は天台宗で依用する。本書は単に大日経の字句を注釈したものではなく、大日経の思想を再組織し、発展せしめたものであり、中国密教の成立に大きな役割を果した。同時に空海の十住心論や即身成仏義・声字実相義等の重要な思想も本書に基づいており、日本の真言宗の発展にも大きな影響を与えた。なお一行は金剛智の教えも受けたというが、善無畏より八年前に没した。

善無畏の教えは義林・順暁を経て、わが国の最澄に伝わり、不空の教えは弟子の恵果を経て、空海に伝えられた。不空の弟子は多数であったから、中国には密教が弘通する条件は整っていたが、しかし不空の滅後七〇年にして会昌の破仏（八四二年以後）が起ったために、中国の密教の発展はさえぎられた。ちょうどそのころ、慈覚大師円仁（七九四―八六四）が入唐中であり、不空の孫弟子である義真から胎蔵界大法を、元政から金剛界大法を受けたが、彼の『入唐求法巡礼行記』四巻には会昌の破仏についても詳しい記述がある。

インドの密教は、大日経や金剛頂経の現われた後にも、さらに教義が発展し、多くのウッタラタントラが作られている。それらが宋の時代に伝来し、翻訳されているが、会昌破仏以後、中国仏教は一般に衰微したので、密教の復興にも見るべきものがない。そのためにそれらの密教経典の中国仏教への影響は殆んど見られない。大日経や金剛頂経の密教では、大日経は胎蔵界のマンダラを示し、これは理を現わす。金剛頂経は金剛界のマンダラを示し、これは智を現わす。胎蔵界は中観系に関係が深く、金剛界は唯識系統に関係が深いという。この両方のマンダラを相承して完全になるともいわれるが、インドの密教にこのような確定説があったのではない。マンダラ（曼荼羅）は「壇」とも「輪円具足」とも訳される。これは地を画して、円或いは方形に作ったものを指す意味である。密教のマンダラにもこの意味がある。胎蔵界マンダラは、長方形のマンダラで、中央の中台八葉院をめぐって、四方に十三大院が画されている。金剛界マンダラは、全体が三三に九等分された四角形になっている。しかし、密教ではマンダラの意味は、主として「聚集」の意味とされ、諸仏・諸菩薩・諸尊の集会処の意味に解釈されている。恐らく最初は、実際に壇を築いて、その中に諸尊を配置したのであろうが、現在ではすべて絵図となっている。例えば胎蔵界マンダラの十三大院では、中央に中台八葉院があり、これは八葉の蓮華で、中央に大日如来、八葉の蓮華に四仏四菩薩が坐す。即ち四仏とは、東方に宝幢仏、南方に開敷華仏（釈迦）、西方に阿弥陀仏、北方に天鼓雷音仏（阿閦仏）がある。四菩薩は東南に普賢菩薩、西南に文殊菩薩、西北に観音菩薩、東北に弥勒菩薩がある。この中台八葉院の東に金剛手院、南に持明院、西に蓮華手院、北に遍知院がある。そしてそれぞれに諸仏諸尊が配置される。さらにその外側に除蓋障院等があり、さらにその外側に外金剛部がある。これらは大日如来の菩提自性の徳から現われたものであり、そこに配置されてある諸仏・菩薩・諸尊の徳性が互いに相応じて、そこに完成された「聖なる世界」が実現するのである。恐らくこのようなマンダラを、ヨーガにおいて観想し、仏の世界に証入せんとするのであろう。このような意味で、マンダラを「聚集」の意味に解する。

金剛マンダラは九つの区画があり、その一々がマンダラとなっているので「九会マンダラ」という。九会とは羯磨会、三昧耶会、微細会等があるが、九会が揃ったのは宋代になってからであるという。なおマンダラには、このほかに「四重マンダラ」といって、大曼荼羅、三昧耶曼荼羅、法曼荼羅、羯磨曼荼羅の四種の区別がある。しかしこのようなマンダラの意味は、インド伝来のものというよりは、中国や日本で組織立てられた点が多いようであり、特に密教の教理の大成には空海の果した役割が大きい。中国においては密教の教理が十分成熟しないうちに会昌の破仏に際会したためである。

唐王室と仏教

唐王室は概していえば、仏教を保護し、多くの官寺を造営し、僧尼に生活の資を配し、仏教の弘通を助けている。これは王室が仏教に帰依した点もあるが、同時に国家統治の方便、民心の収攬のために仏教を利用した面も大きいのである。したがって仏教を保護しながらも、同時に反面においては仏教を規制し、その勢力の増大を抑えている。そしてついには「会昌の破仏」のごとく、仏教に対する徹底的な弾圧がなされている。しかしそこには、仏教教団と国家との二元対立の問題だけではなく、つねに道教が介在しており、道教や儒教からの仏教排斥と、時の権力の思惑とがからんで複雑な対立となっていたのである。

唐王室の中で、最も仏教を尊崇したのは、太宗・則天武后等である。太宗（六二六―六四九在位）は玄奘が帰国するや彼を弘福寺に迎え、さらに彼のために慈恩寺を建立し、或いは玉華宮等に住せしめ、彼の翻訳を助けている。そして先ず最初に瑜伽師地論の翻訳が完成すると、太宗自ら「三蔵聖教序」を製して賜い、東宮であった高宗も「述聖記」を製して賜うたほどである。そして高宗（六四九―六八三在位）の時、玄奘が没すると、高宗は非常に悲しみ、朝を廃すること三日、勅して金棺に玄奘の遺骸を納めて葬らしめている。さらに太宗は華厳宗の杜順をも尊敬し、宮中に召して聞法し、帝心尊者の号を賜っている。

つぎに則天武后（六八四―七〇五在位）は自ら帝位について武周朝を号したが、その思想的根拠を仏教に求め、『大雲経』を偽作せしめ、それに基づいて国号を「周」と改め、天授と改元した。そして大雲寺を国分寺として各地に建立している。そして仏僧を重用し、禅宗の神秀も武后に召されて内道場に入って親任せられている。さらに華厳宗の法蔵も武后に親任せられ、賢首の号を賜っている。宮中に召して、しばしば法を問い、新訳華厳経が完成すると勅によってこれを講ぜしめている。さらに則天武后や次の玄宗（七一二―七五六在位）の時代から、宮中に「内道場」が設けられ、国家の安寧、聖寿長久のために祈禱をなし、転経行道せしめている。とくに玄宗の時代には、不空が重んぜられている。不空は玄宗から智蔵の号を賜り、帝に灌頂を授け、次の粛宗（七五六―七六二在位）には、帝の不予に際して修法し、次の代宗（七六二―七七九在位）の時には大広智三蔵の号を賜い、賜給多く、帝の優遇至らざるはなかったという。さらに華厳の澄観も、代宗以来七帝の師として尊崇され、鎮国大師・清涼国師の号を賜り、大統国師となり、寂するや朝を廃すること三日であったという。

このように一方では仏教は国家から尊崇されたが、それは仏教の存在が国家の統治、人心の安定のために役立ったからである。しかし一方には、仏教が盛大になることを快く思わない道教や儒教の徒があり、この方面から朝廷へ仏教排斥を運動している。とくに唐王室は姓が李氏であり、老子と姓が同じであったため、老子を祖と見て、道教を特別に重んじ、これを保護した。そして高祖や太宗は三教の順位を、道士・儒者・仏僧とした。そして玄宗も道教を尊信し、保護したので、当時は道教の勢力がとくに盛大であった。

高祖の時、道士の傅奕は上書して仏教を廃せしめんとしたので、法琳（五七二―六四〇）は『破邪論』を著わして、道教を破し、仏教廃止の非なることを主張した。さらに彼は『弁正論』を著わし、仏教を弁護している。しかしその中に朝廷を非難する言葉があったとして、道士秦世英の上奏により、彼は益州（四川省）に配流せられるに至った。つぎに高宗（六四九―六八三）の時代にも道教と仏教の対立が烈しくなり、道教側は自己の地位を有利にするために、仏典に似せて盛んに道教経典を偽作したという。そのために六六四年沙門道世は上書して、道経の真偽を論じ、『老子』二篇以外は悉く廃棄すべきことを上奏した。その結果、『老子化胡経』は廃棄された。その後、中宗の時代にも化胡経は偽経として禁断されている。老子化胡経は西晋の時代に道士王浮が帛遠と道仏の優劣を論難したとき、対抗上作成したもので、『老子』に「関を出でて終るところを知らず」とあるのは、老子がインドに行って胡を教化したことを示すのであるとか、或いは釈迦となった、或いは釈迦の師となった等と述べたもののごとくである。そのために仏教側ではこれに対抗するために、釈迦の出生を老子以前に置く必要を感じ、東晋より南北朝時代に仏陀の出生について多くの伝説を作り、『周書異記』なる書によって、釈迦の入滅を周の穆王五三年(西紀前九四九年)とするに至った。そのために梁の元帝の時代に末法がはじまることになったのである。

則天武后(六八四―七〇五在位)の時代には、唐朝との差異を示すために、仏教の優位を明確にして僧尼を道士女冠の上となした。しかし次の睿宗(七一〇―七一二在位)の代には道仏弁立とし、上下を分かたないことにしたという。

さらに儒教との関係では、憲宗の時(八一九)韓愈が「論仏骨表」を上書して、仏舎利の信仰を排斥し、さらに「原道」を著わして、道教仏教ともに排斥している。しかし韓愈の言葉があまりに激越であったために、憲宗の怒りにふれて、彼は潮州(広東省)に流罪されるに至っている。

道教と仏教との間には種々の軋轢があったが、しかし仏教には人材が輩出し、概して言えば、仏教の勢力が強かった。そのために朝廷の支持を得ればかえって仏教教団の勢力が増大しすぎて、国家の負担となったのである。そのために国家権力の規制を受け、僧尼沙汰を起している。僧尼が徭役を免れるために出家することは、いつの時代にもあったが、唐代にもかかる私度僧が多く、それを防ぐために厳重に僧籍を定め、度牒を下附して偽濫僧の出現を防いでいる。高祖の時代にも仏道二道を沙汰し、仏教道教を廃棄せんとしたが、高祖の譲位によって中止となった。次の太宗の時代にも偽濫僧の排除を令し、玄宗の時代には還俗せしめられた僧は二万人にのぼったという。さらに寺院の建立も制限され、王侯貴族の寺塔建立を禁止し、睿宗の時代には天下の無額寺院を廃止し、玄宗の時代にも天下の村坊・小寺を廃棄している。

しかし最も大きな僧尼沙汰は武宗（八四〇―八四六在位）の廃仏であり、いわゆる「三武一宗」の法難の最後のものである。会昌二年（八四二）に、僧尼の中で犯罪を犯した者や戒律を実行せざる者を悉く還俗せしめ、京師だけでも還俗僧は三千人以上に及んだという。さらに五台山をはじめ諸寺への巡礼を禁じ、五年にはさらに禁令を厳しくし、長安・洛陽に各四寺を残し、各州に一寺を残すのほかはすべて破却し、僧尼の還俗せしめられた者は二六万人以上であったという。この廃仏は唐代仏教を衰運に導き、次の宣宗（八四六―八五九在位）が立つに及んで仏教復興を計ったが、しかし仏教は再び昔日の盛大さを回復することはできなかった。

その理由は、唐朝自身がすでに末期になって勢力を失っており、間もなく滅亡して、五代の戦乱時代となったこと、教理的には、天台や華厳の成立によって中国的な仏教が完成したために、宋代以後には新しい仏教の出現を困難にしたためである。三論・天台・法相・華厳・真言等は、すべて朝廷の帰依を受けて、その経済的援助のもとに盛大となっている。したがってその帰依を失えば、その教団の勢力もたちまち失われるという状態であった。たしかに教団としての消長はそうであったが、しかしそのために天台や華厳の教理的影響までも失われてしまったのではない。むしろ宋代以後においては、中国人一般の思想の中に、天台や華厳の考え方が深く浸透していったと考えてよいのではないかと思う。そのために宋代以後には道教と仏教の対抗はおさまり、むしろ儒仏道三教の融合の宗教運動が起っている。

さらに浄土教や禅宗が朝廷の援助の外にあって教団として発展し、中国人の宗教として重要な役割を果すようになったことも、新仏教の出現をはばんだ理由の一つであろう。

唐代の仏教文献

唐代の仏教経典の翻訳は玄奘の翻訳によって新時代を画した。彼は「七五部一三三〇巻」の翻訳をなし、大きな貢献をなした。それ以後の訳経家は多くは玄奘の訳語を踏襲したので、これを「新訳」という。それより以前、太宗の時に中インドより波羅頗迦羅蜜多羅が来て、般若燈論釈十五巻と大乗荘厳経論十三巻を訳している。日照三蔵（地婆訶羅）も高宗の時、中国に来て、大乗顕識経等一八部の経論を訳している。次に実叉難陀が于闐から来て、新訳華厳経等一九部一〇七巻を訳している。次に義浄が則天武后の時代に帰国して、根本説一切有部律、密教、仏教論理学関係の経典訳六八部二八九巻を訳した。次に大宝積経一二〇巻が則天武后の時代に、菩提流志によって完訳されたことも逸することはできない。これは、すでに翻訳のあるものはそれを利用し、ないものは新しく訳して、四十九会一二〇巻を完成したのである。その後に善無畏・金剛智・不空等が密教の経典を多数に訳した。その後、般若が七九八年に四十華厳（入法界品）を訳している。その外にも華厳経に関する翻訳が二、三見られる。しかし玄宗の晩年、安史の乱（七五五—七六三）が起り、これによって唐王室の権力は衰微し、地方豪族の勢力が増大した。さらにその後に武宗の廃仏等もあったため、その後の訳経に見るべきものはない。

当時、大蔵経が蒐集されたことも注目すべきである。仏教の経典を集めて「一切経」あるいは「大蔵経」と呼ぶようになったのは、六朝時代から隋代にかけてであるらしい。とくに梁の武帝は経典を蒐集して「経蔵」を作ったという。これによって大蔵経の「目録」が作られている。すでに古く道安によって『綜理衆経目録』が作られ、それをついで僧祐が『出三蔵記集』を作ったことは有名であるが、その外にも「経録」を作った人は少なくない。費長房の『歴代三宝紀』は、「二十四家の録」があったことを伝える。歴代三宝紀は隋の開皇一七年（五九七）に完成しているが、それ以前に法経等により衆経目録（法経録）七巻（五九四）が作られ、さらに彦琮《げんそう》等により衆経目録（仁寿録）五巻（六〇二）が作られている。梁の武帝の時代（五一八）に宝唱が衆経目録を作ったが、これは失われた。唐代には静泰撰の衆経目録五巻（六六四）、道宣の大唐内典録十巻、靖邁《せいまい》の古今訳経図記四巻、明佺等の大周刊定衆経目録（大周録）十五巻、智昇の開元釈経録（開元録）二十巻、円照の貞元新定釈教目録（貞元録）三十巻等がある。この中、法経録・仁寿録・静泰録等は、訳経を大乗の経・律・論、小乗の経・律・論等に分類して示している。同じく「衆経目録」というが、小異があり、後のものほど訂正もあり、新加もある。これらの経録では、翻訳者各人の翻訳が一ヵ所に集められていない。これにたいして、歴代三宝紀、内典録、開元録、貞元録等には最初に「代録」があり、各時代ごとに翻訳者それぞれの訳経をまとめて挙げているので、調査に便利である。大周録は分量は多いが、杜撰な編集であり、益する点がない。貞元録は貞元一六年（八〇〇）の成立であり、開元録（七三〇成立）の漏らした訳経を補っている。一般には開元録が綿密な経録として声価が高いが、それぞれに特色があるので、諸経録を比較検討する必要がある。

経録は貞元録以後は作られなかったため、それ以後の翻訳の調査は不便である。元代に慶吉祥等により至元法宝勘同総録（至元録）十巻が作られた。これは漢訳とチベット訳とを勘同した経録で、その点に特色があるが、大正大蔵経では昭和法宝総目録第二巻に含まれるため、参照に不便である。それ以外には、宋代以後に大蔵経がしばしば開版され、それぞれに「一切経目録」が附されているため、これらも利用しうる。

大蔵経の翻訳に関連して、梵語の音訳語を解説したものに、玄応の一切経音義二十五巻（六四九）、慧琳の一切経音義百巻（七八三―八〇七）があり、さらに宋代に希麟の続一切経音義十巻（九三四―九八一）が作られている。さらに大蔵経の中の要文を抜粋編集したものに、梁の宝唱等集の経律異相五十巻、唐の道世の撰した法苑珠林百巻、諸経要集二十巻などがある。なおこれらの外に、梁代に『法宝集』二百巻をはじめ、類書が多いがそれらは失われた。これらは大蔵経の披見の不便な当時にあっては、それに代るものとして、諸経の要文を抜き出したものが珍重されたのであり、その後も長く仏教研究に大きな役割を果した。これに類するものとしては、唐玄逸の『大唐開元釈教広品歴章』三十巻、宋代惟白の大蔵経綱目指要録十三巻（一一〇五）などがある。これは大蔵経五千余巻の梗概を著わしたものである。同じく明の智旭の閲蔵知津四十八巻（一六五四）も大蔵経一〇七三部の仏典の解説をなしたものであり、わが国でも明治時代までは仏教研究に利用せられたものである。

なお唐代には僧詳の『法華伝記』十巻、恵祥の『弘賛法華伝』十巻等の法華経信者の感応伝がある。法華経の読誦や書写の功徳が、種々の危難を救い福をもたらすことを説いている。道宣の内典録巻十にも「衆経応感興敬録」を集めている。とくに観音経による観音信仰が、授児や海上交通安全等と結合して、広く信仰せられるようになった。さらに、弥勒の信仰や五台山を中心とする文殊菩薩の信仰も盛んになっている。文殊の信仰には不空三蔵が力をつくしている。さらに当時は「仏舎利」の信仰も盛んであった。

つぎに道教と仏教の習合した「十王信仰」も唐代に起っている。そのために『十王経』などが作られており、死後の冥府にあって罪人を審判する閻羅王を中心とする十王の信仰が起っている。これは、仏教が道教と融合して、民衆の信仰になったことを示す点で重要である。多年に亙って争っていた仏教と道教との和解の一端がここに見られるからである。

浄土教

「浄土教」は中国で成立した言葉である。「浄土」の原語は「スカーヴァティー」(sukhāvatī) であり、「極楽」「極楽国土」「安楽国」などと訳されている。『無量寿経』や『観無量寿経』に「清浄国土」の語が無いわけではないが、むしろ「諸仏如来浄土の行」などと「国土を浄める」意味に用いられている。天親の『無量寿経優波提舍願生偈』にも「安楽世界」「安楽国土」の語を用いるが、同時に安楽国土の清浄を説いている。それに影響されてか曇鸞の『論註』においては、「安楽国」が「安楽浄土」に変っている。そして道綽の『安楽集』には「天親の浄土論」と言っており、『無量寿経優波提舎』が『浄土論』と言いかえられ、「極楽」よりも「浄土」が普通の言葉になっている。このように中国において『無量寿経論』が『浄土論』として受けとめられるようになった中間には、『維摩経』「仏国品」の説く「浄土」の思想や、『大品般若経』の「浄仏国土」の思想が強く影響しているのではないかと考える。『維摩経』の浄土観は『論註』でも『安楽集』でも重要視されている。このことは中国の浄土教が、インドの阿弥陀仏の信仰の単なる延長でないことを示すものであり、中国人の浄土の観念は「スカーヴァティー」とは別の次元で考える必要がある。

中国初期の浄土信仰は、来世に浄土往生を望みながらも、どの仏の浄土に往生するか明確でなかった。しかし次第に、弥勒の浄土と阿弥陀仏の浄土とが優勢になった。しかし南北朝時代には、まだこの二つが相並んで行なわれており、弥勒の像を造って西方阿弥陀浄土を願う等、両者の信仰ははっきり分化していなかった。しかし次第に阿弥陀仏の信仰が教理的な基礎づけを得ると共に、優勢になり、唐代には浄土教といえば阿弥陀仏の信仰を意味するようになった。

中国で阿弥陀仏の浄土往生の信仰は、諸宗に広く信仰され、智顗・吉蔵・浄影寺慧遠をはじめ、無量寿経や観無量寿経・阿弥陀経等を講義し、注釈を著わした学僧は多い。しかし中国の浄土教といえば、廬山の慧遠のはじめた慧遠流と、曇鸞・道綽・善導の系統の道綽善導流と、慈愍によって始められた慈愍流とが数えられる。ただし主流は道綽善導流であり、しかも唐代の浄土教はこのような三流が、はっきり区別されて行なわれていたのではなかったごとくである。

道綽（五六二—六四五）は曇鸞の寂後二〇年目に生れたので、直接曇鸞の教えを受けていない。最初は涅槃経を研究し、涅槃経の講義をしていたが、たまたま曇鸞の建てた玄中寺に詣で、曇鸞の碑を見て感ずるところがあり、浄土信仰に入ったという。彼は『観無量寿経』を講ずること二百遍、念仏を唱えること日日七万遍であったという。

そして人々に念仏を数え易からしめるために、小豆をもって数える「小豆念仏」をすすめたという。貞観二年（六二八）には、将に命つきんとして奇瑞を感じ、かえって健康を回復し、幷州（山西省）を中心に熱心な伝道を行なって、道俗のしたがう者が多かった。太宗も道綽の高徳に帰依したといい、『安楽集』二巻の著作がある。道綽は本書において十二大門を立て、一代の仏教を難行道の聖道門と易行道の浄土門との二門に分け、末法の劣機には聖道門の難行道は適せず、浄土門の易行道こそが時機相応の法であると主張し、阿弥陀仏の教えに帰し、安楽世界に往生すべきことを勧めた。即ち道綽は曇鸞の『論註』の説に拠りながらも、末法の時代観に立脚して、仏一代の教えを聖道門と浄土門とに区別する教判を立てたのである。その意味でこれは浄土教独立の書といってよい。彼の弟子に善導があって、長安に出て浄土教を広め、迦才は道綽の『安楽集』を読んで『浄土論』三巻を著わした。

善導（六一三―六八一）は山東省の出身で、諸所に道を求め、のち幷州に行って道綽に会い、その門に入った。師の寂後長安に出て、光明寺、慈恩寺等に住し、大いに念仏の教えを広めた。阿弥陀経を写すこと十万巻、浄土変相図を画くこと三百鋪といわれ、帰依するもの市のごとくであったという。彼は厳粛なる念仏生活をつらぬいて、高宗の永隆二年（六八一）六九歳で寂した。ただし善導には光明寺に住した善導と、悟真寺の善導とを区別する説もあるが、一般には同一人と見られている。彼は道綽の教えを次いで、末法五濁悪世の罪悪の凡夫人は阿弥陀仏の本誓願に依らなければ出離の期はないと力説した。即ち、自身はこれ罪悪生死の凡夫であり、曠劫已来、常没流転し、出離の縁がないと「決定深信」することと、阿弥陀仏は四十八願によって衆生を摂取し、彼の願力によって必ず往生を得ると「決定深信」することとの「二種深信」を力説した。ここに「罪悪生死の凡夫」という深い反省と、自己の罪業の厳しい懺悔と阿弥陀の本願の真実とが重視されている。そして「二河白道の譬喩」によって、一心に弥陀を信ずべきことを述べ、浄土往生の実践行として「五種正行」を示す。読誦・観察・礼拝・称名・讃歎の正行のうち、「称名」をもって正定業とした。即ち一心専念に弥陀の名号を念じ、念々に捨てざるを正定の業とし、礼拝・読誦等を助業とした。そして正行以外の行を「雑行」と判じた。所依の経典として無量寿経・観無量寿経・阿弥陀経・天親の浄土論の「三経一論」を選んだ。ここに「称名念仏」による浄土教の教理が確立したのである。

善導は『観経疏』四巻、往生礼讃・般舟讃・観念法門各一巻、法事讃二巻の著作をなし、これを「五部九帖」という。主著は『観経疏』であり、この書において善導は浄土教の教理を組織し、他の四部において実践行儀を示している。善導は当時、阿弥陀仏の浄土について種々の説があったのを批判し、極楽浄土は「報土」であると判定し、阿弥陀仏も当時、報身・応身等種々の見方があったのを、阿弥陀仏は「報身」であることを主張し、『観経疏』において、諸家の説を批判し、浄土宗の立場を明らかにし、その終りに「私はここに、観無量寿経の要義を明らかにし、古今の学者の所説を楷定是正した。故にこの書を書写する者は一字一句も加減してはならない」と述べている。ここに彼の見識の高さと信念の強さとが示されている。

道綽の『安楽集』を読んで『浄土論』三巻を著わした人に迦才がある。彼は長安の弘法寺に住し、善導と同じ時代に活躍した。迦才も末法の自覚と、機根への深い反省とに立って、阿弥陀仏の本願にたいしては凡夫が「正生人」であり、聖人は「兼生人」にすぎないと説き、往生のために「懺悔念仏」と「修福懺悔」を重要視している。善導においても「懺悔」が重要視されているが、この点は中国浄土教を理解する一つのポイントである。善導の弟子に懐感がある。彼は則天武后（六八四―七〇五在位）の時代に活躍した。『釈浄土群疑論』七巻を作り、法相宗の教理と調和した浄土教を宣揚した。さらに懐惲は善導に帰依し、一〇年間師事し、秘偈真乗を付属され、実際寺に住し、ここに壮麗な浄土堂を建立し、浄土教の専門道場とした。

善導の系統の浄土教で活躍した次の時代の人は、法照・少康・飛錫等である。共に長安において、大暦・貞元時代（七六六―八〇四）に活躍した。法照と少康は「後善導」と称せられた人であり、法照は『五会法事讃』を著わして、五会流の念仏を創作した。法照は南嶽弥陀寺の承遠（七一二―八〇二）の教えをうけ、五台山に竹林寺を建立し、長安に出て大いに念仏の教えを広め、その音楽を応用した「五会念仏」は広く民衆の心をとらえ、宮廷にも信奉され、国師ともなった。少康は法照より少しおくれて長安に出て、善導の影堂に詣でて熱烈な西方願生者となった。『往生西方浄土瑞応删伝』の著があり、「往生伝」の最初をなすものとして重要視されている。彼は睦州（浙江省）一円に教えを広め、一州悉く念仏に満ちたといわれるほどであった。飛錫も法照と同時代の人であり、不空の訳場にも列し、天台の教理にも通じた人であるが、『念仏三昧宝王論』三巻を著わし、浄土の法門を宣説している。

以上の善導流の念仏と別系統に慈愍流の念仏がある。慈愍三蔵慧日（六八〇―七四八）は義浄に会って渡天の志を発し、七一九年に一七年にわたるインド西域の求法旅行から帰り、玄宗に仏の真容・梵筴等を献じ、慈愍三蔵の号を賜った。彼はインド求法旅行において熱心な浄土願生者となり、帰朝後は洛陽・長安地方に浄土信仰の教えを広めた。慧日は広州にも教化の旅行をなし、廬山の承遠が彼の弟子となった。この承遠から法照が教えを受けるのである。法照は慧日の『西方讃』『般舟三昧讃』等を引用しているが、彼には『往生浄土集』もあったという。慧日の教えは、末法の凡夫は念仏をもって西方浄土往生を求めるのが第一であると説いていたようである。したがってその教えは、道綽や善導と特に異なる点はなかった。しかし実践においてはかなり異なり、正行・雑行等の区別は立てなかったようである。玄宗の時代には禅が教界の一大勢力であったため、それに影響せられて、慧日の浄土教は、持戒を排せず、禅定は斥けず、それらの双修並行を認めたことが、宋の時代の延寿（九〇四―九七五）の『万善同帰集』に伝えられている。この点で慈愍流の念仏は、後世の禅浄双修、念仏禅の基いをなしたと見られている。善導流の念仏が日本に入って浄土教として発展したのにたいし、慈愍流は中国において禅と結合して長く行なわれたわけである。これが中国浄土教の在り方の特色である。

五世紀末、菩提達摩がインドより南海をへて中国に渡来してきて、禅宗が成立した。彼は嵩《すう》山の少林寺で坐禅を修していたが、のち二祖慧可（僧可）に法を伝えた。その後、三祖僧璨《そうさん》（　—六〇六？）をへて、四祖道信（五八〇—六五一）、五祖弘忍《ぐにん》（六〇二—六七五）と伝えられた、弘忍の弟子に神秀《じんしゅう》（六〇六？—七〇六）と慧能（六三八—七一三）とが出て、禅宗は北宗と南宗とに分れるが、同時にこの時代より禅宗が盛んになる。中国人の求めた仏教の実践が、念仏と禅という形で具体化したのであり、実践を尊ぶ禅宗が中国人の心を深く捉えたのである。この時代から、儒家や文人の中にも禅を理解する人びとが現われてきて、仏教と儒教・道教との融合が、禅を媒介として成熟していった。中唐までは、仏教と道教・儒教との対立抗争は烈しかったのであるが、それが一転して三教融合の方向に進んだのに禅仏教の果した役割は大きい。同時に禅の実践の背後には、華厳や天台の思想が肉づけされていることを無視することはできない。

禅宗の最初の分派は牛頭《ごず》宗である。牛頭法融（慧融、五九四—六五七）は茅山に入り、三論宗の炅《けい》法師について出家し、三論を学び、のち四祖道信から法を伝えられた。彼には『心銘』『絶観論』の著がある。牛頭禅は三論の無得正観と関係の深い禅であり、五祖以下の禅と異なる点がある。牛頭宗は初祖法融のあと二祖智巌（六〇〇—六七七）、三祖慧方（六二九—六九五）、四祖法持（六三五—七〇二）、五祖智威（六四六—七二二）、六祖慧忠（六八三—七六九）と受けつがれた。そのあと鶴林玄素（六六八—七五二）、径山法欽（七一四—七九二）、鳥窠道林（七四一—八二四）などが活躍している。とくに法欽は華厳宗の澄観に牛頭禅を伝えた人である。

五祖弘忍には「東山弘忍の十大弟子」がいわれ、慧能・神秀・玄賾《げんさく》・智詵・慧安・法如・法持・義方等が有名である。それらの中では慧能と神秀とが最も重要であるが、そのほか、四川省に禅を広めた智詵や慧安の浄衆派が注目される。智詵（六〇九—七〇二）・処寂（六四八—七三四）・無相（六八四—七六二）と次第し、無相は成都浄衆寺に拠って大衆を教化し、独自の引声念仏と、無境・無念・莫妄の三句説法による受戒をなした。これは念仏禅の系統であり、同じく処寂の弟子の南嶽承遠（七一二―八〇二）は浄土教の法照に法を伝えている。無相の系統の浄衆寺神会（七二〇―七九四）の弟子の聖寿寺南印は宗密に浄衆派の法を伝えている。慧安（五八二―七〇九）は弘忍に受法して、嵩山に入った。この系統に無住（七一四―七七四）があるが、彼は無相の法を受けたといい、彼の弟子が『歴代法宝記』を著わし、慧能の禅を正系としながらも、成都浄衆派の活躍を叙している。

弘忍の弟子神秀は五祖の下で得法し、のち荊州玉泉寺に入ったが、頭陀を行じて禅風あまねく、学徒の集まるもの三千であったという。七〇一年則天武后に召されて長安に入り、武后に跪拝せられた。武后・中宗・睿宗の三帝の国師となり、寂後大通禅師と諡せられた。神秀によって禅宗が長安・洛陽に広まったのである。彼のあと、普寂（六五一―七三九）、義福（六五八―七三六）等が輩出し、長安仏教界に重きをなした。普寂の弟子に道璿《どうせん》があり、聖武天皇天平八年（七三六）わが国に来朝し、大安寺行表に北宗禅を伝え、行表から最澄が禅法を受けている。普寂・義福ともに弟子が多く、北宗禅は北方に盛んになり、中国禅の基盤が確立された。北宗禅は「漸悟」を説くことで有名である。浄覚（六八三―七五〇？）は神秀にも受けたが、玄賾（―六四七―）の弟子であり、彼の作である『楞伽師資記』は楞伽経の伝持に托して、北宗禅の正系を説いている。同じく弘忍の弟子法如（六三八―六八九）の系統に杜朏があり『伝法宝記』を著わし、弘忍と神秀の間に法如を加え、北宗禅七代の系譜を示している。しかし北宗禅は数代で衰え、崇珪（七五六―八四二）が北宗最後の系統を受ける人という。

これに反して南宗は、慧能以後多数の俊秀が現われて一門が栄え、禅宗の正系となる。古来「南頓北漸」というように、南宗は頓悟を説くのが特色である。慧能は広東省の出身で、家が貧しく、若年には、市に薪を売って生活していたが、金剛般若経を誦するのを聞いて発心し、黄梅山の五祖弘忍の門に入った。碓房にあること八ヵ月であったが、弘忍が所悟を偈にして呈せしめたとき、慧能の偈が神秀の掲げた偈よりすぐれていたために、東山の衣鉢を伝えられ、故郷の曹渓に帰ったという。彼は曹渓宝林寺にあって、大いに禅風を宣揚した。曹渓大師という。慧能の弟子は非常に多く、嗣法の弟子四十余人という。荷沢神会《かたくじんね》、南陽慧忠、永嘉《ようか》玄覚《げんかく》、青原行思《せいげんぎょうし》、南嶽懐譲等は最も有名である。弟子の法海が師の言行を集めたものが『六祖壇経』にまとめられた。この中、青原行思（　—七四〇）の系統から曹洞宗がおこり、南嶽懐譲の系統から洪州宗がおこり、この二系統が最も栄える。

しかしまず注目すべきものは荷沢神会（六七〇—七六二）である。彼はかつて神秀に学び、のち慧能に師事して心地開け、七二〇年竜興寺に住して禅法を宣揚した。長安・洛陽には神秀の弟子普寂・義福等が盛んに化を垂れていたが、この地方に慧能の禅を宣揚したのが神会である。神会の弟子の集めた『菩提達摩南宗定是非論』に、達摩の禅が如来禅であること、これを受けた慧能が伝信の袈裟を授けられて、その袈裟は韶州に厳存することを挙げて、慧能が六祖であることを主張する。恐らくこの時代から、南宗・北宗・禅宗等の「宗」の観念が固定化するようになったのであろう。荷沢宗は一時は栄えたが、八〇〇年ごろを境として急速に衰退した。

慧能の弟子のうちでは青原行思が伝法の印しである伝衣を受けたというが、六祖は行思以後は伝依を曹渓の山門に留めしめたという。行思の弟子に石頭希《せきとうき》遷《せん》（七〇〇—七九〇）があり、『参同契《さんどうかい》』を著わした。彼の弟子に薬山惟《い》儼《げん》（七五一—八三四）や天皇道悟（七四八—八〇七）があり、天皇の系統からは、徳山・雪峯・玄沙等が輩出する。雪峯義存（八二二—九〇八）は会昌破仏後の仏教の振興に力をつくした。薬山の系統に雲巌曇晟《どんじょう》（七八二—八四一）、その門に洞山良价（八〇七—八六九）が出、その門に曹山本寂（八四〇—九〇一）が出て曹洞宗となる。洞山の『宝鏡三昧』は『参同契』と共に曹洞宗で愛翫される。

さらに南嶽懐譲の系統には馬祖道一（七〇九—七八八）が現われ、その弟子に百丈懐海（七四九—八一四）があり、有名な『百丈清規《しんぎ》』を作った。禅宗はもと律院に住したというが、次第に禅院が成立し、修行僧が集まるようになったので、禅院の生活規範としての「清規」が制定されたという。インドで作られた戒律による僧伽の規則を踏襲しながらも、中国修行生活に適するように改訂された修行規範が「清規」である。この清規の最初のものがこの『百丈清規』であり、これによって禅宗が教団として独立したのである。本書には「作務《さむ》」が規定され、懐海は「一日作さざれば、一日食らわず」と言ったといわれ、そこに生産労働をなしつつ修行生活をなした中国の禅宗僧院の在り方が示されている。インド仏教の戒律では、比丘は乞食生活をなして修行に専心すべきであり、生産に従事することは禁止されていた。これは、ガンジス河流域の食糧豊富な地方で成立した教団規則だからであり、中国仏教には中国社会に適応した教団規則が必要であった。中国の仏教も最初は国家や貴族の経済的援助のもとに繁栄したが、しかしそのために僧尼や寺院の増大は国家の経済的負担となり、これが仏教迫害の一つの原因になっている。唐中期の「安史の乱」は唐王室の勢力を弱め、権力の地方分散を促した。そのために帝都中心の教理仏教の勢力が弱まり、逆に地方の山野にあって自活修行をする禅宗の勢力が強まったのである。

百丈懐海の弟子に黄檗希運（八五五寂）、さらにその門に臨済義玄（八六七寂）が現われ臨済宗がおこる。さらに懐海の弟子に潙山《いさん》霊祐（七七一―八五三）があり、その弟子仰山慧寂（八〇七―八八三）は潙仰《いぎょう》宗を開いた。青原行思の系統からは、雲門文偃《ぶんえん》（九四九寂）の雲門宗、清涼文益（八八五―九五八）の法眼宗が開かれた。この臨済・曹洞・潙仰・雲門・法眼の五宗を、禅宗の五家と称する。五家が盛大になるのは会昌破仏以後であり、会昌の破仏によって教理仏教の宗派がすべて衰えたとき、禅宗のみは、ますます盛大におもむいた。その理由は、禅宗がまったく中国的な仏教であったことと、朝廷や貴族等の援助に頼らないで、山野に在って最低の経済生活に堪え、自給自足の修行生活をなしたことに由来すると見てよい。

達摩は楞伽経を必要となしたが六祖になって金剛般若経をもってするに至ったといわれるが、禅宗としては特にいずれの経いずれの論にかたよるものではない。ただし、浄覚の『楞伽師資記』やその師玄賾の『楞伽仏人法志』は楞伽経を立場として禅の法系を考えている。ただし達摩の「二入四行」には維摩経が引用されており、達摩は

「虚宗」（般若）を立場としたともいう。達摩以前の禅は数息観や四念処観を重んじたが、達摩は般若思想の「無所得」の立場を重んじたのであろう。そこに牛頭法融のごとく三論の無得正観との結合もおこりうる。さらに楞伽経の自性清浄心、如来蔵の思想が般若の空の思想と結合して、六祖を経て「直指人心・見性成仏」の思想に結実したのである。荷沢神会は六祖の禅を、無念・無住・第一義空の如来禅であると示したが、自性清浄心の全現といわれるものが、同時に無念・無心といわれうるのである。それを禅という実践によって実現せんとするのである。その実践を「教外別伝・不立文字」と称するようになった。そして禅はただ仏心印を伝えるのみのものともいわれ、仏心印を釈尊以来嫡々相承してきたとして、西天二十八祖なども説かれ、この禅を「祖師禅」と呼ぶようになった。『曹渓宝林伝』は唐の智炬（九世紀ごろ）の作といわれるが、この書に「禅宗二十八祖」説がはじめて説かれている。そのあとに十世紀に『祖堂集』二十巻が作られ、さらに『景徳伝燈録』三十巻へと発展し、さらに宋の契嵩の『伝法正宗記』九巻が作られ、インドから中国へと、禅宗の法燈・法系が種々に論ぜられている。

禅は「仏心」を示さんとし、「無念」を説く。そして、一定の教理に立たないで、自己の体験を率直に示すために「語録」が作られるようになった。語録の現われるのは『宝林伝』以後であるといわれるが、馬祖・百丈・黄檗・臨済・南泉・趙州《じょうしゅう》などの語録が成立し、これが『祖堂集』以後の燈史の資料となったという。黄檗の『伝心法要』や臨済の『臨済録』は有名である。同時に弟子の教育にも一定のきまりがあるのではないから、それぞれの家風が現われ、払拳捧喝などが用いられ、さらに「公案」を用いて「非思量」に導き、直ちに心地を究明せんとする等、禅宗の弟子の教育には特色ある方法が用いられている。

四　宋代以後の仏教

その特色

後梁の太祖が唐をほろぼして汴《べん》京に即位（九〇七）してより、現代まで一〇〇〇年以上をへている。中国に仏教が伝わってからの年代としては、唐以前よりも長い。しかし仏教教理史の立場から見れば、重要な問題は唐までに多い。宋（九六〇年建国）以後には活発な問題が少ない。これは宋以後には仏教が衰えたという意味ではない。もちろんその後も盛衰の波はあり、とくに清末以後は急速に衰えたが、しかし宋以後にも依然として仏教は盛んであった。しかし仏教の基礎は唐代までに完成し、中国人に適する仏教が出来上っていたので、それ以後は守勢の仏教になったのである。しかしそれだけに仏教が中国人の生活に深く浸透し、民衆の生活に不可欠のものとなったのである。

儒教や道教とも、唐以前にはしばしば烈しい争いを起したが、宋以後には相互に理解し合い、それほど激しい抗争は起らなくなった。むしろ融合の方向に向かった。朱熹（一一三〇―一二〇〇）によって大成された宋学が、仏教に強く影響されていることは、一般に認められている。儒教や道教と仏教との論争も、相互の理解の上に立って、きわめて理論的になり、おだやかになった。またそれだけに仏教も道教も習合して、著しく道教化した仏教となった。仏教が民衆化したことは、それだけ安定した宗教になったのであるが、同時に活気を失う結果となった。国民感情に適合した仏教が出来上ってしまえば、そのあとで、さらに独創的な教理を打ち出すことは至難である。したがって仏教界に天才の出現を困難にし、ひいては仏教界に人材の流入を妨げる結果となった。教理が型にはまってから長い年月がたてば、凡庸な人でも真似でもって他人に法を説くことができるようになる。同時に少しぐらい才能があっても、固定した教学を打破して、新しい説を打ち出すことは困難になる。そのために宋以後には、概していえば、仏教界に優秀な人材が少なく、多くの僧尼は生活のために寺に入り、したがって彼らは高遠な理想を解せず、高い教養や教育をおさめる積極さがなく、このことが、僧界が、一般社会から軽視される風潮を作ったことは否めない。

五代の仏教

五代とは後梁（九〇七—九二三）、後唐（九二三—九三六）、後晋（九三六—九四六）、後漢（九四七—九五〇）、後周（九五一—九五九）であり、このうち後周の世宗（九五四—九五九在位）が勅額のない寺をすべて廃することにし、出家を禁じ、仏像を毀って貨幣を鋳造する等、仏教を迫害した。これが「三武一宗の法難」の最後のものである。ただし世宗の寺院僧尼の整理はそれほど厳しいものではなかったし、五代は主として中国の北部を支配していた。南方の仏教はこの時代にも比較的盛んであった。とくに杭州を中心とした呉越の仏教と、金陵を中心とした南唐の仏教は盛んであった。呉越は杭州を都として晩唐より約八〇年（九〇七—九七八）、銭氏一族の諸王相つぎ、いずれも仏教に深く帰依した。とくに忠懿王銭弘俶《せんこうしゆく》（九四八—九七八在位）は熱心な仏教信者であり、禅宗の天台徳韶《じよう》（八九一—九七二）、永明延寿（九〇四—九七五）等の諸師に道を問い、阿育王の故事にならって八万四千の小宝塔を広く領内各地に安置せしめた。この時代、天台の義寂（九一九—九八七）は朝鮮や日本に天台の章疏を求め、それに応じて高麗より諦観《たいかん》が三大部等を持って入国した。彼は天台の入門書として名高い『天台四教儀』を著わした。これには従義（一〇四二—一〇九一）によって『四教儀集解』が作られたが、これは山外派の説によったものであり、のち蒙潤《むにん》（一二七五—一三四二）によって『四教儀集註』が作られ、これが行なわれる。

宋の仏教

九六〇年に宋の太祖が都を汴京（開封）に定めて帝位に即いた。それより一一二七年までは北宋である。しかし徽宗・欽宗の時代に北方の金の侵略によって滅亡した。そしてその一族の高宗が南にのがれ、杭州を都として、ここに宋王朝を建てた。これが南宋（一一二七―一二七九）であり、宋は前後三百二十余年に及んだ。その後元の勢力が次第に強くなり、元の世祖の時、元に亡ぼされた。宋代の仏教の特色は、諸宗融合の仏教となったことと、大蔵経が開版されたこと、宋学の勃興等である。

宋の太祖は即位と共に後周の廃仏を止め、仏教の復興に努力した。即位の年に童行八〇〇〇人を度し、天下の有徳沙門に紫衣を賜い、行勤等一五七人をインドに遣わして法を求めしめた。その結果、次の太宗の時代（九八〇）に法天・天息災・施護等が来朝して、久しく絶えていた仏典の翻訳が再開された。さらに太祖は成都において大蔵経の雕《ちょう》印の事業をおこし、次の太宗も天下の童子を度すること一七万人であったという。さらに翻経院を建て法天等の訳経を助け、自ら新訳の経典の「序」を作っている。第三代真宗も翻経院を維持し、「聖教序」を製して法賢に賜い、各地に戒壇を立て、多くの僧尼を度した。その後、徽宗は道教信仰に傾いたが、一般に北宋・南宋を通じて、宋朝は仏教を保護した。そのために、仏教に新しい教学の勃興はなかったが、しかし民衆の仏教となり、一般民衆に仏教思想が深く行きわたった。

宋代仏教で最も重要なことは大蔵経の開版である。仏典の印刷は唐代にも行なわれたが、一切経が印刷されたのは宋の太祖の功績である。太祖は九七一年蜀の成都で大蔵経の出版事業を起し、一二年間を費して、五千余巻の大蔵経を出版した。これが蜀版である。完成は太宗の時代であるが、当時入宋していたわが国の奝然《ちょうねん》が九八六年にこの大蔵経と新訳経論二八五巻とを賜り、持ち帰った。翌年、成尋もこれを得たといい、九九〇年には高麗王が使を遣わして請い、入手した。これが高麗版大蔵経出版の原因となる。

宋代にはこの後も大蔵経の出版が行なわれた。第二回は一〇八〇年に福州の東禅寺で企てられた私版で、二四年間を費して完成した。六千有余巻であり、東禅寺版という。第三回は徽宗の時代（一一一二）に福州の開元寺で開始され、四〇年をへて完成した開元寺版である。次に南宋時代に思渓版、磧砂版、普寧寺版等が開版されている。

これらの大蔵経でわが国にも将来され、所蔵されているものが少なくない。なお磧砂《せきさ》版は校訂の正確なことで定評がある。

つぎに経典の翻訳については、太宗の時、インドより法天・天息災（後に法賢と改む）・施護等が来て、訳経に従事した。太宗は翻経院を設けて、翻訳せしめ、次の真宗の時代にも続けられた。この時、法護・日称等が来朝した。訳経は神宗の代まで続けられ、その間に翻訳された経論は六〇〇巻に近いといわれるが、数量の多いわりに、中国仏教に与えた影響は少ない。彼らの訳経中には、重要な経論が少ないからである。

宋代の仏教思想

宋代には、仏教の新しい教学の発生はなかったが、四明知礼（九六〇―一〇二八）等による、天台宗における山《さん》家《げ》・山外《さんがい》両派の論争は烈しいものがあった。さきに荊渓湛然によって、天台に華厳の真如随縁不変の思想が導入せられたが、それによって天台の観心が「妄心観」であるか「真心観」であるかが、新しい問題となってきた。真如に不変と随縁を分けると、不変の心は理であり、空諦と中諦は理に属し、無差別平等となる。これにたいして真如随縁の心は仮諦であり、これは事に属する。森羅万象・三千の法は仮に属し、差別不平等であるが、これが理に融没すれば無差別平等となるとなすのである。これは現象（色）にたいして「唯心」の優位を認めるものであり、心から変現した現象は雑多であるが、心そのものは不変であり、空諦と中諦はこの理心の本性であるとなすのである。これは一種の唯心論であり、観心としては心の本性である真心を観ずる立場となる。

このような真心観を立てたのは、孤山智円（九七六―一〇二二）である。六祖湛然から五代目に清竦《しょうしょう》があり、彼の弟子に義寂と志因とがあり、二系統に分かれた。志因―悟恩（九一二―九八六）―源清―智円と次第するのが「山外派」であり、真心観を主張する。直接には悟恩がこの説を立て、源清・智円等がこの説を受けたのである。

これにたいして清竦の弟子の義寂の系統は義寂―義通―知礼と次第し、知礼が悟恩・源清の説を破したために、これにたいして、源清の弟子の智円や慶昭が源清の説を救った。ここに四明知礼と智円・慶昭等の間に論難往復が起ったのである。知礼は理具事造・別理随縁等の説を立て、それに基づいて妄心観を主張した。四明は事と理を区別しないで、一法の義理と見たから、理だけが総ではなく理の中にも別があるという。さらに事だけが別でなく、事の中にも総があるとなし、いわゆる「別理随縁」の説を立てた。事と理を即一において捉えるから、理は無差別平等、事は差別不平等とはならず、三千の諸法は事の世界にあるだけでなく、理にもそのまま本具であるとなした。山外派が三千諸法を仮諦だけに属せしめるのにたいし、知礼は、三千即三諦であり、三千がそのまま即空即仮即中であるとなし、空諦も中諦も有相であるとなすのである。これにたいして、山外派の立場では、空諦・中諦は無相となる。天台の性具の思想・性悪の立場から見るならば、四明の説の方が天台の正統説といってよいであろう。山外派の説が華厳に傾斜していることは否定できない。しかし事理相即の問題、観心の問題は微妙であるために、四明の弟子広智尚賢から出た従義や、四明の弟子浄覚仁岳等は却って山外派の説に同じ、「後山外」といわれる。しかし一般には、四明の弟子の南屏家・神照家・広智家の四明三家が趙宋時代の天台宗の大勢を占めた。

禅宗は唐の末に、曹山本寂（八四〇―九〇一）、雪峯義存（　―九〇八）、雲門文偃（　―九四九）、清涼文益（八八五―九五八）等が輩出して、ますます盛大となり、宋代を通じて広く行なわれた。永明延寿（九〇四―九七五）が『宗鏡録《すぎょう》』百巻、『万善同帰集』二巻を著わして、教禅一致、禅浄双修を説いたことは有名である。雲門文偃《ぶんえん》によって雲門宗が開かれるが、この系統に雪竇《せっちょう》重顕（九八〇―一〇五二）があり、雲門宗の中興といわれる。彼の著わした『頌古百則』は、臨済宗の圜悟《えんご》克勤《こくごん》（一〇六三―一一三五）によって「垂示・著語・評唱」が加えられ『碧巌録』が成立した。なお雲門宗には明教大師契嵩《かいすう》（一〇〇七―一〇七二）があり、『輔教編』を著わして、儒仏教の調和説を出し、さらに禅の法脈を正さんとして『禅門定祖図』『伝法正宗記』等を著わした。

臨済宗には宋代に黄竜慧南（一〇〇二―一〇六九）、楊岐方会（九九二―一〇四九）が出て、黄竜派と楊岐派を立てた。さきの圜悟は楊岐派の人である。弟子に大慧宗杲《そうごう》（一〇八九―一一六三）があり、看話禅を唱えて大いに行なわれた。わが国の臨済宗を開いた栄西（一一四一―一二一五）は黄竜派の虚菴懐敞から法を受けた。徳川時代に黄檗宗を伝えた隠元は楊岐派の人である。楊岐派の僧で鎌倉時代にわが国に渡来し、京都・鎌倉に住した人は多い。曹洞宗の洞山良价（八〇七―八六九）の系統に雲居道膺（　―九〇二）があるが、この系統の天童如浄（一一六三―一二二八）から、わが国の道元が曹洞宗の法を伝えた。雲居道膺の系統に宏智正覚《わんししょうがく》（一〇九一―一一五七）があり、黙照禅を唱えた。彼が『頌古百則《じゅこ》』を著わしたが、同じく曹洞宗の万松行秀（一一六六―一二四六）が、これに「示衆・著語・評唱」を加えて『従容録《しょうようろく》』となした。

なお、そのほか宋代には律宗に允湛（一〇〇五―一〇六一）、霊芝元照（一〇四八―一一一六）が現われ、道宣の著作に注釈を書き、律宗を盛んにしたことはすでに述べた。『宋高僧伝』や『大宋僧史略』を著わした賛寧（九一九―一〇〇一）も律宗の人である。

以上の天台、禅、律の学僧たちは同時に浄土教の信仰者であった人が多い。彼らによって浄土教関係の著作が作られている。念仏結社も多く作られており、知礼や元照等はその方面でも活動している。なお宋代には、道原の『景徳伝燈録』三十巻や志磐の『仏祖統紀』五十四巻等をはじめ、歴史的著作も多数作られている。

宋学と仏教

禅と念仏の実践には居士の中に有力者が現われ、知識人の間に仏教が理解されたことが、儒学と仏教との融合を来すこととなった。当時は、念仏結社で居士が主宰したものが少なくなかったが、このことが宋代の知識階級が仏教に深い関心を持つ原因になった。禅宗は特に学者の好んだものであり、禅浄双修もおのずから居士の間に行なわれ、かかる傾向をもつ宋代の居士としては、真宗のころの楊億、英宗のころの蘇軾《そしょく》、神宗のころの楊傑、文彦博などがあり、さらに王安石や司馬光らも有名である。そして、『新修往生伝』四巻を撰した王古（―一〇八四―）や『竜舒浄土文』を著わした王日休などは、居士による仏教書の著述の気風を引きおこしたのである。

したがって宋代の儒者は仏教思想に影響されて、独特の「宋学」を樹立した。周濂渓は廬山の仏印等について仏教を学び、程明道も老釈を学ぶこと幾十年といわれ、程伊川も参禅し、朱子も大慧宗杲に深く影響されたという。宋代の儒学者で仏教に関係しない人は少ないというが、しかし同時に儒者で仏教を排撃し、攻撃した人も少なくない。例えば欧陽修（一〇〇七―一〇七二）は韓退之の『原道』に共鳴して、『本論』三編を著わして仏教を攻撃した。そのほか程明道、程伊川、朱子なども仏教排斥を行なっている。仏教には儒学と相容れない点がある。例えば天堂地獄を説くとか、父母を捨てて出家するとか、出家教団の腐敗、国家の経済的負担となる等の点が彼らの攻撃の材料となった。これにたいして、仏教側から智円や契嵩・宗杲等が立って護教論を展開したが、同時に知識人でも、張商英の『護法論』や劉謐の『三教平心論』、李綱の『三教論』等をはじめ、儒仏道三教の一致調和を主張した著作も多い。当時は、互いに相手の教理を研究した上での排斥論であったために、感情的な諍論よりも学問的な論争が多かった。

征服王朝と仏教

遼は東部蒙古から興った契丹族の建てた国家であり、金はそのあとで満州から興った女真族の建てた国家である。共に北シナを支配した征服王朝である。そのあとに蒙古族が興って、アジアの大半を征服した。遼は満州を中心として、河北・山西を領有し、唐末から約二〇〇年（九〇七―一一二五）北シナで漢民族を支配した。遼は建国のはじめから仏教を尊崇し、歴代帝王が自ら仏教に帰依すると共に、漢人統治のために仏教を利用したのである。そのために寺塔の建立や度僧が盛んに行なわれ、僧尼の数も急速に増大した。仏教の盛んなことは、南方の宋に劣らなかった。遼の仏教として注目すべきことは、聖宗（九八二—一〇三一在位）の時代から房山の石経の続刻がはじめられたことと、契丹版の大蔵経が雕印刊行されたことである。石経は涅槃経・華厳経・般若経・宝積経等の大部の経が刻造されており、契丹版大蔵経は現存しないために、その組織は明確でないが、高麗版大蔵経に影響を与えたといわれる。

遼では華厳宗や密教が盛んで、著作も行なわれた。希麟《きりん》が『続一切経音義』十巻を著わし、覚苑・非濁・法均等の名が伝わっている。しかし彼らはいずれも漢人であり、契丹版大蔵経も漢字の大蔵経である。

つぎに金は、金の太祖が遼の衰運に乗じて、満州において独立し、国号を金と号し、一一一五年に皇帝と称したのにはじまる。次の太宗の時に遼を亡ぼし、さらに宋の都汴京をも陥れ、北宋の故地をもその版図に収めた。金は九代約一二〇年（一一一五—一二三四）つづき、元によって亡ぼされた。金帝室も仏教を保護尊崇し、遼代の仏教をそのまま受けつぎ、保護を加えたので、金代における仏教の盛んなることは遼代に劣らなかった。房山雲居寺の石経の刻造も引きつづき行なわれた。当時、名の知れた高僧として、『従容録』を著わした万松行秀があり、海慧・玄冥等の名が伝わっている。さらに金においても、大蔵経の雕印が行なわれている。民国二三年（一九三四）山西省の広勝寺から「金刻大蔵経」が発見されて、金代に大蔵経が出版されたことが明らかになった。これは、熙宗（一一三五—一一四九在位）から世宗（一一六一—一一八八在位）の時代にかけて完成したらしい。この蔵経には、宋代の訳経が収録されている点に特色がある。天息災の指導を受けた宋の惟浄（—一〇三二—）は自らも『大乗中観釈論』等を訳したが、同時に新出経論の目録を作っている。即ち楊億と共に『大中祥符法宝録』二十二巻、『景祐新修法宝録』二十一巻等を編集し、さらに『新訳経音義』七十巻を著わしているが、これら宋代の文献は散逸して見るを得なかった。それが上述の「金刻大蔵経」中に収録されていることがわかり、宋代の訳経が明らかになった。

元の仏教

蒙古族ははじめは遼や金に従属していたが、ジンギスカーンが出るに及んで諸族を統一し、内外蒙古をはじめ四方を併合して、大汗の位についた（一二〇六）。これが太祖である。それから滅亡（一三六八）まで約一六〇年、世祖が南宋を滅して国号を元と称した一二七一年からは九八年間、元は朝鮮半島からヨーロッパまで、空前の大版図を領有した。その宗教政策は諸宗教にたいして公平を立場とし、自由布教を許した。そのために旧来の仏教・道教のほかに、新しくラマ教が流行し、或いはキリスト教や回教等も行なわれた。しかしラマ教に対しては特別の尊崇を払い、その弘通を助けた。

ラマ教はチベットの仏教であり、これが蒙古地方に伝わり、蒙古人に迎えられたのである。とくにチベット仏教のサキャ派に発思巴《パクパ》（一二三五―一二八〇）が現われるに及んで、ラマ教は元朝の宮廷に迎えられ、大きな勢力を持つに至った。パクパは燕京に来て元の世祖（一二六〇―一二九四在位）に迎えられ、一二七〇年にその帝師となった。世祖はパクパを重用し、蒙古文字を制定させたりしたが、ラマ教が蒙古民族古来の宗教と相い通ずる点があったため、次第に蒙古人の精神に強い影響力を持つようになり、蒙古から満州へ広範囲に流布するようになった。パクパは四六歳で死んだが、受戒の作法を示した『羯磨儀軌』と仏教教理をまとめた『彰所知論』二巻とを残した。パクパのあとで帝師となったのがダルマパーラ（一二六八―一二八七）である。世祖はラマ教を厚く信じ、各地に寺を建て、法会を催し、ラマ教を盛んにした。のち武宗の時、『チベット大蔵経』より蒙古語の『大蔵経』が翻訳された。また『チベット大蔵経』と『漢訳大蔵経』との比較対照が行なわれ、それにもとづいて『漢訳大蔵経』と『チベット大蔵経』との比較目録『至元録』（至元法宝勘同目録）十巻がつくられた。

元代にラマ教は蒙古人の間に深く根をおろしたが、つぎの明朝もラマ教との関係を存続し、保護を加えたので、ラマ僧の渡来するものはすこぶる多かった。

清朝もラマ教に帰依し、ラマ教との結合は極めて密接であった。太祖の建国精神はラマ教による、と信ぜられ、太祖は文殊菩薩の化身と信ぜられていた。ダライラマが彼に曼珠師利皇帝（マンジュシュリー）の号を贈ったといわれるが、曼珠師利とは文殊のことであり、「満州」の名もこれに由来するという。清朝のラマ教信奉は信仰の上からと同時に、チベットや蒙古を統治する政策的な意味もあった。ラマの使節を迎えるために、北京に雍和宮や、東黄寺、西黄寺を建て、奉天に黄寺を建て、熱河にラマ廟を建てて、ラサのポタラ宮殿やタシルンボの宮殿に模し、また五台山をはじめ各地の名嶽にも多くのラマ教の寺を建てている。このようにしてラマ教は、元代以後、中国に深く根をおろして栄えた。しかし元朝において、ラマ教があまり厚遇され、大寺の建立や盛大な法会のあったことが、国家の経済を疲弊させたことは明らかである。加えてラマ僧の横暴が漢人の反感をかい、ひいてはこれが元朝滅亡の大きな理由の一つになった。

元代にはラマ教は隆盛をきわめたが、その他の伝統的仏教は生気がなく、名僧の輩出も少ない。教学的にも見るべき成果が少ない。ただ臨済宗に海雲印簡（一二〇二―一二五七）等が現われ、元朝に重用されたことと、念常の『仏祖歴代通載』二十二巻や覚岸の『釈氏稽古略』四巻等の仏教史の書物が著わされたこと、徳煇が『百丈清規』十巻（一三三五）を重修したこと等が注目される。徳煇の重修した『百丈清規』が現在、世に行なわれている。百丈自身の作った清規は古く失われた。なお元代には世祖の時、大普寧寺、弘法寺等において私版で、漢訳大蔵経の開版が行なわれている。これが「元版」の大蔵経である。

明の仏教

中国では仏教が民間に浸透するにつれ、民衆の信仰を扇動して「宗教一揆」をおこすことが起るようになった。元朝は直接には白蓮教匪等の宗教一揆に亡ぼされた。宗教一揆はすでに六朝時代にも起っており、弥勒の信仰に基づく弥勒教匪、弥陀信仰によって起った白蓮教匪、天台宗系の白雲宗などがある。例えば弥勒の下生の信仰を悪用し、自ら弥勒になりすまして、愚民をまどわし、不平分子と結合して、乱を起す等である。白蓮教匪は宋代にも盛んであったが、ほんらいは念仏懺悔を修する浄行社であり、厳しい禁欲主義に立つ半僧半俗の宗教結社であった。これが他の宗教団体や国家からの迫害や禁止を受け、秘密結社となり、社会の不平分子に利用されるようになったのである。白雲宗も、もとは北宋時代に起った宗教結社であり、葷酒肉食を禁ずる戒律主義の教団であったが、俗信をとりいれて、邪教と呼ばれるようになった。これらは元代にも秘密結社のかたちで民間に流行しており、元朝末期の国力の衰微と、飢饉による大量の飢民の続出、ラマ教への漢人の反感等が相まって、これらの教匪の力が大きくなった。その中に朱元璋がおり、これらの叛乱を、「反蒙・興漢」の民族革命に発展させて、ついに元朝を倒した。しかしこのような宗教的叛乱は、明の次の清朝の時代にもあり、白蓮教匪の乱がしばしばおこり、清末にはキリスト教に基づく洪秀全の太平天国の乱があり、清朝が滅びることになる。

朱元璋が金陵に都して、皇帝を称したのは一三六八年であり、これが明の太祖である。それから明は、満州族に滅ぼされる一六六二年まで、約三百年近くつづいた。太祖は幼時沙弥として寺に生活したことがあり、仏教を尊重し、保護したが、同時に宗教教団の取締りを厳にした。そのために明代には旧仏教が復興することになったが、大勢としては、禅宗が最も盛んであり、それが天台宗・華厳宗・浄土教などと融合した仏教になっている。学者としては、憨山徳清《かんざんとくしよう》（一五四六―一六二三）、雲棲袾宏《うんせいしゆこう》（一五三五―一六一五）、藕益智旭《ぐうやく》（一五九九―一六五五）などが有名である。共に禅に達し、浄土信仰をもち、天台や華厳を研究するという風であった。いずれも著作が多い。なかでも袾宏の『自知録』『竹窓随筆』、智旭の『教観綱宗』『天学初徴』『天学再徴』などは有名である。袾宏の『自知録』は、宋代の袁了凡の『陰隲録《いんひつ》』の思想を承けるもので、「功過格」の思想を鼓吹せるものである。これは一種の道徳運動であり、自己の一日の行為を反省して、善悪二門に分けて記録し、功と過とを点数で示して、日々の行為の向上を計ろうとする運動である。次に、智旭はもと儒者であったが、袾宏の『自知録』を読んで仏教に入ったという。智旭の『天学初徴』は、当時中国とヨーロッパとの交通が開け、耶蘇会のマテオ・リッチ等が中国に来り、耶蘇教を布教して、信者を獲得していたので、このキリスト教に対する批判を述べたものである。仏教からキリスト教への学問的批判としては、これが最初のものである。なお智旭は、新訳の『起信論』に注釈して『起信論裂網疏』六巻を著わした。新訳への注釈である点が注目される。なお彼の『閲蔵知津《えつぞうちしん》』四十八巻は、大蔵経の重要な経典の解題であり、その後の仏教研究に大きな寄与をなした。なお一如が大蔵経より法数に関する名目千六百余を収録した『大明三蔵法数』五十巻（一四一九）も初学者を益するものであった。なお明末（一六一四）に慈雲寺如惺《によせい》が撰した『大明高僧伝』八巻は、それ以前の高僧伝に比較して、質量ともに劣ることは否定できない。ただし類書がない点で貴重である。

当時の実践的な仏教は「禅浄双修」であり、民間には浄行社や白蓮社等の念仏の結社が栄えた。居士の仏教者も輩出し、袁宏道の『西方合論』十巻、周克復の『浄土晨鐘』十巻をはじめ、居士で著作をなした人も少なくない。明末から清、さらに中華民国にかけて、中国では「居士仏教」が次第に盛んになる。さらに阿弥陀仏の信仰に並んで観音信仰も盛んであった。舟山列島の普陀山などがその中心である。さらに唐末から道教と習合した十王の信仰がおこり、地蔵菩薩の信仰も広く行なわれている。

なお明は大蔵経の出版にも力をいれた。太祖は洪武五年（一三七二）に諸大徳を集めて蔵経を点検させ、それによって六三三一巻の大蔵経を出版した。これは南京で行なわれたため「南蔵」という。次に成祖により、北京において六三六一巻の大蔵経が開版された。これは一四四〇年に完成し、「北蔵」という。両者は共に「官版」である。

第三回に「武林蔵」といって、武林で刊行されたというが、この蔵経は残っていないために内容は不明である。第四回は「万暦版」で、これは「私版」であり、方冊本である点に特色がある。これは紫柏真可《しはくしんか》（一五四三—一六〇三）等によって発願され、万暦一七年（一五八九）より二十年を要して、六九五九巻の大蔵経を刊行した。従来の大蔵経は「法宝」として、巻物になっており、経蔵に安置されていたが、これでは繙読に不便である。そのため万暦版では、現今の書物のごとき方冊の形に変えたのである。これが大蔵経の研究に役だったことはいうまでもない。日本の鉄眼の「一切経」の出版は、この万暦版を踏襲したものである。

さらに明代には王陽明が現われて「知行合一」を唱えて実践を重んじ、仏教を取り入れて学説を組織したことが注目される。彼より前に陳白沙があり、共に陸象山の学系をついだものであるが、陸象山の儒学にも仏教が強く影響している。しかし当時の儒者で胡敬斎や羅整庵等は、仏教を研究し、仏教に影響されつつも、仏教排斥論を展開している。ともかく、儒仏道三教の融合も、思想的には宋代よりも一歩進んだと言ってよい。

朱子学と仏教

明の次の清は満州族の建てた国である。太祖は満州諸族を統一して皇帝と称し、次の太宗は国号を清と改め奉天に都した。第三代の世祖（順治帝）は都を北京に遷し（一六四四）、江南に拠った明を亡ぼし、中国全土を統一した。太祖の建国（一六一六）からその滅亡（一九一二）まで、清朝は約三百年続いた。清朝はラマ教を特に重んじたが、これはラマ教が満州族のシャマニズム的な宗教心に合致するものがあったためであろう。しかし同時に、清が蒙古族やチベット民族を統治するための政策的な意味もあった。ラマ教を政治に利用したのである。

同時に清朝は、漢民族を統治するためには「朱子学」を利用している。そこには仏教や道教を遠ざける意味があったであろう。中国の為政者が宗教に関して常におそれていたことは、民衆の宗教的叛乱であった。しかるにたび重なる叛乱において、仏教界の指導者たちにそれを抑える力がないことが明らかになったために、清朝は為政者が直接民衆に呼びかけて、儒教道徳の民間への普及を計った。そして宗教を社会から遠ざけるために、仏教や道教を社会的に低く秩序づけた。明代、清代の制度では、僧界を取締る僧官の最高の地位である「僧録司」の長を正六品という低い地位におき、地方の僧綱司の長を従八品となしている。従八品は官吏の最低の地位である。清朝にとって、寺院仏教は国家にとって不必要なものと見られていた。そして寺院や僧侶が民衆と接触し、その社会教化をすることを望まず、寺院に民衆が近づかないように、種々の制限や禁止令を出している。このように僧尼が社会的に卑しめられたために、僧界に人材が流入せず、生活の手段のために出家をする僧尼が多く、彼らは無気力で、仏教学の研究や坐禅等の修行にもつとめず、民衆教化にも努力しなかった。

為政者が仏教を遠ざけたのは、宗教一揆を怖れたこともあるが、同時に「朱子学」が政治哲学として十分な力を備えていたことも大きな理由であろう。本来の儒教は五倫五常を説き、人は生れながらにこの五倫五常を守るべきものであり、親にたいしては孝をつくし、君には忠をつくすべきものとされた。その道が「礼」であると説いた。そこには何らの疑いもない。しかしこれでは、個人の疑問や悩み、意志の自由の問題は抑圧されてしまう。ここに、個人の解脱を説く仏教が中国に入り得た一つの理由がある。仏教は個人の心の独立を前提として心のはたらきを説明する。ここに、自性清浄心やアーラヤ識に基づく人間観が説かれる。これは本来の儒教には欠けた思想であった。しかるに儒教が仏教との長い接触の間に、とくに禅宗を媒介として、心理説をそなえるようになった。ここに儒教の中に、個人の心理的独立を尊重しながら、しかも国や家の道徳に奉仕する哲学が形成された。これを完成したのが朱熹《しゆき》（一一三六―一二〇〇）の宋学である。すでに唐代の李翺《りこう》（　―八四五）に、心の「性」は善であるが、「情」には悪があるとして、情の悪から性にかえる「復性」が説かれ、意識の次元で道徳が説かれている。これが程朱の理気説では、天地の理と気を、人間の性と情との対応関係でとらえ、人間の性は善であるが、情には善悪があると説く。そして情が、性の真を得れば善になるが、しからざれば悪になるという。しかしこの性は、天性天理と別のものではないが、ともかくここに、個人の性と情を立場として道徳を説くことができる。清朝や日本の徳川時代に朱子学が官学として採用され、仏教が遠ざけられた理由の一つをここに見ることができる。

清朝の仏教

清代には、国家から仏教が卑しめられたために、仏教界に人材が集まることが少なかった。しかし、もちろん長年月の間には著名な仏教者も輩出しており、律宗では三昧寂光、香雪戒潤、見月読体などの名が知られる。読体（一六〇一―一六七八）は宝華山に住し、四分律に詳しく、著作も多く、律宗の復興に努力し、その後、宝華山が律宗の中心になる。しかし一般には禅宗が盛んであり、鎮江金山寺、高旻寺、常州天寧寺の三叢林が有名であった。世祖を禅に導いた憨璞性聡《かんぼくしょうそう》（一六一〇―一六六六）や同時代の三峯《さんぽう》法蔵（一五七三―一六三五）、潭吉弘忍（一五九九―一六三八）等が有名である。しかしその後、雍正帝（一七二二―一七三五在位）が禅浄一致の禅を称揚し、法蔵や弘忍の禅を烈しく排撃したので、純粋な禅風は衰微した。雍正帝は早くから仏教を学び、禅に参じ、ついに悟入して円明居士と号し、日常生活も禅によって終始したほどであり、『御選語録』がある。しかし同時に、他の禅匠を批判し、禅門に干渉を加えたために禅宗の正しい発展を妨げたと見られる。

しかし清朝が仏教を弾圧したのではなく、順治帝・康熙帝・雍正帝等は仏教に好意を持ち、次の乾隆帝（一七三五―一七九六在位）は仏教の保護に特に力をつくしている。康熙帝の二二年（一六八三）から『チベット大蔵経』の雕印がはじまり、「経部」を開版し、次に雍正二年（一七二四）に「論部」の印行をなしている。これが『北京版チベット大蔵経』であり、印刷の鮮明なことで定評がある。この摺本に基づいて一九五四―一九五九年に、東京において『影印北京版西蔵大蔵経』が出版されている。漢訳大蔵経については、康熙帝の時代に「万暦版明蔵」の

「続蔵経」一八三三巻が追加印行され、さらに「又続蔵経」一二四六巻が印刻されている。これらには、宋元明等の大蔵経に漏れた重要な典籍を含んでいる。さらに雍正帝一三年（一七三五）に「竜蔵」と呼ばれる勅版大蔵経が開版されている。このように清朝は仏教の保護につくしているが、同時に仏教教団の規制も厳しかった。その理由は、清朝を通じて、白蓮教匪等の宗教的暴動がしばしば起っているため、寺院僧尼の取締りは厳しく、僧尼と民衆との接触に種々の制限禁止を設けている。そして僧尼にたいして与えられていた特権の多くは奪われ、その社会的地位もますます低下せしめられた。

当時は僧界に人材が少なかったが、これに反して居士仏教は充実していた。在家の教養人は儒学を学ぶと共に仏典をも研究し、仏教学を深くきわめた居士が少なくなかった。清初の儒者王夫之《おうふうし》は法相の学に詳しく、彭紹升（一七四〇—一七九六）は陽明学を究めると共に、仏教にも詳しく、華厳や浄土教に関する著作がある。さらに太平天国の乱（一八三三—一八六四）の後に現われて、仏教復興に力をつくしたのは楊仁山（一八三七—一九一一）である。彼は南京に「金陵刻経処」を設け、戦乱によって失われた仏書の刊行につとめ、さらに著作を著わして仏教を広めた。民国時代になってからも、金陵刻経処の事業は弟子に引きつがれて続行され、その出版物は仏教復興に大きな役割を果した。

中華民国時代の仏教

清朝末期に、張之洞は上書して、国家の近代化のためには教育の不可欠なることを論じ、学校施設のためには寺院や道観の転用を進言した。これが「廟産興学」の運動となり、興学のために寺院財産の没収が公然と行なわれるようになった。一九一一年、清朝が倒れて中華民国が成立してからも、この風潮は止まず、仏教の死活を制する大問題となった。これにたいして民国元年に天童敬安《きょうあん》（一八五一—一九一二）等が立ちあがり、中国仏教総会を組織し、寺産保護の運動をおこした。同時に僧界の改革運動をおこし、浄土宗の印光、天台宗の諦観・道階などが僧界の粛正をはかったが、さらに太虚法師（一八八九—一九四六）は早くから康有為や孫文等の国民党の新思想の影響を受けていたために、急進的な立場で仏教界の改革、とくに僧侶教育の改革運動をおこした。彼は南京に中国仏学会を設立し、僧侶教育のために世界仏学苑設立の計画をたて、その一環として、民国一一年に武昌仏学院を設け、さらに南京・重慶・廬山等にも教育施設を設け、談玄・法舫《ほう》・法尊・大醒等をはじめ、多くの英才を養成した。この中、法尊は民国二〇年以後に、『入中論』『現観荘厳論略釈』『菩提道次第広論』等を訳している。同じく大勇は『菩提道次第略論』を民国二一年に訳し、湯薌銘は『菩提正道菩薩戒論』を民国二四年に訳している。これらは、チベット訳蔵経から、漢訳の欠けている論書を訳出したものであり、太虚の新教育の一成果である。

僧界と並んで居士の間からも護法運動がおこり、民国元年に欧陽漸等により「中国仏教会」が組織され、寺有財産の保護運動がおこされた。さらに民国九年には「支那内学院」が、欧陽漸等によって設立され、居士の仏教研究所として活動した。欧陽漸は楊仁山の高弟であり、師の遺志をつぎ、仏教の興隆に力をつくし、唯識の研究に大きな功績をのこし、向達《しよう》・呂徴等の学者を出している。さらに居士の運動として、北京には三時学会があり、上海には王一亭の世界仏教居士林があり、活躍している。

仏書の出版には、さきの金陵刻経処をはじめ、多くの仏教出版社が起され、多数の仏教書が出版された。さらに民国二年に日本の卍蔵経を縮刷刊行した『頻伽蔵経』があり、宋版磧沙蔵経が民国二五年に影印刊行され、同じく新発見の「金版大蔵経」中の稀覯本が『宋蔵遺珍』として民国二四年に刊行された。さらに陳援菴の『釈氏疑年録』二巻、湯用彤の『漢魏両晋南北朝仏教史』、釈東初の『中国仏教近代史』二巻等がこれに続いて出版されている。いずれも中国仏教研究の貴重な研究成果である。さらに太虚の主宰した仏教雑誌『海潮音』をはじめ各種の仏教雑誌も刊行され、出版事業のみならず、孤児院の経営等の社会事業、念仏社、浄行社等の修養団体、仏教青年会等、多方面にわたって仏教の近代化が計られた。このようにして中国の仏教は次第に興隆の道を辿ったが、日本の中国出兵、太平洋戦争、さらにその後の中国共産党による中華人民共和国の出現により、これらの僧俗の努力も歴史の波に押し流されたかに見える。しかし中国の民衆の心に深く根をおろした仏教の信仰が、たとい共産中国においても、人間の宗教心がある限り、たやすく失われるとは考えられない。中国の仏教はこれまでも幾度か厳しい廃仏に堪えぬいて存続してきた。しかし宋代以後、仏教が民衆化することによって、道教や中国土着の民間信仰と習合して、仏教本来の宗教性が失われ、著しく「迷信化」していることは否定できない。今後、新中国において仏教が存在しうるためには、これをいかに解決するかが大きな問題であろう。

第四章　朝鮮の仏教

仏教の伝来

朝鮮に仏教が伝わったのは、中国に仏教が伝わってから、三百年ほどたってからである。そのころ朝鮮は、北に高句麗《こうくり》、半島の西部に百済《くだら》、東部に新羅《しらぎ》があり、いわゆる三韓といわれた時代である。まず仏教は中国から高句麗に伝えられた。高句麗の小獣林王の二年（三七二）に、中国の前秦の王符堅《ふけん》が順道という僧を高句麗に遣わして、仏像経文を送って仏教を伝えたという。ついで四年に神僧阿道が来り、はじめて省門寺を建てて順道を置き、阿道のために敪伊弗蘭寺を建てた。これが海東（朝鮮）仏教のはじめであるという。その後、次第に高句麗の仏教は盛大になった。

つぎに仏教が伝わったのは百済である。百済は半島南部の西部を占め、気候もよく平野が多く、文化が開けていた。高句麗に仏教が伝わってから十二年後、枕流王即位の年（三八四）に、中国の東晋から胡僧の摩羅難陀《まらなんだ》が来り、宮中に迎えられて敬礼せられた。翌年に漢山に寺が作られ、僧一〇人を度して大いに仏事を広めたという。これより百済の仏教も盛んになった。百済の聖明王（聖王ともいう、五二三―五五三在位）の時に、仏教は百済から日本に伝えられた。

つぎに新羅に仏教が入ったのは、これらよりおくれる。新羅は半島南部の東部に位したが、山地が多く、中国との交通の開けたのもおそく、文化もおくれていた。新羅に仏教が入ったのは第一九代訥祇王（四一七—四五七在位）の時代に、黒胡子が高句麗から新羅の一善郡に来て、毛礼の家にとどまり、有縁を宣化したという。或いはまた梁の大通元年（五二七）に阿道（我道）が一善郡に来て、毛礼家に入ったともいう。これは新羅の法興王（五一四—五三九在位）の一四年に当たる。ともかく新羅の仏教は、高句麗から伝わったようである。法興王はその名からも護法の王であることが知られるが、大いに仏事をおこし、京師に興輪寺等の七寺を建てたという。次の真興王（五四〇—五七五在位）も熱心な仏教徒であり、黄竜寺等の多くの寺を建立し、仏教を広めた。王の二六年（五六五）中国南朝の陳は、新羅に僧明観等を遣わして、経論七百余巻を送ってきた。王は晩年には出家して僧となり、法雲と号し、禁戒を受持し、三業清浄であったという。新羅は法興王・真興王の時代から国運が隆盛となり、武烈（六五四—六六〇）、文武（六六一—六八〇）両王の時代に、唐の援助をうけ、百済・高句麗を亡ぼして半島を統一した。

三韓時代の朝鮮仏教の内容は明らかでない。『日本書紀』によってみるに、聖明王が怒唎斯致契《ぬりしちけい》等を遣わして、日本に伝えた仏教は、釈迦の金銅一軀、幡蓋若干、経論若干というのみであるから、その内容はわからない。次に敏達天皇六年（五七七）に、同じく百済から、経論若干、律師、禅師、比丘尼、呪禁師、造仏工、造寺工を献じたという。敏達天皇八年に新羅が仏像を送ってきた。次に敏達天皇一三年に百済から弥勒の石像一軀が持来した。崇峻天皇元年（五八八）に善信尼等が百済に受戒のために行った。推古天皇元年（五九三）に高麗《こま》の僧慧慈と博士覚哿が来朝し、同三年（五九五）に百済僧慧聡が来た。慧慈と慧聡の二人が仏教を弘め、三宝の棟梁となったという。推古天皇一〇年（六〇二）に百済僧観勒が来た。彼は暦本、天文地理の書、遁甲方術の書を持参した。同じ年に高麗の僧僧隆、雲聡が来朝した。推古天皇一三年（六〇五）に高麗の大興王が仏像鋳造の資として黄金三百両を貢上した。推古天皇一七年（六〇九）に百済の僧道欣・恵弥を主とする一行が肥後国に漂着した。彼らは中国江南の呉の国に行ったが戦乱のために入国できず、帰国の途中暴風にあったのである。推古天皇一八年（六一〇）高麗王が僧曇徴と法定を貢上した。推古天皇三三年（六二五）に高麗王が僧慧灌を貢上している。朝廷は彼を僧正に任命した。最後の慧灌（六二五―六八一―）は入唐して嘉祥大師吉蔵に学び、三論を承けた学僧である。来朝して元興寺に住し、三論宗を広めた。

しかしその他の慧慈・慧聡・観勒・僧隆・雲聡・道欣・恵弥・曇徴・法定等については、その学問はまったく不明である。この中、慧慈・僧隆・雲聡・曇徴・法定・慧灌は高句麗の僧であり、慧聡・観勒・道欣・恵弥は百済の僧である。新羅から来朝した僧はなく、ただ敏達天皇八年に新羅から仏像を送ってきているのみである。当時、新羅は任那《みまな》を奪取したり、百済や高句麗を攻略しており、日本と不仲であったので、仏僧の来朝が無かったことも考えられるが、恐らく新羅の仏教はまだ十分に発達していなかったのであろう。高句麗や百済の仏教の内容は不明であるが、おそらく高句麗の仏教は北シナの仏教と関係が深かったのであろう。北魏や西魏、北周、北斉などの仏教から、隋の仏教などと関係が深かったのではなかろうか。高句麗に法を伝えたのは前秦の符堅であり、慧灌が吉蔵についた時にも吉蔵はすでに長安へ行っていたであろうから、慧灌は北シナで学問をしたと見てよい。

これにたいして百済は南シナと関係が深かったようである。法を伝えた摩羅難陀は東晋から来ている。東晋は南京を首都として、江南を領していた。日本に漂着した道欣や恵弥も南方呉の国に遣わされたのである。日本の奈良時代（七〇八―七八二）に「南都六宗」があったが、その中に「成実宗」がある。しかし七〇〇年といえば、中国では則天武后の時代であり、玄奘（六〇二―六六四）はすでに没し、華厳宗の法蔵や禅の神秀が朝廷に尊崇せられていた時代である。それより五〇年前は玄奘の盛んな時代である。成実宗は中国では嘉祥大師や天台大師によって烈しく排撃せられて、おそらく六〇〇年ごろには全く勢力を失っていたであろう。それが日本の奈良時代に一宗として成立し得たのは、おそらく日本の仏教が主として朝鮮を経由して伝えられたからであろう。すなわち梁の時代（五〇二―五五七）に南シナで勢力のあった光宅寺法雲や開善寺智蔵、荘厳寺僧旻等はすべて成実宗の学者であった。

彼らの学問が百済（および高句麗）に伝えられて、それがさらに日本に伝えられたと考えられる。百済の道蔵（―六三七―七二一―）が来朝して、成実論を講じ、疏一六巻を作ったという。したがって六五〇年ごろには、百済に成実の学者が存在したのである。これらの点から考えると、百済の仏教は南地の梁の仏教とほぼ同じものと考えてよいであろう。即ち教学としては成実論を主とした仏教学であり、その上に立って、涅槃経・法華経・維摩経・勝鬘経・般若経などの研究がなされていたのではなかろうか。これがその次の新羅仏教（六六九年以後）になると、華厳宗が盛んになるのである。

新羅の仏教

新羅が唐の援助を受けて半島を統一したのは六六九年であり、その後新羅の滅亡（九三五）までは、朝鮮仏教の興隆期である。そして、新羅（六六九―九三五）の仏教は、高麗（九一八―一三九二）の仏教と共に、朝鮮仏教を代表するものである。最初は華厳宗の学者が多く輩出している。元暁《がんぎょう》（六一八―六八六）と義湘《ぎしょう》（六二五―七〇二）とは連れ立って仏教研究のために唐に行ったが、元暁は途中で引返した。元暁には四〇部以上の著作があり、朝鮮第一の著述家である。彼は涅槃経・法華経・楞伽経をはじめ諸経に「宗要」を書き、金剛三昧経・解深密経をはじめ諸経に「疏」を著わした。とくに『華厳経疏』や『大乗起信論疏』は「海東疏」として、中国本土でも重要視された。彼は非僧非俗の生活をなし、子をもうけ、坐禅や念仏をも広めた。これにたいして義湘は六六一年に入唐して智儼に華厳を学び、六七〇年に帰国して浮石寺を創立し、海東華厳宗の初祖となった。道宣とも交わり、法蔵の先輩として重きをなした。華厳一乗法界図、白花道場発願文等があり、門弟に真定等の十大徳がある。なお義湘と同学で法蔵の弟子であった勝詮は帰国のとき、法蔵の著作を義湘にもたらした。朝鮮の仏教学の主流が長く華厳であったのは、元暁や義湘の功績が大きい。

つぎに唯識思想で円測《じき》（六一三―六九六）や太賢《たいげん》（―七四二―）の功績が大きい。円測は唐で唯識の学者として名声を博し、弟子に道証があった。太賢は道証から法を受けたというが、道東瑜伽の祖と称せられる。華厳経、涅槃経、梵網経、その他の経論に『古迹記』を著わし、元暁についで著作が多い。とくに『梵網経古迹記』は大乗戒の解説書として重んぜられる。そのほか、明朗、憬興、遁倫（『瑜伽論記』を著わす）、神昉等、唯識学にも有名な学者が輩出しており、新羅の仏教は唐の仏教に比肩しうる内容のものであった。なお慧超はインドまで旅行して聖蹟を巡拝し、『往五天竺国伝』を著わしている。当時の新羅人は進取の気性に富んでいたのである。

つぎに九世紀に入ると、新羅に禅仏教が伝えられ、禅宗が盛んになる。神秀の北宗禅が信行（七〇四―七七九）によって伝えられ、海東禅宗の先駆となった。さらに憲徳王（八〇九―八二五在位）の時代に道義が入唐して、南宗禅を馬祖の高弟智蔵に受けて帰り、門下に廉居があり、さらにその会下に体澄（八〇四―八八〇）があり、新羅の禅宗がおこされた。さらに道義と並ぶ人に慧昭（　―八五〇）があり、入唐して神鑑に師事し、帰国して閔哀王・憲康王に尊崇された。その他、入唐した新羅僧によって相ついで南宗禅が伝えられ、国内に大きな禅刹九寺が建てられ、禅門九山と称せられた。そして禅宗が盛んになったが、当時は新羅の末期で人心不安であったが、道詵（八二八―八九八）は仏教に道教の陰陽五行説を加味して説いたという。新羅は唐とほぼ同じころに高麗のために亡ぼされた。

高麗の仏教

高麗《こうらい》の太祖王建が王朝を創立したのは九三六年であり、李朝の太祖によって亡ぼされる（一三九二）まで、高麗は三六代三五〇年つづいた。高麗は崇仏をもって国是となし、国王が率先して仏教の実践につとめたので、仏教は国民の宗教心に深く根をおろした。太祖は位につくや、崇仏によって建国の大業を遂行しようとして、仏教の外護につとめ、多くの寺塔を建立し、八斎会や燃灯会を設け、仏教の儀式法要を盛んにし、自らは禅宗を崇び、如哲に帰依した。彼は王師と国師の制を定め、慶猷、利厳、忠湛を迎えて王師となし、王師の中から国師を選ぶこととした。さらに僧徒の階位を定めて「僧科」を設けた。禅宗には大禅師以下七階、教宗には僧統以下七階を分かち、僧侶の登竜門とした、そして王師は大禅師と僧統から出すこととした。そのために仏教界で栄達することを男子の本懐として、仏門に人材が集中した。

高麗の国王は代々仏教を尊崇したが、北宋で大蔵経が開版されたのに刺激されて、高麗でも大蔵経の雕印が計画せられた。第八代顕宗（一〇一〇―一〇三一在位）の時から逐次彫印がはじめられ、第十一代文宗（一〇四七―一〇八二在位）のころまでに完成した。これが初版の高麗版大蔵経であり、五〇四八巻より成る。この版木は符仁寺に蔵していたが、高宗一九年（一二三二）の蒙古の侵略によって、兵火によって焼失した。そこで高宗（一二一四―一二五九在位）はさらに再彫に着手し、三八年間（一二五一まで）に六五二九巻の彫印を完成した。これが現在、海印寺に版木を蔵する高麗大蔵経である。内容も正確であり、日本の明治時代の縮刷大蔵経や次の大正新修大蔵経は、この高麗版を底本としている。

なお文宗の第四子に義天（一〇五四―一一〇一）があり、天台宗を顕揚し、『義天録』（新編諸宗教蔵目録）を編したことも注目される。彼は一一歳で出家し、のち入宋し、華厳と天台を学んだ。そして三蔵の章疏の蒐集につとめ、「続大蔵経」の出版を計画して、その目録として『義天録』を編したのである。しかし実際に出版された仏書はわずかであった。彼には『大覚国師文集』等の著書もある。

義天のあと八、九〇年に出た知訥《ちとつ》（一一五八―一二一〇）は朝鮮の禅宗としての曹渓宗の確立者である。義天はさきに天台宗を再興したが、彼の『義天録』には、禅籍は一冊も採録されなかった。このことが禅侶の自覚をうながしたともいわれ、知訥が朝鮮的禅宗として曹渓宗を完成させることとなった。彼は六祖壇経を読んで禅門に志し、華厳の学にも通じ、禅教調和、定慧双修論を説いた。そして「頓悟漸修」を唱え、坐禅のほかに念仏や看経をも修することを認め、独特の禅を成立させた。彼の著作には『直心直説』『修心訣』等一〇種があり、広く読まれている。この曹渓宗が現在の韓国仏教の主流となっている。

高麗仏教はこのころまでは隆盛であったが、元宗（一二六〇—一二七四在位）のころから朱子学が輸入されて、排仏運動がおこり、さらにそれ以前に仁宗（一一二三—一一四六在位）の時代に妙清が現われて、道教の信仰を仏教に導入し、これが浸透するようになって、儒者の仏教排撃運動を強めたという。そして排仏運動と李成桂の独立運動とが結合して、高麗は滅亡するに至った。

李朝の仏教

朝鮮（一三九二—一九一〇）の太祖（李成桂）は最初から朱子学を奉じていたから、李朝五百年は、一貫して排仏政策の行なわれた時代であり、国家の支援を失い、仏教の衰微した時代である。仏教は民衆の信仰として、野にあって存続した時代である。新しい教学の出現や、新しい宗教運動は起らず、教団としても無気力になった時代である。ただし太祖自身は仏教を信じていたが、重臣鄭道伝等の進言によって、心ならずも抑仏政策に同意したという。僧侶の度牒制を定めて出家を制限し、寺院がほしいままに寄附を募ることを禁じ、寺門の経済に打撃を与えた。しかし太祖は無学自超（一三四六—一四〇五）を王師として帰依し、天台の祖丘（　—一三九五）を国師として尊崇し、仏道にはげんでいる。一般に太祖から第九代成宗（一四七〇—一四九四在位）の時代までは合法的に仏教の存在が認められていたが、次の燕山君（一四九五—一五〇五在位）が位につくに及んで、寺院を廃し、僧徒を還俗せしめ、寺田を官に没収し、排仏を断行した。次の中宗も排仏的であったが、明宗の時には普雨が現われ、一時興法の兆もあった。宣祖（一五六七—一六〇七在位）の時には、たまたま豊臣秀吉の壬辰の役がおこり、清虚休静（一五二〇—

一六〇四）が弟子惟政や処英等と僧兵を率いて決起し、戦功を立てたので、仏教の声望もやや回復したという。

しかし孝宗（一六五〇―一六五九在位）以後の仏教は全く生色なく、法あって教えなく、寺あって僧なき状態であった。僧侶は社会的地位を卑しめられ、士人の科挙の文章にも、少しでも仏教色があると落第させられたので、士人にも仏教書は読まれず、一般人は祈禱や迷信にはしる有様であった。ただしこの時代にも、仏教がまったく廃絶したのではなく、山間にあって読経勤行し、詩文を学ぶ僧もあり、漢文仏書の刊行も少なくない。当時は、曹渓宗が盛んで、華厳の教理も禅宗の中に解消され、戒律として華厳経の「浄行品」の実践が曹渓宗で重んぜられている。そして学識ある僧は、華厳・法華等の講席を開き、疏釈の講述もなされた。蓮潭有一の『蓮潭記』や仁岳義沼の『仁岳記』等は名が知られる。李太王の二二年（一八八五）にも官憲の弾圧があったが、その後一九一〇年に日韓併合がおこり、さらに一九四六年に大韓民国と朝鮮人民共和国とに分かれて独立することになった。これらの間に朝鮮仏教徒の自覚もたかまり、一九〇八年には朝鮮仏教の統一機関として円宗宗務院が設けられ、人材の養成のために中央仏教専門学校が一九二八年に開設された。これが現在の東国大学となって発展している。そのほかに仏教系の円光大学も設立されており、今後の韓国仏教の発展が期待される。なお日本統治時代に、日本仏教僧のはたらきかけで、妻帯僧が現われた。彼らは韓国独立後には曹渓宗から分かれて、太古宗を作って現代に至っている。これは、高麗末期の禅僧太古智愚（一三〇一―一三八二）の流れを継ぐことを示さんとするものであろう。ただし韓国では戒律仏教が尊崇されているために、太古宗は勢力がない。

第五章　日本仏教

一　初期の仏教

仏教の伝来

仏教の公伝は欽明天皇七年戊午（五三八）である。『日本書紀』には「欽明天皇十三年壬申（五五二）」とあるが、これは書紀の誤りで、『上宮聖徳法王帝説』の「欽明天皇戊午年」が正しいと学界で承認されている。しかしこれは「公伝」であって、すでにそれ以前から仏教は日本に伝わっていたと見てよい。日本には三韓からの帰化人はすでに古い時代からあった。彼らの中には仏教信者があったに相違ないから、帰化人の間には仏教が行なわれていたであろう。『扶桑略記』によれば、継体天皇一六年（五二二）、司馬達等《しばたつと》が大和の坂田原に草堂を建て、仏像を安置して礼拝していたという。おそらく当時、帰化人の間には仏教が信奉されていたであろうから、日本人の間にも仏教に好意をいだくものと、逆に嫌悪や反感をいだくものとがあったとしても不思議はない。それが、欽明天皇の時に、百済の聖明王（五二三―五五三在位）がわが国の天皇に、釈迦仏金銅像一軀、幡蓋若干、経論若干巻を献じ、公式に信奉をすすめてきたのであるから、ここに崇仏と排仏とに朝臣の意見が分かれたことは寧ろ当然であろう。

そして最初は、崇仏派が少なかったであろうことも十分に推知される。

書紀によれば、天皇が、その採否を諸臣にはかられたとき、蘇我稲目は崇仏派であり、諸国の例にならって日本でもこれを拝すべきであると答え、物部尾輿や中臣鎌子等は、わが国には古来から祀られている天神地祇があるから、仏を礼拝することはこれらの国神の怒りを招くであろうと答え、仏教受容に反対した。もちろんこの賛否には、単に信仰の問題だけでなく、政治的社会的な事情や権力争い等の問題がからまっていたのであるが、ともかく朝議が決しないために、天皇は稲目の請いによって、仏像を稲目に与えられ、礼拝することを許された。稲目は向原《むくはら》の家を捨して寺となし、ここに仏像を安置し礼拝した。これが向原寺である。

かくて仏教は蘇我氏によって受容されたが、その後、疫病が流行したので、反対派によって寺は焼かれ、仏像は難波の堀江に流されたという。欽明天皇についで敏達天皇が即位し、稲目の子の馬子が大臣に、尾輿の子の守屋が大連に任ぜられたが、敏達天皇は仏教を信ぜられず、文史を好まれたという。しかし天皇の時代に次第に百済や高句麗から仏教が移入された。敏達天皇一三年（五八四）に百済から弥勒の石像が将来された。馬子がこれを請いうけ、石川の宅を寺としてこれを祀ったが、仏像に仕える修行僧を必要としたので司馬達等の娘が出家して善信尼となり、他に禅蔵、恵善の二尼も出家した。馬子は彼女らを屈請して、大会と設斎を行なった。さらに仏舎利を得たので、大野丘の北に仏塔を建立した。しかしその後、疫病が流行したので、守屋らによって寺塔は焼かれた。次の用命天皇は仏教を信じ、神道を尊ばれた。ただし即位二年で重病にかかられたので、三宝に帰依しようとして群臣にはかられた。そこで馬子は守屋等の反対を押しきって豊国法師を宮中に迎えた。鞍部多須那は用明天皇の崩御に当って出家を発願し、のち南淵に坂田寺を建てた。天皇の崩御によって、守屋は穴穂部皇子を天皇に擁立しようとして軍を起したので、馬子は敏達天皇の皇后炊屋姫尊（のちの推古天皇）を奉じて、これを討伐し、守屋は敗れて、物部氏は亡びた。そして政権は蘇我氏に帰し、次第に馬子の専横の振舞いが多くなった。そのために次の崇峻天皇は馬子に弑され給うた。しかしこの時代に善信尼等は受戒のために百済に行き、百済からは僧恵聡、令斤《りようごん》、恵寔《えしよく》等が来ている。さらに仏舎利、聆《りよう》照律師、その他の僧、寺工、露盤博士、瓦博士、画工等の技術者も来ている。善信尼等は三年後に帰朝して桜井寺に住した。さらに馬子が守屋討伐の時に発願した法興寺の建立もはじめられた。このようにして仏教興隆の機運が徐々に熟していったのである。

聖徳太子の三宝興隆

推古天皇（五九三―六二八在位）は即位とともに聖徳太子（五七四―六二二）を皇太子とされ、万機を委ねられた。太子はこの時二〇歳であったが、高麗《こま》の慧慈に仏教を習い、外典を覚哿に学ばれた。推古初年に四天王寺を難波に造り、二年に「三宝興隆」の詔勅を発せられた。三年に百済の僧慧聡が来た。慧慈と慧聡とを仏教を広める三宝の棟梁とした。太子は慧慈と慧聡とに仏教を学ばれて、短日月で深い理解を得ておられる。そして推古一四年（六〇六）に推古天皇の前で『勝鬘経』を講ぜられた（ただし『法王帝説』では、推古六年とする）。同じ年に岡本宮で『法華経』の講義をされた。天皇はこれを大いに喜ばれて、播磨国の水田百町を皇太子に施されたので、太子はこれを法隆寺に納められた。これが法隆寺の寺領として、ながくその経済的維持、存続に役立つのである。この講経は太子の三三歳の時であり、翌年の推古一五年に小野妹子を隋につかわしておられる。したがって講経のあとにも、隋から仏教書を入手されたであろう。したがって太子が崩ずるまでの十六年間に、これらの講義をもとにして著作をなすことは十分可能であったと思う。したがって勝鬘経義疏と法華義疏とは太子の著作と見てよいであろう。しかし維摩経義疏については書紀は何もいわない。天平一九年（七四七）の写経目録には、三経義疏が太子の撰であることをいっているが、それより二十年前にできた日本書紀にそのことを言わないために、維摩経義疏については太子撰を疑う学者が多い。内容から見ても維摩経義疏と他の二疏との間には種々の違いがあることは否定できない。

しかし法華義疏と勝鬘経義疏とによってみても、太子の仏教学の理解が、一流の仏教学者にひけをとらないことは明らかである。

太子の仏教理解の深かったことと、周囲への感化が大きかったことは、種々の点から知られる。太子の病気平癒を願って造像が発願された法隆寺金堂の釈迦三尊の光背銘には「上宮法皇」と書かれている。この像は太子の崩ぜられた翌年（六二三）に完成しているが、当時すでに太子は「法皇」と尊称されていた。次に太子の崩後、橘《たちばなの》大郎女《おおいらつめ》の発願によってできた天寿国繡帳銘には「世間は虚仮にして、唯だ仏のみ是れ真《まこと》なり」という有名な言葉がある。これも太子の仏教の深い理解を示している。さらに太子の王子である山背大兄王が蘇我入鹿の軍勢と戦わないで、太子の遺訓の「諸悪莫作、衆善奉行」を守って、子弟、妃妾等と共に自殺されたことも、太子の仏教的感化がいかに深かったかを示すものである。

このような点から考えても、法華義疏や勝鬘経義疏を太子の著作と見ることは無理ではない。なお推古一二年には「憲法十七条」を、皇太子が親《みず》から肇《はじ》めて作られたという。その第一条に「和を以って貴しとなす」とあるが、これは仏教の「和合僧」の思想に通ずるものである。さらに第二条に「篤く三宝を敬え。三宝とは仏・法・僧なり」とあり、人間の心の帰すべきところが三宝であることを示している。太子の在世中に、四天王寺、法隆寺のほかに、秦《はだの》河勝が太子から仏像を受けて蜂岡寺（太秦寺）を造ったという。『法王帝説』には、このほかに、中宮寺、橘寺、池後寺（法起寺）、葛木尼寺を挙げ、あわせて七ヵ寺をあげる。法隆寺は学問寺として、長く仏教研究の中心となって栄えた。四天王寺は、敬田院（一般の寺院）のほかに施楽・療病・悲田の四ヵ院があったという。いつごろから四ヵ院が揃ったか明らかでないが、ここには太子の福田思想が示されていると見てよい。

太子の法華義疏や勝鬘経義疏は仏教を専門に研究しない一般人には、理解が容易でなかったであろう。しかし太子が率先して仏教文化を導入されたのは、仏教によって道徳の基礎をかためようとされたのであろう。当時は、殺人なども簡単に行なわれ、人びとの道徳的自覚はきわめて低かった。このような道徳の基礎づけのほかに仏教を導入することによって、わが国の文化一般を高めることができると考えられたからであろう。儒教や道教は文字や文学の理解とはつながるが、しかし芸術と結合していない。しかし仏教は芸術と結合しており、種々の文化と一緒になっていたから、仏教を輸入することによって日本の文化を高めることができた点を見落してはならない。例えば大きな寺院を建立すれば、建築や工芸の技術を日本人が身につけることができる。これは直ちに宮殿や貴族の邸宅の建築に応用できる。建築のためには道具が必要であるが、道具を作る技術は直ちに武器や農具の生産に応用できる。そして武備をつよめ、農業生産を高めることができる。仏堂には壁画もかかれ、幔幕が張られ、幢幡もかけられる。そのためには絵具や筆の製法、高度の織物技術や染色の技術などが自然に会得される。それらは直ちに日常生活に応用できる。さらに瓦を焼く陶工の技術や、仏像を鋳造する冶金や金工の技術、さらに鉱山を開発する知識も得られる。これらのすべてが、日本の文化を全体として高めうる。さらに仏像礼拝の儀式には、音楽や舞踏が付随している。美しい衣裳を着た踊りや楽器は当時の日本人には驚異であったであろう。

さらに仏典を読み、写経をすれば、文字も自然に会得される。書紀の敏達天皇元年の条に、天皇が高麗の表疏（国書）を大臣に与えて読ませようとして、もろもろの史《ふびと》を集めたが、読み解くことができなかったという。その時、船史の祖王の辰爾《じんに》がようやく読んだという。文字をならうことは必要であったが、しかし経典を読誦する以外に文字を利用する場合は、当時としては、ほとんどなかったのである。しかも経典を読誦し、仏像を礼拝することは功徳が多いことであり、同時にそれによって祖先の霊を祀ることができる。国家を治めるには刑罰だけでは治められないのであり、社会の平和を実現するには道徳が必要である。しかし道徳は道徳だけでその正当性を主張することは困難であり、その根底に宗教による基礎づけを必要とする。したがって聖徳太子が三宝興隆の詔勅を発し、率先して仏教を導入されたのには、仏教によって国民の道徳的精神を高める目的があったとともに、物質文化を高めることも大きな理由であったであろう。

仏教教団の統制

聖徳太子の滅後二十年で大化改新（六四五）となるが、次第に僧尼がふえたために、僧侶を統制する制度ができた。すでに推古天皇三二年（六二四）に僧正・僧都《そうず》・法頭《ほうず》の役を置いている。そして観勒が僧正に任ぜられた。法頭には俗人を任命し寺院の経済を管理せしめた。しかし大化改新（六四五）には中央に「十師」の制を置き、諸寺に寺司・寺主を置いている。そして三論宗の福亮、入唐僧の常安（請安）や僧旻等を十師に任用して僧尼を検校せしめた。しかしその後、天武朝（六七三―　）になると、再び僧正・僧都の制度にかえっている。養老令（七一八）に至って「僧尼令」二七条ができて、僧尼統制の規則が完備した。これによると僧尼が出家するには官の許可を必要とし、一年間の出家の人数も制限されていた。これを「年分度者」という。出家した僧尼は寺院に住し、その生活費は国家より支給せられ、僧界は僧正・僧都・律師の「僧綱《そうごう》」によって検校された。そして寺々には、上座・寺《てら》主《じゅ》・都維那《ついな》の三綱が置かれている。これらは僧侶の役人であり、僧尼の非行を取締ったのである。ただし僧綱は、僧界で有徳の僧を自主的に選んで、これを官に推薦する形式になっていた。したがって俗官が直接に僧尼を管理したのではない。僧尼は寺に住して、護国の経典である『金光明経』や『仁王経』『法華経』等を読誦して、国家の平安を祈り、適時の風雨や五穀の豊穣等を祈禱する責務を課せられていた。そして許可なしに山林に入って修行したり、寺とは別に道場を設けて一般民衆を教化することを禁じられていた。即ち官は僧尼に、天文災禍を説いたり、兵書を習読したり、吉凶を卜相したり、巫術療病すること等を厳しく禁じ、違反する僧尼は還俗せしめた。僧尼が民衆に接触し、自由に教化することを禁じたのである。民衆を教化し、罪福の因果を説いた行基《ぎょうき》（六六八―七四九）が朝廷の迫害を受けたことは有名である。これは宗教者の民衆教化の力が国家権力と別個の社会的勢力に発展することを警戒したのである。

このほか僧尼に禁止されたことは、殺人・奸・盗・聖道を得たと詐称すること等で、これらは仏教の戒律でも禁止され、僧団より追放される罪である。僧尼令では「還俗」になっている。その他、長宿を殴打する者、飲酒、食肉、五辛を食す、音楽や博戯をなす、僧が尼寺に宿し、尼が僧寺に宿す等も禁止されている。僧尼が私に園宅財物を持つこと、金を貸して利息をとることをも禁じている。これらも仏教の戒律で禁ずるものである。しかし僧尼令では「焚身捨身」を禁じているが、これは梵網経では善行としてすすめるものである。これを禁じたのは、行基の場合に見られるように、僧尼が個人的な声望を得ることを警戒したのであろう。この「僧尼令」は唐の「道僧格」を模範にして作られたものというが、日本の国情に合せて改変されている点もある。

仏教と国家の関係

以上のようにこの時代の僧尼は官からその私生活を厳しく規制せられていたが、しかし同時にその生活は国家から保証されており、とくに高徳の僧は国家から受ける供養の料も多く、社会からも非常に尊敬せられた。出家の志願者が多いために、寺院や僧尼も次第に増加し、推古三二年（六二四）には寺四六、僧八一六、尼五六九であったものが、持統天皇六年（六九二）には寺五四五あったという。とくにそれらの中でも、飛鳥寺（元興寺）、百済大寺（大安寺）、川原寺（弘福寺）、薬師寺等は官寺として国費をもって造立された。天武天皇一四年（六八六）には、諸国の家ごとに仏舎を作ったという。持統天皇八年（六九四）には、金光明経百部を諸国に送り、正月の八日から十四日までこれを読ましめたという。そしてそのための供養の料は、その他の税から支出された。この経には、金光明経を読誦すると、四天王をはじめ天神地祇がその国と人とを護り、国に災厄なく、人に豊楽ありと説かれている。仁王経も同様に護国の経典である。そのために金光明経や仁王経の読誦の法会が諸国の仏舎で行なわれ、その費用は官の税によってまかなわれたのである。このように諸国の国府で、正月に金光明経を読誦することが国家の行事として定着したために、各地に国分寺を建立する構想が起ったのである。聖武天皇天平九年（七三七）に「国ごとに釈迦仏像一軀、挟侍菩薩二軀を造り、兼ねて大般若経一部を写さむ」という詔勅や、国毎に法華経十部を写し、あわせて七重の塔を建てしむる詔勅が出されている。そして天平一三年には、東大寺を総国分寺とする雄大な国分寺制度の詔勅が発せられた。その詔勅の中に、去歳にあまねく天下に釈迦仏の金像を造り、あわせて大般若経一部を写させたので、凶作、疫病は止み、春から秋の収穫までの天候も順調で、五穀も豊穣であった。これ即ち功徳のいたすところである。金光明最勝王経の願に基づき、天下諸国に七重の塔を造り、金光明経と法華経の書写を命じ、天皇自らも金字金光明最勝王経を写して塔におさめ、その功徳により、仏法明神の擁護を得て大事業が無事に達成されることを命じている。総国分寺の東大寺に華厳の毘盧舎那仏を祀ったのは、国ごとの国分寺と相応じて、日本全土に毘盧舎那仏の世界を実現せんとしたのであり、同時にそれが政治の面から見れば、天皇の仁慈による平和国家の実現になることを企図したのである。即ち天皇を中心とする中央政府と国司、国民とのつながりにおいて、理想的な統一国家の実現を、仏教の精神によって達成しようとしたものである。

国ごとに建てる国分寺は、僧寺は金光明四天王護国之寺、尼寺は法華滅罪之寺の二寺とし、僧寺には僧二〇人、尼寺には尼一〇人を置き、おのおのに水田十町を施入することを規定している。その建立の目的は、金光明経の読誦の功徳によって、天神地祇が国家に永く慶福をもたらし、五穀豊穣で、祖先の霊魂や現存者の平和安穏と後生の安楽とを祈念することである。すなわちその目的は、仏教の祈禱の力によって国家を守護することであった。国家の財をなげうって東大寺の大仏を建立したのも、このような「祈禱による国家守護」に大きな価値を認めていたためである。恵美押勝の乱が平定されたあと、孝謙天皇が「百万塔」の造立の願を立てられたのも、国家鎮護のためであった。この塔は木製で、高さ一三センチ、基底の直径一〇センチ程の大いさであり、中を中空にして陀羅尼の摺本が入っている。千基、あるいは一万基ごとに大きな塔もふくまれる。この百万塔は宝亀元年（七七〇）に完成し、近畿の十大寺へ安置された。その中、法隆寺の分は現存するものが多い。その中に入れられた陀羅尼は、木版の印刷であるが、印刷としては世界最古のものである。中国では唐代以前にも木版印刷はすでに行なわれていたが、しかし年代の明確な摺本は、法隆寺の百万塔陀羅尼に及ばない。

聖武天皇の時、発願された各地の国分寺の建立は、莫大な費用を要するものであったため、朝廷の熱意にも拘らず、ことは容易にはかどらなかった。そのために朝廷は種々の政策を講じ、東大寺の造立には、一時弾圧した行基とその徒衆とを利用し、行基を大仏建立のための「勧進《かんじん》」に任じている。そして地方豪族の寄付（知識物）をも利用している。

南都六宗

奈良時代の仏教の教学についてはいわゆる「南都六宗」が言われる。六宗とは、三論宗、法相《ほっそう》宗、成実《じょうじつ》宗、倶《く》舎《しゃ》宗、華厳宗、律宗である。しかしこの時代の「宗」は学派の如きもので、奈良の大寺には、多くの宗が同時にあり、僧侶はおのおの好むところに随って学問を修めた。故に宗は「衆」ともいわれ、それぞれの研究者の集団であった。一人で多くの宗を兼ねることも可能であった。とくに成実宗と倶舎宗とは独立の宗となる力がなく、成実宗は三論宗の学問に兼ねて学ばれ、倶舎宗は法相宗の研学に併せて研究されたという。そのためにこの二宗を「寓宗」という。即ち奈良に大寺院が建立され、そこに僧尼が雲集すれば、朝廷の仏教利用の意図とは別に、そこに仏教学の研究がおこるのは自然である。仏教の教学は推古朝まではもっぱら朝鮮を介して輸入されたが、推古朝から遣隋使が派遣され、さらにそれが遣唐使に変ったために、それ以後は中国からの仏教輸入が盛んになった。遣隋使や遣唐使に付随して留学僧も派遣され、彼らが帰国して仏教僧として活躍し、さらに中国からもすぐれた僧が来朝している。

六宗のうち、日本に最初に伝わったのは三論宗である。三論を伝えたのは高句麗僧の慧灌である。彼は入唐して吉蔵（五四九―六二三）について三論を学び、推古三三年（六二五）に来朝して元興寺に住し、三論宗を広めた。弟子に福亮、智蔵等があり、盛んであった。福亮（―六四五―）は呉からの帰化人で、出家して慧灌より三論を学び、唐にも留学している。大化元年、十師の中に選ばれ、斉明天皇四年（六五八）中臣鎌足の請いによって維摩経を講じた。これが「維摩会」の起源であるという。道慈（　―七四四）は智蔵に三論を学び、のち入唐し、三論のほか法相、律、華厳、密教等を広く学んで帰朝し、大安寺に住し、大極殿における「最勝会」講師となった。後年この系統に空海が出る。道慈は密教を善無畏に学び、これを弟子善議に伝え、善議から勤操に伝えた密教が、空海に伝えられた。さらに智光（七六六ごろ寂）と礼光とは元興寺に住し、三論を広めたが、浄土の信仰をも有し、「智光曼荼羅」がある。智光には『浄名玄論略述』の著がある。慧灌・智蔵・道慈を三論宗の三伝となす。

法相宗は白雉四年（六五三）に元興寺の道昭（六二九―七〇〇）が入唐し、玄奘に従って法相宗を学び帰朝したのが初伝である。彼は禅をも学んだという。元興寺の東南隅に禅院を建てて修行し、諸国を遍歴して社会事業をもなし、死後、遺言によって火葬に付した。次に斉明天皇四年（六五八）に智通と智達とが入唐し、玄奘と弟子の窺基（六三二―六八二）とに学んで帰朝した。これが第二伝である。この二伝を元興寺（南寺）伝という。次に新羅の智鳳・智鸞・智雄が入唐して、法相宗の第三祖智周（六七八―七三三）に就いて学び、来朝した。これを第三伝という。第四伝は玄昉《げんぼう》（　―七四六）であり、彼は養老元年（七一七）に入唐して、智周に学び、天平七年（七三五）に帰朝した。彼は興福寺に住した。これを北寺伝という。第一、第二伝は玄奘から直接承けているが、第三、第四伝は第三祖の智周の教学を受けているために、南寺伝と北寺伝とでは、『成唯識論』を解釈するのに若干の違いがあった。玄昉は天平九年に僧正になり、聖武朝に重用され、国分寺の創建に建策するところが多かった。しかし朝廷の内道場に入り、政治に関係したために、藤原氏によって失脚せしめられ、筑紫の観世音寺に左遷された。ただし彼が中国からもたらした経論五千余巻は興福寺に勅蔵され、その後のわが国仏教学の発展に大きな役割を果たした。さきの道昭に学んだものに行基があり、智鳳の弟子に義淵（　—七二八）がある。義淵は一代の高徳として、天智天皇から聖武天皇まで八代の天皇に尊崇され、僧正にも任ぜられ、弟子に行基や良弁《ろうべん》・道慈等著名な弟子が多い。

成実宗は百済の道蔵（—七二一—）が成実論を講じ、疏一六巻を作ったというが、その後は三論宗の附宗となり、独立しなかった。聖徳太子が法華義疏において「本義」として拠られた光宅寺法雲は成実の学者として有名であった。その他、開善寺智蔵や荘厳寺僧旻等、梁代の学僧は多く成実の学者であった。これらの学問が百済を通じて日本に入ってきて、日本に成実宗が成立することになったのである。梁代には成実宗は非常に盛んであったが、それにつづく陳・隋・唐では、三論・天台が盛んになり、成実学派はまったく衰えた。しかし三論・天台も盛時は短かく、間もなく法相がとって代り、さらに華厳が盛んになる。このような事情を反映して、日本には成実宗が伝わったものの、一宗として成立するに至らなかった。

次の倶舎宗も事情は同じである。倶舎論は玄奘が翻訳して、唯識論とセットになっているために、法相宗の研究には倶舎論の研究が欠かせない。倶舎論を研究しないで成唯識論を学んでも、十分に理解できない。そのために法相宗の伝来と共に倶舎論の研究も伝わったのである。故に倶舎宗は法相宗の寓宗である。倶舎論の研究でも、南寺伝（元興寺伝）と北寺伝（興福寺伝）とでは解釈に違いがあったという。

華厳宗は、東大寺大仏殿が毘盧舎那仏を祀るが、この毘盧舎那仏は華厳経の説く仏陀であるために、東大寺が華厳宗の根本道場となっている。ただし華厳宗の教理をはじめて伝えたのは道璿《どうせん》（七〇二—七六〇）である。彼は聖武天皇の天平八年（七三六）、天竺の菩提仙那等と共に来朝し、華厳の章疏や律宗の章疏をもたらし、律を講ずると共に、おそらく華厳をも講じたであろう。彼には『梵網経疏』があり、さらに北宗禅を、神秀の弟子の普寂から受けている。この道璿の弟子に行表（七二二―七九七）があり、彼の弟子に最澄がある。しかし華厳宗としては、金鐘寺の良弁《ろうべん》（六八九―七七三）が新羅から来た審祥《しんじょう》（　―七四二）に請うて華厳経を講ぜしめたのが最初であるという。審祥は入唐して、賢首《げんじゅ》大師法蔵（六四三―七一二）から華厳を受けた人である。良弁は義淵から法相を学んだが、華厳をも研究し、大仏の建立につくし、東大寺の初代別当になり、僧正にも任ぜられた。次に玄昉の弟子に慈訓《じきん》（　―七七七）があり、審祥に華厳を受けた。良弁の弟子に実忠・良興・良慧等があり、良興が第二代の別当となった。実忠の弟子に等定（　―八〇〇）があり、東大寺第七代の別当となった。

中国の華厳宗は、杜順・智儼・法蔵と次第するが、日本では、審祥を第四祖、良弁を第五祖とかぞえる。

次に律宗はその伝来が最もおそく、天平勝宝六年（七五四）に来朝した鑑真《がんじん》（六八七―七六三）によって伝えられた。それより古く崇峻天皇の時代に善信尼等が百済に受戒に行っている。さらに天平八年（七三六）には道璿が華厳の章疏と共に律宗の章疏をもたらし、道宣の四分律行事鈔を大安寺で講じ、梵網経の注釈を著わしている。しかし大僧の具足戒は正式には十人僧、少なくとも五人僧を必要とするため、道璿一人では受戒作法をすることはできなかった。それより先、天平五年（七三三）に聖武天皇の勅命によって、栄叡（　―七四九）と普照（―七五八―）とが入唐して、律宗を伝える大僧の来朝を請うた。この請に応じて鑑真は渡来を決意し、五回の失敗にも挫折せず、一二年を経て、六回目に天平勝宝六年に来朝した。その間に鑑真は失明し、永叡は唐で没し、最初に鑑真と行を共にするといった人々も多くは断念し、最後に鑑真と共に来朝したのは、法進・思託等の出家の弟子一四人、尼三人、それに優婆塞等を加えて二四人であった。普照は在唐中に、相部宗の定賓に請うて相部宗の律によって具足戒を受けた。鑑真は天台宗の人であるが、律は道宣（五九六―六六七）の弟子弘景に従って具足戒を受けた。故に鑑真は南山律宗の人であるが、同時に相部宗の律を大亮に受けている。大亮は、法礪・道成・満意・大亮とつづく人である。大亮の門下に曇一があるが、彼は天台の湛然や華厳の澄観に戒を授けた人である。

このように鑑真は南山と相部とを受けた人であり、来朝してからも道宣の四分律行事鈔を講ずると共に、法礪の疏をも講じている。鑑真来朝の年（七五四）、東大寺大仏殿の前に戒壇を築き、聖武太上天皇、光明太后、孝謙天皇、皇太子をはじめ四百余人が受戒した。これは優婆塞の五戒、ならびに梵網の菩薩戒を受けたのであろう。ただし沙弥もふくまれていたから、彼らは具足戒を受けた。さらにすでに大僧となっていた霊福、賢璟、志忠等の八十余人も旧戒を捨てて、重ねて鑑真から大戒を受けた。翌年、戒壇は東大寺の西に移されて「戒壇院」となり、さらに関東の下野薬師寺と九州の筑紫の観世音寺とに戒壇が設けられ、僧となる者はこれらの三戒壇のどれかで受戒することが必要になった。この中、東大寺の戒壇は三重の戒壇であるが、薬師寺と観世音寺の戒壇は一重である。鑑真は大和尚の号を賜い、大僧正にも任ぜられたが、のち唐招提寺が建てられ、ここに住した。弟子には法進《はっしん》（七〇九―七七八）が重要であり、道宣の三大部、天台宗の三大部などを講じ、著作もある。法進の弟子に豊安《ぶあん》がある。鑑真の弟子にはこの外、如宝（　―八一五）・法載（―七六四―）・思託（―八〇五―）等が有名である。鑑真の日本人の弟子に道忠（七三八―七八三―）があり、最澄の勉学を助けている。

行基の社会活動

なお奈良仏教としては、行基（六六八―七四九）の社会活動を無視できない。行基は河内の生れで、一五歳で出家した。長じて京畿地方を中心に諸国を巡遊し、罪福の因果を説いて人民を教化し、托鉢によって得た財物で困窮者を救済した。さらに大がかりな土木事業をおこない、淀川や大和川の氾濫から耕地を守るために堀川を設けたり、堤を築いたり、各地に農業のための池を設けたり、橋をかけたりした。これらの土木事業には莫大なる費用と人員を必要としたが、費用は主として托鉢によって得たのであり、とくに在地豪族層の協力による点が大きかったという。また労働力の中心は、「道俗化を慕いて集まるもの、ややもすれば千をもつて数う」といわれ、弟子の優婆塞・優婆夷・私度沙弥たちであり、付近の農民も食を与えられて参加したであろう。優婆塞・優婆夷は在家の仏教信者をいうが、ここでは仏教者でありながら、俗人にとどまっている人を指したのであろう。私度沙弥も国家の許可を得ないで私に沙弥となった人である。当時公許による出家が困難であったために、このような優婆塞や私度の出家が現われたのである。さらに行基は各地に「布施屋」を設け、行旅の窮民を救済している。

このように行基は人民の生活の安定を願って、大きな社会活動をおこない、徒衆も増大したために、彼が五十歳代の養老年間には、彼の宗教集団は官憲の迫害を蒙るほどに成長した。養老元年（七一七）四月の詔は僧尼の非行を誡めたものであるが、とくに「小僧行基あわせて弟子等」を対象に、禁令を出している。しかし彼らの行動が民心の安定に役立ち、その盛んな土木事業が交通の開発や農業生産の向上に役立つことが看過できなくなって、天平時代に入ると、官憲が彼らの力を利用するようになり、天平一三年には木津川にかける恭仁大橋の官営事業に行基を起用し、さらに天平一五年には大仏建立の詔を発布して、彼を「勧進」に任じている。一七年には大僧正に任じ、天平二一年、八二歳で遷化している。それより七十年後（八一〇—八二三）に著わされた薬師寺景戒《きょうかい》の『霊異記《りょういき》』では、彼は仏菩薩の垂迹化身と尊崇せられている。当時は僧侶は知識階級であったために、土木事業などにも指導的な力を発揮して、国民の生活の安定につくしたのである。そのことは後の空海の事績などにも見られる。

なお奈良時代の仏教思想に基づく社会運動には、光明皇后（七〇一—七六〇）が東大寺に悲田院・施薬院を設けて天下の困窮者や病人を救われたことも逸することはできない。皇后は聖武天皇を助けて東大寺の造立につくされ、一切経を書写すること三度に及び、浴室を設けて庶民の垢を洗うこと千人であったという。

二　平安仏教

奈良仏教から平安仏教へ

奈良仏教の繁栄は東大寺の建立、大仏開眼によって最高潮に達したが、同時に繁栄のかげには腐敗があり、僧風の堕落、頽廃がおこっている。玄昉や道鏡は政治に深入りして失脚したが、当時は僧界の戒律の乱れも甚しかった。地方では国司が試験もせずに得度を許すので、国分寺僧の素質が著しく低下し、さらに私度僧がふえて、出家と在家の区別も明確でなくなったという。さらに多数の寺院の経営は国家の財政を著しく圧迫した。大寺院は貴族や地方豪族と競って土地の所有を計ったので、寺田、寺封が増大し、その面でも国家の経済を圧迫した。このような寺院の経済的側面の改革や、僧界の堕落の粛清が、道鏡の失脚後、光仁朝（七七〇―七八一）において計られ、さらにこれが次の桓武朝において積極的に進められた。しかし仏教界の改革は、仏教の抑圧が目的ではなく、清浄僧の優遇、僧界における人材の発見が目的であったから、この朝廷の僧界改革は、仏教の世俗化に批判的であった僧侶の活動を助けることとなった。ここに最澄や空海が活躍する世界が開けてきた。桓武天皇は七八一年に即位し、都を長岡に遷したが、延暦一三年（七九四）にはさらに平安京に遷している。奈良に都が遷された時には、飛鳥の寺院はほとんど新京に移建されたが、平安遷都の時には寺院は旧京にそのまま置かれた。新京の経営に際しては旧京寺院との関係を断ち、仏教界の一新を図ったのである。

桓武天皇の新京の経営においては、左右両京鎮護のために東寺と西寺とが造営された。したがって、仏教によって国家を護持するという思想は依然として続いていたのである。即ち平安京の仏教も「鎮護国家の仏教」であり、同時に仏教の目的は国家に有用な人材を打ち出すことにあった。最澄の「国宝・国師・国用」の思想にも、これが明瞭に認められる。鎮護国家の仏教は祈禱を主とする仏教であるが、平安時代に真言密教が輸入されたことは、この朝野の要求にきわめてよく合致するものであった。しかし真言の加持祈禱は、国家の行事だけでなく、個人の宗教的要求にも応じうるものであるから、病気平癒や災難の除去、招福のために祈禱が盛んに行なわれるようになった。即ち平安時代の仏教の主流は密教である。しかしその密教がただに国家の護持を祈禱するだけでなしに、個人の宗教となった点にその特色がある。

仏教は本来個人の宗教であるから、仏教が日本に入ってきた当初から、個人の安心立命のために仏教を求めるということはあったであろう。しかし聖徳太子等の少数の知識人以外には、難解な仏教の教理は容易に理解されなかったであろう。一般人にとっては、三世因果の教理や、読経や仏像礼拝等によって功徳を積み、よい果報をうることが、仏教を信奉する主たる目的であったであろう。日本人はきわめて「呪術的」な宗教心を持っており、死者の霊魂が実在し、生者がそれに語りかけることができるという信念が強い。このような呪術的な宗教心は現代の日本人にも、依然として根強いものがある。一般人にとって最も恐ろしいものは病気と死であるが、古来から神道は「死穢《しえ》」といって、死人をけがれたものと見て、いみきらう。そのために死者の霊魂は神道では救われないのである。とくに人に殺されたり、水に溺れたり、あるいは思わぬ災難で横死したりした人びとの魂は、祀られないために悪霊となって山野をさまよい、人びとに災いを与えると信ぜられていた。こういう悪霊のたたりは、神道によってはしずめることができなかった。しかし仏教が日本に入ってきたとき、仏教僧は死の穢れや悪霊にふれることを少しも怖れなかった。そしてかかる横死の人びとの死骸をねんごろにとむらい、読経をして悪霊をしずめ、死者の追善供養をなし、日本人の祖霊崇拝の信仰とも結びついて、人びとの不安をしずめたのである。

さらに古代には、山野や村落などに、蛇や猿などの動物や種々の樹木などの霊があって、霊力をそなえており、人間に加護を与え、あるいは災いを与えるとして怖れられ、神として祀られていた。しかしこれらの神は畜生や植物であるので、仏教の立場から見れば、迷える衆生の中にふくまれる。したがってこれらの神々にたいしては、読経や修法などの功徳によって、苦身を離脱せしめることができると信ぜられ、さらに苦身を得脱した神々が仏法守護の善神となるという信仰も生じた。かかる形で、神道と仏教の習合が起ってきた。

　これらはすべて一般民衆の宗教的欲求に応じて生じた宗教儀礼であるが、そのためには、一般民衆の間を遊行して仏教を広めた「遊行僧」の活躍を考えねばならない。遊行僧としては、奈良時代に諸国を巡歴した道昭や、その弟子の行基などの活躍が重要である。行基が盛んに土木事業をおこしたのも、河川の洪水や谷間の湿地などが、かかる神々の信仰と結びついていたことに関係があろう。さらに神道と仏教の結合が神宮寺の建立に発展していくのも、かかる遊行僧が各地に遊行して、神社に寄宿して、仏教を広めたことを示すものであろう。

　さらに仏教が、日本古来の「山岳信仰」と結合したことも重要である。日本には古来、山岳を神として尊崇する信仰がある。現在でも三輪山や男体山などをはじめ、多くの霊山が神として祀られている。これらの神聖なる山には、古代の人は分け入るのをはばかったのである。同時に、神聖なる山には、先祖の霊魂が集まるという信仰もある。しかし仏教が日本に入ってきたとき、仏教僧がそういう神聖なる山々に分け入り、山中の霊気にふれて修行する風習が生じた。これは中国仏教で、廬山や嵩山・五台山等をはじめ、神聖な山で仏教の修行をすることが一般化していたために、これが日本に移入されたものと思われる。日本では、神聖なる山中で仏教の修行をすることによって、古来の日本の山岳信仰と仏教との融合が起ったのである。

　天平八年に中国から来た道璿（七〇二―七六〇）は、晩年には吉野の比蘇山に退いて山に住した。彼を最澄は「自然智宗」と呼んでいる。唐僧の神叡（―六六七―七三七）は元興寺の僧であるが、深山の草庵にこもって自然智を唱えた。弟子の勝虞《ご》や、三論宗の道慈（　―七四四）や行表、法相宗の護命《ごみょう》（七五〇―八三四）等も比蘇山に籠って修行している。さらに大和の室生《むろう》寺も、興福寺の山林道場として開かれたものであるという。山岳仏教としては修験道が重要であり、吉野の金峯《きんぶ》山・大峯《おおみね》山を中心とする修験道や御嶽山、出羽三山など、山にこもって修行する仏教が盛んになってゆく。そして修験道の開祖として、大和葛城《かつらぎ》山や金峯山にこもって修行したと伝える「役小《えんのお》角《づぬ》」が有名になる。これは深山幽谷に籠って苦修練行することによって、不思議な霊力が得られると信ぜられたのであろう。このような修行をし、呪法を修した役小角は、文武天皇三年（六九九）に伊豆に流されている。「僧尼令」（七一八）には、僧尼が禅行修道のために山林に住することを求める場合には、官の許可が必要であるとしている。そして常に居場所を報告し、他所に移ることを禁じている。このことは、当時すでに山林にあって修行する仏教僧があり、しかも彼らの行動が官にとって望ましいものでなかったことが示されている。僧尼令は、このような僧尼の自由な行動を規制しようとするものである。しかし山林にあって苦修練行に堪える仏教者の中にこそ、真の宗教者があるともいいうる。光仁・桓武朝の仏教に対する態度は、「人よく道を弘む、道の人に弘まるにはあらず」というものであり、仏教界に人材の輩出することを願っていたから、光仁天皇が即位すると直ちに、宝亀元年（七七〇）に山林修行の禁を解いている。そして山林修行の徳行僧を高く評価し、金峯山で修行した禅師広達を、十禅師に迎えている。次の桓武朝でも勝虞を律師に迎えている。最澄が受戒のあと、世俗化された奈良の官寺に住むのをさけて比叡山に草庵を営んだのもこのような歴史的状況による。空海も青年時代には山林に在って修行した人である。ここに山の信仰を媒介とする仏教の日本化が起ったのである。いわゆる「本地垂迹説」がそれである。神として崇める聖なる山の中に、仏僧が仏・菩薩を祀り、礼拝読経すれば、それは同時に神をも礼拝することになり、仏と神とが本地と垂迹の関係で結合することになったのであろうと考えられる。

最　澄

伝教大師最澄（七六六―八二二、または七六七―八二二）は滋賀県の生れで、一四歳で三論の学匠行表《ぎょうひょう》（七二二―七九七）を師として近江の国分寺で出家した。行表の師は来朝僧の道璿であるが、道璿は華厳と律とに達し、梵網の大乗戒をも具足していた。さらに北宗禅を、神秀の弟子の普寂から受けていた。この道璿の教法が行表に伝えられ、さらにそれが最澄に伝えられたのである。このように最澄が、少年時代に華厳、律、禅、大乗戒を学んだ行表から教えを受けたことが、最澄の人間形成に大きな影響を与えたと見てよい。最澄は二〇歳の時、東大寺の戒壇で具足戒を受けた。そしてしばらく大安寺に留まっていたが、世俗化した奈良の大寺の生活をさけて、故郷の滋賀県にある比叡山に登り、山上に草庵をかまえて修行することになった。彼は山岳修行僧の系列に入る。その時、自己の修行の決意を示す「願文」を著わしている。そこには、自己を「愚中の極愚、狂中の極狂」と責めるきびしい自己反省と、「解脱の味、ひとり飲まず。安楽の果、ひとり証せず。法界の衆生と同じく妙味を服せん」という強い利他の精神が横溢している。彼の比叡山上の苦しい修行は、それから三六歳まで、一七年間つづく。

彼はここで、法華経、金光明経、般若経などを一日も欠かさず読み、坐禅を行じ、さらには起信論疏、華厳五教章を学び、そして摩訶止観、法華玄義、法華文句、四教義、維摩経疏等を写しとっている。彼は道璿の学系を受けながらも、同時に鑑真の将来した天台宗の典籍を法進を通じて入手したのであろう。そして二二歳の時、山上に「一乗止観院」を創建した。ここに、「一乗」について彼が明確な理解を持っていたことと、実践としては「止観」によることが、はっきりと自覚されていたことが示されている。この一乗止観院が後の延暦寺の根本中堂となる。最澄はさらに、山上に経蔵や八部院等を作り、寺院の基礎を固めている。これには多くの道俗が援助しており、とくに当時、持戒第一・東国化主と尊敬せられていた道忠（七三八―七八三―）が経論二千余巻を写して、最澄に贈っている。道忠は鑑真の弟子であり、鑑真から戒律と共に天台をも受けていたであろうから、天台を広めんとする若き最澄を支援した点もあろうが、同時に最澄の動静がすでに教界の注目するところとなっていたのであろう。即ち最澄は天台の教義に立脚していたのであるが、しかし同時に彼が起信論疏や華厳五教章を学んでいたことも注目してよい。最澄の「一乗」の思想には、華厳の思想が濃厚に見られるのであり、そのことは、後年彼と徳一との「三一権実」の論争に、明瞭に認められるところである。さらに彼が「梵網の大乗戒」によって、比叡山の、南都仏教から離脱を主張したのも、梵網経が華厳系統の経典であることと、密接なつながりがあると見てよい。

彼は三二歳（延暦一六年）の時、内供奉十禅師に補任せられた。これは、最澄が社会から一流の宗教者として公認せられたことを示すものであろう。その翌年（七九八）、最澄は天台大師の報恩謝徳のために、南都七大寺の大徳十人を招いて、叡山で法華十講の法会を開き、さらに延暦二〇年にも七大寺の大徳十人を招いて法華経を一軸ずつ講義をして貰った。おそらく最澄は、これらの大徳の講義を聞いて、自己の法華経理解が彼らに劣らないことを知り、自己の法華経理解に自信を持ったのであろう。翌延暦二一年（八〇二）和気弘世の懇請によって、一七年間にわたる山上の修行を打切って下山し、高雄山寺において天台三大部の講演をなし、天台の妙旨を発揚した。そして善議、勤操等、当時一流の南都の学者をしてその解釈に感嘆せしめた。その直後に、最澄は入唐求法の上奏文を朝廷に奉り、還学生《げんがくしょう》として入唐することを許可された。その翌々年（延暦二三年、八〇四）最澄三九歳の時、弟子の義真を訳語僧として伴って、中国に渡航したのである。

最澄は一年の在唐中に、修善寺道邃《どうすい》から天台円教と、梵網菩薩戒を受け、仏隴寺行満から天台円教を受けた。さらに霊巌寺順暁から密教を伝授され、禅林寺翛《しゅくねん》然から牛頭《ごず》禅を受け、天台と密教との多くの典籍を入手し、翌二四年に帰朝した。朝廷は最澄将来の新しい仏教の典籍を写させて、七大寺に配布し、受学させている。さらに和気弘世は高雄山寺に最澄を招き、詔によって諸大徳八人に最澄より灌頂を受けさせている。このような機運のもとに、最澄は翌延暦二五年上表して、天台法華宗に年分度者二名を賜い、一宗として公許された。ここに円・密・禅・戒の四宗合一の天台法華宗が成立したのである。

彼の帰朝前後の数年間は、最澄の華々しい活動の時代であったが、延暦二五年（八〇六）桓武天皇がなくなられてから、最澄の没年（八二二）までは、最澄の苦難の時代であった。一つは、彼の将来した真言密教が胎蔵界を主としたものであったので、金胎両部を受けた空海の密教に劣ったことである。当時密教は新来の仏教として朝野に歓迎されたために、この点が最澄の弱点となった。もう一つは南都仏教、とくに当時最大の宗団であった法相宗との「三一権実」の論諍、ひいては大乗戒壇独立の問題で、南都仏教と畢生の論争をしなければならなかったことである。

最澄は在唐一年であったのにたいし、空海は二年在唐した。しかも最澄は天台の法門を受けることが主目的であったので、主として天台山に留まって天台や禅戒を受法し、天台の典籍一〇二部二四〇巻を得、帰国の前、乗船地である明州に来たあとで、越州に行き竜興寺で順暁から密教を授けられ、密教関係の経論一〇二部一五〇巻の典籍を書写し得たのである。順暁の師は義林であり、義林の師は善無畏であったという。善無畏は大日経を翻訳し、胎蔵界を主とする密教を伝持していた。しかし順暁はこのほかに一行・不空からも法を受けていたというから、最澄の受けた密教は金胎両部にわたっていたであろうが、しかし将来した密教典籍によってみると、金剛智・不空の訳した経典が少ないのである。これにたいして空海は在唐二年の間、専ら密教を学んだのであるから、密教の伝受においては空海がすぐれていたのは当然なことであろう。そのために最澄は、空海の帰朝後、空海将来の経典の一部借用を申し出、さらに進んで空海から、金剛界と胎蔵界の灌頂を受けている。しかし弟子の泰範が最澄を離れて空海の門に投じたり、空海のもとに集まる学僧の数が次第に増したことなどが、叡山の教団にも種々の波紋をおこし、弘仁四年（八一三）末に最澄が空海将来の『理趣経釈』の借覧を申し出たことが機縁となって、最澄と空海の交友関係は断たれたのである。このとき空海が最澄を非難した烈しい手紙が残っている。

最澄が真言学において十分でなかった点が、「ただ我が志をのべよ」と遺言して入滅した最澄の滅後の弟子たちの課題の一つになった。そして彼の弟子のうち六人までも入唐求法を行なうことになった。なかでも有名なのは円仁（七九四―八六四）である。彼は四五歳の時（八三八）入唐し、会昌の破仏に遭い、つぶさに辛酸をなめて、長安に五年滞在し、不空の密教道場であった大興善寺の元政より金剛界の密教儀礼をうけ、青竜寺の義真より胎蔵界と蘇悉地の大法を受け、玄法寺の法全《はつぜん》より胎蔵界をうけて帰朝した。さらに円珍（八一四―八九一）は義真の弟子であるが、四〇歳の時（八五三）入唐し、同じく長安にて法全から金胎両部を受け、さらに蘇悉地の大法や三昧耶《さまや》戒をも伝受され、在唐五年にして帰朝した。

この二人の入唐によって比叡山の密教、即ち「台密《たいみつ》」は完全なものになった。しかしそのために、最澄がかかげた法華中心の法門が密教中心に変化したことは否めない。最澄は天台と密教との関係については、天台の三諦円融の思想と真言の阿字本不生の思想とは同一であると説いた。天台の諸法実相と大日経の阿字体大とを同一と見、四種三昧と真言念誦とは矛盾しないと説き、「円密一致」の思想を述べた。「法華一乗と真言一乗と何ぞ優劣あらん」とも言っている。天台と密教とを優劣なしと断定し、密教の教理を自由に駆使し、密教の修法をなし、天台と密教の両者を併せ修学したのは、最澄の新しい立場である。しかし最澄は晩年に、徳一との三一権実の論争や、大乗戒壇独立のために顕戒論を著わす等、これらの点に力を注いだために、「円密一致」の思想を、組織教学にまで発展させることができなかった。これは止むを得ないことであろうが、しかしそのために円仁や円珍、さらに五大院安然等によって、「顕密差別」の思想がおこり、顕教より密教を重視する思想が起った。

これは当時としては、真言宗の密教が盛んであり、密教が朝野から迎えられていたために、止むを得なかった点もあろう。

第二は最澄の大乗戒壇独立の問題である。徳一との「三一権実」の論争と、大乗戒壇独立の問題とは別個の問題ではなく、思想的には一つの問題である。共に最澄の「一乗」思想の発現であると見てよい。しかし天台の年分度者でありながら比叡山に住しないで、他に去った者が多かったことも、大乗戒壇独立を最澄が主張した理由の一つである。大同二年（八〇七）から弘仁九年（八一八）までの一二年間に、天台宗で二四人が得度したが、うち一人は死亡、七人は「不住山」、六人は法相に奪われ、叡山にとどまる者は、光定、円仁等の一〇人に過ぎなかった。

そのために最澄は弘仁一一年（八二〇）の「上顕戒論表」の中で、「今円宗の度者、小乗の律儀を受けて、円の三聚を忘れ、争って名利を求め、各々無漏を退す。……前車の傾くを見て、将に後轍を改めんとす」と述べている。

　比叡山の年分度者でありながら、得度を受けたあとで、他寺に移ってしまう者が多いことは、比叡山にとっては大問題であったであろう。しかし法相宗に奪われた弟子は、師主が最澄でない者であり、或いは奈良で出家しようと思っても年分度者の席がないため、止むを得ず天台宗の年分度者に志願した者がなかったとはいえない。次に七人の「不住山」のうち、老母を養うために山を下った者が二人、巡遊修行のために山に住しない者が一人いる。したがって純粋の「不住山」は四人である。山を下った弟子が多いのは、一つは、一二年間叡山に留まって修行することは大きな苦痛であるという点がある。伽藍の完備した後代の延暦寺の生活はともかくも、草創期の山頂の生活は寒気や湿気等が烈しいため、容易でなかったであろう。よほどの道心がなければ、山上の修行はつとまらない。最澄の「根本大師臨終遺言、十箇条」を見ても最澄が理想主義者であり、苦行主義であったことが知られる。そのために脱落した者も多かったが、しかし後に残った弟子たちは、道心堅固で筋金入りであったわけである。しかも、受戒を比叡山で行なっても、修行がきびしければ脱落者はおこるであろう。弟子を東大寺の戒壇で受戒させなければ、この問題がすべて片づくというものでもなかろう。

　したがって最澄が、叡山の弟子を東大寺へやらせないために、比叡山の戒壇独立を考えたとはいえないように思う。もちろんそれも一つの理由であったであろうが、しかしそれよりも、教理的・思想的理由の方が優先したと考えるのである。その大きな理由は、南都の法相宗との教理的対立である。法相の徳一によって「法華は権《ごん》教である」と攻撃されては、最澄は受けて立たざるを得ないし、天台の教理の独自性を主張すれば、戒壇の独立まで行かざるを得ないものである。発端は法相宗から放たれた最澄への攻撃である。そのために最澄は天台宗の将来のためにも、法相と天台との教理優劣をとことんまではっきりさせておかねばならないと考えたのであろう。

桓武天皇の平安遷都によって南都仏教は一時期動揺したが、桓武天皇がなくなられたころには陣容を建て直し、勢力を盛り返している。それにつれて南都から、天台宗への批判が起ったようである。最澄が弘仁四年（八一三）に『依憑天台集』を撰述したのは、この批判に答えるためであったようである。彼はこれによって自己の教理的立脚地を明らかにし、次に「通六九証破比量文」を著わして、慈恩大師の『唯識枢要』の「定性二乗と無性有情あり」とする説を破した。宗祖慈恩大師の説を破折されたことが法相宗を甚しく刺激し、弘仁七年ごろ、会津の恵日寺に住した徳一が『仏性抄』を著わして、智顗の著作を批判し、最澄に論争をいどんだ。弘仁七年は、最澄が関東伝道を行なった年である。この徳一の批判にたいして、最澄は弘仁八年に『照権実鏡』を著わしてこれに答えた。徳一はさらに『中辺義鏡』を著わしてこれに対抗し、最澄は『法華去惑』によってこれに応じ、さらに『守護国界章』（弘仁九年）、『決権実論』『法華秀句』（弘仁一二年）等を著わして、徳一の説を反駁した。

徳一が慈恩の『法華玄賛』に拠って智顗の法華経解釈を批判したため、最澄の回答も多岐にわたっているが、その眼目は「一乗真実・三乗方便」と見るか、「三乗真実・一乗方便」と見るかの教理の真偽の問題と、一切皆成と見るか五性各別と見るかの人間観の問題とである。しかし両者は結局同じ問題に帰着するのであり、一切衆生に仏性を認めるか、或いは無仏性の有情を認めるかの問題になる。法華経には「唯一乗の法のみあり、二もなく三もなし」という有名な言葉がある。これは一乗だけがあって、二乗や三乗はないという意味である。この二乗・三乗を、第二乗・第三乗と解釈すれば、一乗は第一乗となり、第一乗は菩薩乗（仏乗）だけがあって、第二乗（縁覚乗）・第三乗（声聞乗）はないという意味になる。これは「三車家」の解釈であり、法相宗はこの立場に立つ。これにたいして天台宗は、二乗・三乗を二つの乗、三つの乗と解釈するから、二つの乗も三つの乗もないという意味になり、一乗だけがあり、三乗はないことになり、最初の一乗は三乗（菩薩乗・縁覚乗・声聞乗）の外にあることになる。これを「四車家」という。現在の梵本で見ると、法相宗の解釈のほうが正しいのであるが、天台智顗の時代には梵本のことは不明であるし、当時すでに「悉有仏性」を説く涅槃経や勝鬘経などの「一乗経典」が翻訳されており、これらが中国仏教に大きな影響を与えていたので、智顗はこの理解を法華経に読みこんで、一乗を三乗の外にあると解釈したのである。法華経には「仏の方便力を以って、一仏乗において分別して三と説く」という言葉もあるために、法華経は一乗を説く経典であり、他の大乗経典（菩薩乗）とは異なると解釈した。法相宗の所依の経典である『解深密経』は菩薩乗にはふくまれるが、しかし一乗経典ではない。したがって「一仏乗において分別して三と説く」ということになると、三乗の経典はすべて方便説になり、解深密経はその中にふくまれることになる。これは法相宗としては堪えられないことである。これにたいして、「唯有一乗法、無二亦無三」の二と三とを第二、第三と解釈すると、声聞乗・縁覚乗は方便説であるが、第一の一乗法すなわち菩薩乗は真実の教となる。そして解深密経はこの中にふくまれることになる。しかも解深密経には「有・空・中」の三時教の説があり、そこでは解深密経を中道真実の経典と主張している。

このような事情があるために、法相宗では悉有仏性を説く一乗教を、まだ方向の定まらない修行者（不定種性）を誘引するための「方便説」であると見る。そして「一乗方便・三乗真実」と主張する。これにたいして天台宗は、一乗教こそが真実の教えであり、その中で方便して三乗を説くのであるとする。そして「一乗真実・三乗方便」の主張をなす。しかし中国において、天台宗と法相宗とがこのように論争したのではない。天台の智顗は隋の時代の人であり、慈恩大師は唐代の人である。天台は「三因仏性」を説いているが、法相宗の存しない当時としては、「三乗方便」を強調する必要がなかったのである。中国では玄奘によって新訳経論が翻訳せられ、その中に「五性各別」説があったために、涅槃経などに説く悉有仏性説と、瑜伽論等の五性各別説とはどう関係するかが問題となり、論争が起ったのである。五性各別説は、人間には生れながらの性質によって差別があるとし、仏道修行の立場からこれを五類に区別したのである。即ち成仏の素質を持つ人（菩薩種性）、独覚の素質をもつ人（独覚種性、縁覚種性ともいう）、声聞の素質をもつ人（声聞種性）、まだ方向の定まらない人（不定種性）、仏教の悟りをうる素質の全くない人（無性有情）の五類である。前三を「定性の三乗」といい、相互に転換することはないとする。しかし法華経では、声聞乗・縁覚乗で悟りを得た人でも、転向（廻心向大）して菩薩乗に進みうるとなす。法相宗はこれを許さないから、この点でも天台宗と相反する。さらに天台は、一切の人に仏性があり、いつかはすべての人が成仏できると見るが、法相宗は、「無性有情」には成仏は永久に不可能であるとなす。とくに無性有情を認めるか否かが、天台と法相の大きな争点となる。しかしこれは日本においてであり、中国においては法相宗が盛んな時代には天台宗は衰えていたから、この問題は天台以外の人びとと、法相宗との間で争われた。しかるに日本には、法相宗が先に伝わり、少しおくれて天台宗が入ってきたために、この問題で、法相と天台とが烈しくぶつかることとなった。

法相宗といえども、一切の存在は「真如」からできていると見ており、すべての衆生が「自性清浄涅槃」に住していることを認めるから、全く仏性がないとはいえない。それで慈恩大師は、仏性に理仏性と行仏性とを区別し、悉有仏性とは理仏性の立場で言うのであり、行仏性の立場からは五性各別であると主張するのである。そして徳一はこの慈恩の立場に立って、理仏性の真如は有情と非情（物質）とに通じて有るが、真如は無為であるから成仏の因にならないという。そして行仏性の本有の有為の無漏種子は、有る有情もあるが無い有情もあるとなし、ここに五性の差別を主張する。理仏性の無為と、行仏性の有為との間に、交流を認めないのが法相宗の立場である。これにたいして最澄の説は、成仏と不成仏との理由を行仏性に求める点は徳一と同じであるが、その行仏性のよってくる所を真如如来蔵に求め、この真如が一切に遍在することから、一切皆成を主張するのである。真如は無為であるが、これを如来蔵と同一視するのは大乗起信論の説であり、さらに華厳の思想である。これは有為と無為の交流を認める立場であり、有漏（迷い）から無漏（悟り）への転成を認める立場である。したがって現在「無性」であっても、それは一時的の状態であり、時期が来れば成仏が可能であるとなす。これを「約位説」という。これに対して無漏種子の有無によって成不成を判ずる徳一の立場を「約種説」という。

最澄の思想に華厳の思想が見られるのは、理由のあることである。第一には最澄は入唐以前に華厳五教章や起信論疏を研究し、華厳の思想を身につけていた。さらに入唐して法を受けた道邃の師の荊渓湛然が華厳の影響を受けて真如に随縁・不変の二義あることを説いていた。荊渓においてすでに華厳の思想が天台に取り入れられていたのである。しかも中国で「無仏性」の有情のあることを明白に主張したのは慈恩であるから、「有仏性・無仏性」の論争はそれ以後にあることになる。したがって最澄が徳一との論争において、華厳の説によったことは理由があるが、同時に最澄が華厳の教理を深く理解していたことも見落されてはならない。ともかく最澄が一切衆生に仏性があり、何人も欲すれば仏教に進みうるとして、一切衆生の平等を主張しつづけたことは、日本仏教の歴史上重要な意味をもつ。周知の如く、鎌倉の新仏教はすべて天台宗から現われたのである。南都仏教の五性各別説は、階級的差別を認める立場であり、さらにまた空海の真言宗の「即身成仏」には、現実をそのまま肯定する性格がある。「現実」には、いかなる時代にも差別はさけられないであろうが、しかしそれを容認しないで一切衆生の先天的平等を説いたところに、最澄の現実にたいする批判的立場と理想主義の立場とが見られる。そしてこの理想主義の立場を具体化したものが、最澄の大乗戒壇独立の主張であった。

最澄の「大乗戒」は梵網経の「十重四十八軽戒」を内容とするから、智顗の「菩薩戒」と同じである。智顗には『菩薩戒義疏』があり、梵網戒の説明をしている。ただし最澄には「十重四十八軽戒」に対する具体的な解説はない。「上顕戒論表」に「円の三聚」の語があるから、梵網戒を三聚浄戒の形で受持するのである。このことは最澄の『授菩薩戒儀』にも示されている。さらに『授菩薩戒儀』には「是れ則ち常住の仏性、一切衆生の本源、自性清浄、虚空不動戒なり」とあり、戒の本質を「常住の仏性」と見ている。なお「この戒広大にして、真俗一貫す」ともいい、出家も在家もすべてが受けうるとなしている。そして南都の戒を「小乗戒」であると見ている。このような利他の立場に立つ大乗戒を受けて、大僧となした者を叡山で一二年間教育し、国宝・国師・国用を養成せんとするのが、六条式・八条式・四条式等の「山家学生式」に盛られた最澄の理想である。

同時にそこには、叡山で大乗戒を授けて大僧にしようとするのであるから、南都の僧綱の支配する東大寺戒壇で受戒する必要がなくなり、僧綱の得度許可の支配を脱することになる。これは僧綱にとっては自己の支配権の縮小を意味するから、反対するのは当然であるが、国家にとっても、出家の許可を一元的につかさどっていたものが、例外を許すことになるから、事は重大である。同じような例外を他にも許すようになれば、出家者の数を制限し、私度を厳しく取締る制度は維持できなくなる危険があろう。最澄は弘仁一〇年（八一九）に「四条式」を朝廷に上ったが、朝廷はこれを僧綱に諮問せられた。僧綱はこれに対して「教理に合わない」と上表し、最澄を召して教に依りて論定せよと答えている。ここにおいて最澄は翌弘仁一一年十一月『顕戒論』を朝廷に上り、「四条式」に説くことを、一々経典に典拠を示して、僧綱の説を反駁した。顕戒論の上呈にもかかわらず、大乗戒壇建立の勅許は得られず、弘仁一三年（八二二）六月、最澄はこの世を去った。その後、弟子の光定等の奔走により、最澄の遷化の一七日に官符が下り、四条式に対する勅許が得られた。さらに弘仁一四年には天台座主義真を一乗戒和上として、受戒することが認められ、二名の年分度者が受戒した。さらに天長三年（八二六）に比叡山に大乗の戒壇を建立する宣旨が下った。これによって一乗仏教としての天台法華宗の教理と実践とが名実共に備ったのである。

梵網戒のみで大僧になるという説は、中国には存在しない。天台大師も声聞の二百五十戒を受けて、さらに菩薩戒を受けているのである。両者を兼ね受けるのが、僧の常道である。中国でも禅宗などになると、受戒は必ずしも厳格に行なわれなかったようであるが、しかし菩薩戒だけでよいと明確に主張した人はない。最澄がこのような主張をなし得たのは、一乗仏教、悉有仏性という点を重視したからであろう。常住の仏性が一切衆生の本源であり、これに目覚めるところに大乗戒の自覚がある。それは小乗戒とは質的に異なるものであると考えたからであろう。この意味において最澄の戒観は、それまでに説かれなかった宗教的にも奥深いものであると言ってよいであろう。

梵網の十重四十八軽戒は、声聞の二百五十戒にくらべたら、ゆるやかな規則である。しかし最澄の「臨終遺言」はかなり厳しい内容のものである。例えば住居について、上級の僧は小竹の円房、中級の僧は方丈の円室、下級の僧は三間の板室と規定している。一番贅沢な生活でも「三間の板室」であるが、これでも比叡山上の冬の生活を凌ぐのは容易でないであろう。そして「巨畝の地価は是れ我れらが分にあらず、万余の食封は是れ我れらが分にあらず」といましめている。しかしこのように厳しい規則であったことと、一般に日本人には戒律仏教は適しないことの二つの理由で、最澄が身命を賭して実現した大乗戒も、比叡山では間もなく有名無実のものとなったのである。

空　海

弘法大師空海（七七三―八三五）は四国の讃岐《さぬき》の出身で、一五歳の時都にのぼり、一八歳の時大学に入った。はじめは中国の学問を学び、官吏になる道を進んだが、南都の仏教に接するに及んで、仏道に志し、出家者の道を選んだ。空海が儒教・道教から仏教への思想的転向を述べた『三教指帰《さんごうしいき》』は、二五歳（七九七）の著作であるが、その中に、ある僧（勤操ともいう）から「虚空蔵求聞持法」を授かり、四国の阿波の大滝嶽や土佐の室戸岬などできびしい修行をなし、この山林での苦修練行のうちに神秘的な霊力を体験したことを述べている。空海は二〇歳の時、和泉の槙尾山寺で得度出家したという説もあるが、三教指帰に示される「仮名乞児」は僧とは見難く、これが若き日の空海の自画像と見られている。太政官符によれば、延暦二三年（八〇四）、三一歳の時に得度したというが、したがってそれまでは山林優婆塞として、諸国の霊山に分けのぼり、山岳抖擻《とそう》の修行をしていたと思われる。後年、真言宗から修験道が現われる素地はここにあったのであろう。伝によれば、久米寺の塔下に『大日経』を感得したともいう。したがってこの時代に密教の研究も進めていたであろう。彼の山岳抖擻は密教の修行との関連で考えるべきであろう。さらに入唐後、長安における空海が詩文の才に卓越していたことが知られているが、そのような文章や語学、書道の才能などもこの間に培われたのであろう。

ともかく空海は延暦二三年五月、三一歳の時に、最澄や橘逸勢らと共に日本を発ち、入唐した。空海は遣唐使第一船に乗ったため、中国南方の福州に漂着した。そして同年末、唐都長安に到着した。そして長安の諸寺を訪れ、仏僧や文人と交際し、インド僧の般若三蔵や牟尼室利三蔵等にも会い、梵語などをも学んだ。翌年五月、青竜寺の恵果《けいか》（七四五―八〇五）にめぐりあい、十二月まで真言密教を学び、恵果から金剛界・胎蔵界の学法灌頂および伝法灌頂を受け、その他多くの修法や悉曇などを学び、さらに両部の曼荼羅の図画や経論の書写、密教法具などを入手することができた。短日月の間に密教の大法を悉く相伝した。恵果は不空の弟子であるが、空海に法を授けると共に、同年十二月に没した。その時、空海が選ばれて恵果の碑文を書いたことは有名である。空海は八〇六年二月に長安を去り、四月に越州に来て、ここでまた多くの経論・法具を入手し、八月に九州に着き、密教の典籍・絵図等、二一六部四六一巻を記録した『御請来目録』を朝廷に奉った。この中で、空海は、顕教と密教とを区別し、顕教は三劫成仏を説くが、密教は即身成仏の教えであると説き、即身成仏と顕密差別の思想を述べている。

中国・日本の密教は大日経と金剛頂経とを二本の柱として成立するが、しかし両経はもともと別個に成立した。密教経典は、1無上瑜伽タントラ、2瑜伽タントラ、3行タントラ、4作タントラの四段階に分かれるが、大日経は第三の「行タントラ」に属する。大日経の胎蔵界曼荼羅は、仏部・金剛部・蓮華部の三部を立てて、諸尊を摂属する。これにたいして金剛頂経は第二の「ヨーガ・タントラ」に属し、その金剛界曼荼羅は、仏部・蓮華部・金剛部・宝部・羯磨部の五部を立てて、曼荼羅の諸尊を摂属している。両経は成立の時期も異なり、内容も異なり、それぞれ独立に、完結した教理を示している。したがって「両部の曼荼羅」として、相応じて密教の教理を示すものと解釈するようになったのは、両経が中国に伝来してからであると見てよい。曼荼羅の研究者によれば、胎蔵界曼荼羅は「胎蔵曼荼羅」というのが本来の名の如くであり、詳しくは「大悲胎蔵生曼荼羅」といわれているようである。（胎蔵界として「界」をつけるのは五大院安然のころからという。）

そして本来の胎蔵曼荼羅は三重曼荼羅であって、中胎の八葉と内の一重とは大日如来の菩提心の徳を示し、次の第二重は大悲の徳、外の第三重は方便の徳を示したものであるという。即ち大日経の骨目である「菩提心を因とし、大悲を根とし、方便を究竟となす」という「三句」の意趣を図画したものであるという。この場合の胎蔵は、大悲を指すのであり、大悲の万行によってよく菩提心を増長せしめる点を胎蔵にたとえたのである。曼荼羅は仏のこれらの徳を形に現わして示したものである。しかし現在の胎蔵界曼荼羅は四重になっており、十三大院（実際は十二大院）が配置されている。金剛界曼荼羅は、金剛頂経の梵本にも金剛界曼荼羅とあるから、この名称はインド伝来である。ただし金剛界曼荼羅は、金剛界の「九会曼荼羅」の初会の「成身会」のみを指すのが原意の如くであり、金剛界とは大日如来の異名であり、大日如来は金剛の如き堅固な智の成分（dhātu）から成立している仏なるが故に、かくいうという。そして金剛界如来即ち大日如来が示現した曼荼羅が金剛界曼荼羅である。例えば「降三世会」は、金剛界如来が、忿怒の降三世となって、大自在天を降伏する曼荼羅であるから、金剛界如来の変現であるが如きである。ただし九会曼荼羅の本拠となった『初会の金剛頂経』は、宋の施護の訳（一〇一五）であるというから、それ以前は「九会」の名称も正確には知られていなかったわけである。したがって空海当時の金胎両部の曼荼羅は「現図」とかなりちがっていたことが推定されている。

このように成立の異なる大日経と金剛頂経とが、善無畏や不空等によって、ほぼ時を同じうして中国に翻訳された。そのために両者の融合が起ったのである。その点では不空（七〇五―七七四）の功績を無視することはできないようであり、彼の翻訳、あるいは撰述になる多数の密教の儀軌において、金剛界と胎蔵界との合糅、結合がなされたという。そのあとを受けて、空海の非凡な才能によって、金胎両部の密教の教理が体系的に組織されたのである。

空海は『弁顕密二教論』を著わして、顕教と密教との優劣浅深を論じ、まず能説の仏身について顕密差別を説く。即ち法身（自性身と自受用身）大日如来の説法したものが密教であるという。顕教では、法身の説法を言わない。その理由は、法身の自内証の境地は「果分不可説」として説き得ないとするのが、顕教の立場である。しかるに密教の教説は、この果分自受用の世界をそのままに説き示したものであるから、それがそのまま法身の説法となっているとなすのである。この能説と所説とが、法身説法である点で、密教は顕教よりすぐれるという。

次には「即身成仏」を説く点で、密教は顕教よりすぐれるという。即身成仏は主として『即身成仏義』に説かれる。これを六大無礙と四種曼荼羅と三密加持とによって示す。「六大」は地水火風空識の六種の要素をいう。この六大で世界が成立している。五大は物質で識大は精神であるが、しかし六大のそれぞれに他の五大がふくまれており、相即相入の関係にある。これを「六大無礙にして常に瑜伽なり」と表現している。「瑜伽」とは、ここでは「相応」の意味である。この六大無礙によって、六大は法界体性であり、この六大により、仏の四種の法身、三種の世間、輪廻の六趣と四種の聖者の十界等、あらゆる迷悟の世界が成立する。しかもこれが完全に「瑜伽」になりきっている時、そこに仏の世界が実現する。その意味では、瑜伽は「禅定」とも解しうる。仏の禅定においては六大が統一されているので、即身成仏が実現している。瑜伽が崩れれば六大は凡夫の世界となるが、しかしそこでも瑜伽は何程か実現されているわけである。ここに凡聖不二、衆生即仏の原理が見出される。空海はこの「六大無礙」によって、色心不二の六大縁起説を組織したのである。

この瑜伽を禅定の意味で強調したものは「三密加持」である。三密とは、仏陀の身と口と意の働きは微妙不可思議であるから「三密」という。凡夫の身口意の働きは「三業」である。しかしわれわれの身口意の働きも、本質的には仏の三密と異なるものではない。故にわれわれが、禅定に入って手に印契を結び（身密）、口に真言を唱え（口密）、心に仏を憶念（意密）すれば、われわれの禅定のおける身口意の働きに、仏力が投影し、われわれの身口意の三業が三密にかわり、そこに即身成仏が実現する。われわれの禅定における身口意の働きに、仏力が影現するのであり、これを「加持」という。空海は加持を説明して、「加持とは、如来の大悲と衆生の信心とを現わす。仏日の影、衆生の心水に現ずるを加といい、行者の心水よく仏日を感ずるを持と名づく」といい、この三密の妙行によって加持感応し、速やかに成仏するというのである。

次に、六大から展開した現象を、形象の立場で示したものが四種の曼荼羅である。四種の曼荼羅とは、大曼荼羅・三昧耶曼荼羅・法曼荼羅・羯磨曼荼羅である。マンダラ（maṇḍala）とは「円輪」の意味が原意の如くであるが、のちにこれが「神聖な場所」を示すようになり、仏陀の成道の場所を「菩提道場」（ボーディ・マンダ、ボーディ・マンダラ）といい、受戒の場所を「戒壇」（シーマー・マンダラ）などという。この場合には、円壇のほかに方壇も考えられている。この神聖な壇は、仏菩薩の集まる場所であると考えられ、仏菩薩の集会がマンダラと呼ばれるようになったという。とくに密教では、壇を築いて、その上に、諸仏や菩薩、諸神等を、それぞれの徳性や力に応じて配置し、その相互関係において調和のある仏の世界を示さんとした。インドでは、もっぱら土壇を作って、その上に仏菩薩等を配置してマンダラを作ったが、中国へ来て、これが絵図にかかれるようになったのである。要するにマンダラとは、「六大無礙にして常に瑜伽」である世界を、それぞれの徳性や偉力を持つ仏菩薩諸神等の調和のある配置によって、形象的に示したものである。

四種曼荼羅のうち、大曼荼羅とは仏菩薩の相好具足の身をいう。悟った仏陀から見れば、この世界がそのまま仏の現われであるのであり、一切万象悉く六大法身の当体である点を大曼荼羅という。次の三昧耶曼荼羅の三昧耶《さまや》とは「本誓」の意味で、仏菩薩の内心の誓願を所持する持ち物で示したものをいい、印契などもこれに入る。第三の法曼荼羅の法は、仏菩薩の「種子」をいう。これはその頭字を梵字で示したもので、大にしていえば、一切の言語・文字等のすべてをふくむ。言語、文字等がそのまま実相を現わした仏の世界である点をいう。第四の羯磨《かつま》曼荼羅の羯磨とは「行為」の意味であり、仏菩薩の衆生救済のための活動事業をいう。同時にこの世界のあらゆる活動・行為がそのまま仏の現われであると見うる点をいう。

空海は、以上の六大無礙・四種曼荼羅・三密加持の三によって即身成仏の意味を示した。このように密教を体系化したのは空海が最初であり、彼の教学は独創的な思想体系を持っている。

密教と顕教と優劣深浅については、空海に「十住心の教判」がある。これは彼の『十住心論』ならびに『秘蔵宝《ほう》鑰《やく》』に示される。「十住心」は、有情に本有である菩提心が、最も低い心的状態から、次第に目覚めて上昇し、ついに最高の状態である密教の悟りの世界に入る（菩提心の転昇）のを十段階に分けて示したものであるが、同時にその心の十段階に、世間の道徳や宗教心、小乗仏教の心、大乗仏教の諸宗の心を配当し、最高の心の段階に密教の秘密荘厳心を配当して、諸宗を批判的に価値づける教判論をなした。即ち、⑴異生羝羊心（三悪道）、⑵愚童持斎心（人乗）、⑶嬰童無畏心（天乗）、以上の三心は、世間道すなわち仏教以前の心。⑷唯蘊無我心（声聞乗）、⑸抜業因種心（縁覚乗）、以上の二心は小乗。⑹他縁大乗心（法相宗）、⑺覚心不生心（三論宗）、以上の二心は権大乗。⑻一道無為心（天台宗）、⑼極無自性心（華厳宗）、以上の二心は実大乗。以上の九心は顕教。⑽秘密荘厳心（真言宗）、これを神通乗と称し、密教となす。これを「九顕《くけん》一密」という。しかし十住心はすべて菩提心の展開であるし、顕教でも密教眼をもって見れば、そこに密教的な意味を汲みとりうるとして、「九顕十密」の深秘《じんぴ》釈もなされている。

「十住心」の思想は、直接的には大日経の住心品や、大日経疏に基づくが、同時に『菩提心論』や『釈摩訶衍論』の思想をもとり入れて組織されている。釈摩訶衍論は大乗起信論の注釈とされるものであるが、密教的な説明も見られ、如来蔵思想と密教とをつなぐ論書として、空海に重視された。大日経に、「菩提心を因となし、大悲を根となし、方便を究竟となす」の因・根・究竟の「三句」がある。この思想は無上依経や大乗荘厳経論、宝性論などに現われ、大日経の後では、蓮華戒の『修習次第』などに受けつがれており、大日経は如来蔵思想の流れの中に位置づけられる。菩提心の問題は如来蔵思想の中心課題である。空海ではさらにこれが、釈摩訶衍論を通して大乗起信論につながり、さらに華厳宗の教理につながるものである。もともと大日経の「大日如来」（Mahāvairocana）は「大毘盧遮那仏」であり、華厳経の「毘盧舎那仏」（Vairocana）と名称に共通性がある。華厳経は如来蔵思想の源流となる重要な経典であり、毘盧舎那仏の悟りの世界を開示した「海印三昧、一時炳現」の法門である。しかし華厳経では毘盧舎那の世界は、まだ「果分不可説」の段階にとどまっていたが、その「果分・自内証」をそのままに顕示したのが大日経であるといわれる。したがってかかる大日如来の世界を示すために、空海が理より事を重んじたのは理由があり、「即事而真、当相即道」の主張となった。これは「事《じ》」とは現象であり、それがそのまま「真」であるというのである。しかしこの「現実即実在」の事を重んずる思想の根底には、華厳宗の「事事無礙」を説く「四法界」の思想があることは明らかである。「十住心」で華厳宗を顕教の最高位に置くのもそのためであろう。しかし『大日経疏』を著わした一行（六八三―七二七、五五歳説もある）は本来は天台宗の学僧であり、大日経疏には天台の教理で大日経を解釈したところが少なくない。したがって華厳・天台の教理が空海の思想形成に影響を与えたのであり、ここに中国、日本の密教が、時輪教や左道密教に進んだ「インド密教」と異なる発展をなした大きな理由があろう。

空海は大同元年（八〇六）に帰国し、筑紫にとどまり、同四年（八〇九）に入京し、それより嵯峨天皇（八一〇―八二三在位）に重用された。そしてそれより密教の黄金時代がはじまる。嵯峨天皇はみずから文芸をよくし、空海の文人としての才を深く愛されたことと、祈禱仏教である密教が当時の宮廷や貴族の宗教的欲求に合致したためである。空海は入京の翌年、高雄山寺で鎮護国家の修法を営んで名声を挙げ、これが機縁で高雄山寺は空海一門の真言の根本道場となった。さらに弘仁七年（八一六）には、「四面高嶺にして人蹤蹊絶」の高野山を、修禅のための一院を建立する目的で賜わっている。そして高野山を開創し、弘仁一〇年ここに移った。空海は寸陰を惜んで修行と禅観に心がけた人で、自己完成を何より重視したために、菩薩僧を育成して衆生済度を重視する最澄とは性格上合わない点があったらしい。さらに最澄は一乗仏教を高唱して、仏教内の法相宗をも敵に廻し、排撃したが、空海は儒教までもその思想体系の中にとり入れ、世間の道徳をも重んじている。とくに「四恩」をしばしば説いている。これは空海が詩文に長じ、文化人であったこととも関係があろう。そして南都仏教とも協調的であり、弘仁一三年（八二二）には東大寺に真言院を建て、弘仁一四年（八二三）には東寺を勅賜されている。

空海は東寺に真言僧五〇人を住せしめ、鎮護国家の根本道場とした。そして年分度者三名を公許され、東寺と高野山とを中心として真言教団は大きく発展した。東大寺の灌頂道場では毎年鎮護国家の修法を行なったが、従来、南都諸大寺の行なっていた鎮護国家の修法を密教化することに努めた。例えば仁王経を講説する「仁王会」に、不空の訳した『仁王護国般若経』を用いるように朝廷に献策し、或いは正月に宮中で行なわれる『最勝王経』を読誦する法会（御斎会）に、真言密教による「後七日御修法」を併せ行なうことを奏請し、勅許を得ている。このような形で、空海は南都諸大寺や宮中で行なわれる修法を真言密教化することを通じて、自己の理想とする密教的鎮護国家仏教を実現せんとした。さらに農業と水の関係にも深い関心を持ち、弘仁一二年（八二一）には四国の万農池の築堤の別当となり、天長二年（八二五）には、大和の益田池の修築に当っている。同時に人力を超えた「祈雨の修法」にも関心を持ち、天長元年（八二四）宮中神泉苑における祈雨の功によって、少僧都になり、天長四年にも大極殿で百僧からなる祈雨の修法を行なって名声を博した。水は農耕生活に不可欠の条件であるので、雨に深い関心を持っていたのである。

さらに一般人の教育のために、天長五年（八二八）東寺のとなりに綜芸《しゅげい》種智院を建立したことも有名である。単に仏教のみでなく、文学や芸術の方面においても、わが国文化の向上に偉大な功績をのこした。ただ最澄と空海を比較してみるとき、真言宗からは、後世新思想の見るべきものがないのは、即身成仏の思想にひそむ現実肯定の思想に由来するようである。これにたいして最澄は、人間の平等を説いて権力と対立し、既成の秩序に対して常に批判的であった。この最澄の仏教に潜む改革的精神が、比叡山に受けつがれて、鎌倉仏教を産み出す原動力となったと思われる。

南都仏教の展開

　桓武天皇の平安遷都によって奈良仏教は一時動揺したが、その後勢力を盛りかえし、とくに法相宗が強大になった。諸寺の学生で法相を学ぶ者が多く、三論宗の学統は絶えんとし、三論と法相との間に軋轢もおこった。南都の三論を代表する学僧は大安寺の勤操《ごんそう》（七五四―八二七）であるが、三論は一乗仏教、悉有仏性を認める立場であるので、五性各別を説く法相宗とは教理的にも相容れず、勤操もかつて法相宗の論者と対論し、これを論破して盛名を馳せた。彼は最澄や空海に理解ある態度を示し、空海入唐以前に「求聞持法」を授けたともいう。その後に西大寺の玄叡（―八二七―）がある。淳和天皇の天長年間（八二四―八三三）に、各宗の教理をまとめて差出すようご沙汰があり、玄叡は三論宗を代表して『大乗三論大義鈔』四巻を著わした。本書でも法相宗の五性各別説を破し、一切皆成の説を主張している。

　この時、空海は『十住心論』十巻（これを簡単にした『秘蔵宝鑰』三巻）、天台宗の義真（七八一―八三三）は『天台法華宗義集』一巻、華厳宗の普機は『華厳一乗開心論』六巻、律宗の豊安《ぶあん》（　―八四〇）は『戒律伝来記』三巻を著わし、法相宗の護命（七五〇―八三四）は『大乗法相研神章』五巻を撰して、朝廷に奉った。これを「天長勅撰の六本宗書」という。成実宗と倶舎宗とは、それぞれ三論宗と法相宗に附説された。

これらの書物は当時の日本の仏教学を代表するものとして重要視さるべきであるが、『十住心論』以外はあまり注目されない。例えば義真の『天台法華宗義集』は、天台の宗義を教観二門に分け、教門を、四教・五味・一乗・十如是・十二因縁・二諦に分けて解説し、観門を、四種三昧・三惑に分けて説明し、巧みに教観二門を説いている。『天台四教儀』が教門を説くのみで観門を欠くのに較べて、はるかにすぐれた入門書であるが、ほとんど研究されていない。

三論宗には玄叡の先輩に、安澄（七六三―八一四）があり、『中論疏記』を著わし、中論研究に貴重な資料を提供し、その後に珍海（一〇九一―一一五二）の『三論玄疏文義要』十巻、中観澄禅（一二二七―一三〇七）の『三論玄義検幽集』七巻などの名著がある。しかし勤操の弟子の大安寺の願暁（　―八七四）は、三論の学僧であるが密教をも学び、著書に密教経典を引用している。法隆寺の道詮（　―八七六）も三論を学んだが、同時に虚空蔵求聞持法を修め、修験の験力《げんりき》をおさめることによって法隆寺の復興を計っている。檀越の寄進をうるためには、彼らの宗教的欲求である密教の修法を修することが避けられなかったのである。願暁の弟子に聖宝《しょうぼう》（八三二―九〇九）があるが、彼は三論を学ぶと共に、後に高野山の密教を学び、真言僧として活躍する。このように三論宗は早くから「顕密兼修」となり、ついには密教化して平安末期には三論宗の伝統は失われる。

律宗は鑑真の弟子に法進や思託があり、東大寺戒壇院（唐禅院）は鑑真の次に法進が継いだ。彼は戒律のほかに天台の教理や菩薩戒をも広めた。そして『東大寺受戒方軌』一巻を撰して受戒作法を明かし、さらに『沙弥十戒幷威儀経疏』五巻を著わし、寺院衆徒の行儀作法を明らかにした。これがその後の日本の寺院衆徒の生活行儀の形成に与えた影響は大きい。唐招提寺は鑑真のあと、法載・義静・如宝が付嘱を受けたが、そのあと如宝の弟子豊安が嗣いだ。彼のあとを道静が受けた。東大寺戒壇で具足戒を受けたものは、唐招提寺で一年ないし五年、戒律を学ぶ規則であったから、最初のころは唐招提寺も盛大であったが、間もなくこの風習はすたれ、律宗は衰えた。これは、比叡山に大乗戒壇ができたことが一つの理由であるが、一般に戒律の実践は日本人の心情に合致しない点があったためであろう。中ノ川《なかの がわ》実範《じつぱん》（　—一一四四）が唐招提寺に入って律宗を再興するまで約二百年間、唐招提寺は衰微のままであった。

華厳宗では、上述の普機のほかに、良弁に多くの弟子があり、東大寺の別当はこの系統から出た。良弁の弟子に寿霊があり『五教章指事』六巻を著わしている。そのほかにも東大寺の明一・法蔵・長載等の学僧が現われ、著作を残したが、特に著名な学僧は見当らない。東大寺には空海によって真言院が造られ、その後、聖宝によって東南院が興されている。そして東南院は三論真言兼学の道場となり、南都密教の中心となった。このようにして東大寺も密教化された。醍醐天皇の延喜一四年（九一四）に詔によって、六宗の碩学が各宗の録を撰して奏上し、この時華厳宗の円超は『華厳宗章疏幷因明録』一巻を撰した。このほか、天台の玄日、三論の安遠、法相の平祚、律宗の栄穏等の録が残されているが、内容は極めて貧弱である。寧ろその後に造られた興福寺の永超（一〇一四—一〇九四）の『東域伝燈目録』（永超録）や蔵俊（一一四〇—一一八〇）の撰した『注進法相宗章疏』一巻等の方が内容が充実している。これらによって日本人の著わした仏教書の多くを知ることができる。

南都で最も勢力のあったのは法相宗であり、元興寺を中心とする南寺伝と、興福寺による北寺伝とがある。南寺伝では勝虞の弟子に護命（七五〇—八三四）がある。彼は元興寺に住して、『大乗法相研神章』以下多くの著作を著わし、法相宗を代表する学僧である。最澄の大乗戒壇建立には僧綱の筆頭となってこれに反対し、南都仏教の勢力の維持回復に努力した。彼の弟子に仲継（—八三〇—）があり、薬師寺に住して最勝会をおこした。十月の興福寺維摩会と一月の宮中御斎会・三月の薬師寺最勝会を「三会《ね》」と呼んで、順次この三会の講師を経た者を僧綱に任じたので、興福寺維摩会は僧侶の登竜門とされ、その講師になることが学僧の憧れの的であった。仲継の弟子に明詮（七八九—八六八）があり、元興寺に住し、三論・法相の学に達し、成唯識論に「導注」を著わした。これが「導る。

論」といわれる成唯識論のテキストであり、名著の誉れがたかく現在までも用いられる。護命の弟子に真言僧の源仁（八一八―八八七）がある。彼の弟子に益信と聖宝とがあり、この二人は真言宗の復興に大きな成果を挙げてい

法相宗北寺伝では玄昉の弟子の善珠（七二三―七九七）が重要であり、法相・因明に熟達し、『唯識論分量決』一巻をはじめ著作が多い。秋篠寺を開き、弟子が多い。義淵の系統に常騰（七四〇―八一五）、行賀（七二九―八〇三）等があり、共に著作があり、法相の学を盛んにした。行賀は入唐僧で、帰朝して興福寺別当になった。同じく義淵の系統に賢璟（七〇五―七九三）や玄賓《げんぴん》（　―八一八）等があり、清僧として名高い。賢璟は室生山を開いた人である。弟子に修円があり、その弟子に徳一（―八二四―）があり、最澄と論争し、著作が多い。興福寺の系統に仲算《ちゅうざん》（九三五―九六七）があり、応和宗論（九六三）で、法華経の「無一不成仏」を「無の一は成仏せず」と読んで勝利を得たことで名高い。弟子に真興（九三四―一〇〇四）があり、世俗の栄達を顧みず、唯識観を修し、著作にも重要なものが多い。東域伝燈目録を著わした永超やその弟子蔵俊も興福寺の人である。蔵俊も『百法問答鈔』をはじめ著作が多い。

興福寺は藤原氏の氏寺であったために、その支持を得て最も栄えた。しかし平安時代の律令制の崩壊にともない、南都の諸大寺の寺封は名目ばかりとなり、寺領を在地の豪族に押えられたために収入を絶たれて、九世紀の中ごろより経済的に窮迫しはじめた。とくに貴族の保護の少なかった大安寺や元興寺・東大寺・唐招提寺などの困窮が著しかった。そのために僧侶や寺院は他の方面に収入の道を求めざるを得なくなり、檀越としての貴族と接近することになった。しかし貴族を信者とするためには、彼らの求める祈禱仏教、密教を修して、験力を獲ることが必要であった。ここに南都仏教が密教化せざるを得なかった理由がある。九世紀の中ごろよりこの傾向は強まり、ついには興福寺の真興のごときも、法相の学者でありつつ、同時に密教をも修するほどであった。これによって南都の教

学の生命である法相や三論の学が衰えることになった。次には南都寺院が貴族と結合することによって、貴族の子弟が大寺の門跡や別当に迎えられるようになり、両者の結合は一層密接となった。かくして南都の仏教は、貴族化、密教化の方向に進んだのである。

天台宗の発展

最澄の死後、比叡山では弟子の義真が八二四年に天台座主《ざす》となり、その後、円澄（八三三）、円仁（八五四）、安慧（八六四）とつづいた。開創期の比叡山の生活は経済的に困窮を極めた。そのために山を下った弟子も少なくなかった。しかし藤原冬嗣や良峯安世《よしみねのやすよ》等の有力な外護の檀越があり、次第に山上の生活も改善せられ、八四六年には仁明天皇の発願により、比叡山に定心院が建てられ、翌年ここに十禅師が置かれた。このころから叡山の経済事情は好転した。仁明天皇の皇子の人康、常康両親王の出家に、近江の田五二四町が施入され、陽成天皇は八七九年に文殊楼に近江国大浦庄を施入される等、その他、灯油料や籠山僧の供料等の施入が相つづいたからである。

八四七年には在唐九年の留学をおえて円仁が帰朝した。彼は金胎両部の大法を受け、さらに蘇悉地の大法をも受けていたために、比叡山の密教は真言宗をしのぐほどに充実した。彼は叡山を中心に天台宗の発展につとめ、八四八年には内供奉十禅師に任ぜられ、八五〇年には叡山に摠持院を建て、十四禅師をおき、同年、天台宗の年分度者を四人に増し、八五四年には延暦寺座主となり、八五六年には文徳天皇に両部の灌頂を授け奉り、皇太子をはじめ多くの貴族が入壇した。さらに彼は智顗の組織した「四種三昧」の行法を叡山にとり入れ、常行三昧堂を建て、常行三昧に五台山の五会《ごえ》念仏の節廻しと儀式とを採用した。この念仏三昧は、弟子の相応によって不断念仏として完成し、日本浄土教の源流となる。さらに彼は金剛頂経疏七巻、蘇悉地経疏七巻を著わした。不空の金剛頂経義訣は端本のため、円仁の両経の疏は真言宗にもないものであり、学者としても円仁の才が非凡であったことを示している。最澄は「円密一致」を説き、法華経と大日経とに差別を認めなかったが、円仁は一致のうちにも一分の差別を認め、「理同事別」とした。即ち理論的（理）には法華と大日とは同じであるが、しかし実践（事）においては修法をもつ密教のほうが勝れていると判定した。このように顕密に一分の差別を認めたが、しかし密教の立場から見れば、仏陀の所説はすべて密教でないものはないと説き、これを「一大円教」と名づけた。

円仁によって、比叡山は、教理的にも教団的にも確立されたのである。彼は貞観六年（八六四）七一歳で入寂した。同八年（八六六）最澄に伝教大師の諡号《しごう》を賜ったのにつづいて、円仁に慈覚大師の諡号を賜った。しかし同年朝廷は叡山に禁制四箇条を立て、山僧の欠怠や美服着用等を厳しく禁じている。当時、比叡山が漸く裕福になり、住僧の生活が奢侈に流れるようになったことを示している。

円仁のあとをついで、さらに叡山を盛大にしたのは円珍（八一四―八九一）である。彼は義真の弟子であり、円仁が最澄の直接の弟子であったのと異なる。円珍は仁寿三年（八五三）四〇歳で入唐し、在唐五年、台密両宗を学び、金胎両部、蘇悉地、三昧耶《さまや》戒等を伝受して帰国した。彼は天台宗の密教の興隆につとめ、八五九年大友氏に請われて三井の園城《おんじようじ》寺に入り、これを天台の別院とした。八六八年、安慧のあとをついで天台の座主となり、在職二四年、七八歳で入寂した。九二七年智証大師の諡号を賜った。円仁が叡山の完成に力を尽したのにたいし、円珍は天台の密教の興隆に大きな成果を挙げた。藤原良房、基経父子は深く円珍に帰依し、皇太后明子の護持僧となり、清和天皇も円珍を厚く遇せられ、叡山に年分度者二人を加えた。

円珍は入唐前に『大日経指帰』一巻を著わし、大日経を重視して教学を樹立したが、帰国後『菩提場経略義釈』五巻等多くの著作を著わし、空海の十住心教判を批判し、円密一致の思想を説きつつも、理劣事勝の思想に進んでいる。即ち実質的には、理事ともに密教に優位を認めたのである。これを更に一歩すすめて、全く密教の立場に立って教理を組織したのは五大院安然（八四一―九〇一―）である。彼は円仁の弟子であるが、名利をきらって五大院に隠棲し、研究と著作に専念した。とくに『真言宗教時義』四巻、『菩提心義抄』五巻等は彼の代表的著作であり、真言宗の学者もこれを重んじた。彼は天台密教を「真言宗」と呼び、その特色を示すために「四一十門」の教判を立てている。そして顕教より密教のすぐれていることを明かし、法華経や無量義経等による大直道の即身成仏説は、唯理秘密の真言教法であるから、即身成仏説の典拠となすことができるといい、最澄の立場と密教とを融合せしめようとしている。彼は最澄や円仁の学説を承けつつも、空海の六大思想を受け入れ、空海の真言宗に接近している。安然は空海の十住心論を天台の立場から批判しているが、しかし自ら密教の立場に立ったために、空海の思想を受け入れざるを得なくなったのである。彼は円密の二教には不別と少別の二義があるとして、四教の外に法華と真言とをおき、蔵・通・別・円の天台の四教判の上に密教をおき、蔵・通・別・円・密の五教の教判を立てた。かくして、比叡山は教理的にも密教化したのである。

不断念仏が円仁の弟子相応（八三一―九一八）によって完成したことを述べたが、彼は回峯行《かいほうぎょう》の修行を新しくおこした人でもある。彼は安曇河《あどがわ》の滝で修行し、比叡山東塔に無動寺を建立し、ここに回峯行を伝えた。伝教・慈覚の大師号の宣下も彼の努力によるという。しかし円仁の弟子には遍昭（八一六―八九〇、良峯安世の子）の如き貴族の出身者もあり、叡山は、仁明・文徳・清和以下、歴代天皇ならびに藤原氏の厚い庇護を受け、ますます盛大におもむいたが、同時に広大な寺領を有し、生活が貴族的になっていった。九三五年に根本中堂の失火で、僧房四十余が焼失し、さらに九四一、九六六年にも火災がおこり、大講堂などが焼失している。火災と同時に再建の宣旨が下り、建物は復興しているが、人心の弛緩、僧風の頽廃は否定できない。その間に円仁の門徒と円珍の門徒との間の名利の争奪、対立抗争が深刻化したのである。

円珍の寂後、その門流が山上に勢を張り、約七十年間座主職を占めたが、傑出した学僧は現われず、教学も振わなかった。その間円仁の門流は京都の法性寺や山科の元慶寺等、山外に勢力を保つにとどまったが、円仁の弟子慧亮の系統に良源（九一二―九八五）が出るに及んで、円仁の門流が勢力を盛り返した。良源は九三七年、二六歳で興福寺維摩会の講師《こうじ》となり、法相宗の義照を砕き、応和三年（九六三）清涼殿の宗論においては南都の法蔵（九〇五―九六九）を論破して大いに名声を挙げた。九六六年、五五歳で第一八代の座主となり、山門の経営に努め、横川に法華三昧堂を建て、慧心院を開いて円仁以来衰えていた横川《よかわ》を盛大ならしめ、東西両塔に横川を加えて三塔と呼ぶほどに至らしめた。さらに「二十六条式」を定めて僧風を刷新し、一二年間山に住して修行する「籠山結界」の制を厳しくし、学事を奨励して「広学竪義《りゅうぎ》」という論議を始めた。多くの弟子を養成し、七四歳で寂した。天台中興の祖と崇められ、正月三日に寂したので元三《がんざん》大師と尊称せられる。彼は修法に霊験のあったことでも有名である。

天台密教の系統は三流に分かれて発展した。一つは伝教大師から広智・徳円に伝えられた系統で、これを根本大師流という。さらに円仁の密教が長意・玄昭・玄鑑に伝えられ、これを慈覚大師流という。この系統には、東塔南谷に住した皇慶（九七七―一〇四九）が出て、修法を盛んにし、「谷流」の名のもとに発展し、台密の主流となった。円仁・円珍・安慧の三流を合せ受けた花山の遍昭が最円に授け、その系統の密教を、良源をへて慧心院に住した覚超（九五二―一〇三四）が受けた。これを「川流」という。さらに第三に円珍の密教の系統を智証大師流という。この三流がさらに分派して台密十三流となった。谷流の系統に承澄（一二〇五―一二八二）があり博覧強記で諸流に通じ、『阿娑縛《あさば》抄』二二八巻を著わし、東密の覚禅（一一四四―一二一七）の著わした『覚禅抄』（百巻ないし百五十六巻）と共に、密教事相研究の貴重な資料となっている。

これにたいして、天台の教学は「慧檀二流」として発展する。良源の弟子には、源信、覚運、尋禅、増賀等、すぐれた弟子が多い。この中、源信（九四二―一〇一七）は横川の慧心院に住し、顕密の学をおさめ、大小乗に通じ、著述と浄業の生涯をおくった。『一乗要決』三巻、『往生要集』三巻、『観心略要集』一巻等をはじめ、七十余部百五十余巻の著述をなしている。『一乗要決』は、南都の五性各別説にたいする破斥の書であり、これによって長い間の「三一権実」の諍いに終止符を打った。さらに『往生要集』は、経論から浄土往生に関する要文を集めたもので、その後の浄土教発展の教理的根拠とされたものである。慧心僧都と尊称される。覚運（九五三―一〇〇七）は藤原氏の出身で、檀那院を開いて、天台教学を広めた。源信・覚運ともに止観・観心に熟達したが、両者の教学に多少の相違があったために、天台の教学は慧心流、檀那流に分かれた。これらがそれぞれ四流に分かれ、慧檀八流の分派を生じたが、後には口伝法門を尊ぶようになり、これからいわゆる中古天台の「本覚《ほんがく》法門」が展開するのである。

良源の時代から、慈覚門徒と智証門徒の争いは一段と烈しくなり、僧兵が跋扈し、山上の秩序は乱れ、暗黒時代を出現する。良源の弟子の尋禅（九四三―九九〇）が良源について座主となったが、病弱のために辞任し、そのあとに円珍の系統の余慶（九一九―九九一）が天台座主の宣下を受けたために、慈覚門徒はこれに反対し、余慶は座主に就任したが、衆徒承服せずして三ヵ月にして職を辞した。これを機会に慈覚・智証両門徒が争い、円珍の門徒は山を下って、三井の園城寺に入った。その後も両門徒はしばしば闘争し、勅命を重んぜず、寺舎を焼き、暴動をおこした。修法の効験も山徒の暴動にはまったく無力であったわけで、祈禱仏教の自己否定を示すものである。このような叡山の暗黒時代の中にも、一方には熱心な求法者が多く輩出し、新しい宗教運動が準備せられた。

比叡山に僧兵が跋扈した時代にも、真面目な求法者や学究者がなかったわけではない。慧心流の系統の宝池房証真（―一一八九―一二〇四―）は、大蔵経を閲すること十六遍、源平の戦いを知らず、研究に没頭し、『三大部私記』三十巻を著わした。良源が広学竪義を盛んにし、論議を重んじたので、学問の伝統は山上に失われなかったのであり、慧檀二流の学問が、中古天台で本覚法門として発展したのである。

「本覚」とは大乗起信論に現われる言葉であり、始覚に対する概念である。人間には本来自性清浄心があり、それが覚であるが、現実には覚のはたらきは覆われており、不覚の状態にある。しかし菩提心をおこして修行をなせば、不覚から上昇して、相似覚・随分覚をへて始覚に達する。始覚とは、修行して悟りを開き、始めて悟りを覚することをいう。これは向上門の仏教である。この始覚が合一するところのものが本覚であり、法身をいう。「心体の離念なるを本覚という」のであり、心体は本来妄念を離れたものであり、この妄念を離れている点が本覚である。しかし凡夫では、無明によって心に妄念が起るために、覚が不覚の状態に陥っている。

「本覚」は、起信論では以上のような意味に用いられているが、中古天台の本覚門では、これとかなり異なった意味に用いられている。現実をそのまま仏の現われと見る立場を「本覚」と呼んでいるのである。衆生は衆生のままで本来覚っていると見るのであり、修行と証《さと》りとを区別しないで、時間を超越して、一切を証りの立場で観ずる。長時間の修行の結果、証りを開くと見るのは「権教」の立場である。人間に本来そなわっている万徳円満の本覚に目ざめて、成仏を一念に期するのが法華円教であり、そのためには教相の研究は必要ではない。観心によってこれを実現すると主張する。長時の修行を無用と見るところに本覚門の特色がある。これはありのままの世界を、ありのままに見る立場であり、それを仏の世界の現われと見るのであるから、哲学的には非常に深い立場であると言ってよい。しかし教理を捨てて、観心だけをとると、個人の宗教的体験、神秘的直観を絶対視することになるから、一歩誤ると醜い現実を無条件に肯定する堕落した立場に陥る危険がある。

すでに源信や覚運にも本覚法門的な思想の萌芽はあったであろうが、本格的に本覚法門が起ったのは一一〇〇年ごろからであるという。『牛頭決』『五部血脈』『枕双紙』『修禅寺決』『漢光類聚』などは本覚法門を説く重要な著作である。しかしこれらの著作では、著者が最澄や源信等に仮託されているために、実際の著者は不明である。大体十一世紀から十四世紀ごろまで、すなわち平安末期から院政時代が、本覚思想の高潮期であり、その後鎌倉期から室町時代までこの思想が続いたと見られている。このほかに本覚思想は、口伝や切紙で伝わったものも多い。概していえば慧心流には著作として残るものが多く、檀那流には少ないという。両者ともに「観心」を重視するのであるが、その中でもとくに慧心流は観心を本とし、檀那流は教相を重んずるともいわれる。さらに両者ともに本覚門に立つが、しかし比較的に檀那流は始覚門的であり、慧心流は本覚門を主としたといわれる。要するに慧心流のほうが本覚門において徹底していたと見られるのである。そして『漢光類聚』には、本覚法門に立つ「四重興廃」の説がある。四重とは、爾前《にぜん》・迹門・本門・観心の四重をいう。爾前とは、法華経以前の教えをいう。即ち法華経の迹門の大教、諸法実相の実義が興ると爾前の権教は廃《すた》れ、つぎに法華本門の大教、すなわち三千本来の実義を現わす本覚の教が興ると迹門の大教は廃れる。本門の大教は本覚であるが、まだ「教」である。そのために「観心」の絶対の境地が興ると本門の大教は廃れる。観心は「離言説言の言説」であるという。これは教より観に優位を認めるのであり、四重興廃は観心としての本覚門に立つ一種の教判論と言うことができる。

この本覚思想は、鎌倉時代の新仏教の成立に大きな影響を与えたが、むしろこの思想を止揚して新仏教が現われたというべきであろう。

真言宗の発展

天台宗では最澄の滅後、義真、光定、円仁等の諸弟子が力をあわせ、さらにその後に円珍や安然が現われて、比叡山を隆盛に導いた。これにたいして初期の真言教団は、諸弟子の間に団結を欠いて、やや立遅れの観があった。最澄は叡山を未完成のままにして入寂したが、空海は真言宗を生存中に完成した。そして東寺、高野山、高雄山寺等の有力寺院が多く、さらに弟子も多く、彼らが諸寺に割拠していたので、一宗をまとめることが容易でなかった。しかも天台宗には、円仁・円珍が入唐して、盛名が一世に高かったが、真言宗にはこれに匹敵する人材が輩出しなかった。

空海の弟子には、実恵・杲隣《ごうりん》・智泉・真済等の十大弟子が有名であるが、その中で実恵《じつえ》(七八五—八四七)は空海第一の弟子であり、空海入寂にさいして東寺を付嘱された。さらに真済は高雄の神護寺を付嘱された。空海の肉弟の真雅(八〇一—八七九)は弘福寺と東寺経蔵とを付嘱された。彼は藤原良房と親交があり、清和天皇の護持僧となり、さらに僧正に任ぜられ、貴族間に勢力を張った。実恵の弟子に真紹(七九五—八七三)、宗叡(八〇九—八八四)等があり、東寺を中心とした。これにたいして真雅と、その弟子真然(八〇四—八九一)とは、大師入定処である高野山に入った。真然は空海の甥で、金剛峯寺の完成を託され、住すること五六年にして、これを完成した。しかし高野山の真然と東寺の宗叡とは不仲であった。年分度者の得度も、はじめは東寺で行なわれたが、のちには真然の奏請により、東寺の反対を押して高野山で行なわれるようになった。

空海に弟子は多かったが、実恵と真雅との系統が後世に遺ることとなった。空海の弟子で入唐した真如法親王、常暁、恵運のうち、真如はさらに入竺せんとして羅越国で没し、常暁と恵運とは帰国してから知られるところが少ない。実恵の弟子円行・宗叡等も入唐したが、円行は帰国後活躍が顕著でない。宗叡(八〇九—八八四)ははじめ比叡山で修学し、得度受戒し、円珍より両部の密教を受けたが、のち実恵及び真紹について伝法し、実恵より金剛界、真紹より阿闍梨灌頂を受けてその法をついだ。彼は八六二年真如と共に入唐し、玄慶・法全等から密教をうけ、八六六年に帰朝した。東寺長者となり、清和天皇の帰依をうけ、弟子も多かった。宗叡の密教には台密が加わっているために、高野の真雅・真然の密教とは多少の相異があり、対立も生じた。しかしそのあとに源仁(八一八—八八七)が出て両系統を統一した。

源仁は奈良で法相宗を学び、のち東寺の実恵から密教を学んだ。さらに実恵の弟子宗叡、および高野の真雅の二人からも密教の蘊奥を承け、東寺二ノ長者に進んだ。彼の弟子に益信《やくしん》(八二七—九〇六)と聖宝《しょうぼう》(八三二—九〇九)とがあり、この二人が長らく低迷していた真言宗の勢力を挽回したのである。益信は大安寺の明詮に法相を学び、のち宗叡・源仁より密教を伝授された。宗叡なきあと東寺長者は高野の真然が兼ねたため、東寺はさびれた。益信は源仁のあとを襲うて東寺二ノ長者となり、八九二年に一ノ長者にすすみ、大いに東寺の興隆につとめた。さらに円成寺別当をかね、宇多天皇の帰依をうけることとなった。宇多天皇は益信にしたがって出家受戒され、譲位ののち延喜元年（九〇一）東寺において益信より伝法灌頂を受けられ、仁和寺に入られた。爾後ここを御室と称し、平安仏教の一大中心となった。このころより東寺の力は南北の諸寺を圧するようになったのである。益信の密教は、宇多法皇から寛空に伝えられ、寛空より寛朝（九一五―九九八）に伝わった。寛朝《かんじょう》は法皇によって出家し、寛空の法を嗣ぎ、修法に熟達し、広沢に遍照寺を創し、盛んに修法し、宮中や貴族の間に多くの信者を得、弟子もまた多かった。益信から寛朝に伝わった密教を広沢《ひろさわ》流といい、後この法流は六流に分かれた。

聖宝は高野の真雅について出家し、南都で三論・法相・華厳等を学び、特に三論に秀でた。そして東大寺に東南院を起して三論の本所となし、真雅の寂後、さらに真然について灌頂をうけ、源仁より東密の秘奥を受けたので、東南院は南都の三論・密教兼学の道場となった。また彼は役小角の行迹を慕い、名山に修練し、金峯山《きんぶせん》を開いて山上に如意輪観音の像を安置したという。そのために彼は修験道の中興とされる。彼は貞観（八五九―八七六）の末、洛南に醍醐寺を建てて顕密の道場となした。のち僧正に任ぜられ、東寺長者となった。醍醐寺は東密系修験道の本山となり、この派の修験道を「当山派」と呼ぶ。聖宝の密教は修験道を介して、一般庶民に広まったのである。これにたいして益信の系統は仁和寺を中心として、皇室貴族の間に広まり、従来勢力のあった円仁や円珍の台密にかわって、東密が勢力を持つことになる。聖宝の法流は、観賢・淳祐・元杲《こう》を経て仁海（九五三―一〇四六）に至る。

聖宝と益信により東密は一大飛躍をとげたが、これらの法流は仁和寺と醍醐寺に相承せられ、さらに外部に発展したものである。これにたいして、東寺と高野山とによって教団の統制をまとめたのは、聖宝の弟子観賢（八五三―九二五）である。彼は真雅の入室の弟子であり、さらに聖宝から灌頂を受けた。聖宝入寂のあと東寺長者となり、さらに仁和寺別当、東大寺検校、醍醐寺座主、金剛峯寺検校等となり、宗内の主要寺院の要職を一身に集めた。しかし自身は東寺にあって宗門の経営につとめたので、真言宗に東寺を中心とする統一が実現した。なお観賢は「大師信仰」を起した人である。彼は九一〇年三月二一日、空海の忌日を期して、東寺の灌頂院に空海の肖像画を安置し、御影供《みえいく》をはじめた。これはのち高野山でも行なわれるようになり、やがて全国の真言寺院に広まった。さらに観賢の奏請によって、九二一年に空海に弘法大師の諡号が宣下されたが、この時、観賢は大師号宣下の勅書をたずさえて高野山に登り、空海の遺骸を納めた石室を開いて見たところ、入定の姿のままであったという。ここから空海の「入定留身」説がおこり、あるいは高野奥院を兜率天の内院とする信仰を生み出した。真然以後、高野山は衰微していたが、この時からまた盛んになった。

聖宝から観賢・淳祐・元杲・仁海と次第したが、仁海は山科に曼荼羅寺を建てて法を広めた。彼は雨を祈って効験あり、ために雨僧正といわれ、さらに常暁が唐から伝えた大元帥法を伝えた。曼荼羅寺は醍醐寺の北に接する小野にあったために、仁海の法流を小野流という。この系統も六流に分かれたため、前述の広沢流と合して「野沢《やたく》十二流」といい、さらに両派は三十六派にもなったという。仏教の学問は本来開放的であるが、しかし平安時代には叡山も高野山も教団が次第に貴族と結合して門閥化したため、教義が秘密にされ、口授や秘伝が重視された。そのために、祈禱の全盛と相俟って密教に多くの分派を生じたのである。

広沢流は寛朝から済信・性信・寛助と次第したが、寛助（一〇五七―一一二五）の弟子に覚鑁《かくばん》（一〇九五―一一四三）が現われた。覚鑁は肥後の出身で、寛助によって出家し、のち南都の興福寺や東大寺で法相・三論・華厳等の学を学び、二〇歳（一一一四）の時、高野山に上って明寂について密教を学んだ。当時高野山には別所があり、そこに高野聖《ひじり》という念仏行者達が住んでいた。覚鑁は、その中の阿波上人青蓮や中別所の長智等とも交わった。当時、高野山別所聖人を中心とする念仏は、浄土教の一つの中心になっていたのである。覚鑁は高野山の復興を念願して、一一二二年には秘密真言堂を造って、空海の創始した伝法会を復興した。ついで覚法・聖恵両法親王、さらに鳥羽上皇の帰依を得て、高野山に大伝法院と密厳院を建立し、一一三二年伝法大会を開いて、上皇の臨幸を仰ぎ、両院料として弘田ほか五荘を布施された。さらに覚鑁は京に出て、寛助より伝法灌頂を受け、醍醐寺の賢覚よりも灌頂を受け、諸流を綜合して、上皇の信任のもとに金剛峯寺座主に任ぜられた。そして学事を奨励し、一山を盛んならしめんとした。

しかしこの覚鑁の行為は、高野の常住僧徒達の反感を買った。高野山は正暦五年（九九四）に火災に遭い、山上の諸伽藍はほとんど全焼してしまい、その後山内は衰微した。その後、祈親・行明・興胤・維範等が高野の復興に努力し、藤原道長、頼通等の外護も加わり、ようやく山内も生気をとりもどした。そして一〇八六年中興の祖と称せられる明算が維範に代って、金剛峯寺の検校になった、そして白河上皇の外護のもとにさらに堂舎をととのえ、復興につくした。そのあとを襲って検校になったのが良禅（一〇四八―一一三九）であり、覚鑁と同時代である。良禅系統の金剛峯寺の衆徒は常住僧徒であり、これにたいして覚鑁は外来者と見られていた。その覚鑁が座主に任ぜられたので、良禅系統の高野方が反対したのである。由来、金剛峯寺座主は東寺長者の兼任が長年のしきたりであったこととも相俟って、覚鑁にたいする攻撃がおこり、一一四〇年覚鑁は伝法院の衆徒七百余人と共に紀伊の根《ね》来《ごろ》に退去したのである。そして一一四三年四九歳をもって根来に寂した。

覚鑁の著作は多いが、その代表は『五輪九字明秘密釈』一巻である。これは覚鑁の晩年の著作と見られる。本書の趣意は、大日如来と阿弥陀如来とは一体平等であり、極楽浄土と密厳浄土とは同処であり、往生即成仏であることを明らかにし、弥陀信仰は密教の中に摂取しうることを述べたものである。当時はようやく浄土教が盛んとなり、覚鑁も浄土教に深い関心を持っていたようであるが、そのために密教の立場から浄土教と密教の調和を試みたものである。本書の「五輪」とは地水火風空の五大のことで、五種の種子、五仏、人間の五臓等に配当され、わが身の五臓がすなわち五如来であるから、わが身すなわち仏身であると説く。次に九字とは阿弥陀如来の真言オン・アミリタテイセイカラウンのことで、この九字は五輪中のカ（ha）字門（キリーク hriḥ 無量寿如来の種子）から出たものであるから、五輪と九字とは同一体であるとなし、弥陀即大日の思想を強調している。そして深智がなくとも、信心確立して三密の妙行をなせば即身成仏すると説き、或いは阿弥陀如来の一尊法を修するのみで往生すると説き、大日の悲願を仰ぎ弥陀の本願を信ずれば往生するといい、上智根の人は即身成仏し、信浅行の人は順次往生するが、共に密教の行者の往生の二つの型であると説き、種々の面から密教と阿弥陀仏信仰との融合を計っている。本書は、密教の立場から見た浄土信仰を説いたもので、これを密教の中に包摂しようとした著作として注目すべきである。

根来に移った覚鑁の系統を新義真言宗という。これにたいして東寺や高野山の密教を古義真言宗という。新義真言宗はのちに智山派と豊山《ぶざん》派とに分かれる。覚鑁には一六九〇年に興教大師の諡号がおくられた。

民衆の仏教信仰の発達

天台・真言の仏教は僧侶の仏教である。教理の研究や修法の習得には専門的な知識と修練を必要とする。そこには秘伝も存在する。故に信者は彼らに祈禱を依頼するだけであり、祈禱の儀式に直接に参加することはできない。しかし密教の祈禱は、個人の祈願にこたえて、その宗教的欲求を満たしてくれるものであったから、宗教が「個人の宗教」になっていたことは注意してよい。日本仏教は本来国家仏教であり、寺は原則として官立寺院であった。鎮護国家の仏教であり、国家や天皇の安泰と、国家の平穏、風雨の調順、悪疫退散、五穀豊穣等が祈禱の目的であった。祈禱に用いられた『金光明経』等は護国の経典である。しかし平安時代になって密教が入ってくると、鎮護国家の祈禱だけでなしに、氏族や個人のもろもろの欲望に応ずるようになった。ここに祈禱仏教が個人生活の中に深く介入するようになった。とくに密教は、悪霊の調伏や病気平癒などのために宗教的儀礼を豊富にそなえていたために、平安朝の貴族や文化人達にとって、密教はきわめて魅力のあるものであった。呪術を中心としながらも、音楽や絵画その他の芸術を豊かにそなえ、荘重な儀式を持っていたことが、知識人の宗教心を満足させたのである。

しかし平安時代になると、密教以外にも種々の信仰が、それぞれ教理を組織し、次第に民衆の宗教的欲求に応ずるようになってきた。その最も大きな流れは浄土教と修験道とであるが、その外に観音菩薩や地蔵菩薩の信仰が広く民衆の間に流布するようになった。奈良時代までに、観音の像と並んで、薬師如来や弥勒菩薩の像も多く作られているが、それらは観音菩薩ほどには信仰が流布しなかった。薬師如来には『薬師如来本願経』以下、二、三の経典があるが、その本願は、阿弥陀仏の浄土に衆生を往生させることを中心としていたから、浄土教の擡頭と共に注意を引かなくなったのであろう。さらに薬師如来の現世利益の側面は、『薬師経儀軌』等として、密教の中に取り入れられたようである。さらに弥勒菩薩については『弥勒下生成仏経』等の六部経があり、将来、弥勒がこの土に下生して成仏したとき、その竜華三会の説法に参加して、救いにあずからんとする信仰や、あるいは直ちに弥勒の住する兜率天に上生せんと願う兜率浄土の信仰などが、日本でも行なわれた。しかし弥勒は将来仏であるために、現実の苦悩の救済者ではない。そのために弥勒の信仰は、革新的な仏教が待望されるとき、一時期盛んになることはあっても永続的に信奉されることはなかった。

(イ)　不動明王　以上にたいして、平安時代になって広く流布したのは、観音菩薩の信仰、地蔵菩薩の信仰であり、さらに不動明王の信仰もこの時代に流布したと思われる。不動明王は「不動使者」とも呼ばれ、大日如来の教令《きょうりょう》輪身《りんしん》であるといわれる。即ち大日如来が「召使い」の姿の化身となって、衆生を教化するのが不動明王である。不動明王は怒りの形相を表わし、背に火焔を負い、手には鋭い剣と索とを持っている。これは、悪逆で教化し難い衆生を調伏するために、このような姿で現われたといわれる。不動明王は密教の中で説かれるものであり、『不動使者陀羅尼秘密法』等、金剛智や不空の訳した不動明王に関する経典が数点ある。しかし不動は大日如来の化身であるために、密教の教理に包摂されており、不動独自の教理は見当らない如くである。ただし不動明王を本尊とする修法の儀軌は存する。故に不動の修法はインド仏教にも存在したであろうが、しかしインドやチベットの密教では、特に不動明王が重視されることはない。さらに中国仏教でも、不動明王が特に信仰された形迹は見当らない。観音菩薩はチベットでも中国でも広く信奉されており、不動明王が日本で特に歓迎された点に、日本仏教の呪術的な特色が認められる。

不動明王は空海が唐より勧請したと伝えられるが、東寺の御影堂の不動明王座像、ならびに東寺の講堂安置の五大明王像中尊の不動明王像は共に九世紀の作と見られ、我が国最古の不動明王像といわれる。特に御影堂の像は空海の念持仏であったという。その後、平安から鎌倉にかけて関東から九州まで、国宝、重要文化財に指定されている優れた不動明王の像が多数に作られている。さらに円珍も禅定中に金色の明王像を感得したと伝えられ、それに基づいて、三井園城寺の黄不動が作られたという。これは、高野山の赤不動と対比せられる。これらも信仰に基づいて図画されたものである。さらに成田山不動尊は、寺伝によれば天慶三年（九四〇）将門の乱を平定したのち、寛朝（九一五—九九八）によって創建され、高雄山寺安置の不動明王がここに移されたという。現代、不動尊の信仰としては成田山新勝寺が最も有名であるが、その外にも不動尊の信仰は日本に広くおこなわれている。この不動明王の信仰は、木像や絵画の作られた年代から見て、平安から鎌倉にかけて、密教と共に広く全国に及んだと見てよかろう。

(ロ)　観音菩薩　つぎに観音菩薩の信仰は、その由来するところは古く、飛鳥・奈良時代にも観音の金銅像が多く鋳造されている。木像も百済観音や救世観音、唐招提寺の千手観音等、数が少なくない。これが平安時代になると木像の観音像が圧倒的に多くなる。しかも地域も全国に広がっている。材料の高価な点や、鋳造技術の点で金銅像は得難いから、信仰が一般化すれば、木像が多くなるのは自然である。薬師寺景戒の『日本霊異記』は延暦初年

（七八二— ）に一応完成し、弘仁年間（八一〇—八二三）に最後的にまとまったといわれているから、内容は奈良朝までの説話が多い。それらの説話の中で、信仰の対象となった仏菩薩についていえば、最も多いのは観音菩薩である。観音を祈って難を免れたという霊験譚、福徳を得た話などが多い。とくに十一面観音、千手観音などが挙げられる。観音についで多い仏菩薩は、弥勒・釈迦・妙見・阿弥陀・薬師などである。

平安時代になると地蔵の信仰や浄土教が盛んになるが、しかし観音の信仰が衰えたのではない。それは、国宝や重要文化財に指定されている観音像が、平安から鎌倉にかけて非常に多く、他の仏菩薩の像にくらべて遥かに多数であることからも知られる。観音菩薩には『法華経』に「観世音菩薩普門品」（観音経）があり、観音菩薩が三十三身に普門示現して、危難に陥っている衆生を救済することが説かれている。この経に基づいて観音の信仰が行なわれ、その霊験譚も無数に語られている。そして三十三身にちなんで、平安末期のころから、西国三十三ヵ所、坂東・秩父の三十三ヵ所等の観音霊場が作られ、観音信仰がひろく全国に広まった。

観音は慈悲円満で慈愛に満ちた仏陀の代表の如く見られているが、その反面に悪を折伏する厳しい面がある。十一面観音は、インド古代の暴悪な神である「ルドラ」が仏教に取り入れられたものであるという説がある。ルドラはのちに破壊の神シヴァに転化するが、ルドラは十一面を有すといわれ、さらに面上に三眼を有するが、十一面観音も十一面を有し、三眼を持つ。頭上の十一面も、菩薩面三、忿怒相三面、利牙をもつ面三、暴大笑面一、如来面一であり、菩薩面と共に、悪人を降伏する忿怒面を持っており、厳しい一面を示している。さらにルドラは三十三身を持つというが、観音も三十三身に示現する。このようにルドラと観音とには共通点がある。しかし両者の関係はさらに研究を必要とする。

観音が慈愛の面と共に忿怒相の厳しい面をもつのは、観音が呪力と結合しているからであろう。東晋の竺難提は四一九年に『請観世音菩薩消伏毒害陀羅尼呪経』一巻を訳し、北周の武帝の時（五六〇—五七八）耶舎崛多は『十一面観世音神呪経』一巻を訳し、唐の知通は貞観中（六二七—六四九）に『千眼千臂観世音菩薩陀羅尼神呪経』二巻を訳している。これらは、観音の名を唱え、観音の神呪陀羅尼を誦持することによって、観音や諸仏菩薩に護持されるので、毒害疫病も退散するというのであり、呪力と結合して観音が信奉されていたことを示す。これらの経典にはその後、同種類の経典がいくつか訳出されている。とくに不空や金剛智等の訳経があり、観音の信仰は密教の中に取り入れられて発展した。如意輪観音や不空羂索にも同様に神呪経がいくつか作られ、密教の中に取り入れられている。仏教における観音教理の発展は、阿弥陀仏の脇侍として取り入れられたのが最も古く、次に観音経が成立し、さらに種々の神呪経が成立したのであろうと考えられるが、この点にはさらに詳しい研究が必要である。

竺難提訳の請観音経については、智顗によって「請観音懺法」が作られ、『請観音経疏』（灌頂作ともいう）が著わされている。この懺法は治病のための行法であるというが、その中に「披陳懺悔」があり、自己の業障を除くために、過去の悪・所犯を厳しく懺悔することが課せられている。さらにこの行法をするためには、まず最初に身心の潔斎が必要とされ、身を清め、心を清めてこの行法を行なう。この天台の『請観音経疏』は最澄によって日本に将来されている。ただし十一面観音については、日本霊異記に、聖武天皇の時、紀伊の狭屋寺の尼達が薬師寺の題恵を請じて「十一面観音悔過」を修したことをいう。したがって十一面悔過は奈良時代にすでに行なわれている。観音の加護を念ずるには「悔過」を修するのである。無条件に加護が得られるのではない点が注目される。

この観音信仰が日本の神道と習合したものに熊野権現がある。熊野は奈良から見て交通不便な辺境で、鬱蒼たる樹林に蔽われ、来世の死後の世界と結びつけて考えられていたという。ここに本宮・新宮・那智の三社が建てられたが、奈良時代にはこの厳しい深山が、山林抖擻に適した修行の聖地と見られ、僧が来て住民を教化し、呪力によって病者を癒したという。平安時代に入ってから、本地垂迹の信仰がおこり、本宮の本地は阿弥陀、新宮の本地は観音とされ、この地が極楽浄土、補陀落浄土と信ぜられるに至った。同時にこの信仰は、修験道と結合して発展し、ここに天台系の本山派修験道が形成された。修験道は厳しい山林抖擻の行を中心とするが、そのために六根清浄を重んじ、心身の潔斎を重視する。心身を浄めなければ神聖な山には入れないからである。そして心の浄化のためには「悔過」が必要である。熊野の地は、古来からの死後の世界であるとの考えと、補陀落（ポータラカ）浄土の考えとが結合し、修験道の厳しい修行によって、罪障を消滅させ、補陀落浄土に生れんとする、きわめて厳しい観音信仰を成立させた。平安時代、熊野信仰は次第に盛んになり、花山法皇・白河上皇・鳥羽上皇・後白河上皇・後鳥羽上皇など、しばしば熊野に行幸され、上皇や貴族、武士等の帰依を得て次第に大きな勢力となった。

熊野の観音信仰は修験道と結合して、悔過を伴う厳しい信仰形態を持っていたが、これは熊野のみでなく、一般に昔の観音信仰には厳しい性格があったようである。それは、消伏毒害の加護を願うには、必ず代償が要求せられたからであろう。西国三十三ヵ所等の観音のうちには、十一面観音や千手観音が多いことと、観音の霊場が海岸の絶壁や深山の湖水のほとりなどに多いことは、信仰の厳しさを示すと共に、観音信仰が山林抖擻の行と結合して発展したことを示すと思われる。

(八)　地蔵菩薩　地蔵菩薩の信仰が強力な理由は、地蔵が地獄や閻魔王の死後の裁判と結合して信仰されているからである。閻魔は元来はヤマ・ヤミーという双生神で、人類最初の死者であったとされるものであるが、次第に死の神として冥界を支配すると考えられるようになった。地蔵菩薩は僧形の菩薩で、古い菩薩が世俗の貴人の姿であるのと異なり、成立が新しい。この菩薩は『大方広十輪経』八巻に説かれるが、この経は「失訳」で訳者は不明であるが、五世紀ごろの訳出と見られている。そのあと玄奘の『大集地蔵十輪経』十巻が訳された。中国の唐代にこの地蔵や閻魔王が道教の「十王」の信仰などと結合して、亡者が地獄で閻魔王の裁きをうけるとき、地蔵が現われて救済すると説かれるようになった。

六道輪廻の思想は仏教の伝来と共に日本にも伝えられ、すでに奈良時代に、死後に地獄に落ちることや、地獄に閻魔王がいて裁判をなすこと等が信ぜられていた。このことは、『霊異記』に閻魔の記述が若干あることによって知られる。しかしそこでは、地獄がまだ日本古来の黄泉と明瞭には区別されておらず、堕地獄の恐怖も深刻に受けとめられていない。それが平安時代になってから、六道輪廻の考えや、地獄に落ちる恐怖、閻魔の裁判などが次第に日本人の心に根をおろしたのである。それには源信（九四二―一〇一七）の『往生要集』の地獄の記述や、空也《くうや》（九〇三―九七二）が友人藤原師成の死に臨んで閻魔王に宛てた牒状などが、当時の人心に与えた影響が大きかったのであろう。さらに平安末期から武士階級が擡頭したが、彼らは戦闘や殺戮をこととしていたから、自己の罪悪の自覚が強かったであろうし、したがって堕地獄の恐怖も深刻であったであろう。ともかく仏教の伝来により、奈良から平安にかけて、日本人の倫理感覚が深まるにつれて、自己の死後の運命に関する関心が強まっていったのであろう。そこに地獄極楽の問題が、日本人にクローズアップされてきたのである。

地蔵菩薩の信仰説話は平安末期の成立といわれる『今昔物語』三十一巻に多い。これは源隆国（一〇〇四―一〇七七）の編といわれる。それらの説話によると、地蔵は罪苦に苦しむ衆生を救済する誓願をたてた菩薩であるので、六道、とくに地獄で苦しんでいる衆生を救済する菩薩と信ぜられた。そして衆生が死んで地獄の閻魔王の裁きを受け、地獄に落つべき身である時、日ごろ尊信する地蔵菩薩が手に錫杖・経巻を持って現われ、生前の彼の功徳を閻魔王に説いてくれたので、罪を免ぜられて蘇生したという話が多い。今昔物語では、在地の武士層が地蔵菩薩の信仰を持っていた物語が多い。そのほか一般庶民の間にも信仰が広まっていた。しかし彼らは経済力が強固でないために、地蔵菩薩のために大寺院を建立する話は説かれていない。地蔵のために、草堂や堂を作った話が多い。その中で有名なのは空也の開いた六波羅蜜寺に但馬前司が、仏師定朝の作った金色地蔵菩薩像を祀った話である。現在、六波羅蜜寺にある地蔵菩薩の像は、鎌倉時代の運慶作と伝えられる傑作であり、重要文化財に指定されている。その外に平安時代から鎌倉時代にかけて作られた地蔵菩薩の木像で、現在重要文化財に指定されているものだけでも一三六体ある。像は京都や奈良にあるものが多いが、そのほか、西は福岡、高知、徳島、香川等から、東は東京、神奈川、長野、愛知、三重、新潟等にわたり、広く流布している。当時、地蔵の信仰が日本に広く行なわれていたことが知られる。

㈡　虚空蔵菩薩

なお平安時代には、虚空蔵菩薩の像も少数であるが残っており、虚空蔵菩薩の信仰が行なわれていたことを示す。虚空蔵菩薩は「虚空蔵求聞持法」で有名であり、養老二年（七一八）大安寺の道慈が求聞持法の本尊として、唐から虚空蔵菩薩の像を将来したという。これは密教にふくまれる菩薩である。密教には多くの尊があるが、とくにこの菩薩が信仰せられるのは、この菩薩は手に如意宝珠をもち、その頭の頂上にも如意珠があり、福徳を掌る菩薩と信ぜられていたからである。もし薄徳少福の者がこの尊に帰依すれば、求むる所の世出世の意願をかなえること、如意珠が七珍万宝を雨ふらすが如しと説かれている。そして虚空蔵菩薩法を修すれば、福徳、智慧、音声の三を得るとも説かれる。虚空蔵菩薩が一般に信奉せられたのは、帰依する者に福徳を恵むからである。

以上、平安時代に盛んになった民衆の信仰のうち主なるものを見たが、信仰せられた仏菩薩は詳しく見れば、なお、ほかにもあるであろう。これらによって、平安時代に仏教が個人の宗教になってきたことがわかる。奈良時代には、まだ仏教の理解は生硬であって、個人の人生の悩みに応ずるような繊細な教理を打ち出すに至っていなかったが、平安時代になって民衆の宗教的欲求に応ずる多彩な教理が用意せられるようになったのである。同時にそれは、日本人の倫理的自覚や宗教的反省が深まり、そのような信仰を自発的に開発したことでもある。これは一面においては日本人に厭世的な人生観が根づいたことを示すものである。なお平安時代には、法華経受持の信仰者が現われていることも注目される。即ちつねに法華経を読誦し、受持することによって、その功徳で災難を免れるという信仰である。これらの持経者の信仰談がいくつか語られ、それらが集められて『法華験記』としてまとめられている。これらの持経者の実修には、日蓮の宗教との共通性が検討されねばならないであろう。

修験道

修験道《しゅげんどう》は日本古来の山岳信仰に仏教や道教等が融合してできた宗教である。民族宗教を母胎に成立したために、いつ修験道として成立したかを決定することは困難である。「修験道」という用語がいつごろ成立したかも確かめ難い。修験道の教義や儀式は口伝や切紙で伝えられたものが多く、著作として成立したのは室町期以後の文献が多いという。しかし平安時代初期に著わされた『日本霊異記』に、役《えん》優婆塞の伝記を載せ、彼が金峯・葛城・富士などの霊山の仙窟を居所とし、孔雀呪法によって得た験力《げんりき》によって鬼神を駆使し、自由に空を飛び海上を渡ったということを述べている。したがって霊異記成立以前から、験力・呪力を修する山岳修行者がいたことが知られる。『孔雀王呪経』も、古くは帛尸梨蜜が東晋の元帝の時（三一七—三二二）に『大孔雀王神呪経』一巻、『孔雀王雑神呪』一巻を訳したといい、羅什にも『孔雀王呪経』一巻の訳があり、そのあとに梁代中（五〇六—五二〇）に僧伽婆羅が『孔雀王呪経』二巻を訳し、さらにその後に義浄や不空の訳がある。故に奈良時代以前に孔雀王呪経がわが国に伝わっていたことも考えられる。この経は、毒蛇に咬まれて死に瀕したサーティという比丘のために、仏陀が毒蛇よけの孔雀王呪文を説かれたことに由来するものである。孔雀は蛇をとって食するといわれるために、毒蛇よけに孔雀に特殊な力があると信ぜられたのである。転じて一切の魔よけにこの神呪経が重んぜられ、後、密教の成立とともに密教に組み入れられたのである。

役優婆塞が修験道の開祖とされるが、優婆塞《うばそく》（ウパーサカ）というのは、本来、在家信者を指す呼称である。しかし日本仏教では、正規の出家をした僧でない修行者を「優婆塞」とか「沙弥」と称した。ただし「沙弥」は剃髪して僧形となりながら在俗の生活をしていた人を指したようである。これにたいして「優婆塞」は、僧形をしないでしかも専門的な仏教修行をしていた人を指した如くである。霊異記では、とくに験力を持った行者を指したという。役小角《えんのおづぬ》はこのような優婆塞としての修行者であったと見られる。しかし役優婆塞は伝説の人物であったかも知れないが、ともかく日本に古くから山林抖擻の修行により験力を持った非僧非俗の修行者があり、彼らが修験道の一派となり、役優婆塞を開祖と考えたのである。抖擻《とそう》は頭陀《ずだ》（dhūta）の訳語で、貪欲等を棄捨する意味であるという。山林に住して困苦欠乏に堪え、衣食住にたいする貪著を捨て、山に臥し、木の葉を衣とし、木の実・草の実を食として、苦修練行するのが山林抖擻である。彼らは山に住する禁欲的苦行者である。

日本霊異記には、このような験力を持った優婆塞が役小角以外にも説かれている。しかしその後、空也（九〇三―九七二）が優婆塞と呼ばれているが、同時に彼は念仏聖であり「聖《ひじり》」とも呼ばれている。空也のころから優婆塞の呼称は用いられなくなるという。これは、そのころから修験者の呼称が変化したためであろうか。例えば羽黒山修験道の開祖は能除仙と呼ばれるが、「仙」という呼称もいつごろからか用いられたわけである。当時は既成教団外の仏教者が、聖・上人・仙・験者《げんざ》・持経者などの呼称で呼ばれていた。これらは多少とも修験道の修行者に関係があろう。例えば『法華験記』によれば、法華経の「持経者」は山嶽に住して修行する人が多かった。吉野・大峯・葛城・熊野をはじめ、修験道の有名な山に持経者が多く住したことが語られており、その中には不思議な験力を有した人や、神仙術を心得ていた人があったといわれる。しかしともかく修験道の発展は資料不足のために明らかでない。しかも山林修行者は、修験者だけでなく、僧の階級の人にも見られるのであり、奈良時代の神叡や勝虞・広達・護命・道慈などは山林修行者であり、平安時代の最澄や空海、さらに円仁・相応・円珍なども山林修行者として名高い。そして真言宗の聖宝（八三二―九〇九）は金峯山の嶮径を開いて、金剛蔵王の像を安置し、醍醐三宝院を創めて、修験の道場とした。さらに円珍の法孫増誉が寛治四年（一〇九〇）、白河法皇の熊野行幸の先達をつとめて、熊野三山の検校に補せられ、ついで京都に聖護院を建立し、熊野三所権現を勧請して、修験の道場とした。そのために修験者が醍醐寺と聖護院とに包摂せられる基いとなった。即ち修験者が天台と真言の僧の山林修行者によって、密教教団の中に組み入れられてしまったのである。そして醍醐寺三宝院に所属する修験者は「当山派修験」と呼ばれ、真言山伏ともいう。聖護院に所属する修験者は「本山派修験」と呼ばれ、天台山伏ともいう。

修験が密教に組み入れられると共に、修験道の宗教が密教の教理によって組織づけられることが起ったであろう。現今見られる修験道の教義は、真言の即身成仏や天台の本覚法門の思想に立脚して組織されている。そのために、それ以前の修験の教理は不明である。なお修験は、大峯・金峯・葛城等の修行が古く、ついで熊野三山が開けたであろうが、さらに豊前の英彦山、出羽の羽黒山・湯殿山、相模の箱根山、上野の日光山、摂津の箕面山、常陸の筑波山、加賀の白山、伯耆の大山などが、修験者の集まる山として有名になった。とくに英彦山と羽黒山とが多くの修験者を擁し、大峯や熊野についだ。のち徳川時代に全国の山伏を二分して、聖護院と醍醐三宝院とに分属せしめ、修行や儀式等の規則も整備したという。本山派に属する修験は聖護院を本所とし、熊野から大峯に入って修行する。これを「順の峰入り」と称し、当山派の修験は三宝院を本所とし、大峯より熊野に出でて修行する。これを「逆の峰入り」と称す。

山に入って修行するには、二つの意味が考えられる。一つは世俗の名利を嫌って山に入ることである。良源の弟子増賀（九一七―一〇〇三）は名聞利養の叡山の生活を嫌って多武峯にかくれ、四一年間山を出でず、数々の奇瑞を示した。同じく天台の千観（九一八―九八三）も世俗をいとい、九六二年に摂津の箕面山にかくれ、遁世の生活に入った。このように世俗をきらって山にかくれる人は少なくない。この場合、山に入ることは、世俗的に自己に「死」を宣告することである。そして終生山に住して死ねば、山は死の場所である。しかし世俗に背いて山に入っても、山の苦しい生活に堪え、山の霊気に触れて超人間的な力を獲得し、解脱し、さきに捨てた世俗の世界を慈愛の心でつつみ、迷っている世間に働きかけるために「山を下る」ということがある。この場合には、世俗的人間として死んで、山で宗教的に生れかわって山を下るということになる。山で生れかわるとき、自然の験力をうるということもあるわけである。

もう一つ山に入る目的は、山は神の住する聖なる場所であり、さらに祖霊の集まる場所である。そういう神や祖霊と神人合一の交りをなすために山に入るということがある。この場合には聖なる山に入るために、入山の前に心身を浄めることが重視される。

修験道の教理や儀礼には、以上の二つのことが混合し、それらが密教の儀礼で色づけられ、密教の教理で基礎づけられている点が認められる。修験道では、入峰の際はいうまでもなく、また一般の儀式においても「潔斎」が重んぜられる。さらに入峰に先だつ所作には、修行者が死んでから山に入る所作がなされる。例えば死者の装束をつけるとか、葬式を意味する儀式をなすとか等である。入山の前に死の儀式をなすのは、世俗に訣別して遁世する意味と、同時に神や祖霊に会うために自ら死霊になるという二つの意味がふくまれている。次に、入峰する山についていえば、山は聖なる場所であり、それがそのまま密教の曼荼羅であると解釈されている。あるいは山は不動明王の胎内であるともいう。入峰によって曼荼羅に入壇して、自ら即身成仏の境地に入るのであると解釈され、あるいは不動の胎内で宗教的に生れかわるとも解釈されている。そしてそれらを示す種々の所作がなされる。例えば「胎内くぐり」の行とか、山上の修行がすべて胎内の行であるとか、地獄から仏までの十界に分けて修行をなし、最後には正灌頂を受けて仏位に達する等と解釈され、それぞれの所作がなされる。しかし灌頂を受けたあとでたかれる採灯《さいとう》（柴灯）護摩は、祖霊を祀る火であるともいわれ、あるいは地底にひそむ霊魂をよびおこし、その霊魂を体内に宿すことによって再生することを示す儀式であるともいう。

入峰の目的は、世間への訣別、あるいは神や祖霊と交歓することが本来の目的であったかも知れないが、しかし「修験道」と呼ばれた時代には、山中の修行で得られる「験力・呪力」が重要視されていたことが、修験道という名称からも容易に推知される。むしろ験力をうるために山に入るということもあったであろう。そして山中で、滝に打たれたり、断食したりして苦しい抖擻をなし、あるいは密教の呪文を唱え秘法を修したりして、験力をうるために努力したであろう。そして山をおりた修験者が、験者《げんざ》として祈禱をおこない、験力によって病気をなおす等のことがなされた。そのために祈禱の作法や修法などに密教の儀礼が修験道に多く取り入れられ、それを意味づけるために、密教の教理が修験道に採用されたのである。

浄土教の出現

浄土教は最も日本的な仏教の一つであるが、その日本における起源は、比叡山の常行三昧堂における念仏三昧である。その前に奈良時代に智光・礼光が浄土教に帰したとか、智憬や善珠が無量寿経の注釈を作った等のことがあるが、それらは僧界内部の少数者の宗教活動であった。浄土教は現世を穢土《えど》と観じ、現世を否定的に受けとめるが、奈良時代の日本人はまだ楽天的、現世肯定的であったから、浄土教はまだ、なじみにくいものであった。

最澄は天台宗を将来したから、その中には天台四種三昧がふくまれていた。しかし最澄は徳一との三一権実の論争や大乗戒壇建立のために時間をとられ、四種三昧の実践を充実する余裕はなかった。四種三昧の一つである「常行三昧」に法照流の念仏三昧を導入したのは、弟子の円仁である。五台山には微妙な旋律を用いて念仏を唱える五会念仏が行なわれていた。円仁はこれを習得して帰朝し、諸弟子に伝えた。そして五台山念仏三昧の法をもって、常行三昧にかえることとした。これが不断念仏として発展した。とくに円仁の弟子相応が八八三年に常行堂を東塔に移建し、八九三年には座主の増命が西塔にも常行堂を建てて不断念仏をはじめている。これは八日間、念仏とともに阿弥陀経を読誦し、それによって滅罪懺悔をおこなう行であった。しかし同時に、極楽浄土に往生することを念ずる浄土教的要素をもゆたかにそなえていた。これによって浄土往生の信仰が比叡山に広まり、臨終はもとより、日常にも念仏を唱えるものが多くなってきた。しかもそれが僧侶の間だけでなく、彼らと交渉をもつ文人貴族の間にも広まっていったのである。阿弥陀仏を念ずることは、僧のみでなく俗人にもなしうることであったから、まず当時の知識階級にこれが広まったのである。九六四年に始められた勧学会は、文人貴族と僧侶との交歓会であり、これを推進した慶滋保胤《よししげのやすたね》（　―一〇〇二）は、熱心な念仏の行者であった。勧学会でも念仏の行事がおこなわれた。『日本往生極楽記』は保胤の著作である。

寛平（八八九―　）・延喜（九〇一―　）のころから律令制の土地制度が崩壊しはじめ、地方の郡司や土豪有力農民等が土地を集積し、貴族と結託して荘園的支配を拡大しはじめた。かかる政治的変革に加えて、将門や純友による承平（九三五―　）・天慶（九三八―　）の乱がおこり、畿内が騒然とし、人心が動揺した。その時、京都に空也（九〇三―九七二）が現われ、念仏勧進をなして熱狂的な信者を集めた。空也は優婆塞といわれ、また市聖《いちのひじり》ともいわれたが、手に錫杖をもち、わらじをはき、金鼓をたたき、念仏を唱えて町まちを廻って勧進をなした。彼が京に入ったのは天慶元年（九三八）ごろである。社会の混乱、人心の動揺が人びとを念仏に強く引きつけたのである。空也は九四八年に叡山で得度をして、正規の僧となり、庶民のみでなく貴族の帰依をも得るようになり、彼らを知識として十一面観音を造立した。これがのちの六波羅蜜寺である。

浄土教の発展には源信（九四二―一〇一七）の『往生要集』三巻の果たした役割が大きい。本書は十章に分かれ、最初に第一章「厭離穢土《えんりえど》」で六道輪廻の世界の厭離すべき理由を述べ、とくに凄惨な地獄の説明が詳しい。つぎの第二章「欣求浄土」で浄土の生活が仏教の修行を増進させ、高い悟りを得せしめる楽のあることを示す。第四の「正修念仏」で、天親の『浄土論』によって、念仏の修し方を示すが、それは観相念仏が主体となっており、万徳円満の阿弥陀仏の相好と光明にあふれた浄土の世界を観相し、それによって真理に達せんとするのである。口称念仏も用いるが、それによって三昧の境地に達するのが目的である。天台浄土教は観相念仏を主とするために、平安時代の浄土教芸術が、浄土の結構をこの世に再現せんとして、華麗なる寺院建築や絵画、彫刻、音楽などを発達させたのである。源信は浄土往生の因縁として、自己の善根の因力、自らの往生したいとの願求の因力、弥陀の本願の縁力、衆聖の助念の縁力の四つを挙げている。ここにも弥陀の本願を「縁」にふくめ、自己の菩提心や善根を因として重視している。ここに法然や親鸞の念仏との違いがある。

浄土教は最初は文人貴族の間に広まったが、次第に皇室や上流貴族の間にも信者を増し、摂関期に入ってからは、皇室や摂関家などが華麗な寺院や仏像の建立に力を尽している。とくに有名なのは藤原道長の法成寺（一〇二二）、藤原頼通の宇治の平等院（一〇五三）などであるが、ほかにも一〇〇〇年から一二〇〇年ごろまでに造られた阿弥陀堂、往生院、来迎院、極楽院等の浄土系の建築は九十以上にのぼっている。王朝貴族が財をかたむけ、金銀を惜しげもなく散じて、浄土を模した華麗な寺堂を造り、その中に金色の阿弥陀仏を安置して、観念をこらし、極楽往生を願ったのは、当時次第に王朝貴族の勢力が失われ、地方には武士階級が次第に勢力を増し、社会の変動期にあたり、世の乱れで社会不安が日常化し、加うるに末法思想がおこり、無常観に基づく悲観的な歴史観が貴族階級を支配したためであると見られている。

このように上流貴族は造寺・造仏によって功徳を積んで、極楽往生を期するが、下流貴族や下流武士、一般庶民にはそのような造寺造像の資力はない。しかし末法思想の高まりと共に、一般人の間にも浄土信仰は浸透していったのである。そして彼らは経典を読誦したり、写経をしたり、斎戒を守ったり、とくに毎日念仏六万遍というように、口称念仏にはげんで、極楽往生を期したのである。ここに天台流の観念の念仏は異なる信仰形態が現われてきた。その点では良忍や融観等の「別所念仏」が注目される。即ち院政期には、顕密の大寺院の所領内に別所が発達し、そこに本寺を離れた僧、とくに聖や上人らが集団で生活し、念仏集団を形成した。別所のうち著しいものは、叡山の別所の大原、高野山の別所、天王寺の念仏別所等である。大原の別所には、良忍を祖師とする融通念仏宗がおこり、高野には覚鑁があって弥陀信仰と密教との融合を試みている。

良忍（一〇七二―一一三二）はもと叡山阿弥陀堂の堂僧であり、慧心流の天台学を良賀に学んだという。同時に彼は密教や華厳にも達しており、曇鸞の著作をも学んでいた。三〇歳ごろ大原に幽棲し、日々法華経を誦し、念仏六万遍を唱えたという。彼の三昧中に阿弥陀仏が現われ、融通念仏の教えを彼に授けたという。これは一人の念仏が一切人に融通し、一切人の念仏が一人に融通すると説く華厳の事事無礙に立脚する念仏の実践である。良忍は梵《ぼん》唄《ばい》においても一流を開いたが、良忍の念仏が門弟の間にどのように伝わったかは不明である。ただ大原を中心として栄えたと考えられる。しかし大原には良忍と関係のない念仏者も多数住した。例えば法然を迎えて大原問答をたたかわした顕真も大原の住人である。

平安時代の念仏者の信仰を述べたものに、種々の「往生伝」がある。すでに摂関初期に慶滋保胤が『日本往生極楽記』を著わし、つぎに大江匡房が『続本朝往生伝』（一一〇一―一一一一ごろ成立）を著わし、ついで三善為康が『拾遺往生伝』（一一二七ごろ）、『後拾遺往生伝』（一一三九ごろ成立）、沙弥蓮禅の『三外往生伝』、藤原宗友『本朝新修往生伝』（一一五一ごろ）などが相ついで編纂された。これらは、往生人の実例を多数集めることによって、極楽往生が確実であることを確かめようとしたものである。当時の念仏者が、日々に日課三万四万という念仏をかさね、あるいは経典の読誦や写経、厳しい精進をなしつつも、しかもなおそれらによって、往生を確信することはできなかった。称名念仏は、三万よりも四万、四万より五万のほうが勝れるとなすのが当然であるから、どれだけの行をつんだら往生が確定するか決定できないのである。ここに、行によって往生を期せんとする者の不確定性がある。そこで往生人の多くの実例を集めて、それによってこの不往生の不安から脱却せんとはかったのであろう。換言すれば、この時代の念仏信仰には、極楽往生を基礎づける十分なる教理が成熟していなかったのである。そこに、次の時代の現われた法然や親鸞の教義の独自性があるわけである。

三　鎌倉仏教

鎌倉仏教の特質

平安初期には律令制の国家制度が維持され、仏教も鎮護国家の仏教であり、寺院は官寺が原則であった。それが中ごろ摂関期、院政時代に入ると、古代からの土地制度が崩壊しはじめ、貴族や権門の荘園が出現し、地方には豪族や武士階級が起るようになった。彼らが資力を貯え、生活が向上するにつれて、地方の布教者として聖・上人層が成立し、仏教の地方伝播が本格化した。鎌倉期の祖師達が、聖人・上人と呼ばれるのは、この聖・上人層からの出身者であることを示す。そして修験道や法華経の持経者の信仰、観音・地蔵の信仰、さらに浄土教が各地に広まり、貴族社会のみでなく、在地領主層を中心とする地方民間にも仏教が広く行きわたった。こういう仏教の民衆化を踏まえて、民衆の仏教を確立したのが鎌倉仏教である。

平安時代の浄土教のうち、天台系の浄土教は観念の念仏であり、三昧に入って浄土や仏の相好を観想するのであるから、一般民衆には困難な行であった。しかし当時の聖や上人層の浄土教は諸行往生の教理に支えられた浄土教であり、そこには往生を確認するための十分な論理を欠いていた。それが鎌倉時代に、法然・親鸞・一遍等によって一般民衆にも受け入れられる平易な形の、浄土信仰の新しい教理が成立したのである。さらに法華経の持経者の信仰は日蓮によって、新しい教理の展開を見た。それには十二世紀中葉におこった保元・平治の乱や、その後におこった源平の争乱、さらに鎌倉幕府の交替等、打ちつづく戦乱と社会不安とが、民衆に宗教を強く求めしめ、その力に支えられて、新しい宗教が成立したと見られている。

さらに鎌倉幕府が成立し、武士階級が現われると、彼らが自己に適する宗教を自覚的に選択して、ここに禅宗が日本に盛んになる。禅は平安時代にも数回日本に伝わったが、機縁が熟せず、発展しなかった。栄西が入宋して禅宗を伝え、鎌倉時代に入って漸く盛んになったのである。すなわち鎌倉時代になってはじめて、仏教が個人の安心立命の宗教として成立したと言ってよいであろう。

なおこの時代に南都仏教の中に、旧仏教の復興運動が起っている。実範や覚盛等にはじまる戒律の復興、明恵や貞慶《じょうきょう》等による教学の復興、叡尊や忍性等による社会教化運動等は、鎌倉の新仏教に対応して起されたものであり、単なる古い仏教のくり返しではなかった。

以上のように、鎌倉仏教は種々の点でそれ以前の仏教に見られなかった特質をそなえている。

法然の浄土宗

法然（一一三三—一二一二）は諱を源空というが、彼の主著『選択本願念仏集』には、有相宗・無相宗・華厳宗・天台宗・真言宗の立場を述べたあとで、「今この浄土宗は、若し道綽禅師の意に依らば二門を立てて而も一切を摂す」と述べ、「浄土宗」を開創したことを示している。親鸞はこれを受けて、『正像末和讃』に「浄土真宗に帰す」といっている。すなわち法然によって、本願の念仏に立脚して浄土宗が立てられたのであり、自己の宗教がそれ以前の浄土教と一線を画すことが明瞭に自覚されていたのである。すなわち浄土宗の立場では、一代仏教を聖道門と浄土門とに分けて、聖道門を捨てて浄土門に帰するのであり、浄土門に入るには正行と雑行とがあるが、雑行を捨てて正行を選ぶ。正行を修するには、正業と助業とがあるが、助業を傍らにして、正業を専らにする。しかして「正業」すなわち正定の業とは「称名念仏」であるという。称名念仏が正定業である理由は、阿弥陀仏の本願に、「我が国に生ぜんと欲するものが我が名を称え、乃至十声に至るまでも往生せしめる」と誓っているからである。称名によって往生することは阿弥陀仏の本願に依るのであるから、これを「本願念仏」というのである。この本願念仏を選択して浄土宗を立てたので、「選択《せんちゃく》本願念仏」と称したのである。したがって仏の本願が往生の正因である。これは源信が『往生要集』で、往生の正因を自己の善根と往生の願求心とに求め、弥陀の本願と衆聖の助念とを「往生の縁」と見ているのと立場が異なる。したがって法然によって、それまで寓宗であった浄土教が、浄土宗としての一宗に独立したのである。

このように法然の念仏の特色は、仏の本願に依る点にあるから、「本願とは何か」ということが、法然の宗教を知る鍵になることは明らかである。ただしここに「宗教」の語を用いたが、この場合は西洋の「religion」の訳語の意味ではない。華厳宗で、「五教・十宗」の教判を説くが、この十宗の「宗」と五教の「教」とを一緒にして「宗教」というのである。このような用例は『五教章』にも見られるし、わが国の凝然（一二四〇—一三二一）の『八宗綱要』にもあり、仏教で古くから用いている。この場合の「宗」とは信仰の拠り所となる思想的立脚地をいう。それを教理に示したものが「教」である。この二つを一緒にして「宗教」というのである。なお本願とは「先きの願」（pūrvapraṇidhāna）の意味で、仏陀がかつて菩薩であった時におこした願をいう。法蔵菩薩が四十八の願をおこし、兆載永劫の修行の結果、それらの願をすべて達成して阿弥陀仏になったので、四十八願を本願という。そして「本願念仏」の本願は、四十八願中の第十八願である。この願で、わずか十念の念仏でも往生できることが誓われている。

『選択集』では、本願念仏を勝劣と難易の二面から説明している。勝劣の点では、名号には、阿弥陀仏の内証の功徳と外用の功徳とが含まれているから、称名念仏は他の行に勝れるといっている。内証の功徳とは、阿弥陀仏が仏陀としてそなえている証りの智慧や偉力、修行の力等をいう。外用の功徳とは、仏のそなえる外面的な三十二相等の相好や光明、自由自在に衆生を教化する力等をいう。そういう力が名号にそなわっているので、「勝」であるという。第二の難易の点では、称名は易行であることを明かす。易行である理由は、一切衆生を平等に救済しようとする阿弥陀仏の大慈悲がその根底にあるからであるという。阿弥陀仏がその昔、法蔵比丘として、平等の慈悲に催されて、あまねく一切を摂せんがために、称名念仏の一行をもって本願としたのであると説明している。平等の慈悲を本願の本質と見たのは、人間の本性は平等であり、慈悲心があらゆる人間の根底にあると見たからであろう。仏の本質とは、あらゆる人間のそなえる普遍性を指すのであり、凡夫がそれに目覚めるとき、「本願に乗托し」、真実の信をうるのであるという意味である。故に本願を知るとは、自己のそなえる普遍性を発見することであるが、それをここでは、如来の平等の慈悲と受けとめているのである。そのために名号は、如来の回向したものであるから、凡夫の唱える念仏も、聖者の唱える念仏も、同じ価値をもつという。

大無量寿経の第十八願には「至心信楽《しんぎょう》・欲生我国」とあり、第十九願には「至心発願・欲生我国」とあり、第二十願には「至心回向・欲生我国」とある。ここに至心（真実心）・信楽・発願・回向等が重要視されている。さらに『観無量寿経』に、至誠心・深心・廻向発願心の三心を発《おこ》す者は必ず往生すると説いている。これらによって法然は、三心具足の念仏で往生しうると説いている。この中、第一の至誠心とは、至心というも真実心というも同じであり、「真実」ということを、「外に賢善精進の相を現じて、内に虚仮をいだくなかれ」という善導の言葉で説明している。これは表面だけ立派な態度をして、内心にいつわりを持っていてはいけないという意味であるが、どんな醜い心を持った人でも、仏陀にたいする時には良心をもって対せざるを得ないということである。法然はこの至誠心を、強い人も弱い人も、心の醜い人も清浄な人も、それぞれ分に応じて、ありのままの心で内外一致相応する心であるとも説明している。

つぎの「深心」は深信の心であるという。これに善導の「二種深信」を引いて説明する。一つは、自己は罪悪生死の凡夫で、曠劫以来輪廻をくり返し、出離の縁がないと深信する。これを機（自己の能力）の深信という。第二は、阿弥陀如来の本願は凡夫を救う力があると信ずる。これを法の深信という。

つぎに第三の回向発願心とは、善導によれば、自己の修した善根を真実心の中に回向して、彼の国に生ぜんとの願をおこすことであるという。これは「決定の一心」であり「二河白道の譬」によって示される。人が群賊悪獣に追われて西に向って逃げて行くと、中路に突然、火の河と水の河が現われた。南からは火の河、北からは水の河が迫り、その中間に細い白道が見える。旅行者は戻れば群賊悪獣に殺される。西に向って進めば水火の二河にはばまれる。絶体絶命の境地に追いこまれた。その時東岸に人あり、呼びかけて「仁者《きみ》よ、ただ決定してこの道を尋ねて行け、必ず死の難無けん」と勧め、西岸からは「汝一心正念にして直ちに来れ、我れよく汝を護らん」と喚びかけた。そこで行者は、この生死の巌頭の絶体絶命のとき、他を顧りみず、水火の二河の間の細い白道を一心に仏を念じて進み、永く諸難を離れたという。この絶体絶命の場合の決定の一心を、極楽に往生を願う回向発願心となすのである。法然は善導の説を引いたあとで、「別の釈をまつべからず。行者まさにこれを知る」と述べている。

以上の三心は、第二の深心に帰するともいわれ、二種深信が重視される。すなわち自己は醜い人間で如来に救われる資格のないことを深刻に受けとめる。しかし、その自己が阿弥陀如来の本願によって疑いなく救われると深く信ずる。そこには、十悪の法然房、愚癡の法然房という如き深刻な懺悔と自己反省とがあり、この深刻な自己反省が如来の救済、他力への「信」をよびおこすのである。

以上のような形で、本願念仏による他力往生の浄土教が、法然によって建立されたのである。法然は美作《みまさか》（岡山県）の出身で、長承二年（一一三三）に生れ、九歳の時父を失い、叔父の観覚の寺で出家し、一三歳の時叡山に登り、一五歳の時出家受戒したという。しかし当時の叡山は僧兵が跋扈し、騒動が絶えず、学問の場所ではなかったので、一一五〇年一八歳のとき遁世して叡山西塔の別所であった黒谷にこもり、慈眼房叡空に師事した。叡空は往生要集を伝持し、浄土の業をなしていたというが、持戒堅固であったという。法然が彼の影響を受けたことは疑いない。その後法然は南都に留学し、奈良・京都の名匠碩学から各宗の奥義を学んだ。東大寺再興上人の重源とも、そのころ交りを結んだのであろう。法然の回心は四三歳のころと見られている。これは安元元年（一一七五）のころである。法然は源信の『往生要集』を先達として浄土門に入るといわれるから、往生要集を深く研究したが、なお達しないところがあり、善導の『観経疏』の「一心に専ら弥陀の名号を念じ、行住坐臥に時節の久近《くごん》を問わず、念々に捨てざる、是れを正定の業と名づく。彼の仏の願に順ずるが故に」の文に至って、本願の正意が称名にあることを知り、罪悪凡夫の出離の肝心はこれに過ぎたるものはないと確信したという。

これによって、法然の「本願念仏」の教理が成立した。したがって法然は「偏依善導」といわれるように、善導の教義を最も重視するのである。ただしこの『観経疏』の文は、彼以前に、永観の『往生拾因』（一一〇五作という）や、珍海の『決定往生集』（一一四二作）等においても重視され、これに基づいて称名が往生の業の正中の正であることが主張されていたという。法然もこれらの人の説に影響されたことを認めている。しかし法然はこれらの人の説を受けたのではなく、自ら観経疏によって本願念仏を発見したのであり、阿弥陀仏の本願にたいする絶対帰依に基づいて、選択本願念仏集を著わしたのである。彼が本書を著わしたのは、安元の回心後間もない頃であろうと見られている。法然は安元の回心後、夢を見た中で、紫雲がそびえて日本国を覆うたことや生身の善導に値《あ》ったこと等の神秘的な体験をして、人びとにこの教えを広める決心をしたという。そして洛東吉水に草庵をかまえ、専修念仏の教えを説いた。

法印顕真が法然を大原に招いて行なった「大原問答」は一一八六年であるから、これは安元の回心後一二年目である。おそらくその頃から法然の活動が世間の注目を集めるようになったのであろう。顕真はのちに天台座主になった人である。さらに一一八九年には関白九条兼実一門が法然に帰依している。これが法然とその教団を世俗的に発展させる大きな力になった。法然の専修念仏の教えは文治（一一八五―　）以後、二十余年の間に地方に熱病のように燃えひろがった。明慧が建暦二年（一二一二）に『摧邪輪《ざいじゃりん》』を著わして「汝の邪党、七道五畿に遍満す」といっている点からもそれが知られる。これは、専修念仏の教えを受けいれる素地が、当時熟していたことを示すものであるが、地方に布教した熱心な弟子もあったのである。平安末期に末法思想が広く流布され、浄土教がすでに平安末期から各地に行なわれていたが、それらの念仏集団が、法然の教えに一斉になびいたということが考えられる。なお法然はこの間、京洛から出なかったが、地方の弟子たちに仮名がきの法語を送っている。これは平易な手紙であるが、在家信者にたいする有力な布教手段であった。現在二十六通が残っているが、それらの中には、熊谷直実など、東国の武士に宛てたものが多い。法然の弟子には武士が多かったという。これは、武士が戦争をことし、人殺しもさけられないので、罪障の自覚が強かったことと、阿弥陀仏の本願に絶対帰依することが、主君への忠節と心理的に共通するものがあったであろうと指摘されている。

このような浄土宗の急激な発展にたいして、既成教団と国家権力とは危惧と不安を感じ、専修念仏の教えを弾圧することになった。これには法然の門下にも問題がなかったわけではなく、法然の教えを誤解して、聖道門の教えを誹謗したり、造悪無礙の思想を説いたりする者もあった。元久元年（一二〇四）に延暦寺の衆徒が天台座主に念仏停止《ちょうじ》を迫った。この時は、法然は七箇条起請文を作り、百九十名の門弟がそれに連署して座主に差出したので、事件は落着した。しかしその後、興福寺の衆徒が山門の処置は生ぬるいとして、元久二年に起草の奏状を後鳥羽上皇にささげ、念仏の停止と法然等の処刑を迫った。さらにその後の安楽房・住蓮房の事に端を発し、ついに法然は建永二年（一二〇七。承元の法難）土佐に流された。安楽・住蓮は死刑に処せられ、親鸞もこのとき越後に流された。法然は流罪の年の十二月勅免の宣旨をうけ、四年後帰洛を許された。そして一二一二年八〇歳で入寂した。

しかし、その後にも念仏門に対する弾圧は行なわれている。建保七年（一二一九）、元仁元年（一二二四）、嘉禄三年（一二二七）等に念仏停止が行なわれている。とくに嘉禄三年（嘉禄の法難）の事件は、叡山の竪者定照が『弾選択』を著わしたのにたいし、法然の高弟隆寛（一一四八―一二二七）が『顕選択』を著わして破したために、山門の忌諱にふれ、延暦寺衆徒の強訴により、隆寛・空阿弥陀仏・幸西の三人は流罪、念仏停止となった。隆寛は奥州に流され、幸西（一一六三―一二四七）は壱岐に流されたというが、取締りは厳しくなかったらしい。

法然の弟子は多数であったが、門弟たちの法然解釈には見解の相違がおこった。法然の宗教は伽藍を否定して、草庵に住し、形式的な権威にとらわれないで、純粋な信仰を第一義とした。そしてその信仰とは、阿弥陀仏の広大無辺の慈悲にたいする絶対的な帰依である。法然は選択集において、この自己の信仰を理論的に組織したのであるが、なお明らかでない点があり、そこから門弟の間に種々の異解を生じたのである。これには、念仏門にたいする度重なる弾圧も関係があったであろう。当時はまだ山門や南都の攻撃が厳しく、その間にあって法然も思いきって自説を吐露することをはばかった点もあろうし、絶対他力の教えはとかく誤解を生じ易いので、ひかえて説いた点もあろう。法然が持戒堅固な清僧であり、請われれば授戒もなしながら、破戒無慚の者も本願念仏によって救われると説いても、聞く者に異和感があったかも知れない。

これは、法然が吉水の禅室にあって、多数の弟子を擁し、いかにして生活の資を得たかという問題にも関係するのであり、彼の授戒を不純なものとして一概に否定すべきではないと思う。造寺造塔を「雑行」として否定した法然には、大伽藍を建てて寺領で生活することはできなかったわけであり、他人にそれを勧めることも不可能である。そこに法然教団の生活の困難があったわけである。これにたいして弟子の親鸞は、弟子一人も持たずといって、同朋同行主義を唱えたが、晩年京都に帰ってからは、妻子とも別れ、自己一人の生活を関東の同行の喜捨に仰ぎ、辛じて維持したのである。念仏者の教団はいかなる経済生活をなすべきかの問題は、法然ではまだ未解決のまま残された如くである。

法然門下の異解

法然の弟子は多数であったが、その間に解釈の相違が起った。法然は聖覚《せいかく》と隆寛とを重んじたというが、聖覚（一一六七―一二三五）には『唯信鈔』の著作があり、親鸞も高く評価している。聖覚は鎮西派からも正統派と見られていたが、聖覚自身には一派を立てることはなかったらしい。隆寛（一一四八―一二二七）は叡山で出家し、天台を学んだが、その間法然の教えをうけ、一二〇四年五七歳の時、法然より選択集を付属されたという。六五歳で法然の入滅にあい、五七日の法要には導師をつとめたから、門下の有力者であった。著作は多いが、叡山の定照が法然の『選択集』を批判して『弾選択』を著わしたのにたいして『顕選択』を作ってこれを破したので、叡山の忌諱にふれ、嘉禄の法難を引きおこしたことはすでに述べた。

親鸞は隆寛をも高く評価し、隆寛の『一念多念分別事』『自力他力分別事』等を書写し、門弟達にもすすめた。隆寛は、凡夫は顚倒虚偽の心のみであるから、往生のために真実心をおこすことは不可能であるとして、弥陀の本願のみが真実であるという「絶対他力」の立場に立っている。そして仏願他力に帰依した三心具足の称名念仏によって、弥陀の報土に往生できるとした。しかし念仏については、平生多念の念仏を集積して、その称名の功徳によって、臨終に業成じて見仏するといって、いわゆる「多念義」に立ち、臨終正念を重んじたという。しかし彼の『一念多念分別事』には、一念・多念に拘わることを否定し、一念多念・不離相即を説いている。したがって、臨終の弥陀来迎をたのむとしても、悉く他力によって往生の業が成ずると考えていたようである。

「一念・多念」は、すでに法然在世中から門弟達の間に解釈の相違があった。これは信を重んずるか、行《ぎょう》を重んずるかの問題であり、浄土往生は「信」によってきまるとすれば、真実の信を獲得したその時（一念、一刹那）に浄土往生が決定するから、これは「一念」の立場である。その場合は、臨終をまたないで、往生が決定するから、これを平生業成《へいぜいごうじょう》という。そしてその後の念仏は、仏恩報謝の念仏となる。信には浅から深に深まることはあっても、信の質に変りはないと見てよい。

これにたいして往生に行を重んずると「多念義」の立場に立つことになる。信といっても、それは広い意味の行に含まれるから、まったく行を含まない信は考えられない。如来の方から催されて称名するにしても、称名するのは自己である。往生を願い、往生するのは自己であるから、信のみで往生がきまるとは見がたい点がある。しかも行を深めることによって信も深まることを注意しなければならない。そして浄土往生の行とは称名念仏のことである。しかも念仏を唱えることによって入る三昧・ヨーガの状態を尊重する人たちは、多念義に傾くことになる。多念義は、たくさん称名をかさねることを重視するから、最後の臨終の時に往生が決定すると見ることになる。これが臨終業成の説である。現在、浄土宗の主流を占める鎮西派の派祖聖光房弁長（一一六二—一二三八）は多念義の代表であり、隆寛も多念義の側にある。

これにたいして幸西《こうさい》（一一六三—一二四七）は一念義を主張したことで有名であり、親鸞も一念義の系列に入る。ただし一念義は、「一念の信」を絶えざる自己反省によってどこまでも深めていくときに光を放つのであり、この反省を忘れると、無媒介な一声の念仏で往生が決定するという主張になり、因果撥無の危険な立場に陥る。一念義に「造悪無礙」の非難がつきまとうのはそのためである。幸西は承元の法難（一二〇七）には阿波に流されることになったが無動寺の大僧正（慈円）に預けられた。次の嘉禄の法難（一二二七）には隆寛と共に罪せられ、幸西は壱岐に流罪ときまった。二回も流罪に処せられたのは、幸西の一念義が極端な説であったためであろう。彼は宝治元年（一二四七）八五歳で多難な生涯を終っている。凝然が『浄土法門源流章』の中で、彼の一念義を詳しく取り上げているのは、当時一念義が盛んであったことを示すものであろう。ただしその後一念義は衰えた。これは幸西の説が、妥協のない厳しいものであったためであろう。

他力の念仏を強調した人に証空（一一七七—一二四七）がある。法然の弟子は多いが、その法流がつづいているのは、弁長の鎮西派と証空の西山派《せいざん》、ならびに親鸞の真宗の三流である。そして証空の弟子の聖達から一遍（一二三九―一二八九）が出て、時宗をおこした。証空の西山義は、浄土教の教理の解釈に天台教学を導入している点に特色がある。証空は一四歳で法然の弟子となり、二二歳の若年で『選択集』述作の勘文の役をつとめている。三六歳で法然の入寂にあい、その後、慈円から譲られた西山往生院三鈷寺に住した。証空の流派を西山義というのは、この地名に基づく。門弟も多数輩出し、宮廷貴族等上流階級に信者が多かった。法然滅後、日野の願連から天台を学び、仰木の公円から灌頂をうけ、慈円から台密を学んでいる。このように浄土教の信仰を得たあとで、天台や密教を学んだ点に、証空の教学が他と異なった一つの理由があろう。さらにその系統に、一遍の如き神仏習合を認める復古主義の浄土教が現われたのも理由なしとしない。

証空は、自身が十悪五逆謗法の身であることを痛切に反省し、往生は弥陀の本願・他力によることを強調した。したがって衆生の念仏の一多等に拘るべきでないとして、念仏一行往生義を説いた。そして自己の心を整えすまし、戒律を守り念仏しなければ往生できないというような念仏は、本願にそむくものであり、三心を具足しない自力の念仏であるという。故に学も無学も智者も愚者も、みな本願をひらに信じ、自力や定善・散善の色のついていない「白木の念仏」を相続すべきであると説いた。これを「ひら信じの念仏」ともいう。故に証空の立場は、信を重んずる幸西や親鸞の立場に近い。しかし証空は天台の開会の教理によって、定散二善を取り入れている点に親鸞と大きな違いがある。すなわち、弥陀を観念する定善や、造寺造仏布施等の散善等の善根も、他力念仏に徹して行なえば、すべて会《え》して弥陀の功徳の中に納まってしまい、すべて浄土往生の業因となると説いたのである。これを、「法然は雑行の頭を切ってしまったが、弟子の証空は雑行を生けどりにした」と評された。そういう形で定散二善を、念仏の正行の中に取り入れたのである。

寺を建て仏像を造り、衣食住の布施を得なければ、出家僧の生活は成立しない。故に造寺造仏を雑行として拒否してしまうと、浄土宗の出家僧はいかにして生活するかという問題にぶつかる。証空が天台の開会の思想を用いて、定散二善を弥陀の功徳に会したのは、彼に天台の理解が深かったという理由と、宮廷や貴族など彼の信者が上流階級であったことと、さらに浄土門の出家者の生活の合理的解決の問題等があったからであろう。

諸行を往生の行に組み入れた点では、長西《ちょうさい》（一一八四―一二六六）のほうが証空より徹底していた。彼は一九歳で法然の弟子になったが、その時法然は七〇歳であった。それから法然が流罪になるまで数年間、その教えを受けた。長西は法然の滅後諸方に遊学して、泉涌寺の俊芿《しゅんじょう》や住心房覚瑜について天台学を学び、道元から禅を受けている。彼の門弟凝然によれば、長西は七八歳ごろ洛北の九品寺に住し、その念仏義を宣説したので、彼の説を九品寺流といい、諸行本願義ともいう。法然は、第十八願の念仏往生のみを本願とし、諸行を本願とはしなかった。しかし第二十願には、「諸の徳本を植えて至心に廻向すれば往生できる」と説いている。この「諸の徳本を植える」とは念仏ではないから、諸行である。したがって諸行でも極楽往生できることになる。長西はこの点を取り上げて、弥陀が第二十願で諸行による往生を誓っているのであるから、真実の心をもってこれを浄土へ廻向すれば、諸行によって報土往生が可能であると主張して、「諸行本願義」を説いたのである。諸行はいわゆる「自力作善」の立場であり、法然の宗教には遠いものである。浄土教以外の聖道門の念仏においては、諸行往生は当然なことであり、長西はこれを浄土教の中に持ちこんだのである。同時にそのことは、長西の浄土教は旧仏教の浄土教に吸収される契機をも持っていたことを意味する。そのために九品寺流は早く消失した。

現在最も広く行なわれている浄土宗は、聖光房弁長（一一六二―一二三八）の開いた鎮西派である。弁長は筑前（福岡県）の出身で、七歳で出家し、郷里の寺で天台学を学び、二二歳の時上京して叡山に登った。業成って一度帰国したが郷里の寺に塔を再建し、その塔に安置する仏像を得るために再度上京し、そのさい法然の念仏を聴聞した。その時、法然は六五歳、弁長は三六歳であった。一旦帰国したが再び上京し、三八歳の時から専心法然に師事した。そして四三歳の時法然と別れて帰国し、筑前を中心に北九州一帯に専修念仏を伝道し、大きな成果を収めた。そして六七歳の時、法然門下の異義をただそうとして『末代念仏授手印』を著わした。七五歳の時、彼の第一の弟子となった良忠（一一九九—一二八七）が来って謁し、翌年一宗の秘要をすべて彼に授与し、翌年熊本の善導寺で入寂している。彼が北九州に化を布いたので鎮西派という。その後、良忠は諸国を遊歴し、鎌倉に光明寺を創し、京都・鎌倉に講席を張り、鎮西派を全国に広めた。その後、南北朝・室町時代の転換期にも聖冏《しょうげい》・聖聡《そう》等が現われ、知恩院をおさめ、法脈を拡大し、爾後徳川氏の宗旨であったために、その庇護を受けてますます発展した。

弁長（弁阿）は多念義を唱えた点で有名である。弁長は学解を競う京都の法然門下を批判し、専ら自己を愚者と卑下して専修念仏すべきことを説き、実践的立場を重視した。そして凡夫は、助けたまえと高声に念仏し、念数をつみ、五万六万と口称の念仏を唱えることを主張した。そして諸行についても、これを「助業」として肯定している。この点に自力を容認する性格が認められ、彼の立場は「聖浄融会《え》的」と評せられる。これは法然が聖浄を峻別した態度にたいする一つの修正であるが、しかし浄土教が一般仏教学の中に地位を得るためには、このような融会が必要であったとも考えられる。さらにまた、浄土宗の中に僧俗の分化を認める限り、信者が僧にたいしてなす布施が、何らかの意味で浄土往生に役立つことを認めねばならないであろう。証空や弁長は、法然の宗教を逸脱しない範囲内で、これを認めんとしたのである。これにたいして非妥協的な立場を貫いた幸西の門流が間もなく衰えたのは理由のあることである。僧の立場を拒否した親鸞も生活に窮したが、その後の覚如や蓮如によってこの立場が修正されることによって、真宗教団が隆盛に赴いたことは多言を要しない。

親鸞とその教団

親鸞（一一七三—一二六二）は非僧非俗の立場に立ち、弟子一人も持たずと言って、同朋同行の教団を作ったことで、他に類を見ない新しい立場を打ち出した。彼の非僧非俗の立場は、承元の法難に連坐して、強制的に俗人にさせられたという偶発的な理由によるものではなかろう。それは、教理的な基礎づけを持つものと考える。同朋同行ということは、在家仏教の在り方である。それは、導く者が導かれる者の布施に依存して生活しない教団である。在家教団はすべての成員が、世俗的な業務で生活の資を得るから、そのことが可能である。これにたいして出家者の教団は、在家者の布施なしには成立しない。しかも在家者の布施の功徳を賞讃することによって自己の収入を増加しうる。しかるに親鸞の非僧非俗の立場は、その何れでもなかった。親鸞は生活のための職業を持たず、非俗の立場を貫いた。しかし僧の生活に徹して寺院に住したのではない。これは雑行雑修の生活を嫌ったためであろう。寺に入れば、生活は保証されるが、しかしその寺できめた宗教行事を行なわねばならない。これは親鸞の宗教では雑行雑修になる。親鸞は自己の経済生活を関東の同行の自発的懇志のみにたよったのである。そのために帰京後の親鸞の経済生活は困窮をきわめた。しかしその生活が辛じて維持できたのは、関東の同行との精神的紐帯が強かったからであろう。それは親鸞に、弥陀の本願を人びとに伝えようとする「自信教人信」のねがいが強かったことを示す。親鸞とほぼ同じ思想を持っていた聖覚の活動が、後世に殆んど伝わらないのに、親鸞の教団が栄えた理由がここにあると考える。

親鸞は京都で生れ、九歳のとき叡山で出家した。得度の師は青蓮院の慈円であったという。それから二〇年間、二九歳で山を下りるまで、叡山で修学した。その間、常行堂の堂僧をつとめていたという。これは常行三昧堂の不断念仏に奉仕する役職であるから、叡山時代からすでに親鸞は天台系の浄土教に触れていたのである。しかし叡山の宗教に安住できなかった親鸞は、建仁元年（一二〇一）二九歳の時、京の六角堂に参籠し、九五日目の暁、夢に聖徳太子の示現にあずかり、これが縁で法然に会い、百ヵ日間吉水の禅室にかよった。このときすでに法然は『選択集』を著わした後であり、法然の本願念仏の教理が確立していた。その教えに触れて、親鸞は雑行を棄てて本願に帰したのである。それより四年後、一二〇五年には、当時まだ他見をはばかった秘書の『選択集』の書写を許され、綽空の名を法然の自書で与えられ、その肖像の図写をも許された。そしてその翌々年に承元の法難がおこり、親鸞も罪せられて越後に流された。大化改新の「僧尼令」によれば、僧を僧のままで流罪にすることはないのであり、僧を一旦還俗せしめ、俗人として罪を与えるのである。そのために親鸞もこの時、俗人にされ、その上で遠流《おんる》に処せられたのである。そのために親鸞は『教行信証』に「しかれば已に僧に非ず、俗に非ず、是の故に禿の字を以て姓となす」と述べ、非僧非俗の立場に立ったことを示している。

承元の法難の時、親鸞はまだ入門が比較的新しかったが、しかし流罪の中に加えられたのは、当時すでに彼が頭角を現わした門人になっていたためであろうし、とくに絶対他力を説く点で、幸西などと共に目立つ存在であったのであろう。さらに妻帯していたことも理由の一つであると見られている。親鸞の妻が何人あったかは明らかでないが、しかし京都在住時代に妻帯して、長子善鸞を儲け、その後越後に流罪になったあと、越後で恵信尼と結婚したと見られる。親鸞の越後在住は四年ほどであるから、この間の妻は恵信尼のみであり、のち親鸞は一二一一年末に赦免されて、家族をつれて関東に移ったと見るのが妥当のようである。

親鸞の関東の生活は常陸（茨城県）の稲田が中心であり、四〇歳代の初めから六〇歳代の初めまで、約二〇年間関東に住んで布教につとめた。この間は親鸞が最も熱心に伝道につとめた時代であり、弟子の主要な人びとはこの期間にできている。親鸞の弟子の名を列挙した「門侶交名牒」によると、有力な弟子四三名のうち、常陸二一名、下野六名、奥州七名、下総三名、三河二名、越後・武蔵・遠江・不明が各一名となっており、関東が主である。下総横曾根門徒の中心であった性信、下野高田の真仏、あるいは乗信、浄信、教名、その他の名が『末燈鈔』に見られる。なかでも有力な弟子は性信と真仏であった。関東における親鸞の弟子は、農民と武士とが多かったという。法然の弟子が比較的武士が多かったのにたいし、親鸞の門侶は農民に重点があったようである。当時は武士も平時は農業をしていたから、農民とは、かかる武士から区別される、在地領主に隷属する農民や、領主の土地を耕作する自営農民などを指すわけである。

親鸞が六〇歳を過ぎて関東を離れて京都へ帰った理由は明らかでないが、親鸞の帰洛後、関東には善鸞の異解事件が起っている。そのために親鸞は善鸞を義絶するに至ったが、それを機縁として東国の門徒と京の親鸞との関係が一層密接になったことも見落すことはできないであろう。親鸞は帰洛後、弘長二年（一二六二）、九〇歳で死ぬまで約三〇年間、京都に暮した。その間、妻の恵信尼は信蓮房明信等の子供をつれて越後に帰り、親鸞は五条西洞院や、三条富小路（弟尋有の里坊）など、京都のあちこちの縁辺をたよって、いわゆる扶風馮翊の生活をして一生を終えた。生活費は専ら関東の同行の懇志にたよったようである。親鸞のこの期間の物質生活は極めて貧しいものであったが、しかし精神的には己の所信を貫いた豊かで満足な生活であったであろう。この間に親鸞は多くの著作をなしている。主著は『教行信証』であるが、現在残されている真跡「坂東本」は帰洛直後ごろの成立と見られている。しかし「坂東本」も初稿本ではなくして、それの基づいた草稿本があったと見られており、親鸞は関東在住時代にかなり年月をかけて草稿本を書きあげたと見られている。帰洛のあとには、『愚禿鈔』二巻、浄土和讃・高僧和讃・正像末和讃・皇太子聖徳奉讃、一念多念文意、唯信鈔文意、末燈鈔等をはじめ、多くの著作をあらわした。

親鸞の宗教は「絶対他力」の信仰といわれる。これは、親鸞の徹底的な自己反省、罪障の自覚による自己の無において、如来の大悲の世界に甦った姿である。他力の世界は、徹底的な自己批判によって発見されるものである。親鸞は教行信証に「悲しき哉、愚禿鸞、愛欲の広海に沈没し、名利の太山に迷惑して、定聚の数に入ることを喜ばず、真証の証に近づくことを快《たの》しまざることを。恥ずべし、傷むべし」と述べ、さらに「愚禿悲歎述懐和讃」にも「浄土真宗に帰すれども　真実の心はありがたし　虚仮不実のわが身にて　清浄の心もさらになし」と述べ、自己の罪業への悲痛な慚愧を吐露している。これは善導の「機の深信」を極限にまでつきつめたものである。善導は、

「至誠心」を説明して「外に賢善精進の相を現じて、内に虚仮を懐くことを得ざれ」と説くが、親鸞はこの善導の文を言いかえて「外に賢善精進の相を現ずることを得ざれ、内に虚仮を懐けばなり」と読み、凡夫が厳しく自己を反省するならば、自力で真実心を持ちうることはあり得ないと言うのである。そして至誠心・深心・廻向発願心の三心は、すべて如来の廻向によって、はじめて成立することを説くのである。そして「廻向発願心」を「決定して真実心の中に回向したまえる願を須《もち》う」と説き、弥陀が自己の真実心の中で修した諸善を衆生に回向されるその善に基づいて衆生は浄土に往生しうるとなすのである。一般には「廻向」とは、衆生が自己の作した諸善を廻向して、浄土に往生することを願ずるのであるが、親鸞の場合は、弥陀が、積聚した諸善を衆生に廻向してくださり、衆生はそれに乗托して浄土に往生できるとなすのである。これが絶対他力の立場から理解された「三心」である。

したがって親鸞の場合には、信も行も凡夫のなしうるものではなく、如来廻向の行と信である。故にこれを大行・大信という。信といえども自力で起す信ではなく、如来廻向の信であり、如来の本願の力に催されておこる信である。信は如来の本願より生ずる。故に高僧和讃にも、「信は願より生ずれば　念仏成仏自然《じねん》なり　自然はすなはち報土なり　証大涅槃うたがはず」と述べ、さらに浄土和讃に「信心よろこぶその人を　如来と等しと説きたまふ　大信心は仏性なり　仏性すなはち如来なり」と説いており、信が如来の本願から生じたものであり、それが凡夫の仏性をよびおこすことを示している。仏性が全現すれば如来であるから、凡夫が仏性のはたらきとしての信を得たとき、それが真実の信であるといいうるのであり、また如来廻向の信であるといいうるのである。この点において、親鸞の信仰は純他力であるが、しかし如来蔵思想の系統に入りうることが示されている。

このように親鸞は「信」に基づいて教理を立てているが、信を得れば成仏が確定するわけである。故に「煩悩成就の凡夫、生死罪濁の群萌、往相回向の心行を獲れば、即の時に大乗正定聚の数に入る」と述べ、如来回向の信をうることによって、成仏が決定することをいう。しかも「正定聚に住するが故に、必ず滅度に至る」と述べ、現生正定聚の位を主張し、同時にそれが、如来と異ならないというのである。これは『教行信証』の「証巻」に説くのであるが、これが親鸞の晩年には「如来等同」の思想として明確化してくる。親鸞は八八歳の時著わした正像末和讃に「真実信心うるゆゑに　すなはち定聚にいりぬれば　補処の弥勒におなじくて　無上覚をさとるなり」と述べ、真実の信心を得た人は、弥勒と同じであるとなしている。

さらに『末燈鈔』にも、浄信房にたいする返事に「諸仏等同と云事」として「このゆへに、まことの信心のひとをば諸仏とひとしとまふすなり」と述べ、「他力とまふすことは、義なきを義とすとまふすなり」と説き、義とは行者の各々のはからいをいうのであり、はからいなきを他力というとも説いている。同時にそれは、仏陀の光明の満ちあふれた世界であった。親鸞は晩年には、一切のはからいを捨てた自然法爾の世界に入っている。同時にそれは、仏陀の光明の満ちあふれた世界であった。親鸞が八五歳で著わした『唯信鈔文意』には、「仏性すなわち如来なり。この如来微塵世界にみちく〱たまへり、すなわち一切群生界の心なり」と説き、同じく同年に著わした『一念多念文意』には「智慧またかたちなければ不可思議光仏とまふすなり。この如来、十方微塵世界にみちく〱たまへるがゆへに、無辺光仏とまふす。しかれば、世親菩薩は尽十方無导光如来と名づけたてまつりたまへり」とも言っている。親鸞は晩年には、このような仏の光の満ちあふれた世界に住していたのである。これは華厳経の説く世界であるが、同時に如来蔵の「所蔵」の世界である。ここまで来れば、往生ということは仏の世界の中に解消しているのである。

親鸞は弘長二年（一二六二）十一月二十八日に九〇歳の生涯を閉じた。覚如の『改邪鈔』には、如信が親鸞より聞いた言葉として「それがし（親鸞）閉眼せば賀茂河に入れて魚にあたうべしと、云云」の有名な言葉がある。しかし臨終に立会った高田の顕智が中心になって、葬式をなし、遺骨は大谷に祀った。これが本願寺の濫觴である。親鸞は、「父母の孝養のためとて念仏一返にても申したることなし」と述べたと伝えるし、さらに『改邪鈔』にも、「没後葬礼をもて本とすべきように衆議評定するいわれなき事」「二季の彼岸をもて念仏修行の時節とさだむるいわれなき事」等、厳しい言葉がある。しかし実際はこのように実行されることは不可能であったのであり、覚如自身によって、親鸞は「本願寺聖人」とされ、大谷を中心として本願寺教団が形成されていくのである。しかしこれが大きな発展をなすのは、本願寺第八世の蓮如になってからである。

親鸞なき後の関東の門徒は、真仏とそのあとを継いだ顕智によって統率された高田門徒、性信を中心とした横曾根門徒、順信を中心とした鹿島門徒、親鸞の孫如信を中心とした奥州大網の大網門徒などが有力であった。高田の真仏は真壁城主の出であったというが、親鸞より四年前に寂した。あとを継いだ顕智は親鸞の臨終に立会い、遺骨を大谷におさめ、その後の大谷本廟の創立・維持にも力をつくした。高田門徒はその後、常陸・上総・武蔵・遠江・三河等に発展した。性信は親鸞の有力な門徒であり、善鸞の異解事件の時にもよく門徒の動揺をしずめ、正統的な信仰の確立に大きな功績があった。坂東本教行信証を預かり、坂東報恩寺の祖であることは有名である。鹿島を中心に発展した鹿島門徒の中心は順信であった。さらに親鸞の孫如信が奥州大網に下向し、この地に教線を確立した。これが大網門徒である。

大谷本廟は親鸞の子の覚信尼と関東の門弟たちの協力によって創立され、その留守職には覚信尼の子孫が当ることになった。覚信尼のあとをその子覚慧がつぎ、やがて覚如（宗昭、一二七〇—一三五一）がついだ。覚如は大谷本廟を寺院として独立させ、本願寺建立の基礎を固めた。親鸞聖人伝絵、報恩講式、口伝鈔、改邪鈔等、親鸞の教えを受けた如信（善鸞の子）に受けた口伝をもとに、多くの著作を著わし、「三代伝持」を強調した。覚如以後蓮如までは、善如・綽如・巧如・存如と次第したが、この時代は本願寺の沈滞時代であった。経済的にも極めて困窮した。その後をついだ第八世蓮如（兼寿、一四一五—一四九九）によって真宗は大発展をとげることとなった。

時宗の開祖、一遍房智真（一二三九―一二八九）は伊予（愛媛県）の豪族河野通広の次男として生れた。通広は出家して如仏と称したが、一遍も父の命により出家し、一三歳の時、大宰府の念仏上人の聖達の門に入った。聖達は西山派の証空の門人である。さらに肥前の華台上人のもとで修行し、智真の名をもらって、浄土の法門を学んだ。二五歳の時、父の死にあい生国に帰り、家督を嗣いだらしいが、やがて一族間の争いから、深く恩愛の人生を反省し、勇猛心をもって家を捨てて一所不住の遊行回国の生活に入った。そして信濃の善光寺に参籠し、さらに伊予に帰って窪寺の山中に三年の修行をなし、菅生の岩屋に参籠し、「十劫正覚衆生界」の信念を得た。これは、十劫の昔、法蔵菩薩が正覚を得て阿弥陀仏になったとき、衆生の往生もきまった。故に弥陀を念ずる一声の念仏（一念の信）で衆生は浄土に往生できる。故に弥陀の正覚と衆生の往生とは一体不二であるとの確信を得たことをいう。ここには、天台の本覚門の影響が見られる。

それから彼は一切の財産を捨て、妻子の恩愛をはなれ、僅かの経典を持っただけで、故郷を出発した。そして、天王寺から高野山を過ぎ、熊野に参詣した。そのとき「一念の信をおこして、南無阿弥陀仏と唱えてこのふだをうけ給うべし」と申し、名号をしるした算《ふだ》を或る僧に与えようとした。しかし僧は「いま一念の信心おこり侍らず、うけば妄語なるべし」といって算を受けなかった。しかし一遍はそのとき熊野本宮に参籠して、阿弥陀仏の正覚のとき、すでに一切衆生の往生は決定しているのであるから、算をうけるには必ずしも一念の信のおこることを必要としないとの神託を得て、「信不信をえらばず、浄不浄をきらわず」に念仏の算をくばればよいとの確信を得た。これが、一切の人びとを阿弥陀仏に結縁《けちえん》させる賦算《ぶざん》（念仏の札を配ること）の方法である。一遍は弟子達と共に賦算をしながら、一所不住の遊行回国をして念仏勧進をした。衆生が往生するのは、勧める人のはからいによるのではなく、名号の功力《くりき》によるのである。往生の主体は名号であって人ではない。人が往生するのであれば、信も行も必要であろうが、往生の当体が念仏であってみれば、浄と不浄、信と不信という人間のはからいの入る余地はないという確信に立って、ひたすら人びとに念仏をすすめて歩いた。念仏をする衆生がそのまま阿弥陀仏であるという「機法一体」の信念に立っていた。この一遍の立場は、ある点では親鸞以上に他力の信に徹底していたのである。しかも万難を排して、縁にしたがい足にまかせて遊行をつづけ、破れた袈裟を腰にまとい、山野に野宿をかさねながら、賦算遊行のきびしい旅をつづけた。その道心の堅固なことは、他に類を見ない程である。仏教は本来遊行の宗教であるが、日本でこれを厳密に実行した教団は、一遍の教団のみであったといってよい程である。妻子や財産、住居等は執着の原因になる。それらを絶対的に拒否するのが遊行回国である。

一遍は自らの集団を「時衆」と呼んだ。時衆の呼称は一遍在世から行なわれていたらしい。時衆とは、善導の『観経疏』の「道俗時衆等、各無上心を発す」から出たといわれ、あるいは「別時念仏を修する六時衆」から名づけたともいわれるが、明らかでない。ともかく遊行して絶えず動いておれば、常に一期一会であり、その時その時の衆《あつまり》を重んじたのであろう。時衆は定住しなかったから、動かない教団を持たなかったのである。しかし時衆には、一遍という聖にしたがって遊行回国して修行する出家の道時衆と、在俗のまま帰依者として家にあって同じ信仰に生きる俗時衆とがあったらしい。この道と俗との時衆が「道俗時衆等」から起ったといわれている。この道時衆と俗時衆との外側に結縁衆があった。結縁衆は賦算を受ける人びとであるが、しかし信仰を得て聖（一遍）に帰依すれば、道時衆あるいは俗時衆に入るわけである。しかし聖を知識として出家をとげることは容易でなかった。永年住みなれた住所を捨てて、一所不住の身となり、堅く師弟の契約をするのであるから、捨聖《すてひじり》の覚悟の堅固なもののみが入衆を許された。なかには許されなかったために、入水して自殺した人もあったという。入衆が許されると、阿号を名乗って某阿弥陀仏と称した。これは、念仏する行者はみなそのまま阿弥陀仏であるという機法一体の信念に基づくのである。

一遍の時衆の特色は第一に遊行賦算にあるが、これは良忍の融通念仏と思想的に一致する点がある。「信不信をえらばず、浄不浄をきらわず」という時衆の賦算は、一人の念仏が万人に融通するという良忍の思想と共通点がある。一遍当時、融通念仏が畿内で盛んであったので、一遍は融通念仏の勧進の仕方に影響を受けたと見られている。時衆の特質の第二は、踊念仏である。これは一遍が熊野託宣以来六年ほど巡歴したあと、信濃滞在中にはじめたという。これは時衆が円陣を作って、念仏を唱えながら、右廻りに廻りつつ踊りはねるもので、鐘や鼓で調子をとったという。この踊念仏が一般民衆に受け入れられ、時衆は隆盛の一途をたどった。しかし、踊念仏は空也も行なったことで有名であり、この伝統が鎌倉時代にも残っていたという。宗教的な舞踊は、シャマニスティックな日本人の宗教心に合致する点が大きいのである。

次に一遍の念仏は神祇を重んじた点に特色がある。前代の専修念仏は神祇不拝を主張したが、一遍は熊野権現の託宣に基づいて伝道をはじめたのであり、遊行回国の途次にも各地の神社に結縁している。これは時衆が遊行者であるため、民衆と結縁するためには、民衆の集まる場所として、市場や宿場などと共に神社や有名寺院などが選ばれたことと関係があろう。しかし同時に一遍の信仰の中には神祇を尊敬する気持が最初からあったと見てよい。これは一遍が名門の武士階級の家に生れたことと関係があろう。なお時衆の遊行回国には少なからぬ費用を必要としたが、そういう経済的・社会的保護者には在地武士層が多かったという。

一遍は回国の途次、結縁の人びとを目録に記録して歩いたが、「凡そ十六年があいだに目録に入る人数は二十五億七百廿四人なり」といわれる程に多数であった。しかし遊行回国は一遍の身体を酷使したため、五一歳のころには健康を失い、兵庫の観音堂において臨終を迎えた。その時、一遍は「一代聖教みなつきて、南無阿弥陀仏になりはてぬ」といい、念仏を唱えつつ所持する書籍をすべて焼き捨てたという。そのために一遍の著作は残らない。ただし最近彼の著作とされるものが発見されたという説もある。しかし彼の伝記が、最初から彼の随従の弟子であった聖戒によって、『一遍聖絵』としてまとめられ、絵図は円伊によって書かれ、「詞書」は聖戒によって書かれた。

これは一遍入寂後十年目のことである。故にこれはかなり正確に一遍の事績を示しているであろうが、しかし直接的な資料とはいえない。そのあとで宗俊によって『一遍上人絵詞伝』十巻が著わされた。これは前四巻に一遍の伝を、後の六巻に第二祖の他阿真教の伝を収めたものである。宗俊は真教に教えを受けた人である。

一遍の死後、そのあとをついで二祖となったのは他阿真教（一二三七―一三一九）であった。彼は一遍が九州を化導したとき、四一歳（一二七七）で入門した。その後、一遍の高足として常に随従して遊行すること一二年にして、師の入滅にあった。そのとき門弟たちは、師の入滅におくれたのですみやかに念仏して臨終すべしといって死を決意したが、粟河の領主のすすめによって、再起をうながされ、他阿を中心に時衆の教団が再発足したという。しかし他阿のときから、各地に道場が建てられ、時衆の遊行性がうすれた。他阿の時に、道場は各地に百余ヵ所あったという。これらの支持者は主として在地の武士層であった。この真教によって時衆教団の組織化が行なわれ、ついで、三代智得、四代呑海と次第したが、呑海の時、当麻派と藤沢派に分裂した。二祖真教は中風で歩行困難になったとき、遊行を弟子の智得に譲って遊行他阿上人となし、自らは相模の当麻道場に止住し独住上人となった。しかし智得の死後、智光が当麻道場を占拠したので、呑海は藤沢に清浄光寺を建立し、京都の七条道場を遊行上人の中継基地となし、清浄光寺を独住藤沢上人の住居とした。これが遊行派である。前者を当麻派という。しかし時衆はなおこの外に十派にも分裂し、時衆十二派という。

四代呑海から、安国・一鎮・託何《たくが》（一二八五―一三五四）と次第したが、七代託何によって時衆の教学が組織された。彼以前にも著作をなした遊行上人はいるが、遊行生活が本旨であったために、まとまった著作をなすことは困難であった。託何は三代智得の弟子であり、はじめは智得の遊行に随従したが、のち京都の七条道場に移錫し、多くの著作をなした。なかでも『器朴論』三巻は時宗の教理を適切にまとめたものとして、古来重要視されている。これは彼の晩年の作という。『器朴論』の「器」とは、器として完成したものをいい、聖人を意味し、「朴」は自然のままの彫琢を加えないものをいい、凡夫を意味する。そして凡聖同じく念仏によって往生することを明かしたものが本書である。本書には西山派の証空や、一念義の幸西の思想的影響があるというが、全体を十五門に分って時宗の教理をまとめている。第一聖浄難易門や、第二釈迦・弥陀の本懐・非懐の説、第三の二尊二教門等は、曇鸞や道綽等、浄土教の祖師の説にしたがっており、とくに他の浄土教諸派と異ならないが、第五大小権実門では阿弥陀経を重視しており、第七二種三昧門では、浄土往生の信は、至誠心・深心・廻向発願心の三心を起すことにあるが、これは称名念仏の一行に帰することを示し、しかもそれが、信ずるものと信ぜられる仏との、能帰と所帰とが一体となる念仏において、我執自力を離れた「仏の三業を成ずる離三業の念仏」となるという。すなわち凡夫の身口意の三業を離れて、仏の三業に帰入して往生が成立するのである。そしてこの念仏（名号を唱えること）において、成仏即往生の「無生の成仏」が成立するという。この名号思想は、一遍の「名号を信ずるも信ぜざるも、となうれば他力不思議の力にて往生す」という思想を祖述したものであり、時宗独特の説である。

その後、遊行派は隆盛の一路をたどり、室町時代には亀山天皇の皇子尊観法親王が十二代の遊行上人を相続したという。当時、時衆は武士階級の強い支持をうけ、多くの武家が戦場に遊行上人を伴い、死に臨んで十念を受けるのを常としたという。さらに時衆は貴族にも接近し、時衆道場は広大な寺領を擁し、室町時代には最盛期に達した。とくに越前・加賀を中心とする北陸地方、相模・武蔵を中心とする関東地方、さらに奥羽地方、近江から京都などに大きな勢力を持っていた。

さらに時衆が踊念仏を主とした点から、時衆は芸能と関係が深かった。室町時代の連歌に頓阿等が輩出し、能楽の観阿弥・世阿弥父子の「阿弥」も時衆の号であり、能楽の発達も時衆と密接な関係があるという。そのほか絵画や立花・作庭など、室町文化に時衆阿弥の果たした役割は大きい。しかしこれらの文化は、時衆の教理から必然的に発展したものでなかった点に、時衆出身者の文化活動がかえって時衆の宗教活動を阻害する点があった。ともかく時衆は室町初期の応永の末年（一四二七）ころを頂点として、次第に衰微しはじめた。時衆が隆盛になるとともに、貴族化して、支配者に接近しすぎたため、民衆が離反したことが大きい。当時の時衆には一遍の厳しい遊行の精神が失われて、信仰も形式主義に流れていたのである。ちょうどこの頃から本願寺の蓮如（一四一五―一四九九）の活動がはじまり、越前の吉崎を中心にして北陸に真宗を広めたため、この方面の時衆の信者はほとんど本願寺に転向したという。さらに僧尼の風紀の乱れも原因となったらしい。時宗は僧尼が一団となって遊行回国するため、教団の初期から風紀維持に考慮を払わねばならなかった。道場が作られたあとにも、僧尼が併び住したため、さらにこのことは深刻な問題になったという。二祖真教も「時衆制誡」を制定して、これを厳重に規制したが、効果は必ずしも十分でなかった。そのために他宗寺院よりも風紀の乱れが一層甚しかったという。これは時衆の体制から付随的に生じた問題であっただけに、解決が困難であった。

ともかく時衆は室町時代より次第に衰微した。関東の地盤も、時衆を保護した戦国大名の多くが没落したために、命運を共にし、僅かに残った道場が、近世の時宗として伝わることになった。

禅の伝来と臨済宗

日本にはじめて禅を伝えたのは、飛鳥時代の法相宗の道昭である。さらにその後に奈良時代に大安寺の道璿《どうせん》が北宗禅を伝え、これを行表がうけ、さらに最澄に伝えたことは有名である。しかも最澄は入唐して翛然《しゆくねん》から牛頭《ごず》禅を相承した。さらに平安時代に南宗禅の義空が来って檀林寺に住したが、時機いまだ熟せず、流通を見なかった。さらに叡山の覚阿が一一七一年に入宋して臨済禅の楊岐《ようぎ》宗を伝え、大日能忍が弟子を入宋させ、拙庵徳光（一一二一―一二〇三）に所解を呈して印可を受けたという。しかし一般には栄西《えいさい》（ようさいとも言う。明庵千光国師、一一四一―一二一五）が入宋して、臨済宗の黄竜《おうりよう》宗を伝えたのをもって、わが国禅の初伝となし、臨済宗の開宗となす。

しかし鎌倉時代以来わが国に伝来した禅は、四十六伝とも二十四流ともいわれ、多数の伝来があった。しかし徳川時代の黄檗宗の伝来を除いて考えれば、鎌倉時代の禅の主流は次の四つに分けて見ることができる。

第一は栄西・聖一・法燈《はっとう》等の流派であり、教禅兼修の家風をもつ禅である。円・密・禅等を兼修し、叡山等の圧迫もあって、純粋の禅を挙揚できなかった時代である。

第二は、蘭渓・祖元等の来朝した中国僧の伝えた鎌倉禅である。これは禅林の清規によって祖師禅を挙揚した。

第三は、わが国の南浦紹明（大応国師）が入宋して楊岐宗の法を伝え、宗峰妙超（大燈国師）・関山慧玄と次第するわが国臨済禅の主流であり、応・燈・関といわれる。

第四は、道元によって伝来された曹洞禅である。

栄西（一一四一—一二一五）は備中（岡山県）の生れで、一一歳で郷里の寺で出家し、天台や密教を学んだ。一九歳で上京し叡山に登り、天台の教理を学んだが、その後大山寺で台密をも学んだという。二七歳の時入宋したが、この時の入宋の目的は明らかでない。帰国後、密教をきわめて、葉上流の一派を開いた。四七歳（一一八七）の時再び入宋し、天台山の虚庵懐敞《きあんえしよう》について禅を学び、五年の修行のあと、印可を受けて帰国した。これは臨済宗黄竜派の禅であった。栄西は博多に聖福・報恩の二寺を建立し、『出家大綱』を著わし、さらに『興禅護国論』を著わして、「即心是仏」をもって宗となす禅宗の立場を明らかにした。本書によって、はじめて禅宗の実態が日本に明らかにせられた。後、鎌倉に招かれて寿福寺の開山となった。しかし鎌倉では栄西は主として密教の修法を行なったという。しかし将軍頼家の帰依をうけて、京都に寺地を施入され、建仁寺を建立した。しかしこれも天台の別院として建てられ、寺内に真言・天台・禅門の三宗を置くことによって勅許を得た。当時は叡山の干渉が厳しかったので、純粋の禅の挙揚は望めなかった。そのために彼の禅は密教を併せ行ずるものとなった。

さらに彼は六四歳のとき「日本仏法中興願文」を著わし、持戒を先とする禅宗の重要性を強調し、禅の実践によってのみ、王法も仏法も栄えることを主張した。そして厳しい持戒禅定の生活をもって、七五歳で建仁寺に寂した。彼に『喫茶養生記』二巻があり、日本に喫茶の風習を普及させたことも逸することはできない。弟子に行勇・栄朝（—一二四七）・明全等があり、高弁（一一七三—一二三二）も栄西より印可を受けたという。

行勇・栄朝に従ったものに聖一国師円爾弁円（一二〇二—一二八〇）と法燈国師心地覚心（一二〇七—一二九八）とがある。共に純粋の禅でなく密教の混じた禅であった。円爾弁円は三井寺で学び、後に二人に禅を学び、入宋して無準師範《ぶじゅんしばん》の法を得て帰朝した。博多に崇福寺を建て、藤原道家の帰依をうけて京都に東福寺、普門寺を建て、京都と鎌倉で活躍し、後嵯峨上皇や時頼に禅戒を授け、禅要を説いている。しかし彼は密教をも修し、教禅一致を唱えた。叡山に近い京都において単一に祖師禅を挙揚することは、彼の時代には未だ不可能であった。円爾の弟子無関普門（一二一二—一二九一）は入宋して、断橋《どんぎょう》妙倫に印可せられ、一二六二年に帰朝した。亀山上皇の帰依を得て、その離宮を寺とし、南禅寺を開いた。南禅寺はそれ以来諸寺の上位とせられた。同門の東山湛照の弟子に虎関師錬（一二七八—一三四六）があり、『元亨釈書』三十巻を著わした。

つぎに心地覚心ははじめ密教を学び、行勇・栄朝・道元に参じ、後入宋して無門慧開の法を得て帰国した。彼は普化宗をも伝えたという。覚心の禅も密教を混じており、弟子が多い。孤峯覚明（一二七一—一三六一）、その弟子抜隊《ばっすい》得勝（一三二七—一三八七）などが有名である。

禅が日本に紹介され、禅の理解が深まったところで、純粋の禅が導入せられた。これが鎌倉禅である。宋朝の禅が鎌倉に根をおろした最初は蘭渓道隆（一二一三—一二七八）の来朝である。彼は栄西の滅後三〇年（一二四六）に来朝し、鎌倉に迎えられて、北条時頼の建立した建長寺の開山となった。彼の門下には新鮮な宋朝の禅を学ばんとする門下が雲集し、建長寺には弟子が二百余人も集まったという。この派を大覚派といい、弟子の中では約翁徳倹が最も優れ、その弟子寂室元光（一二九〇—一三六七）は入宋し、後、永源寺の開山となった。一二六〇年に兀庵《ごったん》普寧（一一九七―一二七八）が来朝して、建長寺二世となったが、彼の禅風は日本人に理解されず、六年にして帰国した。そのあと大休正念（一二一五―一二八九）が来朝し、建長・寿福寺等に住し、ついで無学祖元（一二二六―一二八六）が一二七九年に来朝した。彼は建長寺に入り、ついで北条時宗が円覚寺を創立したので、その開山となった。蒙古の来襲に際して、時宗を激励し、般若力を念じて勝利をうるに至らしめたという。終生鎌倉に住して、鎌倉武士の教化に専念し、彼が禅の弘通に果たした功績は大きい。弟子に高峯顕日（一二四一―一三一六）がある。円覚寺と建長寺は官刹とせられ、これによって禅宗が南都北嶺の拘束を脱して独立するを得たのである。円覚寺の創立は一二八一年であり、栄西が興禅護国論を著わした建久九年（一一九八）より八十余年を経ている。つぎに無学の来朝におくれること一八年、一二九九年に一山一寧（一二四七―一三一七）が元の使節として来朝した。修禅寺、建長寺等に住し、関東道俗の帰依をうけたが、後宇多上皇の懇請をうけて上洛し、南禅寺三世になった。これによって宋朝風の純粋禅が宮廷公家の間に滲透し、京都の禅は一段と発展した。しかも一山は、禅学はもちろん、儒学その他高度に洗練された教養を持っていたので、道俗に与えた影響は大きく、門下には高峯・虎関・雪村・桃渓・夢窓等、多数の俊秀を輩出し、その門流から五山文学が繁栄することになる。

第三に、わが国臨済禅の主流となる応燈関の禅は、大応国師南浦《なんぽ》紹明《じょうみん》（一二三五―一三〇八）にはじまる。彼ははじめ鎌倉で蘭渓道隆に参じたが、一二五九年入宋し、虚堂《きどう》智愚に従って楊岐宗の法を伝え、一二六七年に帰朝した。博多の崇福寺に住持すること三十余年、多くの門下を育成し、禅風大いにあがった。一三〇四年に後宇多上皇の詔によって上洛し、勅によって万寿寺に住した。のち嘉元寺を開創しようとして叡山の反対にあい、鎌倉に下って建長寺に入り、北条貞時に禅を説いたが、一三〇八年寂している。紹明は純粋に禅に始終し、現今の臨済宗はすべてこの系統であるほどに感化が大きい。弟子に通翁・宗峰、その他がある。通翁鏡円は、花園天皇・後醍醐天皇に禅要を述べ、一三二四年、叡山・三井・南都の大徳と清涼殿に宗論を行ない、諸師を論破した。これが元亨宗論である。宗峰妙超（一二八二―一三三七）は元亨宗論後、大徳寺が成った時、迎えられて住し、花園天皇に禅を奏聞し、大燈国師の号を賜った。弟子は徹翁義亨・関山慧玄をはじめ甚だ多い。徹翁義亨は大徳寺をつぎ、この系統から一休宗純（一三九四―一四八一）、沢庵宗彭（一五七三―一六四五）などが出ている。関山慧玄（一二七七―一三六〇）は無相大師で、花園上皇の離宮を寺とした妙心寺に勅住し、枯淡な禅風を挙揚し、本朝に並びなき禅哲と称せられた。弟子に微妙大師授翁宗弼があり、この系統に雪江宗深（一四〇八―一四八六）が出て妙心寺四派の基いをきずいた。

なお無学祖元の弟子に高峯顕日があり、その弟子に夢窓疎石（一二七五―一三五一）がある。当時、鎌倉幕府が亡び、疎石は足利氏の帰依をうけ、天竜寺を開創して開山となり、さらに相国寺の開山ともなった。その外にも多くの寺を開き、七朝の帝師として尊敬せられ、弟子も多く、とくに無極志玄、義堂周信、絶海中津、春屋妙葩等が有名である。南禅・天竜・相国寺等に住し、妙心寺系統と相対し、禅宗の黄金時代を築いた。

南北朝から室町時代において、南禅寺は五山の上に位し、天竜・相国・建仁・東福・万寿を五山とし、等持・臨川・真如・安国・宝幢・普門・広覚・妙光・大徳・竜翔を十刹とし、京都の五山十刹が定められた。妙心寺は官刹ではなく、最初は大徳寺の末寺であったために、十刹にも加わらないのである。これにしたがって鎌倉にも、建長・円覚等を中心にして五山十刹が定められ、禅は京都と鎌倉を中心にして栄え、五山を中心に禅文化の花を開き、次第に武士階級の宗教として日本人の精神生活に深く根をおろすことになった。

道元の曹洞宗

道元（一二〇〇―一二五三）の父は久我《こが》通親であったというが、彼は一三歳で出家し叡山に登って天台を学んだ。しかし本覚思想に触れて、衆生が本来成仏しているのであれば、三世の諸仏は何のために発心し、修行し、菩提を求めたのかという疑問をおこし、三井寺公胤の指示によって建仁寺に栄西を訪ね、その寂後明全にしたがい、一二二三年、二四歳の時、明全に従って入宋した。各地に明師を求めたが、天童山の如浄（一一六三―一二二八）に師事し、三年にして参学の大事をおえ、その印可を受けた。そして仏祖正伝の仏法を稟受して、一二二七年帰国した。はじめは建仁寺に寓し、普勧坐禅儀を撰したが、一二三〇年深草安養院に移り、弁道話を示衆した。そして参禅の目的は身心脱落であり、只管打坐《しかんたざ》によってはじめて得られることを主張した。一二三三年には観音導利院を起し、現成公案を示衆し、はじめて僧堂を開単し、宋朝風の純粋禅を主唱した。このとき大日能忍の法系の孤雲懐奘（一一九八―一二八〇）や、懐鑑、徹通義介、義演等が弟子となった。円爾弁円が宋から博多に帰来したのが一二四一年であり、蘭渓道隆が鎌倉に迎えられたのは一二四六年である。道元は彼らより以前の一二三三年に、京に近い深草で大胆に正伝の仏法を宣説したために、叡山の忌諱にふれ、一二四三年寺を破却され、波多野氏の招請により、越前志比庄に移った。翌年大仏寺を開き、のちこれを永平寺と改称した。一二四七年には北条時頼の請により鎌倉に旅行したが、翌年帰った。そして正法眼蔵九十五巻、普勧坐禅儀、永平清規《しんぎ》、永平広録等を著わし、病を得て、五四歳の時京都で寂した。弟子には孤雲懐奘、詮慧、義尹、義介、義演、さらに来朝僧寂円等の名が知られる。

懐奘《えじょう》（一一九八―一二八〇）は道元より二年年長であるが、京都の深草で弟子となった。きわめて謙虚な性格で、道元に深く帰依して、至情をもって仕えた。永平寺二代となり、正法眼蔵、宝慶記《ほうきょうき》等、道元の著述を筆写し、後世に伝え、自ら『正法眼蔵随聞記』を著わした。よく道元滅後の弟子達をまとめ、永平寺教団の基礎を築いた。道元は正伝の仏法を説き、たとい一個半個でも真の仏弟子の打出につとめたから、自ら禅宗と呼ぶことすら嫌い、真正の禅の実践を弟子達に伝えた。仏法には「修と証とは一等」であるといい、修行は「証上の修」であり、自ら仏の自覚に立って修行すべきことを説き、発心・修行・菩提・涅槃は「行持道環」であり、涅槃からより高い発心につらなってゆくのであり、無限に行持の道環はつながっている。そういう修行を「只管打坐」において示した、きわめて格調の高い禅であった。しかしそれだけに凡人には近づき難い点があったであろう。

こういう道元の禅にたいして、弟子達の受けとめ方は必ずしも同じでなく、そのために道元滅後に弟子達の間に分派を生じたという。永平寺は懐奘のあと徹通義介（一二一九―一三〇九）が継いだ。義介は道元に参じて、のち懐奘の法を継いだ。しかしそのあと、法弟義演や寂円（　―一二九九）等の純粋な道元禅を守らんとする保守主義の人びとと、義介一門の時代に即応して禅を広めんとする進歩派の人びととの間に考えの違いがおこり、そのために義介は永平寺を去って加賀の大乗寺に拠った。この系統がのちに総持寺派に発展する。道元を慕って、宋より来た寂円は越前の宝慶寺に入り、道元の純粋禅を挙揚した。さらに道元の弟子寒巌義尹《ぎいん》は九州の菊池氏に迎えられ、肥後の大慈寺を創《はじ》め、寒巌派として、九州地方に展開し、室町中期以後には遠江・三河地方にも進出した。

大乗寺を根本道場とした義介の弟子に瑩山紹瑾《けいざんじょうきん》（一二六八―一三二五）が出るに及んで、曹洞教団の地方発展の道が確立した。紹瑾は八歳のとき出家して懐奘の門に投じたが、その寂後義介の弟子となった。一八歳のとき遊方の志をおこし、宝慶寺の寂円に謁し、さらに円爾弁円の弟子の東山湛照や白雲慧暁、法燈派の無本覚心らに参じ、ついで義介の法を嗣いだ。しかし東山《とうざん》の禅は浄土教、真言などと結合した兼修禅であったために、瑩山の禅にはその影響があるという。しかしそのために天台や真言の寺院を禅に改宗させることによって発展し、民衆の現世利益の素朴な信仰をも禅の中に吸収して、教団を飛躍的に拡張することが可能であったわけである。義介は真言の大乗寺を曹洞に転宗させたが、瑩山も真言・律の旧仏教寺院であった永光・総持の二寺を開いた。瑩山には、曹洞宗の宗灯伝承を明かした『伝光録』二巻がある。彼の下に明峰素哲（一二七七―一三五〇）と峨山韶碩（一二七六―一三六六）とが出た。明峰派は大乗寺を本拠として、加・能・越、さらに周防・奥羽に進出し、峨山派は永光寺・総持寺を本拠とし、全国的に発展し、その弟子通幻寂霊（一三二二―一三九一）の系統からは、小田原の最乗寺を開いた了菴慧明が出ている。さらに峨山の別の弟子太源宗真の系統からは静岡の可睡斎や大洞院を開いた如仲《じょちゅう》天誾《てんぎん》

（一三六五―一四三七）が出ている。このようにして曹洞宗は室町時代後半にかけて、臨済禅の間隙をぬって教線を拡大し、全国に広まった。彼らの帰依者、支持者は各地の地頭領主クラスの武士であったと見られている。例えば、道元を支持したのは越前の波多野氏であり、寒巌義尹は肥後の菊池氏に迎えられ、通幻寂霊は丹波の細川氏の外護をうけ、その他、下総の結城氏、能登の吉見氏、越前の上杉氏、美濃の土岐氏、近江の佐々木氏、薩摩の島津氏などが曹洞宗に帰依し、その外護者となっている。曹洞宗は禅を主体としながらも、祈禱を採り入れ、呪術的な性格をもっている点で日本人に迎えられた。この点、臨済宗が五山文学を発展させ、詩文や茶の湯などの文芸と結合して発展したのと大きく異なっている。

日蓮とその門流

日蓮（一二二二―一二八二）は千葉県小湊の漁師の家に生れ、一二歳で清澄山《きよすみ》の寺に入り、一六歳で出家し、是聖房蓮長と名乗った。当時、清澄寺は天台系の密教寺院で、師の道善房は念仏信仰者であった。そのために日蓮は若くして法然や善導の浄土教義を学び、さらに天台の本覚思想に触れた。彼が一七歳の時清澄寺で書写した『円多羅義集』は初期の本覚思想の文献である。日蓮の出家のころ父母は健在であり、世の無常を感ずる如き出家の動機はなく、さらに日蓮は幼少の時、清澄寺の虚空蔵菩薩に「日本第一の智者になし給へ」と願をかけたとも伝えられるから、おそらく日蓮の出家は、幼少より才智英敏であったのを嘱望されて出家したのであろう。そこに郷党の期待もあったであろうし、日蓮自身にも現実を肯定し、現世を宗教的に改革していこうとする現実肯定の意欲が強かったのであろう。そのために現実を逃避して、彼岸に理想を求める浄土教義は彼の性格に合わなかったようである。一般には少年時代に学んだことは、その人の一生に大きな影響を残すが、日蓮の場合は最初に学んだ念仏宗を、烈しく否定することによって、法華経にたいする自己の信仰を確立している。

清澄寺には学者がいなかったために、彼はまず鎌倉に遊学し、浄土や禅を学んだが、二一歳ごろ一旦清澄山に帰り、さらに真理を窮めるために比叡山に登り、ついで京都、三井寺、高野山、四天王寺等に遊学した。その間の日蓮の思想遍歴の詳しい事情は不明であるが、日蓮はやがて「法華経の持経者」となって帰郷した。そして建長五年(一二五三)四月二十八日三二歳の時、清澄寺の道善房の持仏堂の南面で、同寺大衆を前にして、遊学の成果について発表し、法華経への絶対帰依を表明し、南無妙法蓮華経の題目を唱えはじめたという。そして名を蓮長から日蓮に改めた。日蓮宗ではこの日を立教開宗の日と呼んでいる。これは法然の寂後四一年、栄西の寂後三八年、道元の寂年に当る。親鸞は八二歳、一遍は一五歳であった。ただし「法華経の持経者」の信仰はすでに平安時代に見られる。平安時代に、薬恒の『本朝法華験記』、保胤の『日本法華験記』、叡山智源の『法華験記』、鎮源の『大日本法華経験記』など、種々の「法華験記」が作られた。それらによると、法華経の読誦・書写・法華懺法等によって罪業を消滅し、輪廻の繋縛を絶とうという信仰が見られる。しかしその中には、法華経の読誦と共に止観を併せ修する者もあり、あるいは法華信仰者といっても、真言陀羅尼や他の経典の読誦をかねる者や、念仏を兼修する者もあった。しかし同時に、法華経の読誦のみをこととする者も少なくなく、これらが後の「専修法華」の先駆となったと考えられる。とくに「法華験記」によると、平安時代後期に擡頭してきた在地武士層の間に法華持経者が多かったという。したがって鎌倉時代にも、法華の持経者は各地に散在していたであろう。日蓮もこのような信仰者に影響されて、法華の持経者になったかと考えられるが、しかし彼の場合には、専修法華を一段と純化して、多くの迫害苦難に堪えることによって、法華の持経者から「法華経の行者」の自覚に昇華した点に、彼の宗教の独創的な立場がある。しかし彼の伝道が、無から出発したものでなく、彼の専修法華の主張に耳を傾けるべき法華の持経者という宗教的土壌が、すでに存在していたことを見落してはならないであろう。

日蓮は郷里において専修法華を高唱し、念仏の信仰を烈しく排撃したので、念仏者であった地頭の東条景信の怒りを買い、故郷を追われることになった。そのために鎌倉に出て布教を開始した。鎌倉布教開始は日蓮の三二歳の時であるが、その時すでに下総若宮（市川市）の有力武士富木《とぎ》常忍が信者となっている。（彼宛の日蓮の真跡が残っている。）日蓮が鎌倉に行く途中で常忍が信者になったのであろう。常忍がもともと法華の持経者であったと考えれば、この点説明がつく。富木常忍はその後一貫して日蓮の有力な外護者となり、日蓮の滅後出家して日常と名乗り、日蓮の遺文を蒐集し、中山法華経寺の基いを築いた。鎌倉ではその後、天台僧の日昭、その甥日朗、駿河の実相寺の学僧日興《にちこう》、在家信者としては武士の四条金吾、池上宗仲・宗長兄弟、甲州の波木井《はぎり》実長《さねなが》等が帰信した。当時は地震・暴風雨、飢饉疫病等が相続いて起ったため、日蓮はこれらは法華経を信じないための諸天の瞋りであると考え、種々の著作を作ったが、文応元年（一二六〇）日蓮三九歳の時、『立正安国論』を著わし、鎌倉幕府に献じ、速やかに念仏宗を禁じ、謗法のものを退治し、実乗の一善に帰すべきことを進言した。そうでなければ神々の瞋りにより、他国侵逼の難（外寇）や自界叛逆の難（内乱）が起るであろうと予言した。これが原因で日蓮は翌年伊豆に流された。

　二年のあと許されて鎌倉に帰ったが、その後郷里に訪ねたとき、小松原で東条景信に襲撃され、門弟二人は討死し、日蓮も頭に傷を負い辛うじて免れた。その後鎌倉にもどって伝道につとめ、日向《にこう》や日頂等をはじめ多くの弟子を得た。文永五年（一二六八）日蓮四七歳の時、蒙古の国書が到来し、他国侵逼の難の予言が適中した。そこで再び幕府に上書して、「国主諫暁」を行ない、禅や念仏・律宗等を烈しく攻撃し、故人の時頼や重時なども無間地獄に落ちたと極言したので、良観・良忠・行敏等の訴えにより捕えられて、竜ノ口で殺されんとしたが辛うじて許され佐渡へ流された。これは文永八年日蓮五〇歳のことであり、このとき鎌倉の日蓮の教団は徹底的に弾圧された。日蓮は翌年、佐渡で『開目鈔』を著わし、さらに『観心本尊鈔』を著わした。彼は法華経を世間に広めることによって、社会の平安と国家の安寧を願ったのであるが、しかしかえってそのために数々の迫害と法難を受けたので、その理由を深く反省し、法華経を広めようとすれば如来の在世ですらも怨嫉が多いという法華経の言葉により、いわんや如来の滅後、末法の世においては一段と迫害の度が加わるであろうとの信念に達した。そして、たとい諸天に捨てられ、諸難にあうとも、いかなる迫害にも堪えて法華経をこの世に広むべきであり、自己はそのための法華経の行者としての「如来の使」であるとの使命感を持つに至った。そして法華経を広めるために、無知悪人にたいしては摂受を先とし、邪智謗法の者には折伏《しやくぶく》を先とし、薬王菩薩の如くに身命を捨てて法華経のために尽す決意を示した。開目鈔とは、日蓮自らが法華経の行者・本化上行の菩薩であるとの自覚に「目を開いた」ことを示すと共に、度々の法難に信仰の動揺している門弟達にたいし、この使命感に目を開かしめる意味を含めていたであろう。

これにたいして観心本尊鈔は『如来滅後五五百歳始観心本尊鈔』と呼ばれ、五五百歳すなわち末法の始めにおける「観心の本尊」を明かしたものである。観心は教相にたいするものであり、「我が己心を観じて十法界を見る」のが観心であるという。即ち自己の心に、上は仏界から下は地獄まで、あらゆる性質がそなわっており、それを詳しくいえば「一念三千」の諸法が心にそなわっているのである。しかし日蓮は「この一念三千の法門は、法華経の如来寿量品の文底に沈めたり」と説き、己心にそなわる一念三千の法門を、久遠の仏の寿命を説く「寿量品」において理解するのである。同時にこの本門の寿量品において「本尊」が説かれるが、それは、空中に居する宝塔中に妙法蓮華経を中心として、その左右に釈迦・多宝、さらに釈尊の脇士の上行等の四菩薩、文殊弥勒等の四菩薩、その他の諸仏諸菩薩等によって示されている。しかもさきの観心の己心と、ここに示す本尊の妙法蓮華経を中心とする諸仏諸菩薩とは、同じく本門から現われたものであるから、別のものではないのである。「一念三千の仏種に非らざれば、有情の成仏、木画二像の本尊は有名無実なり」と説かれ、己心の一念三千の根底には「仏種」、即ち仏性があるのであり、それによって観心の対象たる「本尊」に生命が宿るのである。「若し衆生に仏知見なくんば、何んぞ開を論ずることあらん。当に知るべし、仏の知見は衆生に蘊在す」と説かれるように、仏知見の現成において、「観心」と「本尊」とが一つになる。しかし日蓮においては、その際、題目が主要な役をなす。観心本尊鈔が「如来滅後五五百歳」を冠せられているように、末法闘諍堅固の時代の鈍根の衆生にとっては、観心と本尊の合一は、南無妙法蓮華経と唱えることによってのみ実現するとなすのである。観心本尊鈔の本尊の中心が「南無妙法蓮華経」であるのは、そのためである。そこには「以信代慧」といわれるように、「信」が根本となっていることを見るのである。

観心本尊鈔には、このような観心本尊が説かれるが、この本尊が図形に現わされたものが「十界曼荼羅図」（大曼荼羅）である。門下たちに授与せられた。

日蓮は五三歳の時、赦免状が出されて、佐渡の流罪を解かれた。彼は再び鎌倉に帰って、幕府に蒙古襲来の近いことを説き、諸宗が法華経に帰一すべきことと、真言で蒙古調伏の祈禱をしても、いよいよ国は滅ぶべきことを進言したが、幕府は用いなかった。日蓮は三たび「国主諫暁」を行なって用いられなかったために、甲斐の身延山に隠退した。日蓮が鎌倉に帰来した文永一一年十月に第一回の蒙古襲来があった。日蓮はこのとき、蒙古襲来は日蓮の進言を容れず、国家が法華経に帰一しないために、善神が捨国し、神は天上に帰り、蒙古はむしろ謗法の国、日本を治罰するための隣国の聖人であるとすら説いたのであるが、蒙古襲来は大暴風雨のために敗退し、日蓮の予言は不発に終った。ともかく日蓮の諫暁は幕府に容れられなかったので、彼はむしろ失意のうちに身延に隠退したのである。その後は自己の理想の実現を未来の門下に託した感がある。そして現実の改革よりも、未来の「霊山浄土」について語ることが多くなっている。彼は身延で『撰時鈔』『報恩鈔』を著わしているが、報恩鈔には本門の本尊、本門の戒壇、本門の題目の三大秘法が説かれている。そして「此事いまだひろまらず」と説き、その実現を未来の門弟に託している。とくに、最澄の大乗戒壇について述べながらも、さらに本門の戒壇を説くのは、天台宗からの独立を意識したからであろう。日蓮が隠退した身延には、弟子や門弟が次第に集まってきて、少ないときでも四十人、ある時には六十人であったといわれ、門弟達に取りまかれ、晩年の日蓮は物質的には豊かな生活ではなかったにしても、静寂や法楽につつまれた生活であった。そして弘安四年（六〇歳）には、波木井氏たちの願いをいれ、小坊や廏などの付属する本格的な道場も建築されている。

しかし日蓮は五三歳で身延に隠退してから、次第に健康を失い、五七歳の冬には筆をとる元気も失われるほど衰弱している。そして次第に死を予期しだしている。六〇歳の時、弘安四年に第二回目の蒙古の襲来があるが、あまり関心がなく、それにたいしても僅かに言及するのみである。そして翌年九月、門下のすすめもあって、療養のために山を下ったが、武蔵の池上まで来てついに波瀾多き一生を終った。

日蓮の在家信者には、在地の武士階級が多かった。さらに女性の信者が多かったことに特色がある。それに応ずる如く、日蓮は家族道徳、主従の道徳を重視し、とくに祖先や父母への報恩、主君の恩、従者の報恩を強調している。これは当時の武士階級を主体とする社会秩序に叶うものであった。しかも専持法華のひたむきな信仰は、主君や父母への従順の徳と合致するものであり、さらに戦場に向う武士にとって、一心一向に法華経を信じて、その加護を念ずることは、彼らの宗教心を満足させたであろう。しかし日蓮は法華経を最高のものとしたから、主君や親と信仰が異なる場合には、主・親を謗法の徒として非難し、その関係を断ってでも信仰に忠実であることを求めた。したがって日蓮の理想は、父母家族・縁者・主従、さらに国王までも、すべてが法華経の信者となることであり、そのとき神々も善神となってわが国を守ると考えたのである。しかしこのような主張のために、日蓮滅後には、日蓮教徒が他宗との協調を欠き、神祇不拝の問題をおこしたり、異教徒を謗法の徒として、彼らから布施を受けず、さらに彼らに法を施さないとする「不受不施」の問題などを起すことになった。なお教理的には日蓮が「寿量品」を重視したため、法華経二十八品のうち、前半十四品の「迹門」と、後半十四品の「本門」とにおいて、本門・迹門に平等の真理性を認める「一致義」と、日蓮の立場は本門にあったとして、迹門に価値を認めない「勝劣義」との争いが起っている。

日蓮は自己の死の五日前、高弟六人（日昭・日朗・日興《にちこう》・日向《にこう》・日頂・日持）を「本弟子」と定め、自身の墓を身延に定めた。翌年正月、本弟子が輪番で身延の墓所を守ることとしたが、しかし日昭・日朗（一二四三―一三二〇）は鎌倉を中心に布教し、日興・日持は駿河・伊豆地方、日向は上総、日頂は下総でそれぞれ布教を進めたので、はじめ日興（一二四五―一三三三）が身延に止住して久遠寺の経営に当った。しかし彼は檀越の波木井実長と対立し、身延を下って、駿河の南条時光に招かれ、大石寺を建てて富士門流を起した。日興の下山後、日向（一二五三―一三一四）が身延を守り、波木井氏の外護のもとに久遠寺の基礎をきずいた。日朗は鎌倉の妙本寺を拠点に、池上宗仲と共に池上の御影堂（本門寺）を開き、さらに下総に本土寺を創め、この三寺を中心に発展し、中世法華教団に大きな地位を占めた。しかし日昭や日朗は幕府の法華宗迫害に際し、自ら天台沙門と名乗り、さらに日蓮の教理が鎮護国家の主旨に悖らないことを弁明して難を避け、日興の非難を受けている。日興以外の五人の本弟子は多少とも日蓮教義の解釈に厳しさを欠いたようである。

さらに下総の富木《とぎ》常忍は出家して日常となり、日高・日揚らの協力を得て中山法華経寺の基礎を確立した。とくに太田乗明と共に、日蓮の遺文の収集に努力し、日高の弟子日祐も日常の遺業をつぎ、遺文収集を一生の仕事とし、『本尊聖教録』という目録を作成した。これが基本になって、のち身延でも遺文の収集につとめ、後世これらがまとめられて『録内《ろくない》御書』『録外御書』等が成立することになった。

富士門流を開いた日興は、身延の檀越波木井実長が三島明神に参詣したことと、富士の神社に供養を寄進したことを取りあげて、これを謗法行為であると非難したために、波木井氏と対立し身延を去ることとなった。日興は駿河の南条氏に迎えられて大石寺を建てたが、さらに北山の地頭石川能忠の外護により北本門寺を開き、重須《おもす》にも本門寺を開き、この門流の教学の振興を計った。その門下には、日華・日目・日代等をはじめ、多くの逸材が輩出し、東北・佐渡・四国・山陰等に教線を延ばし、全国的な教団に発展した。しかし富士門流は、日蓮の教理を、妥協を許さない厳しい立場で解釈したため、門下の日目、日仙等から法華経の解釈において、迹門を軽視する「勝劣義」の主張がおこり、それによって門下に分裂を生じた。

日朗の弟子にも「朗門九鳳」といわれる如くすぐれた弟子が多かったが、彼らは諸国に布教して大きな成果を挙げた。とくに京都に布教した日像（一二六九—一三四二）の活躍が顕著であった。彼は永仁二年（一二九四）京都に入り、非常な困苦のすえ妙顕寺を建立し、柳酒屋等の富裕な商工業者を信徒にし、京都の日蓮教団の基礎をきずいた。日蓮信仰の、苦難に堪えて現実へ積極的に立ち向う態度が、営利のために刻苦勉励する商工業者の心情に合致する点があった。そのために京都の法華信徒はいわゆる「町衆」として大きな勢力に発展した。そして一四〇〇年ごろには京都のほぼ半分は法華の信徒であったといわれ、日蓮宗寺院が京都に約六十ヵ寺もできあがり、立本寺、妙顕寺、妙覚寺、妙満寺、本能寺等の二十一ヵ寺本山があった。

鎌倉旧仏教の復興

奈良より都が京都に移されることにより、奈良の仏教は一時打撃を受けたが、その後立ち直り、鎌倉時代には鎌倉新仏教の出現に刺戟されて、南都の旧仏教にも改革運動が起ってきた。すなわち律宗・法相宗・華厳宗・三論宗等に優れた学僧が輩出し、学問的に活発な活動を起すと共に、社会的にも仏教の実践によって積極的に社会に働きかけた。なお南都仏教には、密教系の浄土教が盛んであったが、同時に「弥勒信仰」が強く行なわれたことも注目してよい。

(イ)　律宗　中ノ川実範（　—一一四四）は興福寺の僧であったが、法相・真言・天台の学をおさめ、浄土教の信仰者でもあった。しかし律の衰微を慨いて唐招提寺に詣り、一老僧の田を耕しているのに会い、四分戒本を伝受して唐招提寺に住し、律の復興に尽した。そして興福寺の欣西の請いによって『東大寺戒壇院受戒式』一巻、『出家授戒法』一巻等を撰し、長く断絶していた東大寺戒壇院の受戒作法を復活し、南都仏教に戒律の生命を吹きこんだ。この実範の理想は、笠置《かさぎ》の解脱上人貞慶《じょうきょう》（一一五五―一二一三）に受けつがれ、彼の『戒律興行願書』の述作となり、彼の弟子戒如から円晴・覚盛等の俊秀を輩出した。覚盛（一一九四―一二四九）は円晴・有厳・睿尊と共に、東大寺大仏殿において、一二三六年に自誓受戒によって具足戒を受けた。その後覚盛は唐招提寺に住し、道宣の三大部を講じ、菩薩戒に関する著作をなし、その門下からは良遍・聖守・円照・証玄、その他の高足を出した。覚盛は大悲菩薩と尊称される。戒壇院円照（一二二〇―一二七七）の弟子が凝然（一二四〇―一三二一）である。つぎに睿尊（一二〇一―一二九〇）は西大寺に住し、律を研究すると共に密教を学び、三論・法相にも通じ、律蔵や戒経を講じ、布薩を修し、殺生禁断の結界を制し、或いは放生池をつくり、非人や乞食の救済事業を行なっている。その著述も『梵網古迹文集』十巻をはじめ、多数に及んでいる。後深草上皇・亀山上皇等四帝の戒師となり、後伏見天皇から興正菩薩と勅謚された。睿尊の弟子に忍性（一二一七―一三〇三）がある。彼は関東に下り、鎌倉に極楽寺を開き、文殊菩薩を信仰し、粗衣粗食に甘んじ、戒行清粛で、慈善救済事業に力を尽した。悲田院を作って、乞食やハンセン氏病の人を養い、療病舎を建てて、二十年間に五万七千余人を養ったという。さらに道を作り、橋を架け、井戸を掘る等の土木事業を行ない、動物病院をも建てている。そのために医王如来と尊称せられ、忍性菩薩と呼ばれる。しかしこれらの救済事業には多額の資金を要したために、その財源として関所を設けて、関米・関銭等を徴収し、当時、鎌倉で布教した日蓮から非難攻撃された。このように律僧に救済慈善家が多いのは、信者に戒を授け、殺生禁断や不妄語戒等、戒を実行させるためには、社会の矛盾を解消し、経済的にも人びとが戒を実行しうるような社会たらしめることが要請されたからであろう。さらに高山寺の明慧（一一七三―一二三二）も戒行の厳正なことで有名であったが、南都の仏教が戒律への自覚を強めたのは、当時流行の法然の浄土教が、戒律を往生の行として否定したことへの反発があったであろう。貞慶が『戒律興行願書』を著わし、「我も暗く、人も暗く、学ばず、持せず」と説き、「法匠なきにあらず、書籍なきにあらず、再び興して永へに伝」えんと決意を述べたのも、戒律を興行しなければ仏教が滅びるという不安があったためであろう。貞慶の草した「興福寺奏状」にも、法然の念仏おこるにより「三学已に廃し、八宗まさに滅せんとす」と述べている。

南都の戒律は実範・貞慶・覚盛・睿尊・円照等をはじめ多くの学匠によって研究され、実践せられたが、これを南京《なんきょう》律という。これにたいして、貞慶より少しおくれて現われた俊芿《しゅんじょう》（不可棄法師、一一六六―一二二七）ははじめ台密をおさめたが、仏道の根底は戒律にあることを悟り、一一九九年、三四歳の時入宋し如庵了宏に師事して南山律を学び、あわせて天台・浄土を学び、留学一二年にして帰朝し、京都に泉涌寺《せんにゅうじ》を再興し、上下の尊信を受けた。その後、天皇の遺骸が多くこの寺に葬られるようになり、皇室の香華院としての地位が確立した。なお曇照（一一八七―一二五九）も入宋して、如庵の門人の守一律師より南山律を学んで帰朝し、京都に戒光寺を建立した。京都の律の流れを北京律《ほっきょうりつ》という。俊芿のあと泉涌寺をついだ定舜は、南都に招かれて海竜王寺で律を講じ、睿尊・禅慧・源俊等が聴講した。

このような鎌倉時代の律の研究を学問的に組織したのは、戒壇院円照の弟子凝然（一二四〇―一三二一）である。彼は円照の死（一二七七）後、その譲りをうけて、戒壇院に住持した。凝然は一生の間に一百二十五部一千二百余巻の著作をなしたが、その中には『三国仏法伝通縁起』三巻、『八宗綱要』二巻、『浄土法門源流章』一巻、『華厳法界義鏡』二巻、『律宗綱要』二巻等、名著が多い。『八宗綱要』は仏教概論として珍重されるが、『浄土法門源流章』も浄土教興起時代の歴史を明かすものとして重要である。凝然は東大寺に住し華厳宗の教理に理解が深く、華厳に関する大部の著作がある。さらに彼は戒壇院に住したために戒律の理解が深く、法蔵の『菩薩戒本疏』を注釈した『梵網香象疏日珠鈔』五十巻や、『律宗瓊鑑《けいかん》章』六十巻、『南山教義章』三十巻等があり、さらに相部宗の定賓の『四分比丘戒本疏』を注釈した『四分律戒本疏賛宗記』二十巻などがある。相部宗の著作は失われたものが多いために、凝然の『賛宗記』は相部宗の教理を知るためにも重要な資料である。彼が戒律に関する豊富な学殖に基づいて著わしたものが『律宗綱要』二巻である。

律宗では道宣の『四分律行事鈔』が代表的文献であるが、しかしここでは、一代仏教を化教と制教とに分け、律の教理を戒法・戒体・戒行・戒相の「四科」に分けて説く程度であり、他宗にくらべてその教理組織に遜色がある。とくにわが国では平安初期、最澄が大乗戒を唱えて、南都の律宗を「小乗律」と判定して以来、律宗としては自己の立場が大乗仏教と矛盾しないことを証明する必要があった。その立場から『律宗綱要』を見ると、凝然には道宣を越えた独創的な主張が見られる。本書ではまず最初に「菩薩の戒学は三聚に摂尽す」といって、三聚浄戒が律宗の立場であることを示し、次に「三学相摂」を説いて戒学の中に定学と慧学とを含むことを主張する。即ち律宗は戒学のみで定慧を欠くという批判に対して、三学をそなえるのが律宗であることを主張し、その理由づけに、天台の三諦円融や、華厳の一即一切の理論を援用し、「三学互摂」を説くのである。しかも律宗は、三聚浄戒を立場とするから「大乗」に属することを主張するのである。律宗と三聚浄戒の関係については、詳しい典拠を挙げる。

つぎに三聚浄戒には通受と別受のあることを示し、三聚浄戒の典拠を示し、梵網戒経もこの中に含まれることをいう。即ち梵網の菩薩戒は律宗に含まれることを示さんとするのである。ついで律宗の「教判」を示し、「四教判」「三観三宗判」を明かし、律宗の教理的立場が唯識仏教にあることを示し、律宗所依の経典として、法華・涅槃・楞伽・摂論その他を示す。かかる点にも、律宗を大乗仏教に位置づけんとする凝然の意図が見られる。かかる説は道宣には見当らない。さらに凝然はつぎに、道宣の「三観教」を細説し、つぎに戒体論を説き、律宗の戒は、菩薩が一乗の心を起して受ける一実の戒であると説き、その戒体は受戒の時の善思の種子であるとなす。この戒体論は道宣の説を承け、それが「一乗」であることを明確にしたものである。つぎに摂律儀戒と四分律との関係を示し、ついで律宗の修行道を説いている。しかしその修行道として示すものは、専ら『摂大乗論』に拠っているのであり、ここにも摂論宗による凝然の立場が示されている。

以上の如き律宗の教理の組織は、部分的には道宣に見られるものの、全体としては凝然の独創であり、律宗を教理的に大乗仏教に位置づけんとした彼の努力は高く評価されてよい。なお『律宗綱要』には、後半に「律宗の歴史」が説かれている。インド・中国・日本にわたり、律の歴史が詳しく述べられており、律の研究の指南書となっている。とくに中国・日本については、貴重な資料を提供するものである。この凝然の学的努力は高く評価さるべきであるが、その後、奈良仏教は衰微に向うために、この凝然の律の教理が、後世に与えた影響はほとんど見られない。

㈺　法相宗　鎌倉時代の法相研究を復興した最初の人は興福寺の蔵俊（一一〇四―一一八〇）である。彼は『法相宗章疏目録』を撰して、その学殖の宏いことを示しているが、唯識と因明に達し、『因明大疏抄』四十一巻の著があり、『成唯識論本文抄』四十五巻と『百法問答抄』も彼の著作と見られ、他にも多くの著作を残している。東大寺と興福寺は治承四年（一一八〇）の平重衡の焼打ちによって焼失し、その時多数の仏典が灰燼に帰した。しかし蔵俊はそれ以前の人であるため、彼の著作には現存しない仏典の引用が多く、この点でも重要である。蔵俊の弟子に覚憲があり、その弟子に貞慶《じょうきょう》（一一五五―一二一三）が現われ、解脱上人と尊称せられ、笠置寺に隠遁し、戒律を学ぶと共に、唯識因明を学び、法相宗を興隆した。治承の焼打ちは彼の二六歳の時のことであり、さらに当時、法然の念仏宗が盛大になったことも、彼の護法の精神をかき立てたであろう。笠置山には弥勒仏を彫りつけた巨大な弥勒石があり、古来、弥勒の浄土として信仰されていた。貞慶は笠置の般若院で、弥勒の不断念仏を修し、『弥勒講式』を著わし、弥勒信仰を鼓吹した。南都にはその後も弥勒信仰の伝統が伝わる。さらに彼は『法相宗初心略要』二巻を著わして、唯識学の入門書とし、『唯識尋思抄』『心要抄』等を著わした。これらは簡素な中に、唯識の深義をよく現わしており、さらに『愚迷発心集』では、「未来際に至るまでも身命をなげうって、仏道を求め、以て有情を利せん」と誓い、ひたすら真実の発心のおこることを願っている。

貞慶の『本文抄』『尋思抄』を基礎として成立したものが『唯識論同学鈔』六十八巻である。これは貞慶と弟子達との唯識研究の集大成されたものであり、編者は貞慶の弟子良算（一一七〇―一二一八頃）となっている。これは、鎌倉時代の唯識研究の最高の水準を示すものであり、その後長く研究の標準となった。その後長くこれに基づいて訓論談義がなされており、それによって足利時代に光胤（一三九六―一四六八頃）の『聞書』（『唯識論聞書』二十七巻）あるいは、『唯識論泉《いずみの》抄』三十巻等が成立した。『泉抄』は胤継（一五〇八―一五六五頃）の弟子の善念が編したといわれ、『聞書』と同工異曲の内容である。

貞慶には良算・覚遍をはじめ多くの弟子があったが、覚遍の弟子に良遍（一一九四―一二五二）があり、『観心覚夢鈔』三巻、『真心要決』三巻、『二巻抄』二巻、『大乗伝通要録』二巻等の名著を著わし、法相宗の教義を発揮し、あわせて弥陀念仏や禅宗にも心を寄せている。『覚夢鈔』は唯識の教理を巧みに示したものとして有名であるが、『二巻抄』も唯識の極意を仮名交り文をもって平易に説き、良遍が実母のために草したものである。これは唯識の教理を和文で説いている点で、唯識思想の日本化の意味で注目される。良遍は鎌倉時代法相宗の最後をかざる学僧である。良遍の弟子に東大寺の宗性（一二〇二―一二九二）がある。

㈧　華厳宗　治承四年（一一八〇）平重衡によって東大寺大仏殿は炎上し、大仏の頭部が欠損した。俊乗房重源《ちょうげん》（一一二一―一二〇六）が再興の大勧進となって全国を巡歴し、後白河法皇や源頼朝が積極的にこれを援助したので、上下貴賤の喜捨により、十五年を費して大仏殿は再建された（ただしその後、永禄一〇年（一五六七）に再度兵火にかかり、徳川時代一七〇八年に重建されたものが、現今の大仏殿である）。東大寺は奈良朝の良弁以来、華厳宗の根本道場であったが、十代別当の光智（八九四―九七九）は天暦元年（九四七）に境内に尊勝院を建て、宗の本拠とした。

爾来、尊勝院が華厳学研究の中心となった。その後、十六代弁暁（一一三七―一二〇〇）も宗旨を中興するのに功業があった。しかし宗旨を顕揚すること前代に超えたのは、第十九代の宗性（一二〇二―一二九二）であり、彼は因明をきわめ、有部の教理を尽し、法相をさぐり、一二四六年に尊勝院院主となり、寺内の華厳宗学徒を統率し、『華厳文義抄』をはじめ、『華厳経伝記』、『梵網経要文抄』、『華厳宗枝葉抄』等、経論の抄録を著わした。このほか『倶舎論本義抄』四十八巻があり、さらに『日本高僧要文抄』三巻、『日本高僧伝指示抄』一巻等の如き、高僧伝の著作もある。さらに彼の著である『文華風月至要抄』は国語学的に重要な著作であるという。この外、彼の研究は多方面にわたっており、さらに貞慶の影響を受けて、弥勒信仰を有し、『弥勒感応抄』を著わし、弥勒信仰を興隆したことも注目される。

彼の弟子に凝然（一二四〇―一三二一）があり、戒壇院円照（一二二〇―一二七七）に律を受け、戒壇院に住したが、華厳を宗性に学び、鎌倉時代の華厳学を大成した。彼の著作は「百二十余部千二百余巻」といわれるが、最近の調査では「一八二部」が数えられている。その中、華厳関係の著作三七部、律部四五部等がある。さらに聖徳太子の『三経義疏』にたいする注釈である『太子法華疏恵光記』六十巻、『太子維摩疏菴羅紀』四十巻、『太子勝鬘疏詳玄記』十八巻等があり、一生を太子の三経義疏の研究に費している。当時は太子信仰の盛んになった時代であるが、三経義疏の注釈はこれ以外にない。さらに凝然には『和漢春秋暦』三巻、『音律通致章』十巻、『音曲秘要鈔』二巻、『声明源流記』一巻等の暦法や音楽に関する著作もあり、その博学が知られる。彼の著『浄土法門源流章』一巻も、九品寺幸西に直接教えを受けたものとして、類書がなく、初期の浄土教の歴史を示す貴重な資料となっている。

凝然の華厳に関する著作には『華厳探玄記洞幽鈔』百二十巻、『華厳五教章通路記』五十二巻、『華厳五教賢聖章』六十巻等大部の著作も多いが、彼の華厳の思想を巧みにまとめた『華厳法界義鏡』二巻、『華厳宗要義』一巻等も入門書として珍重される。とくに後者は平易な入門書であり、前者は「一真法界」への悟入を基軸とする「華厳学概論」といってよいものである。ただし華厳宗の教理は法蔵によって完成しているために、本書において凝然が独創的な華厳の体系を打ち立てることはできなかった。とくに法蔵の『華厳五教章』と澄観の『華厳経随疏演義鈔』を重用して、叙述を進めており、観行の説明では、法蔵の「唯識観」と澄観の「三聖円融観」とを細説している。さらに「所憑の典籍」で華厳関係の文献を詳しく紹介し、次の「宗緒の相承」で華厳宗の歴史を明かし、法蔵の弟子慧苑は「法蔵の略疏を続《つ》ぎて本義にそむいた」とし、次の澄観が「疏を造って本の大義を救った」と述べ、「還りて苑師を破して賢首の円教の妙義を成立すること、功は清涼大師の所述に在り」として、慧苑を華厳宗の相承から排除して、法蔵・澄観の系統を正系としている。この見方が、その後わが国華厳学に与えた影響は大きい。ただしその後の日本の華厳宗の系譜も詳説されており、華厳研究の貴重な資料である。

華厳の実践家としては、宗性の先輩に明慧聖人高弁（一一七三―一二三二）がある。高弁は貞慶より少し後輩である。東大寺別当第十代光智の門人に、松橋・頼算・観真の三人があったが、その中、松橋は東大寺をついで第十一代の長者となり、観真（九五一―一〇二九）から観円・延快・勝暹・良覚・景雅と次第して、華厳院景雅の門人に高弁が現われた。彼は九歳で高雄山の文覚を師として出家したというが、華厳を景雅に学び、一九歳の時両部の大法を興然から受け、新興仏教の禅や念仏の影響も受けている。栄西から禅を受けたという説もある。明慧は性来実践的な人で、二三歳の時には紀州白上峯に草庵をかまえて、行道坐禅をなし、華厳の経疏を披覧し、しばしば霊験を感じたという。明慧三四歳の時、後鳥羽上皇より栂尾山を賜うて高山寺を開き、華厳の道場とした。さらに翌年、東大寺華厳の本所である尊勝院の学頭となり、華厳宗の興隆につとめている。彼は法蔵や宗密の思想を受けたが、とくに李通玄の「仏光三昧観」の修法に強い影響を受け、その結果、『仏光三昧観秘法蔵』二巻、『仏光三昧観冥感伝』一巻を著わし、さらに『華厳修禅観照入解脱門義』二巻を著わしている。明慧にはこの外にも著作は多いが、李通玄の『新華厳経論』や『決疑論』等の思想を受けて、禅に立脚する実践的な華厳学を樹立した点に特色がある。そのために朝野の尊崇を受け、後鳥羽上皇や建礼門院の戒師となり、北条泰時の帰依を受け、仏生会や涅槃会を興し、梵網の布薩を行ない、六〇歳の時、弥勒の宝号を唱えつつ入寂した。

さらに明慧にとって重要なことは、彼が四〇歳の時法然の『選択集』を披見して、『摧邪輪《ざいじゃりん》』三巻を著わして、烈しくこれを破し、さらに翌年かさねて『荘厳記』一巻を作って破折の欠を補ったことである。明慧は摧邪輪の中で、選択集の過失を大きく二つ挙げる。即ち「菩提心を撥去する過失」と「聖道門を以て群賊に譬える過失」の二つである。とくに第一については「菩提心を以て往生極楽の行とせざる過」等の「五過」に分って破折している。法然が、称名が仏の本願であるから、これが浄土往生の正定の業であると説く点を、明慧はそこに大乗仏教の「発菩提心」が欠けていると、烈しく非難したのである。本書は法然の寂した年の十一月に著わされたが、これにたいして後年、親鸞が『正像末和讃』において、「自力聖道の菩提心　こゝろもことばもおよばれず　常没流転の凡愚は　いかでか発起せしむべき」と、自力の菩提心の不可能を説きつつも、「浄土の大菩提心は　願作仏心をすゝめしむ　すなはち願作仏心を　度衆生心となづけたり」と説き、「浄土の大菩提心」を主張していることは注目してよい。親鸞の『教行信証』「信巻」には、信を説明して「利他深広の信楽」といっており、浄土教の「信」が「利他」の性格をもつことを主張している。ここに親鸞が往相廻向に並んで還相廻向を説き、「還相回向とは則ちこれ利他教化の益なり」と述べ、浄土教にも「利他」の心があり、これは菩提心と別のものではないと言おうとしているようであり、おそらくこれは明慧の上述の非難に答えたものであろう。

明慧の弟子には、喜海・道証・霊典など多いが、喜海が高山寺をつぎ、在家の弟子証定は『禅宗綱目』一巻を著わし、華厳宗に立ちつつも教禅一致を説いている。

㈡　三論宗　三論宗は古くは元興寺や大安寺で研学されたが、平安時代に聖宝（八三二―九〇九）が東大寺に東南院（現在の東大寺本坊）を建てて三論の道場としたので、爾来、東南院が三論研究の中心となった。ただし聖宝は密教にも達し、小野流の祖となったので、東南院は三論・密教兼学の道場となった。しかし三論宗は法相や華厳にくらべて劣勢であった。院政期に東南院に住した覚樹（一〇八一—一一三九）は盛んに講席を張り、弟子に珍海・寛信・慧珍、その他がある。珍海（一〇九一—一一五二）には『三論玄疏文義要』十巻、『大乗玄問答』十二巻等著作が多い。覚樹の弟子敏覚の資に明遍（一一四二—一二二四）があり、三論学者として令名があるが、のち高野山蓮華谷に隠遁し、念仏を修し、高野聖の祖と仰がれた。その後、東南院に住したものに智舜（—一二五七—）があり、東大寺真言院の聖守（一二一九—一二九一）の請によって三論を講じ、弟子に『三論玄義検幽集』七巻を撰した中観澄禅（一二二七—一三〇七）がある。本書は博引旁証で、現存しない文献が多く引用せられ、『三論玄義』研究の貴重な資料となっている。聖守にも『三論興縁』一巻の著がある。八門に分って三論宗を概説したもので、当時の三論宗の学的関心を知りうる。聖守の弟子に聖然（　—一三一二）があり、三論を智舜に受けて、三論家として、弟子が多かったという。

その他にも三論を学んだ学者は少なくないが、それらの殆んどが密教その他との兼学者であり、三論は密教の中に吸収された観がある。

㈭　学門の発達　鎌倉時代には、地方に武士階級が起り、彼らの中に仏教が行なわれ、さらに農民や商人階級にも仏教信仰が広まったため、前時代にくらべて仏典を読む人口が格段に増大した。そのために木版による仏典の出版が盛んになり、あわせて各地に学校や図書館が設立された。有名なものに、北条実時が武蔵の金沢称名寺に付設した「金沢文庫」がある。実時・顕時・貞顕等が書物を愛好し、図書の増加につとめたため、有名な文庫になった。称名寺には凝然の弟子湛睿（一二五〇—一三一五）が住して、著作を行なっている。さらに足利に設立せられた「足利学校」も有名である。これは鑁阿《ばんな》寺の僧によって維持されたらしいが、足利氏が設立し、のち上杉氏が再興した。

当時は社会で仏典の需要が多かったため、興福寺、高野山、東大寺、法隆寺等で、仏典の開板が行なわれた。法然の『選択本願念仏集』や『成唯識論述記』、聖徳太子の『三経義疏』その他が出版されている。後世、この時代の出版で、奈良で出版されたものを「春日版」、高野山で出版されたものを「高野版」と呼ぶ。さらに鎌倉や上野《こうずけ》等の関東でも忍性や隆円等によって出版が行なわれている。

なお鎌倉時代には、仏教の歴史的研究が進んだことも注目してよい。東大寺の宗性や凝然には、高僧伝や仏教史の著作があり、とくに凝然の『三国仏法伝通縁起』三巻は有名である。しかし僧伝研究の集大成としては、虎関師錬（一二八八―一三四六）の『元亨釈書《げんこうしゃくしょ》』三十巻がある。彼は南禅寺に住した禅僧であるが、中国の高僧伝を見て、日本に僧伝のないのを遺憾に思い、本書を著わしたという。

四　室町時代より安土桃山時代

時代の特色と仏教

足利尊氏が京都に幕府を開いた暦応元年（一三三八）から、足利義昭が織田信長によって将軍職を廃される（一五七三）までは二三五年である。さらにそのあとに織田・豊臣の時代があって、徳川家康が江戸に幕府を開いたのは慶長八年（一六〇三）である。両者を合して二六五年であるが、室町時代には、応永・寛正年間（一三九四―一四六五）五穀がみのらないことがしばしばあり、飢饉がつづいた。さらにその後の応仁（一四六七―　）以後には戦乱がうちつづき、京都も焦土と化し、いわゆる戦国時代に入っている。このような時代世相が、国民の宗教心に無常観と罪悪観とを深化せしめ、鎌倉時代に興った新仏教を国民の間に深く滲透せしめた。しかし室町時代には、五山文学や、金閣・銀閣等に代表される華麗な禅文化が華とひらいており、後期の安土・桃山時代にも武家中心の豪壮な建築や華麗な絵画・染色・庭園などの芸術が、茶道の隆盛などに伴って発達した。これらの文化や芸術には、直接間接に仏教が関係している。このような戦乱疲弊の時代にも、日本人が力強い文化を創造していたことを見落すことはできない。

室町時代の大きな特色は、この時代に政治・経済機構が変革したために、社会の政治や経済に経済的基盤を置いていた仏教教団も、それにしたがって変容せざるを得なかった点である。すでに平安末期に、それまでの荘園制度が部分的に崩壊したために、荘園に経済の基盤をおいていた奈良や京都の官寺・諸大寺は経済的に困窮し、勢力を失った。そしてそれを打開するために、これらの大寺院が密教化したことはすでに述べた。すなわち当時の貴族や豪族が加持祈禱の宗教を好んでいたために、有力信者を獲得するために、真言・天台はいうに及ばず、法相・三論・華厳等の諸大寺までも密教を兼修するに至っている。ただし次の鎌倉時代にも、荘園制度はなお存続しており、これが全く滅びたのは、次の室町時代であった。頼朝は一一九二年に幕府を開き、全国に守護地頭を置いて地方を治めた。この時代にはまだ各地に公家や社寺の荘園も多く残っていた。例えば東大寺の宗性は、元仁元年（一二二四）二三歳の時、東大寺の僧として荘園支配の重責を与えられ、尊勝院領伊賀国鞆田庄の預所となって、収納管理のことに従っている。

しかし足利時代になると、この荘園制度が瓦解して、荘園に経済の基盤をおいていた在来の大寺院は没落し、新しく農民や武士階級に支持者を持つ新仏教が擡頭してきたのである。足利時代には、農業技術の進歩や農民の人間的自覚の深化によって、農民が結束をつよめ、農民の力が急速に増大したのである。郷村を足場とする農民の組織化がすすみ、その抵抗運動が強まってきた。それにつれて在地武士層も、それまで守護大名の家臣団を構成していたのが、下からの農民の抵抗運動に突きあげられて、農民と結合し、各地に騒乱を起すようになった。これが宗教と結合しておこったのが「一向一揆」や「法華一揆」である。とくに加賀や越前・越中等の北陸地方に一向一揆が強力であり、法華一揆は主として京都の町衆の武装蜂起であった。しかしこれらの宗教一揆は、一時期強大であったが、ついには敗北に帰した。その理由は、これらの一揆は純粋に信教の自由を要求する一揆ではなかったのであり、むしろ農民や町人の、政治や経済に関する自由の要求が宗教と結合したものであった。しかもその運動が、政治的に組織化されず、独自の政治理想を持たなかったために、守護大名や戦国大名の政治的野心に利用される結果にとどまった。そして戦国時代を経過して、守護大名に代って、天下を制した戦国大名によって、これらの一揆は終息せしめられてしまったのである。

とくに織田信長の、一向一揆との対決や、比叡山の焼打ちはきびしく、秀吉の根来寺《ねごろじ》征伐、高野山の処分等も仮借のないものであった。そして秀吉が太閤検地をおこなって、土地制度を改革し、農民を貢租負担者として土地に定着させ、封建制度を確立したことが、仏教教団に与えた影響は大きい。このような経済基盤のもとでは、それに適合するような仏教教団だけが栄えたのであり、農民や武士階級、町人、あるいは大名の支持を得た仏教が盛大となった。一般民衆に基盤を持たないで、荘園経済の上に栄えていた旧仏教が没落するのは避けられなかったのである。すなわち平安時代に見られたごとき、僧兵を擁する比叡山や興福寺のような仏教は、この時代にはもはや存在し得なくなったのである。さらに一向一揆や法華一揆に見られるごとき、自ら武力をもって土地を支配する仏教教団も、封建制度の確立以後には出現しなくなった。政治が、荘園領主制から封建大名領主制に移行するにつれて、仏教教団も、大名に支持される仏教、あるいは農民や町人に信仰せられる仏教に変質していったのである。

このことは神道についても見られることである。律令制解体後の大神社は、神領を失ったために、その経済的維持の方法として、「御師《おし》」の制度を発展させている。例えば伊勢神宮や熊野神社、石清水八幡宮などの大社はいずれも御師を擁したが、御師は全国を回って信者を獲得し、信者の依頼を受けて神前に信者の無事息災を祈禱すると共に、信者に守礼や大麻などを配付して歩いた。あるいは信者をひきいて、集団的に神社に参拝させた。このような方法で神社の経済的基盤を、一般民衆の上にすえると共に、同時に神社の信仰を一般民衆に普及せしめたのである。鎌倉以後の伊勢信仰の普及のごときは、その顕著な例の一つである。

仏教の教団で、室町時代から戦国時代にかけて急激に発展したのは真宗教団である。しかし真宗だけでなく、曹洞宗や臨済宗、日蓮宗、浄土宗などもこの時代に発展している。しかし曹洞宗等の発展については、前節の鎌倉仏教に関連して若干述べたので、ここには省略したい。真宗は蓮如の活動によって、教理的にも発展したが、同時にそれに関連して一向一揆がおこっている。故に本節には真宗の発展を中心にして、仏教の民衆化を見ることとしたい。あわせて法華一揆の顚末をも述べ、さらにこの時代に発達した五山文学に関連して臨済宗の活動を示すことにしたい。

鎌倉仏教の民衆化

仏教の民衆化とは、日本古来の宗教心と仏教との習合が起ったことをいう。例えば道元は宋において、如浄より仏祖単伝の正法としての禅を伝えられ、これこそ真実の仏法であるとの確信を得た。そして坐禅の実践こそが、仏法に入る正しい門であると考え、只管打坐《しかんたざ》を強調した。この坐禅において実現する身心脱落をもって真の仏法であるとなしたのである。そして、「焼香・礼拝・修懺・看経を要せず」（弁道話）と言っている。焼香や礼拝、読経などは、仏教の儀式として重要なものであり、同時に一般受けするものであるが、しかし道元は第一義の立場ではこれらを否定するのである。しかしこのような道元の仏法が、一般に広く迎えられるとは考えられない。道元自身も、正伝の仏法は一個半個の打出に終ることを覚悟していたようである。

そしてこのような純粋禅を固守した永平寺は次第に寂れていったのである。道元のあと、懐奘・義介と永平寺をついだが、禅の一般化を考える義介は永平寺を去って大乗寺に移った。そして永平寺は法弟の義演、ついで寂円の弟子義雲がついだ。そしてその後は、永くこの系統の人が住持となっているが、その間約二百年は永平寺の衰微沈滞の時代であった。これにたいして大乗寺に拠った義介は、真言の大乗寺を曹洞に転宗させた人であり、禅を実践しつつも教宗との接触が深かった人である。そして彼の弟子瑩山紹瑾は能登に永光寺と総持寺とを開いたが、彼も密教とつながりが深く、教宗との兼修の禅を広めた。禅を求める人でも、卓越した才能がない限り、只管打坐のみによって身心脱落に至ることは容易でない。一般人では、熱意のある人でも、念仏や祈禱等を兼修し、その助けによって禅の修行を進めざるを得ないのである。鎌倉から戦国時代には、打ちつづく戦乱で武士階級はつねに生死の巌頭に立っていたから、熱心に禅を求める者も多かったであろう。しかし民間に広くひろまった禅は瑩山の系統の禅であった。この系統の禅は儀式を重んじ、祈禱を採り入れ、念仏をも排しないのである。そして民間信仰と結合した禅宗となった。これは道元の禅の理想からは離れたであろうが、しかし、一般人の受容しうる禅となるためには避けられない点があったであろう。

親鸞の系統においても、比較的親鸞の教えを忠実に守っていた大谷の本願寺は、長らく衰微沈滞に苦しんだ。蓮如の生れる二年前（一四一三）ごろの本願寺は「人跡絶えて、参詣の人一人も見えず、さびさびと」した状態であったという。しかるに本願寺から少し離れた渋谷《しぶたに》の仏光寺は、参詣が盛んで民衆が群集していたという。しかし当時仏光寺だけが繁昌していたのではなく、関東から越前を中心とする北陸一帯には高田派専修寺教団が教線を拡充しており、近江から大和地方には錦織《きんしよくじ》寺が勢力を持っていた。このように真宗の他の諸派が繁昌していたのに、本願寺のみが寂れていたのは、本願寺の教えが民衆の宗教的欲求に添い得ないものがあったためであろう。それが蓮如（一四一五―一四九九）によって改善されたわけであるが、しかしそれだけに、蓮如によって本願寺の教義が変容されたことも否定できない。

浄土教は菩提心を欠いているとして、貞慶や高弁から烈しく非難されたが、同時に浄土教は「鎮護国家」の仏教でもなかった。浄土教は個人の救済を目的としており、護国の祈禱には関係がなかった。親鸞が『教行信証』の「後序」で、承元の法難に関して、朝廷にたいする烈しい憤りを述べているのも、宗教的真理は国家権力の上位にあるべきだという確信があったからであろう。さらに『歎異抄』で親鸞が、父母の孝養のために一遍にても念仏を唱えたことはないと言っているのは、親鸞の宗教には、祖先崇拝・先祖供養の思想がなかったことを示すものである。親鸞面授の如信（一二三九—一三〇〇）から聞いたことを書いたという覚如（一二七〇—一三五一）の『改邪鈔《がいじゃ》』には、親鸞が「某《それがし》閉眼せば、賀茂河にいれて魚にあたふべし」といったことによって覚如は「没後葬礼をもて本とすべきやう、いはれなき事」であるといい、葬礼を重視することを斥けている。さらに『改邪鈔』には、春秋二季の彼岸を念仏修行の時節とさだめることもいわれのないことであると批判している。彼岸の念仏も先祖供養につながるものである。これらは、初期の本願寺が葬式や先祖供養に価値をおかず、もっぱら正しい信仰の獲得を重んじていたことを示すものである。

しかし仏教が民衆の宗教となるためには、祖先崇拝と習合することは避けられなかったであろう。日本人の霊魂観は、強く先祖供養を要求するからである。真宗教団に葬式や年忌法要等がいかなる経路によって導入されたかは明らかでないが、覚如がこのように反対しているところをみると、すでにこの時代に行なわれていたわけである。しかし本願寺の導入は真宗の他派にくらべて遅かったのであろう。真宗の教義からいえば、信心を得た者は死後に極楽浄土に往生するのであるから、年忌法要などは不要なわけである。しかしこれを排除しては、真宗といえども民衆の宗教となることは困難であったであろう。しかも日本人の心情からいえば阿弥陀如来も、行者を迎えるのに西方十万億国土の彼方から来迎するのではなく、「山越えの弥陀」の来迎図にも見られるごとく、山の向うのごく身近なところから迎えに来ると受けとめられていたようである。そして極楽往生した先祖も、遠い国に去ったのではなく、子孫の身近なところに在って、つねに子孫を見守っていてくれると受けとめていたのではなかろうか。年忌法要はそういう宗教的風土において成立するように思われる。

さらに真宗が農民の宗教となるためには、神社の宗教行事とも妥協する必要があったであろう。農業は自然や天候に左右される点が大きいから、自然を神として祀る宗教行事と離れることは困難である。春には豊作を祈る祈年祭があり、夏には旱魃でいつまでも雨が降らなければ、降雨の祈禱をなさないわけにはいかない。さらに秋には収穫祭がある。この外にも農事に付随する宗教行事は多い。しかもこれらの宗教行事は鎮守の神社を中心にして行なわれる。したがって真宗が農民の宗教となるためには、神社信仰と何らかの妥協が必要であったであろう。原始真宗教団の中で最も有力な門徒集団の一つであった鹿島門徒の始祖信海（順信）は鹿島神宮の神官の出身であり、鹿島神と関係が深かったという。さらに覚如の子存覚（一二九〇―一三七三）に『諸神本懐集』二巻がある。これは存覚の著作ではないが、彼が仏光寺了源の請いによって、すでに存在した書物に添削を加えたものであるという。本書によれば、諸神の本懐とは仏道に入り、念仏を勤修することであるといい、本地垂迹の思想に立って、和光同塵の立場から神道と念仏信仰との調和を説いたものである。存覚にはこのほかに『六要鈔』や『持名鈔』等にも、「念仏の行者、神明に仕えまつらんこと、如何はべるべき」という問いについて、真実の信心の立場に立つべきであるが、しかし同時に「神慮に叶う」行為をなすことをすすめている。このように存覚は、民間の神祇信仰と妥協的な態度をとっている。仏光寺了源も、存覚に『諸神本懐集』の添削を請うたほどであるから、存覚と同様、神祇にたいして妥協的な考えを持っていたのであろう。これにたいして親鸞が「神祇不拝」の立場をとっていたことはいうまでもない。

存覚は仏光寺了源と親密で、その経済的援助を受けていたが、仏光寺は名帳や絵系図を用い、信仰を得た者を、師資相承を示す名帳に記載し、浄土往生の縁とした。絵系図はこれを図像によってその系統を示したものであるが、覚如は『改邪鈔』の中で、名帳や絵系図を用いることを烈しく排撃している。そのほか教義の解釈において、種々の点で覚如と存覚とは考えが異なっていたため、覚如は長子である存覚を義絶したのである。概していえば、存覚は現実に対する妥協的態度が強かったが、覚如は親鸞の教義に比較的忠実であった。しかしそれだけに覚如の精神を保持した本願寺は、その後も長く民衆に迎えられることがなかった。覚如（一二七〇―一三五一）は本願寺第三代であるが、八代の蓮如（一四一五―一四九九）が継職するまで百年以上にわたって、本願寺は経済的に困窮をきわめたのである。

原始真宗教団の発展

親鸞は一二一四年、彼の四二歳のころ赦免をうけて、越後から関東に移住し、それから約二十年間、常陸《ひたち》（茨城県）の稲田を中心にして布教に専念し、多くの信徒を得た。そして六〇歳を過ぎてから京都に帰り、さらに三十年近く生存した。京都では関東の同行の懇志によって清貧の生活をなしつつ、著述に専念した。彼の著作の大部分は京都在住時代になった。

親鸞の布教はもっぱら関東在住時代になされたが、しかし大局的に見るならば、親鸞の蒔いた信仰の種子は、関東ではそれほど成長せず、かえって東海・北陸・近畿・西国方面に大きな結実を得た。関東や東北の住民には呪術的な仏教が好まれたらしい。関東では真言宗や天台宗・曹洞宗・日蓮宗等が盛んであり、東北には曹洞宗が多い。関東や東北の真宗は各地に寺院が点在するにとどまり、大きな勢力には発展しなかった。

親鸞の東国の門弟は、農民が主であったという説と、武士階級であったという説とがあるが、のちには農民が真宗門徒の主体となった。親鸞の初期の門徒は、在家のままで信者となり、布教活動をもしていたのであろう。しかし武士の場合には、布教活動までもするようになれば、武士の身分をつづけることは困難であったであろう。受動的に信仰するだけならば、武士のままで信仰しうるが、しかし他人に法を説く説法者の立場と、武器を振い、殺戮を事とする武人の生活とは合致しなかったであろう。ここに武士階級出身者が、武士たることを捨てて親鸞の弟子になった場合、自己の生活の基盤をどこに求めるかという問題がおこる。彼らが信者の懇志によって生計を立てるとすれば、非僧非俗であるとしても、僧の生活に傾斜することになろう。さらに他宗の僧で親鸞の弟子になった者の場合にも、同様な問題がおこる。住職が親鸞の弟子になったとしても、その寺の信徒がすべて親鸞の弟子になるわけではない。むしろ大部分の信者はもとのままであろう。したがって彼らを教化するためには、住職は真宗の信仰を持ちつつも、それまでの寺の宗教儀礼を行なわねばならなかったであろう。それを欲しなければ住職は寺を出なければならない。その場合には、何によって自己の生計を立てるかという問題がおこる。しかし住職が真宗に帰依しながら、しかも密教や天台の儀礼を行ない、信者から布施を受けるとしたら、それは雑行雑修になるであろう。

いずれにしても、親鸞の弟子たちが既成仏教の中に在って真宗を広めていく場合、程度の差はあれ、教理においても他の宗派との妥協がさけられなかったであろう。とくに武士階級の出身者や他宗の僧からの転向者はそうであったであろう。これにたいして農民出身者は、農業を継続しながら、親鸞の教えを実行し得たから、説法者の立場に立った場合にも親鸞の教えに忠実であり得たであろう。この点は、武士出身の真仏と農民出身の性信との信仰の違いに現われている。さらにまた、覚如の本願寺は親鸞の墓所であるために、信者の支持があり、信者の懇志によって生計を立て得たから、純正なる親鸞の教義を維持し得たわけである。覚如は『改邪鈔』の中で、遁世の形をし、裳無衣《もなしごろも》を着し黒袈裟を用いることを禁止している。遁世の形とは剃髪をいうのであろうし、裳無衣に黒袈裟は出家者としては最低の姿であろうが、覚如はそれすら禁止して、在家の形をして、白色の袈裟を用いるべきことを主張している。これが、親鸞の意志に叶うものであるという。そして、たとい牛盗人と言われるとも、善人・後世者・仏法者と見ゆるように振舞うべからずという親鸞の言葉を引用している。しかしそのころ、覚如から義絶された存覚は、仏光寺で彼岸会の法会に出仕して、鈍色香袈裟《にびいろこうげさ》の衣帯を着用し、或いは聖道出仕の儀式で導師を勤めている。彼岸の法会そのものをも覚如は斥けているのである。すでに覚如の時代に、仏光寺と本願寺とではこれだけの差異があったのである。これは覚如の性格にもよるが、同時に本願寺と、仏光寺や専修寺《せんじゅ》との歴史的状況や経済的基盤の相違を考慮しなければならない。そのために、専修寺や錦織寺・仏光寺等の教線が拡大されたあとに、その信者を改宗させる形で発展した本願寺蓮如の真宗は、覚如の立場を改革したものではあったが、しかし専修寺等の立場とは同じでなく、教理的にも潔癖な面を保持していた。

親鸞は一二六二年（弘長二）京都で入寂したが、その時、枕頭にあったのは、息男の益方《ますかた》や覚信尼、高田の顕智や遠江《とおとうみ》（静岡県）の専海等であった。顕智が中心になって葬式をおこない、火葬に附したあと、遺骨は大谷に葬った。覚信尼は親鸞の生存中に日野広綱に嫁し、覚慧を生んだが、広綱に死別して親鸞のもとに帰っていたとき、父の死に逢ったのである。覚信尼はその後、小野宮禅念に嫁し、禅念・覚信尼夫妻の屋敷内に親鸞の遺骨を移して仏閣をたて、親鸞の影像を安置した。これは親鸞滅後一〇年（一二七二）のことであり、これが大谷本願寺の濫觴である。

当時、東国における親鸞の門弟のうちでは、高田の真仏・顕智に代表される専修寺門徒、坂東の報恩寺の祖である性信に代表される横曾根門徒、鹿島の信海（順信）を中心とする鹿島門徒、さらに善鸞の子如信を中心とする奥州大網門徒などが有力であった。

(イ)　高田門徒　親鸞が常陸の稲田で教化をしていた当時、下野国《しもつけ》（栃木県）真岡《もおか》の大内氏が帰依した。その一族に真壁の城主であった真仏があり、彼は家督を弟に譲り、親鸞の弟子となり真仏坊（一二〇九―一二五八）と号した。あるとき親鸞が善光寺如来の「一光三尊仏」を感得し、大内氏の援助により物部村高田に如来堂を営み、これを安置した。これが高田の専修寺となるが、真仏が親鸞の意を体して、この寺の経営に当った。大内氏一門の帰依と支持とによって専修寺は盛大となり、関東真宗門徒の有力な基地となった。親鸞が善光寺如来の信仰を持っていたことは、彼に善光寺如来の「和讃」があることから確かであろう。したがって一光三尊仏の安置は、親鸞在世のころと見てよい。真仏は親鸞入寂の四年前に没したが、後をついだのは顕智（一二二六―一三一〇）である。彼は越後の出身というが、関東に来て真仏の弟子となり、更に親鸞に謁して教えを受けた。彼は八五歳の長寿を保ち、さらに健脚で、しばしば関東・京都を往復し、さらに北陸・伊勢等に行北の旅をなし、各地に親鸞の教えを広めた。親鸞入寂のときにはその枕頭に侍し、滅後には葬送、拾骨等の中心となり、大谷本廟の創立や維持に果たした功績は大きい。顕智のあとをついだのは専空（一二九二―一三四三、大内国行の第三子）である。彼は顕智にしたがって教えを受け、専修寺をまもり、さらに一三三六年大谷本廟が焼失したときには、三河門徒等と力をあわせて資金を集め、これを再建した。専修寺系統では、親鸞・真仏・顕智・専空と、次第に「唯授一人」の口決を受けて親鸞位に昇ると称したという。法脈相承を立てて、専修寺をその本寺とした。

顕智と同門に遠江の専海がある。彼は一二二七年に真仏の弟子となり、さらに親鸞の教えを受けた。一二五三年に三河に移住し、安静（安城市）において法眼朝円をして、親鸞の寿像を画かしめた。これが「安静の御影」である。彼は親鸞の臨終に侍したが、三河の願照寺は彼の開基である。専海の弟子に照心と円善とがある。さらに如導（如道、一二五三―一三四〇）は円善の弟子であるという。専海・円善の系統を「和田門徒」といい、西三河を中心に教線を拡大し、真宗教団の強固な一中心に発展した。なお円善は、顕智が建長八年（一二五六）、京都往復の途次三河の矢作《やはぎ》（岡崎市）の薬師堂で念仏の法門を説いたとき、弟子になったという説もある。円善は和田門徒の重鎮であった。

円善の弟子の如導は一二八二年（弘安五）三河に入り円善を師として真宗の教えを受けた。のち越前（福井県）に布教したが、ここは彼の父の旧領地であったために帰依者が多く、領主波多野通貞も帰依した。彼は大町（福井県足羽郡六条村大町）の車屋《くるまや》道場に滞在したが、かつて専空が興した熊坂道場をも大町に移し、両者を合して大町に専修寺を興した。これは後に専照寺となり、後世ここより三門徒派がおこる。三門徒派は秘事法門を説いたというが、如導が秘事法門の開祖であったのではなかろう。当時、覚如と存覚とが越前に行化し、如導のもとに滞在したが、如導は存覚より『教行信証』の講義をうけ、本典（教行信証）を伝受したという。覚如が秘事法門を説くものに本典を授けたとは考え難いから、当時如導が秘事法門を説いていたのではなかろう。

しかし高田門徒や鹿島門徒等の系統が、本願寺に比較して、密教的であり、旧仏教に親しかったことは否定できないであろう。真仏をはじめとする関東の同行は、親鸞に導かれて仏教に入った人が大部分であるから、親鸞から教えを受ける以外に、本格的な仏教の素養を持つ機会に乏しかった。したがって倶舎や唯識、顕教・密教等の素養も十分でなく、仏教全体における真宗の位置づけを、必ずしも完全になし得なかったであろう。ここに、関東の門徒の教義理解がその土地の仏教に流された理由があると思う。これにたいして覚如や存覚は京都や奈良で一流の仏教学を身につけている。これは関東と京都の地の利の違いである。したがって関東の門徒が、覚如や存覚から真宗の教義の教えを受けたことは十分理由がある。しかし覚如の真宗解釈が潔癖であったのにたいし、存覚のそれが関東の門徒と共通的であったのは、両者の人柄の違いに由来するものであろう。

(ロ)　仏光寺系門徒　仏光寺は覚如の弟子の了源が興した寺であるという説もあるが、しかし了源は名帳や絵系図を用いて覚如の意に反した点がある。さらに、仏光寺は「光明本尊」を重視し、その中に荒木門徒の源海や、麻布の了海等を登載している。仏光寺が源海や了海とつながりのあることは、存覚の『一期記』にもいうところであるから、仏光寺は真仏や源海等の系統を引くものと見てよい。源海（一二二三—一二七八、一説七八歳）は武蔵国の荒木村の出身で、親鸞の門下に投じ、荒木村に満福寺を建てたという。のちにこの寺は三河の賀茂に移され、如意寺と改称したという。しかし源海を近江《おうみ》の荒木の出身で文治五年（一一八九）の生れと見る説もある。彼は京都で親鸞の弟子となり、親鸞の命により興正寺を建立し、仏光寺第三世となったという。ともかく仏光寺系の光明本尊に、真仏—源海等の名が見られるから、仏光寺は高田門徒と関係があったのであろう。仏光寺では源海の次の第四世を了海（一二三九—一三二〇）とする。了海は武蔵の人で、荒木の満福寺で源海より教えをうけ、真宗に帰し、諱を願明という。武蔵の阿佐布（東京麻布）の善福寺の中興となり、阿佐布門徒の指導者であった。了海の伝記についても種々の説があるが、源海の弟子であることと、麻布の善福寺を中興したこととは確かのようである。仏光寺では次の第五世誓海（願念）、第六世了円（明光《めいこう》）、第七世了源（空性、一二九五—一三三五）と次第している。この了源が覚如や存覚の教えをうけ、とくに存覚と親しく、存覚が覚如に義絶されてからは、その経済的支持をした人である。彼は名帳や絵系図を用いて、仏光寺を盛大ならしめたが、四一歳のとき伊賀の七里峠で暗殺された。本願寺では、彼が仏光寺の開基であるとなす。仏光寺ははじめ京都の山科にあったが、了源の時東山の渋谷に寺基を移した。了源は自身の系統を、真仏・源海・了海・誓海・明光と次第相承したものとなし、親鸞を加えて自己を第七世となしたのである。これは、光明本尊を用いる点や、その他の教理において、高田門徒と共通点があったからであろう。仏光寺は名帳や絵系図によって、大いに門徒を増加し、その後大きな発展をとげたが、本願寺に蓮如が出るに及んで、その中に併呑せられた。

㈥　横曾根門徒　横曾根門徒の中心は性信（一一八七—一二七五）である。彼は茨城県鹿島の出身というが、若くして親鸞に帰依し、親鸞の流罪に随って京都より越後、さらに関東に随行し、その教えを受けると共に、親鸞の行化を助けた。親鸞が京都に帰るに及んで、下総国横曾根（茨城県結城郡豊岡村）に帰り、飯沼に報恩寺を創立し、親鸞より『教行信証』一部を付嘱され、門徒を教化し、さらに各地に寺院を建立した。関東の門弟のうちでは、最も親鸞に信頼せられていた弟子の一人である。性信に関して重要なことは、善鸞（一二一二—一二九二年ごろ）によって、鎌倉幕府に訴えられたことである。親鸞の帰洛後、親鸞の長子善鸞が、関東の造悪無礙を説く門弟たちを糺すために関東に下向した。しかし彼は関東の門徒を自己の支配下におくために、門徒の有力指導者たちを幕府に訴えた。訴えの理由は、門徒の中に、造悪無礙を説く者があったことや、諸神諸仏を軽侮する者があったことであったらしい。この幕府への誣告は、建長七年（一二五五）ごろであったという。これを受けて立ったのが性信であり、彼は建長七年、幕府に陳状を提出し、幕府の疑惑を解くために奔走し、門徒の信仰上の動揺を除くために努力した。善鸞の策謀は後には親鸞にもわかり、翌建長八年（一二五六）親鸞は善鸞を義絶するに至った。そしてその翌年ごろには、幕府の疑惑も解消し、関東の教団も平穏に帰した。このような異義を機縁にして、横曾根門徒によって「親鸞聖人血脈文集」が作られたが、この中には、法然・親鸞・性信の三代伝持が強調されている。

善鸞は関東の門徒にたいして、自己のみが親鸞から特別の教えを授けられた（一人伝授）と言いふらし、或いは秘事法門を説いたともいう。これが後に越前などに盛行した秘事法門の源流になったと見る説もある。

㈡　鹿島門徒　鹿島門徒は順信（信海、　―一二五〇）を中心に発展し、茨城県南部に拠点をおき、遠く羽前（山形県）までも教線を延ばした。順信は有名な鹿島明神の大宮司の出であり、父が親鸞に帰依したために、彼も聖人の門弟となった。同地の鳥栖《とりのす》村の無量寿寺を念仏の道場とし、ここに住した。晩年には摂津にも布教し、大阪の仏照寺はその旧跡であるという。鹿島の順信は高田の顕智や荒木の源海（光信）等と共に、関東門徒の最有力者であったことは、弘安三年（一二八〇）の「本願寺文書」にも、この三人が連署していることによって知られる。さらに正安四年（一三〇二）、覚慧の本廟留守職を再確認したとき、二十一名が連署しているが、その中には鹿島門徒に属するものが多い。さらにその後の本廟敷地に関する後宇多院の院宣をも、順信のあと鹿島門徒の指導者であった順性が預り保管した。これらによってみるも、関東門徒における鹿島門徒の力が強大であったことが知られる。

㈭　大網門徒　善鸞の子に如信（一二三九―一三〇〇）がある。彼は叔母覚信尼の勧めにより本願寺二世になったが、のち寺務を覚慧に譲り、関東に下り、陸奥国（福島県）白川郡大網に願入寺を創立し、親鸞の宗義を広めた。

さらに茨城県磯浜の願入寺も如信の創立であり、この方面に如信を中心にして門徒団が形成された。

(ヘ) 錦織寺門徒　親鸞が嘉禎元年（一二三五）ごろ、関東から帰洛のさい滋賀県の木辺に宿し、諸人を教化した。その時、木辺の邑主石畠資長が親鸞に深く帰依し、弟子となって願明と号した。彼が郷里に住して開いたのが錦織《きんしょく》寺《じ》であるという。願明のあと、愚咄・慈空と次第して、錦織寺は次第に隆盛に向った。愚咄（　—一三五二）は錦織寺の職を弟の慈空に譲り、瓜生津の弘誓寺に移った。そして慈空が一三五二年に没したとき、存覚の第七男慈観を迎えて錦織寺の住職たらしめた。この木辺門徒や瓜生津門徒は愚咄の時に盛大になるが、彼は横曾根の性信・願性の系統を受けるともいわれる。

以上のように親鸞滅後の教団は、関東から次第に発展して、三河・北陸・京都・摂津方面に教線を拡張していった。その間、本願寺はさしたる発展もなく沈滞のうちに過ぎた。

本願寺の発展

覚信尼と親鸞の門弟たちとの協力によって成立した大谷本廟は、覚信尼が敷地の土地を寄進したことによって、門弟の共有財産となった。ただし覚信尼の希望によって、大谷本廟の留守職は門弟の承認を得て、覚信尼の子孫が継ぐことになった。そして覚信尼の子覚慧（親鸞の孫、一二三九—一三〇七）がついだ。かれは天台宗で出家したが、のち真宗に帰し、如信の教えをうけた。しかし覚慧の弟の唯善（同母弟、小野宮善念の子、一二五三—一三一七）が本廟留守職たらんとの野望をおこし、再三訴訟を起したが、一三〇九年の裁判により唯善の敗訴に帰した。そして大谷留守職は覚慧の子覚如（一二七〇—一三五一）が継いだ。覚如は幼にして比叡山や南都に学び、倶舎論や法相宗を学んだが、聖道門の及び難いことを悟って、一八歳の時浄土門に帰し、如信から親鸞の教えをきき、さらにその後、唯円について真宗の要義を受けた。その後、関東の親鸞の聖跡を巡拝し、三三歳の時、父より留守職を譲られた。彼は『報恩講式』や『親鸞伝絵』を著わし、親鸞の恩徳を鑽仰するとともに、親鸞を本願寺聖人として位置づけ、さらに『拾遺古徳伝』『口伝鈔』『改邪鈔』その他の著作を著わし、法然・親鸞・如信の三代伝持を主張し、宗義上の異義異説を排し、本廟を本願寺と称し、本願寺の独立と宗義の発揚に力をつくした。しかし本願寺が名実ともに独立したのは、蓮如のあと、永禄元年（一五五八）門跡を勅許され、青蓮院から独立したときである。

親鸞の教義の解明に覚如の果たした功績は大きいが、しかし妥協を嫌ったために東国門徒の支持が得られず、本願寺は寂れた。覚如の長子存覚（一二九〇—一三七三）は諱を光玄といい、本願寺に生れ、一四歳の時より仏教学を学び、奈良の興福寺、東大寺等において、華厳や法相を学び、さらに叡山に登って諸学を研究した。二一歳の時本願寺に帰り、その後、覚如と共に越前に下り、如導に『教行信証』を教授し、さらに仏光寺の了源、錦織寺の愚咄等とも親しく交際して教義の上で彼らを指導し、四九歳の時には備後（広島県）の門徒の請いにより同国に赴き、日蓮宗の徒と対論し、これを破した。

覚如は本願寺に住してからも、三論を学び、浄土宗の西山義、一念義、長楽寺義等を学び、浄土宗の諸派と異なる親鸞の信心を中心とする教義を闡明した。とくに彼の三論の理解が、彼の真宗理解に影響している。これにたいして存覚は一四歳の時東大寺で受戒し、その後華厳や法相、天台等を学んだが、さらに西山義を学び、二〇歳の時、東寺系の証聞院観高の弟子となり、密教の受法をなしている。二一歳の時、父の命により大谷に帰ったが、その後も真言宗の観高や、その弟子の俊覚とは永く交際をつづけている。彼が仏光寺の彼岸の法要に、鈍色香袈裟の衣帯を用いたり、聖道出仕儀式で導師を勤めたりしたのは、彼が儀式を重んずる密教の教養を持っていたためであろう。これは覚如の在家主義の好みに合わなかった。さらに存覚が仏光寺の名帳や絵系図を採用する立場を是認したことも、密教の影響と見てよい。さらに彼は『諸神本懐集』や『六要鈔』等で、本地垂迹説によって、神祇崇拝と妥協的な立場を示している。このような聖道門に協調的・寛容な存覚の態度は覚如と相容れなかった。さらに教義の理解においても、存覚は称名を重んずる面があった。彼も往生が信心に依ることを重視するが、なおその上に称名による一向専修を重んじ、信心と名号とを一体と見る解釈を示している。これにたいして覚如は、称名は報恩行であって往生は信心のみによるとなすから、教義の理解においても両者に違いがあった。しかし存覚の『六要鈔』が『教行信証』の注釈として最初のものであり、『教行信証』解釈にその後一貫して権威を持っていたことはいうまでもない。存覚はなおこのほかにも『浄土真要鈔』『持名鈔』『女人往生聞書』その他多くの著作を著わして、真宗の教理の確立と、その弘通に力を尽した。

しかし上述の諸問題に加えて、他の理由もかさなり、覚如は存覚を二度までも義絶して、本願寺ならびに久遠寺の留守職から彼を排除したのである。そのために覚如のあとは、存覚の弟の従覚の長子善如（一三三三―一三八九）が継いだ。これが第四代である。そしてその次を綽如・巧如・存如とつぎ、第八代が蓮如（兼寿、一四一五―一四九九）である。善如から存如までの四代一二四年間は本願寺の沈滞時代であり、附近の仏光寺が名帳・絵系図の採用によって繁昌し、諸人群集していたのにたいし、本願寺は人跡絶えて参詣の人一人も見えず、さびさびておわしますという状態であった。しかしこの時代にも、綽如によって越中の瑞泉寺が創建され、さらにそれに基づいて超勝寺や、加賀の本蓮寺・勧帰寺等がつくられ、のちの加賀本願寺教団発展の基礎が固められつつあった。

蓮如と真慧

蓮如は存如の長男として生れ、一七歳で得度し、法名を兼寿という。青年時代に宗祖の『教行信証』や存覚の『六要鈔』をはじめ真宗の著作を精読し、宗義を完全に自己のものとした。後年、彼が真宗の教義の精髄を、平易な文章で、巧みに説き得た素地はこの時代に養成された。さらに彼は関東・北陸の親鸞の旧跡を巡拝し、四三歳の時、存如の遷化によって本願寺第八世となった。当時、京都付近では仏光寺教団が盛んであり、近江から大和地方には錦織寺教団、関東から北陸一帯、東海地方には高田専修寺教団が盛んであったが、蓮如の巧みな布教は、これらの真宗諸教団のみならず、時宗教団等をも巻きこんで、本願寺門徒に改宗させることによって、本願寺は急激に発展した。蓮如が教義を平易に説き示したことと、彼の教えが当時の農民階級の宗教的要求に合致したことと、彼の布教が巧みであったこと等が結合して、本願寺教団の発展を結果したのである。

蓮如は教義の精髄を平易な文章で綴り、手紙（消息）として門徒に与え、盛んに文書伝道を行なった。これが後に集められて『御文《おふみ》』（御文章）五帖となっている。彼は、「当流の教えによれば、人は在家のままで、何らの修行も要せず、どんな悪人でも、一念発起の信心のさだまる時に往生決定する」という極めて平易な絶対他力の教えを強調した。臨終の来迎をまつことなく、平常の信心が確立するとき往生が決定するとなすのを「平生業成《へいぜいごうじょう》」という。蓮如は、農業をなす者も、狩・漁等の殺生を業とする者も、商売をなす者も、職業の区別なしに、弥陀の名号をとなえさえすれば、如来の本願力によって救われると説いた。そして門徒はすべて親鸞の門徒であり、自分とは同行・同朋であるとなして、平座にて門徒に対し、門徒と同じものを食し、ねずみ色の衣をき、衣の袖も短くし、極めて庶民的な態度で門徒に接した。そして教義の要点だけを巧みに要約して、わかりやすく説き聞かせた。そして布教に覚如以来、多く作られていた「談義本」を活用した。これは親鸞の教理を俗耳に入り易く、平易に説いたものである。そのために蓮如の布教は大きな成果をおさめ、全国の農民の間に急速に広まったのである。

信心を得た者は如来と等しいと説き、弥陀同体の悟りを開く等と説く「平等思想」は、現世で階級や職業の差別のきびしい中世世界に生きた農民や商人の人間的自覚を満足させるものがあった。このことも、蓮如の教えが一般に広く迎えられた理由の一つである。蓮如は文明四年（一四七二）に越前（福井県）の吉崎に道場を構え、北陸布教の拠点としたが、翌年この道場に群参する門徒にたいして、諸法諸宗を誹謗しないことと、諸仏諸神を軽んじないことと、信心をとりて今生に往生を遂ぐべきこととの三ヵ条の掟《おきて》を示して、これを守らない門徒の道場への出入を禁じている。このような掟を立てたことは、本願寺の門徒に、他宗を誹謗し、諸神諸仏を軽んずる者が多かったことを示すものであろう。そのことは、それだけ蓮如の教えが、弥陀一仏に帰依する点において、純粋であったと同時に、他宗にたいして非妥協的な点があったことを示すものである。専修寺や仏光寺の門徒は、信仰の点においても他宗と協調的であったが、現実生活においても領主にたいして概して従順であった。北陸においても、三河においても、同じ場所に住しながら、専修寺門徒は一揆を起していないが、本願寺門徒は烈しい一揆を起したのである。このように同じく農民で、同じ国に住みながら、専修寺門徒と本願寺門徒とが異なっていたのは、本願寺の教理の非妥協性に由る点が多いと考える。

なお蓮如は、農村を教化するのに、村落の行政を単位に教化をしたという。村落生活の中心者である年老《としより》、長《おとな》等をまず帰依させ、彼らを中心にして、村全体を門徒化していった。そしてその村に坊主をおき、講を組織し、寄合・談合を奨励し、横の連帯性を強化することによって村の信仰をかためた。ここに、信仰の集団が、そのまま行政上の集団でもあった。農民が統治者にたいして年貢の減免を要求する場合には、行政上の単位としての村落共同体を中心として行動したが、しかしそれがそのまま信仰で結ばれた門徒の結合体であった。ここに政治的活動が、宗教的集団によって行なわれるということになり、いわゆる一向一揆となって現われたのである。しかし一向一揆は「信教の自由」を要求しておこった農民の反抗運動ではなかった。主として年貢の減免等を要求する経済的政治的抵抗運動であった。しかもその政治的側面も、封建制度への反抗とか、農民自身の自治の要求という如き、自我の自覚に基づく抵抗運動ではなかったので、一向一揆は一時は非常に強大であったが、守護大名や戦国大名等の政治的野心に利用されるにとどまり、最後には失敗に帰したのである。なお村落を単位にして門徒化を押しすすめたのは蓮如の創意であった。専修寺門徒はそのような横のつながりを持たなかったために、領主にたいして一揆をおこすこともなく、さらに本願寺門徒との対立にも敗れて、多くは本願寺門徒に改宗せしめられたのである。

蓮如は為政者が信教の自由を許せば、彼の目的は達せられるのであるから、彼の社会倫理は封建秩序の容認の上に立っていた。即ち『御文』の中に「王法をもておもてとし、内心には他力の信心を深くたくはへて、世間の仁義をもて本とすべし」と説き、「王法為本、仁義為先」の倫理を説いた。そして孝行を重んじ、神仏をおろそかにせず、守護地頭を粗略にせず、公事をまっとうすべきことを説いている。しかし蓮如の教えによって信仰を得た農民たちは、この世で仏となりうると信じ、念仏者は無礙の一道であるとの信念を得、諸神諸仏は念仏者をこの世で影の形に添うごとくに護ってくれるものであり、悪鬼神も念仏者の前にはひれ伏すとの確信を得ていたので、この世で恐しいものはなくなり、権力者への抵抗の運動を強めていったのである。そして門徒の集団は、世俗的には蓮如の意図とは合致しない方向に進んでいった。

蓮如が一四五七年に本願寺留守職になってから数年のうちに、法住を中心とする近江の堅田門徒や如光を中心とする三河門徒などが帰依し、本願寺教団の基礎ができている。そして一四六五年に比叡山の山徒によって大谷本願寺が破却されるほど世間の注目を集める存在になっていた。文明三年（一四七一）に蓮如は越前の吉崎に進出し、朝倉氏の帰依をうけて道場を建立したが、道場建立の翌年には、信者は出羽や奥羽からも群参するほどに盛大になっていた。そして加賀の守護富樫政親と本願寺門徒との間に武力衝突が起ったので、蓮如は文明七年吉崎を退去し、海上を若狭に去り、さらに山城・摂津・河内・紀伊等を巡錫し、各地に寺を建て、畿内に本願寺教団の基礎を確立した。そして文明一〇年に山科に本願寺を再興し、文明一四年には仏光寺の経豪が多数の末寺門徒を率いて本願寺に従属した。そのために仏光寺から興正寺が分かれた。さらに一四八八年には富樫政親の滅亡と共に、加賀・能登・越前は挙げて本願寺の門末となり、名実ともに蓮如は本願寺の中興となった。そして一四八九年、蓮如七七歳のとき第五男実如に寺務をゆずり、山科の南殿に隠居し、一四九六年には大坂石山に一宇を建立し、隠居所とした。

これがのちの石山本願寺である。そして翌年八五歳の生涯を閉じた。本願寺の繁栄は実に蓮如の経倫に負うところが大きいのである。

なお高田の専修寺は、第十代真慧（一四三四―一五一二）の時寺基を伊勢の一身田に移した。真慧は若くして諸方に遊び、顕密の学を究め、寛正六年（一四六五年）山徒が本願寺を破却したときには、叡山に登り、弁明につとめ、山徒の請いにより、浄土論を講じたという。真慧は蓮如より少しく後輩であるが、彼が活躍しはじめた時代はすでに蓮如の活動期であったので、本願寺門徒との対立を余儀なくされた。真慧が専修寺を一身田に移した（一四六四年）のは、関東が真宗に有縁の地でないと考えたのが最大の理由であろう。関東地方は関西にくらべて土地が貧しいし、加えて密教的な仏教が求められていた。しかし真慧の時代には高田門徒の中心は加賀にあったが、しかしこの方面も蓮如の活動によってすでに本願寺の勢力が強大であったから、その次に信徒の多い伊勢を選んだのであろう。著書に『顕正流義鈔』二巻があり、さらに門徒を誡めた『真慧上人御定』がある。後世、高田派の中興と仰がれる。

真慧のあとは、一子応真（一四九〇―一五三七）と、養子の真智（一五〇五―一五八六）との間に跡目相続について争いが起った。加賀国司富樫政親の妻が政親の死後、真慧に再嫁して生んだのが応真である。政親は本願寺の一向一揆に滅ぼされたが、その後加賀を領した一向一揆が、越前に攻め入ったとき、国司の朝倉敏景は専修寺の徒と共に防戦に当った。応真はその戦いのために越前に行っていた。その間、本寺住持の人なきため、後土御門天皇の皇子常盤井宮が入寺して真智と号した。留守の門徒が真智を専修寺住職となしたが、応真が帰国したとき、門徒を二分して争いがおこり、ために真智は越前に去って、別に専修寺を創立した。そのために専修寺は分かれて二寺となり、一身田は応真から、堯恵・堯真・堯秀・堯季等と次第し、現在に至っている。越前の専修寺は、徳川時代寛永年間に、本寺末寺の決定の訴訟に敗れて廃止された。

一向一揆

一向一揆は蓮如の時代におこり、次の実如・証如・顕如のころまでつづき、顕如（一五四三―一五九二）が織田信長に屈服するまで約百年間、北陸・近畿・三河、その他の地方で起っており、すべて本願寺門徒であり、本願寺の坊主と門徒の武士や農民の集団であった。それらの中で最も強力であったのは、北陸の一向一揆であった。文明六年（一四七四）加賀の守護富樫政親と富樫幸千代との間に争いが起ったとき、加賀の門徒は政親と結んで幸千代と戦い、これを滅ぼした。しかしその翌年には富樫政親とも戦うことになり、長享二年（一四八八）には政親を滅ぼし、加賀一国はその後百年間、本願寺の坊主と門徒とが支配したのである。さらに文明一三年（一四八一）には、越中にも一揆がおこっている。これはさきの富樫政親が越中の石黒光義にはたらきかけて、瑞泉寺・安養寺等の門徒と戦わしめたものであり、逆に石黒氏は一揆のために滅ぼされた。

初期の一向一揆には、本願寺自身は一揆に加担せず、むしろ一揆を否定しようとした。さきの長享の加賀一揆のとき、蓮如は一揆の指導者たちにたいして、厳しい怒りの手紙を送っている。一揆が信教の自由のための戦いではなかったから、本願寺としては教法を広めるために、一揆をおこして為政者を敵にまわすことは望ましくないと考えたからであろう。しかし一向一揆が権力者を滅ぼし、自ら政治権力に変貌すると、本願寺は必然的にそれと結合するために、次第に本願寺が一揆の中に巻きこまれることとなった。すなわち永正年間（一五〇四―一五二〇、実如の時代）の一揆のころからは、本願寺自身が一揆の中心となって戦うようになった。永正一揆は摂津・近江・越前・加賀・能登などの各地におこり、将軍家内部や管領職の勢力争いとも関係し、永正四年には、管領細川政元が殺されている。北陸では一向一揆が越前の朝倉貞景や、越後の長尾能景等と戦っている。

一向一揆が各地で勢いを強めるにしたがって、戦国時代の部将が本願寺の門徒となることによって、身の保全を計り、さらに勢力の拡張を計ろうとした。そのためにさきには一揆と争った越前の朝倉氏も門徒となり、或いは越後の上杉氏と争った甲斐の武田氏も門徒となり、さらに門徒の勢力の強かった美濃でも土岐氏や稲葉氏が本願寺の門徒となっている。このように戦国大名が本願寺と結びつくようになると、これらの大名と敵対する勢力は、同時に本願寺とも敵対することとなった。この時、尾張に現われた織田信長は今川義元を破ってから次第に勢力を加え、全国制覇の軍をおこし、これらの大名や一向一揆と敵対することとなった。そこで本願寺は、近江の浅井氏、六角氏、越前の朝倉氏、甲斐の武田氏、安芸の毛利氏、阿波の三好氏等と結んで、信長と対決することとなったのである。まず元亀元年（一五七〇）、越前を攻略しようとした信長は、近江の浅井氏、六角氏と姉川に戦ったが、近江の一向一揆は浅井氏に加勢した。その後、天正八年（一五八〇）石山本願寺の開城にいたるまで、伊勢長島の一揆、加賀越中の一揆、雑賀《さいか》一揆をはじめ、本願寺顕如（第十一代、一五五四—一五九二在職）の呼びかけに応じて各地に一揆がおこった。しかしこれらの一揆は信長に各個撃破されて、天正八年には顕如は石山本願寺を開城し、紀州鷺森の別院に退去して、一一年間におよぶ石山戦争は終結した。しかし二年後の天正一〇年に信長が弑せられるに及んで、顕如は泉州貝塚に移り、さらに摂津に移り、天正一九年（一五九一）秀吉が京都六条堀川に土地を寄進したので、蓮如以来一二七年をへて本願寺は再び京都に帰ることとなった。なお石山開城のとき、顕如の長男教如（一五五八—一六一四）は顕如の意に反して信長との和議に反対したので、顕如に義絶された。のちこの義絶は解かれたが、顕如のあとは第三男准如（一五七七—一六三〇）が継いだため、教如は流浪の身となった。しかし徳川家康が天下を統一したあと、慶長七年（一六〇二）教如に京都七条烏丸の土地を寄進したので、東本願寺を創立した。これより本願寺は東西に分かれることになった。信長は本願寺を屈服せしめたあと二年後に死んだため、彼の本願寺対策は不明であるが、しかしその後の秀吉や家康の態度を見ても、統治者としての彼らは宗教としての本願寺を弾圧しようとしてはいない。この点、一向一揆は徳川のキリシタン弾圧とは質的に異なるものがある。

法華一揆と専持法華

一向一揆とならんで、この時代に起った一揆に法華一揆がある。これは天文元年（一五三二）から天文五年ごろに、京都を中心に起った一揆であり、町衆の一揆である。これは京都の町衆の自治の要求に法華宗の信仰が結合した宗教一揆であった。応仁の乱（一四六七―一四七七）以後、焦土となった京都は間もなく復興が計られたが、幕府の権力の低下により、町衆による京都の町の自衛化が計られるようになった。これは、近郊土一《どいっき》揆の京都乱入にたいする町衆の自衛であるとともに、年貢の免除などの幕府に対する町々の要求の動きともからみ、京都町衆の自衛的武装化が形成されていった。京都の法華宗は、一二九四年の日像の布教以来次第に信徒を増し、妙顕寺が建立され、さらにその弟子大覚の布教や日尊（―一三三九―）・日静（―一三三八―）等の入洛により住本寺・本圀寺等が建立され、次第に勢力を拡大した。その後日什（一三一四―一三九二）が来て妙満寺を開き、足利幕府に対して厳しい幕府諌暁を行なった。応仁以後、洛中には法華宗の勢力の伸長が目ざましく、天文初年のころには、洛内廿一箇本山と称せられるほどに法華宗の大寺院が多く建てられ、京都の法華宗はその最盛期にあった。これらの法華宗の諸本山は、後藤・本阿弥・茶屋・野本等の有力檀那の帰依により、豪壮な寺域を擁していた。とくに六条本圀寺は要害堅固であったという。しかも当時の洛中法華宗には、武力を容認する風習があり、本山自身も相当の自衛的武力を持っていた。日蓮の四箇格言に見られる他宗排斥や、不受不施の教理に基づく門徒の神祇不拝や他宗寺院への不拝の主張などと相まって、宗門の武装化が進められていた。

当時、近畿には本願寺証如（第十代、一五二六―一五五四在職）の指導する一向一揆の勢力が強く、一向一揆は三好元長や畠山義宣等を破り、奈良の興福寺を焼打ちにし、余勢をかって京都に乱入せんとする構えを示した。そのために洛内法華宗門徒に危機感がおこり、集合して武器をもって立つに至った。そして細川晴元や六角定頼と結んで、一向一揆と戦端を開くに至った。この戦いは天文元年から二年にわたった。両者は京都付近で戦い、法華一揆は山科本願寺を焼打ちにしたが、天文二年に細川晴元と本願寺証如との間に和議が成立し、法華一揆は兵をおさめた。この法華一揆は、細川晴元が京都法華宗門徒の武力を利用した点もあるが、同時に京都が外からの攻撃の危機にさらされたとき、京都町衆による京都自衛の行動が法華の信仰と結合したものでもあった。そこには、自らの法華信仰の防衛の意味と共に、彼らの町やその生活・財産の防衛の意味が含まれていた。そしてこの時には法華宗門徒の京都防衛は成功したのである。しかしその後におこった天文五年（一五三六）の「天文法華の乱」には、京都の法華宗廿一箇本山は町衆と共に壊滅的な打撃を受けるに至った。

　天文法華の乱の直接の発端は、天文五年に叡山の天台僧が京都で説法していたとき、松本新左衛門という法華宗の門徒と宗論をなし、天台僧が負けたことに由来する。これを「松本問答」という。天台僧が俗人の法華門徒に宗論で負けたことが洛中に広がったため、比叡山の名誉の失墜とあわせ、平素、法華宗の行動を快く思っていなかった山門衆徒が集会をなし、法華宗洛内追放を決議し、法華の乱に及んだのである。山門は一致して法華追討の態勢をととのえ、興福寺・粉河寺《こかわでら》・根来寺《ねごろじ》等に援兵をこい、本願寺にも協力をとりつけ、六角定頼も山門に応じて近江衆をひきいて出兵し、山門・六角衆の連合軍と法華宗廿一箇本山の総力との戦いとなった。この戦いは法華宗側の敗北に帰し、廿一箇本山は悉く没落し、僧侶の戦死者も多く、諸本山は本尊や聖教を奉じて堺に逃れた。この天文法華の乱を、日蓮宗では天文法難という。諸本山が堺に避難したのは、堺は瀬戸内・西国の布教の拠点として、法華宗諸本山の末寺がすでに多くここに営まれていたからである。

　この戦いに、六角定頼は積極的に出兵して山門に加勢し、幕府・細川晴元・木沢長政等も法華方には与しなかった。彼らは、京都の町衆が武装して洛中を支配し、田畠・地子を抑えて諸公事を支配する「町衆の自治」に反対の立場を取ったためである。堺に逃れた法華宗の諸本山は、数年にして京都還住が許され、天文一五年（一五四六）ごろには十五箇本山が京都に再建されている。これは京都の町衆が焦土と化した中から間もなく復興したことを意味するものであり、町衆の富裕な経済力を示すものである。ただしその後、信長・秀吉が現われて天下を統一したため、町衆の自治にも限界が生じた。

法華一揆は一向一揆と共に、仏教内の数少ない一揆の例であるが、法華宗は真宗とならんで、神道や他の仏教諸宗にたいして、排他的・非妥協的であった。その一つに「神祇不拝」がある。日蓮は正法守護の善神を認めたが、しかしたびかさなる自己の迫害によって、神祇は謗法充満の国土を捨てて、天上に昇帰したと考えた。これが「神天上」の理念である。しかし、法華宗が世の中に広まれば、それにつれて「善神帰来す」という解釈も生じ、日蓮滅後に、法華宗の中に、一般神社への参詣を禁止し、寺内に守護善神の三十番神を祀る番神堂を建てる風習が生じた。しかし一方には、かかる番神堂の建立をも許さない折伏を強める厳しい立場があった。しかし他方には、神社参拝を厳しく禁止しない摂受的立場をとる流派もあり、神祇参拝に関し、日蓮宗内に分裂が生じた。

つぎに謗法供養是非の問題も室町時代法華宗の大きな問題であった。日蓮は佐渡流罪時代に、異教徒謗法者から供養を受けないことを主張したが、この精神が室町時代の法華宗内にも受けつがれている。しかし日像が京都に開いた妙顕寺、のちの妙本寺や、日静の開いた本圀寺等は、次第に権門に近づいて勅願寺になったり、幕府寄進の寺領を受けたりして、謗施の受用を容認するようになった。そのために不受不施を主張する妙覚寺や弘経寺等から厳しく批判されていた。不受不施は、法華宗を信じない者を謗法者と規定し、謗法者からは供養を受けず、布施をなさないとする厳しい立場である。この不受不施の制戒は、京都の妙覚寺等で一四一三年ごろから制度化され、謗法の社寺への不拝・不参、謗法への布施と供養の停止、謗法からの布施物拒否等が明確化せられた。一四四〇年の義満三十三回忌の法会に当って、法華宗では妙本寺・妙行寺等の八箇寺のみが出席し、他の五十四箇寺は謗施不受の理由で出席しなかったという。一五九三年の秀吉の大仏千僧供養にも、妙覚寺日奥（一五六五―一六三〇）は秀吉は法華の信者ではないから謗法者であるとして、この供養に出席しなかった。これがのちに彼が徳川幕府から弾圧される理由になる。

さらに「宗論」についても、法華宗の折伏活動と法難を甘受する態度とが、他宗との摩擦をおこしている。有名なものに安土《あづち》宗論・慶長宗論等がある。安土宗論は天正七年（一五七九）に、信長の命により法華宗の日珖・日諦等が浄土宗の玉念・貞安と対論し、法華宗側が計画的に屈服せしめられたものである。この時法華宗側は詫証文を書かされ罰金を課せられた。慶長宗論は江戸幕府になってからであるが、慶長一三年（一六〇八）法華宗の日経等が浄土宗の僧と家康の面前で討論したものである。法華宗の中に不受不施の信条を守って、幕府に反抗的な一派があったために、家康がこれを機会に法華宗を弾圧したのである。

このように法華宗は「専持法華」を唱えて信仰の純一性を守ったが、これが積極的には他宗への折伏活動となり、他宗との摩擦を引きおこした。この点、真宗と法華宗とには共通的な性格が見られる。

五山派の発展と僧録

室町戦国時代にわが国の文芸を保持したのは、京都五山の禅僧たちであった。五山の制度はもと鎌倉の建長寺・円覚寺等に設けられたのが先であるというが、後、京都にも設けられ、建仁寺・東福寺等が五山に列され、一三六八年義満によって「五山十刹」の制が定められた。南禅寺を五山の上とし、天竜・相国・建仁・東福・万寿の五寺を五山としたという。しかしさきには大徳寺を五山に列したこともあり、五山の内容は一定しなかったらしい。このほかに京都・鎌倉・その他の地方に「十刹」が設けられ、義満の時代に京十刹は等持・臨川・真如・安国・宝幢・普門・広覚・妙光・大徳・竜翔の十箇寺であった。大徳寺は当時有力な檀越がなく、十刹に加えられたに過ぎなかった。しかし大徳寺が五山の主流からはずれたために、五山が文芸中心に流れ、禅風を失っていくうちに、大徳寺は機鋒俊烈な宋朝禅の伝統を保持し得たともいえる。さらにそれが妙心寺に伝えられ、わが国臨済禅の伝統を確立し得たのである。

室町時代、臨済禅は前時代の興隆の後を受けて、武家政権を背景に盛行した。とくに尊氏・直義等の尊信を得て、夢窓疏石（一二七五―一三五一）の門流が発展した。彼の門下は一万といわれるが、なかでも春屋妙葩・義堂周信・絶海中津等が有名である。とくに春屋（一三一一―一三八八）は南禅寺に住し、足利義満の信任をうけ、「僧録」に任ぜられた。僧録は上代の僧綱に類するもので、権限は禅宗以外には及ばなかったが、五山十刹以下諸禅寺の住職任免・訴訟裁定・所領寄進等の行政的権力を持っており、のちには幕府の政治外交等の文書をも作成した。義満の晩年には、僧録は相国寺の鹿苑院の塔主《たっす》が任ぜられることになり、春屋のあと、絶海・空谷・瑞渓等の夢窓派の僧が任ぜられた。その後、僧録の権力は、その下位の蔭凉《いんりょう》職に移ったこともあったが、徳川家康によって廃止されるまで、二百数十年存続した。しかも戦国時代の大名は自己の領土内の仏教教団を統制するために、僧録の制を採用したものがあり、さらに徳川時代にも、各宗教団の中には宗内の統制のために僧録の制度を置いたところがある。

春屋は義満にすすめて相国寺《しょうこくじ》を建立させて、ここに住し、夢窓を開山とし、自己を二世となした。相国寺は足利氏の菩提所となり、五山派の拠点となった。春屋は内典外典にわたる多くの典籍を出版したが、これが五山文学の発展に大きく寄与した。五山文学の発展は元の使節として来朝した一山一寧（一二四七―一三一七）の活躍による点が大きい。彼は南禅寺に住持したが、禅学はいうまでもなく、儒家百家・俗説に至るまでも精通しており、高度に洗練された教養と豊かな文才とを備えていた。彼に虎関・雪村・桃渓・夢窓等各派の俊秀が教えを受けた。とくに虎関（一二八七―一三四六）は五山文芸流行の先駆者であり、その門下からは夢巌・大道・中巌等の次代を担う逸材を輩出している。さらに一山の弟子中の第一人者は雪村友梅（一二九〇―一三四六）であった。友梅の詩集『岷峨集』四巻は、絶海中津の『蕉堅稿』二巻や義堂周信の『空華集』五巻等と共に五山文学を代表するものである。十四世紀の五山はいわゆる五山文学の最盛期であり、詩文に巧みな文学僧が多数輩出している。さらに文学のみでなく、水墨画が流行した。これは、禅宗で印可を受けるとき先師の画像（頂相《ちんそう》）を描いて、これに賛をもらい、印可証明の証拠とする風習があったのに起因するという。禅林の画家としては、東福寺の兆殿司《ちょうでんす》（吉山明兆、一三五二—一四三一）や如拙《じょせつ》、雪舟等楊（一四二〇—一五〇六）等が有名である。さらに五山の文芸は、明《みん》からの文化の流入により、書道や建築・彫刻・印刷・造園術などでも、新しい天地を開拓した。

しかしこのような文芸の発展につれて、五山には厳しい禅風が失われ、禅と文芸との分化が現われている。この間に宋朝禅の厳しい禅風を挙揚したのは大徳寺や妙心寺であった。大徳寺は宗峰妙超（一二八二—一三三七）が花園上皇や赤松則村の帰依をうけて創建した寺である。花園上皇（一三〇八—一三一八在位）は禅を深く理解した随一の天皇であるが、宗峰の禅を高く評価された。宗峰の門からは徹翁《てっとう》と関山が出た。徹翁は大徳寺をつぎ、言外・華叟と次第し、華叟宗曇《けそうそうどん》（一三五二—一四二八）の門に養叟と一休とが出た。一休宗純（一三九四—一四八一）は後小松天皇の皇子で、出家して華叟に師事したが、狂雲子と号し、『狂雲集』『自戒集』等を著わし、偽善的な当時の禅者を痛罵し、名利をにくみ、時流に真向から対決し、奇矯な行為が多かった。養叟宗頤（一三六六—一四五八）から春浦・実伝・古岳・大林・笑嶺と次第し、笑嶺宗訢《しょうれいそうぎん》（一五〇五—一五八三）の門下から春屋宗園・一凍紹滴・古渓宗陳の三傑が出て、大徳寺は一段と栄えた。五山が文芸至上主義に流れたのを嫌って、厳しい禅風を求める禅僧が大徳寺に集まったのである。そして大徳寺派の禅僧は、北条、上杉、畠山、織田、豊臣、石田、前田その他戦国武将の帰依をうけて、地方に発展した。

笑嶺宗訢の弟子春屋宗園（一五二九—一六一一）は大徳寺に住し、黒田長政、石田三成、浅野幸長等に帰依せられ、弟子に江月宗玩や小堀遠州がある。遠州は禅思想に基づく庭園築造家として有名であり、すぐれた名園を残している。次に一凍紹滴（一五三八—一六一二）も大徳寺に住し、堺の道俗の帰依があつく、その門下からは徳川時代の沢菴が出ている。古渓宗陳（一五一五—一五九七）は越前朝倉氏の出身で、笑嶺の門に投じ大徳寺に住した。

秀吉をはじめ、羽柴秀長、黒田長政、千利休等、その門に参ずるものが多く、利休が自己の木像を大徳寺山門に置いて、秀吉の怒りをかい、自殺せしめられたことは有名である。栄西によって茶が日本にもたらされたが、その後次第に茶が日本に流行し、堺の商人や戦国大名の好みに合し盛大となった。そして利休によって茶道が大成されたのであるが、その根底に禅の精神があることはいうまでもない。禅に基づく庭園や茶道の美は、室町戦国時代に形成されたのである。

大徳寺を開いた宗峰の弟子に関山慧玄（一二七七―一三六〇）があり、花園上皇の帰依を得た。上皇はその離宮跡を関山に寄せ、妙心寺を開いた。関山は智行兼備の道人、本朝に並びなき禅哲としてきこえ、枯淡な禅風を挙揚した。関山のあとをついで妙心寺二世になったのは、授翁宗弼（一二九六―一三八〇）である。その後、妙心寺は大内氏の謀反に関係して、義満によって一時廃絶せしめられたが、のち復興し、日峰宗舜（一三六八―一四四八）が妙心に入寺するに及んで再興した。つぎの義天玄承は竜安寺を開き、義天の法をついだ雪江宗深は応仁の乱で焼失した妙心寺を再興し、弟子に景川宗隆・悟渓宗頓・特芳禅傑・東陽英朝の四神足を出した。彼らによって妙心寺はめざましい発展をとげた。当時、妙心寺は紫衣勅許の出世道場となり、戦国大名の帰依をうけて各地に広まった。美濃の斎藤氏、土岐氏、甲斐の武田氏、駿河の今川氏、その他の大名の外護を得て、山城・美濃・信濃・近江をはじめ全国に広まった。そして戦国大名のみでなく、国人衆、連歌師、田楽法師、座頭などの芸能人から町衆・医師・農民など、各層にひろく信徒を得て、五山派の地方末寺をも手中におさめ、江戸初期には妙心寺派は、禅宗の他派をしのぎ大きな勢力となっていた。甲斐の武田氏の帰依をうけた快川紹喜（　―一五八二）は、信長の怒りを買って慧林寺の山門で火定し、その剛毅を示したが、彼もこの派の人である。なお東陽英朝の系統からは、江戸時代に愚堂東寔《とうしょく》、至道無難《むなん》、一絲文守、さらに白隠慧鶴が現われて、妙心寺派を制することになる。

浄土宗の発展

浄土宗鎮西派は第二祖良忠（然阿、一一九九―一二八七）によって教学が整備され、地方に広まった。良忠は石見国（鳥取県）の出身で若年で出家したが、三八歳（一二三六）のとき聖光房弁長を訪ね、一年間随侍して浄土教列祖の著作の相伝をうけた。その後郷里に帰り、さらに京都・関東に布教した。関東は法然に帰依した武将の多く住するところであり、良忠は下総の椎名八郎・荒見弥四郎、鎌倉の北条朝直その他の帰依をうけ、各地に寺を開き、多くの門徒を養成し、さらに京都にも行化をなし、鎌倉の光明寺において、八九歳で入寂した。著書には主著の『観経疏伝通記』十五巻をはじめ、聖光の『徹選択集』『末代念仏授手印』等を解釈した『徹選択抄』二巻、『領解末代念仏授手印鈔』一巻等五十余巻があり、法然・聖光と次第した浄土宗の正義を顕正した。記主禅師と諡される。弟子は関東と京都を中心に栄え、寂慧良暁・名越尊観等の六人が有名である。

弟子の尊観（良弁、一二三九―一三一六）は名越《なごえ》流をおこし、良暁（一二五五―一三二八）は白旗《しらはた》流の祖となり、なおこのほかに良忠の弟子より藤田流・三条流・一条流・木幡流等の六流が興っている。名越流の尊観は鎌倉名越に善導寺を開き、この系統は関東・奥州に伝播した。この系統の十声（　―一四二七）は磐城に専称寺を開き、良栄（一三四二―一四二八）は下野に円通寺を開創し、著述も多いが、この系統を大沢流という。白旗流の良暁は鎮西派の第三祖となり、光明寺をついだ。この系統に聖冏《しょうげい》（一三四一―一四二〇）があり、西蓮社了誉と号し、顕密の学に達し、著述も多く、小石川に伝通院を建立し、談林をおこし、講学を盛んにし、伝法を厳にし、古来の口伝を集めて、「五重相伝」を編し、これを弟子の酉誉《ゆうよ》に授けた。浄土宗中興といわれる。『二蔵頌義』『浄土伝戒論』その他著作が多い。弟子の大蓮社酉誉（聖聡《しょうそう》、一三六六―一四四〇）は、増上寺を開き、講学の道場とした。彼は鎮西派の第八祖である。この系統には三河の大樹寺（徳川氏菩提寺）を開いた勢誉、千葉の大厳寺を開いた道誉、宇治の平等院に入った城誉等が輩出し、さらに大誉は知恩院・百万遍等に住し、白旗流は浄土宗鎮西派の主流となった。

なお知恩院は法然が流罪より帰って、晩年を過ごした大谷禅房の故地であるが、青蓮院の慈円が土地を与えて法然を住せしめた所である。ゆえに長く青蓮院の支配下にあった。法然滅後ここに廟堂を建てたが、山徒によって毀たれた。のち法然の遺骸は粟生野で火葬され、一二三四年源智がこの地に遺骨を安置し、大谷寺と号したのが知恩院のはじまりである。ついで良忠門下の如空（一二六二―一三二一）が知恩院に入って第八代となり、つぎに弟子の舜昌（一二五五―一三三五）が九代となった。彼は後伏見上皇の勅によって法然の伝記『法然上人行状絵図』（『勅修御伝』）四十八巻を撰した。その後、増上寺を開いた聖聡の弟子慶竺（一四〇八―一四五九）が知恩院に入り、大いに白旗流の法義を鼓吹した。

なお法然が一時住した京都の神宮堂を源智が相承し、法然の影堂を建てたのが知恩寺（百万遍）の開創である。さきの知恩院に入った如空も、その前に知恩寺第六代となっている。その後、歴代皇室の帰依をうけて盛大となり、さきの慶竺も知恩院に入る前に知恩寺第十九代となり、本寺を中興している。第二十五代慶秀（一四七六―一五五九）の時、後柏原天皇の帰依をうけ、堂舎を再興し、宮中に大原談義を講じ、知恩寺を浄土宗第一寺とし、知恩院をその別院となすとの公状（一五二三年）を賜わった。しかし翌年、知恩院をもって浄土宗総本寺となすことになり、勅額宸翰を知恩院に賜わった。これによって知恩院は青蓮院の支配から独立するに至った。

良忠の弟子礼阿は一条流の祖であるが、その弟子の証賢（一二六五―一三四七）は京都の清浄華院に住し『三部仮名鈔』を製した。この系統は玄心・証法・敬法・定玄・等熈と次第し、清浄華院や黒谷の金戒光明寺に住し、後亀山上皇・後円融天皇・後小松天皇・称光天皇等の戒師となり、皇室の帰依と戦国大名の帰依をうけて栄えたが、その後衰え、白旗流に合流した。藤田性心の藤田流、了慧道光の三条流も門葉が栄えず法燈を絶った。

真盛の戒浄一致の思想

蓮如や真慧と同時代に出て、円頓戒と念仏との一致の立場で浄土教を説いたのは天台宗の真盛《しんぜい》（一四四三―一四九五）である。真盛は一四歳の時出家し、一九歳にして叡山に登り慶秀に師事した。二十余年台密二教を学んで権大僧都に進んだが、母を喪って浄土教に心を傾け、称名念仏日に六万遍であったという。文明一五年（一四八三）黒谷の青竜寺にかくれ、文明一八年坂本生源寺で往生要集を講じ、円頓戒と称名との一致を唱えた。さらに坂本の西教寺を復興して、戒称二門弘通の道場とした。西教寺は源信の起した念仏の別所であったが、真盛の再興により、真盛を西教寺中興の第一世となす。それより近江・伊勢・加賀等に行化し、越前に西光寺を建て、後土御門天皇に円頓戒を授けたてまつり、足利義政の帰依を得、各地に不断念仏の道場を開くこと百三十余ヵ所、道俗の帰依するもの甚だ多かったが、明応四年（一四九五）伊賀の西蓮寺で別時念仏を修するうち、にわかに病を発し、「寡欲清浄・当勤念仏」を遺言して寂した。著書に『念仏三昧法語』一巻、『奏進法語』一巻等がある。

真盛には弟子が多かったが、盛全が西教寺をついで第二世となり、天台宗真盛派の派名を公称したという。

真盛は当時の叡山の僧風の堕落を見て、円頓戒の発揚につとめたが、理想とするところは源信の『往生要集』であり、大菩提心をおこし、戒によって身口意の三業を護り、深信にて常に念仏し、極楽往生を期した。そして往生を願うわれわれの心と、救う仏の悟りとが一つになるのが南無阿弥陀仏であるとなし、仏の正覚すなわち吾等の往生であるとなした。この真盛の戒律を厳守する浄土教の信仰は、当時の天台宗には一服の清涼剤であったが、しかし叡山全体を動かすことはできず、真盛寂後七五年にして、元亀二年（一五七一）信長のために比叡山は全焼せしめられた。このとき西教寺も烏有に帰したが、天正二年（一五七四）真源が再興し、円戒弘通・常行三昧の道場として、その後も栄えている。

五　徳川時代

徳川時代の仏教の特色

安土・桃山時代を通じて、戦国大名は統一せられ、次の徳川幕府が成立することによって、近世封建制度が確立するが、同時にこれは、仏教の側から見れば、戦国時代の奔放な仏教教団が、次第にその勢力を奪われて、封建機構の中に組みこまれる経過であった。徳川時代には、仏教教団はその封建制の中だけで活動を許されたのである。そのために仏教はそれまでの活気を失って、種々の面で弊害を生ずることになった。

第一に徳川幕府は、仏教教団に「法度《はっと》」を下して、教団を統制し、その自由な活動を禁じた。そのために仏教教団は現状維持にとどまり、一面では仏教教学の発達をとげたが、他面では新仏教運動の興起をはばみ、宗教本来の活動を失ったのである。この間の新しい仏教の発展には見るべきものがない。

第二には、切支丹《きりしたん》禁制のために、幕府が仏教を利用したので、仏教は政治の一端を請負わされて、これが仏教の堕落を招いたのである。同時に官僚化した仏教は、社会の根強い反感を買うことになった。儒者や神道家の排仏論は理論的にすぐれたものではなかったと思うが、しかし幕末から明治維新において、これが社会の指導的な力となったのは、官僚化した仏教教団にたいする民衆の反感があったためと考えられる。同時に幕府が仏教を政治に利用したことが、仏教の聖なる品位をそこなって、明治以後においても、真の意味での宗教が国民の間に見失われる結果となっている。現代人の多くが、人間を超えたものへの敬虔さを見失って、無宗教であることを誇りとするような風潮を持っているが、これが、世界において日本人が、人間としての信頼性を危ぶまれる理由になっていると思われる。

第三には、幕府が仏教の布教活動や自由競争を制限し、学問を奨励したので、仏教の教学、いわゆる「宗学」が発展した。各宗は競って学校を経営し、大きな学校では千人以上の学僧が集まって、講義や研究を行なった。同時に日本の津々浦々までも、寺子屋が開かれて、一般人にたいする読み書きが教えられた。そして仏教の教理を平易な仮名まじり文や、歌で示し、一般信徒に読ましめた。徳川時代の日本人が、読み書きが自由にできたことが、明治以後の日本の近代化の大きな力になったのである。しかし徳川幕府が学門を盛んにしたために、同時に儒学や国学が盛んになり、勤王思想を引きおこすことにもなったのである。これは徳川幕府を否定する運動となったが、同時に排仏思想ともなったのである。

幕府の仏教統制

仏教教団の中世的機構が近世的に再編成されたきっかけは、一向一揆や法華一揆が現われて、武家社会が仏教教団に対して、大きな警戒心をいだいたことにある。ゆえに僧兵や一向一揆は仏教教団の自治の要求のごとくであるが、結果としては、宗教の政治への過度の介入であったのであり、その反動として、徳川時代の仏教が政治への絶対的従属を迫られることになった。

織田信長は石山合戦（一五七〇—一五八〇）によって、石山本願寺を降し、元亀二年（一五七一）には比叡山を焼打ちにし、天正七年（一五七九）には、安土《あづち》宗論を催して法華宗に打撃を与える等、手荒な仕方で仏教教団に対した。秀吉は、反抗するものは撃破し、降服するものには恩恵を与え、硬軟あわせ用いて、仏教教団を操縦した。彼は、天正一三年（一五八五）に紀伊（和歌山県）に兵を進めて、降伏しない根来寺を焼却し、高野山をも伐たんとしたが、木食応其《もくじきおうご》（一五三六—一六〇八）の請いによって辛じて免れ、高野山は事なきを得た。応其はその後、秀吉の命により、高野山の金堂・大塔・経蔵等を修理し、学寮を開いて教学を盛んにし、大伝法院のあとに青巌寺を建てた。この青巌寺がいまの金剛峰寺である。さらに根来寺の焼打ちによって、新義真言宗は本寺を失い、大和の長谷《はせ》寺を本山とする豊山派と、京都の智積院を本山とする智山派とに分かれた。

秀吉は、さらに広く刀狩を行なって、農民や寺院から武器を没収するとともに、それを方広寺の建立に利用している。すなわち秀吉は、木食を奉行に命じて、奈良の大仏より大きい方広寺の大仏を造立せんとして、一五八六年にその建築に着手した。そして一五九五年に亡父母の菩提のために、大仏殿落慶の式典として、妙法院に千僧供養を営んだ。ただし方広寺は地震や火災のために、秀吉の時代には完成せず、秀頼が父の遺志をついで完成した。しかしその鐘銘に「国家安泰・君臣豊楽」の語があったことより、家康の忌諱にふれ、大坂城落城の誘因になったことは有名である。

さらに秀吉は、寺院の所領の検地を断行し、すべての寺領を一旦没収し、由緒の明らかな所領のみを、寄進の名目で返還した。それまで寺院は、所領にたいして、司法権を所有する領主であったが、豊臣から徳川時代になって、単に年貢を受け取る地主に変質し、寺領も減少した。しかしなお寺領にたいしては、税金を免除された。秀吉は、石山本願寺を失った本願寺顕如にたいして、天正一九年（一五九一）京都六条堀川に土地を与えて、本願寺を京都に再興させた。翌年顕如が遷化し、長子教如が法燈をついだが、顕如の内室如春尼の運動により、秀吉は、文禄三年（一五九四）教如を隠居させて、本願寺住職を弟の准如に譲らせた。のち関ヶ原合戦のあと、教如は家康に近づき、慶長七年（一六〇二）京都の烏丸七条に家康より土地を寄進され、翌年教如はここに本願寺を建立した。これが東本願寺であり、准如の本願寺を西本願寺と称し、ここに本願寺は分立したのである。

秀吉はこのように本願寺の再興をたすけ、比叡山・高野山・興福寺の復興をも援助し、方広寺を建立し、わが国最大の大仏を造らんとした。そこには仏教にたいする多少の帰依心はあったであろうが、それ以上に教団を操縦する駆け引きが強かったであろう。

その後をうけた徳川幕府によって、仏教教団は封建体制の中に完全に組みこまれた。これに協力したのは南禅寺金地院の崇伝《すでん》（一五六九—一六三三）と天台宗の天海（一五三六—一六四三）とである。彼らは家康・秀忠・家光の三代にわたって幕政に参与し、幕府の仏教政策に大きな影響を与えた。さらに増上寺の源誉存応（一五四六—一六二〇）も家康に帰依せられ、進言を行なっている。

室町時代は相国寺の鹿苑院蔭涼軒が僧録職となっていたが、崇伝が三六歳で南禅寺の住職となり、家康の信任をうると共に、僧録職を相国寺から南禅寺金地院に移した。彼は慶長一三年（一六〇八）以後、駿府（静岡）におもむいて、家康の宗教行政に参画し、あわせて外交文書をも起草した。天海は崇伝のごとく直接宗教行政に関係することは少なかったが、慶長一三年はじめて家康に面謁して以来、家康・秀忠・家光三代の宗教顧問として重きをなし、家康の薨ずるや、山王一実神道によって家康を日光に葬り、東照大権現として祀り、さらに江戸の鬼門を鎮めるために、上野に寛永寺を造営し（一六二五）、京都の比叡山にたいして、これを東叡山と称し、天台の勢力を関東に移した。彼ははじめは川越の喜多院を家康から与えられて、これを関東天台の中心としようとしたが、のち寛永寺を中心とし、法親王の入寺を奏請し、彼の没後、守澄法親王が入寺され、寛永寺を輪王寺と称し、法親王は天台座主となった。そして東叡山に住し、比叡山と日光と東叡山との三山を管領し、天台の実権は江戸に移ったのである。

なおこの外に、家光が帰依した沢菴宗彭（一五七三—一六四五）も、家光に請われて品川の東海寺に住し、家光に影響を与えている。崇伝の死後、幕府は寺社奉行をおいて神社や寺院の統制、訴訟事務等をおこなった。

徳川幕府の寺院統制は、一つは江戸に触頭《ふれがしら》を置いて、各宗寺院に幕府の命令を周知せしめたことと、第二には各宗寺院に「寺院法度《はっと》」を発布して、寺院の守るべき規則を明示した。

法度は、慶長六年（一六〇一）高野山に下したのをはじめとして、同一三年に比叡山等に下し、ついで園城寺、修験道、曹洞宗、法相宗、五山十刹、大徳寺、妙心寺、浄土宗、身延山等に下され、さらに寛文五年（一六六五）に各宗共通の法度が発布された。真宗や日蓮宗等もこの法度にしたがうべきものとされた。ただし仏教一般には女犯の罪をきびしく追及したが、真宗には妻帯の宗風を但し書で認めている。これらの法度によって、各宗内の職制、座次、住職の資格、紫衣等の袈裟や上人号等の勅許、授戒や血脈伝授の制限、出世の規定、本寺末寺の関係、法談の制限、勧進募財の取締り、新寺建立の制限、邪教・新興宗教の制限禁止等が規定せられた。ここで注目すべきことは、法談の制限、勧進募財の取締り、新寺の建立や新興宗教の禁止等に示されるように、自由な仏教の布教活動が制限、ないし禁止されていることである。したがって江戸時代には、新しい教義の創唱や、新仏教運動の旗上げなどは不可能であった。そのために徳川時代には仏教の活発な活動はなく、仏教界は萎靡沈滞したのである。

さらに法度には、本寺末寺の関係が規定されている。それ以前にも本寺末寺の関係は部分的にはあったが、これを全国的な立場で法制化したものが江戸時代の本末制度であり、本山から本寺、中本寺、直末寺、孫末寺というごとく、本山を中心とする中央集権的な組織が確立した。しかし本末の不明瞭な寺院もあったのに、この際、一寺も残さず本末の関係にはめこんだために、なかには無理も生じた。例えば曹洞宗では、肥後の大慈寺や加賀の大乗寺、能登の永光寺などは独立の本寺であったが、永平寺と総持寺のみが本山として認められ、他はすべてこの二系列の配下に組み入れられた。あるいは真宗の専修寺は真慧のあと応真は伊勢の一身田の専修寺をつぎ、真智は越前熊坂に専修寺を建てて本寺としたが、このとき本末の争いがおこり、伊勢の専修寺が本山として認められ、越前の専修寺は破却された。この外にも本末の紛争が各地におこっている。ともかくすべての寺院を本末の関係に組み入れ、上下の秩序を明確にし、末寺の住職の任免は本寺の許可を必要とし、本寺に大きな権限を与えた。このことも、仏教界が活気を失った理由の一つである。

そして一度定められた本末の関係は、その後変更は許されず、一切の紛争は「寛文の法度」に依拠して裁定されたのである。本寺と末寺の紛争においては、末寺の主張が通ることは稀であった。そして寺格や僧階も細かく規定せられ、住職になるための資格として、一定の修行年限や学問が規定せられている。住職になるために修行や修学が規定せられたことが、各宗に檀林や学校ができて、仏教の研究が盛んになった大きな理由である。

しかし本末の関係が固定し、新寺建立が厳しく制限され、寺格や僧階などが固定したことは、仏教界に平和を維持するのには役立ったであろうが、しかし宗教としての仏教の生命はほとんど奪われたといってよいであろう。

幕府はこのように各宗に本山を中心とする中央集権的組織を作り、その上に江戸に各宗の触頭《ふれがしら》の寺院を置いて、幕府の命令を各宗寺院に伝達する機関とした。触頭は幕府の命令を直接受領する寺院で、江戸所在の有力寺院がこれに当った。曹洞宗や臨済宗ではこれを僧録といい、真宗は録所（輪番）、浄土宗は役者といった。真宗では、西本願寺は築地本願寺、東本願寺は浅草本願寺がそれぞれ輪番であり、高田派は江戸三ヵ寺が触頭であった。浄土宗では増上寺が総録所であった。知恩院は信仰の聖地であったが、宗教行政の中心は増上寺が掌握していた。曹洞宗では、下総の総寧寺、下野の大中寺、武蔵の竜穏寺が全国の僧録に任ぜられたが、静岡県の可睡斎は徳川家康との関係で、三河・遠江・駿河・伊豆の僧録に任ぜられていた。

これらの幕府から直接命令を受けた触頭の命令は、各国に設けられた触頭寺院に伝えられ、順次末端の寺院に伝達された。なお末端の寺院から寺社奉行に提出する各種の願書等も、この触頭寺院を経由して幕府に提出されたのである。

徳川幕府は、仏教教団に以上のごとき封建秩序を確立したが、もう一つ重要なことは「檀家制度」を作ったことである。これは、キリスト教の禁止と関係がある。キリシタンは天文一八年（一五四九）にわが国に伝来したが、周知のごとく織田信長は切支丹《きりしたん》の布教を援助し、その殿堂の建立も許した。しかし秀吉の代にはこれを禁止した。秀吉は、天正一五年（一五八七）キリシタン追放令を出しているが、その中で、キリシタンが日本古来の神道と合致せず、神社仏閣を打ち破る非を挙げている。神の掟を至上命令とするキリシタンには、日本の宗教と対立するだけでなく、切腹を否定する等、日本の封建倫理と対立する点もあるため、この点からもキリシタンの禁止になった。ただし秀吉は外国との通商は許している。徳川幕府は慶長一六年（一六一一）から慶長一八年にかけてキリシタンを禁止し、さらに寛永一四、五年（一六三七、八）の島原の乱以後にはその禁止を強化し、いわゆる鎖国となったのである。慶長一八年の京都におけるキリシタン掃蕩にさいし、改宗者を仏教寺院の信者に登録させ、その証拠として、寺の僧侶から証判をとらしめた。これが寺請《てらうけ》制のはじめであるという。そして島原の乱以後には寺請制度が強化され、寛永一七年には宗門改役が設けられ、ついでこれが全国的に施行されるようになった。全国に普及したのは寛文年間（一六六一―一六七二）であったという。

日本の全国民について、家ごとに全員について、その年齢宗旨を書き、一家の主人が捺印し、組頭・肝煎《きもいり》等がこれに連署し、さらに檀那寺の住職がこれを証明した。これを宗旨人別帳とも宗門改帳とも言った。これは一種の戸籍であって、婚姻・旅行・移住等に必ずこの証文を必要とした。例えば旅行にも、檀那寺の寺請証文なしには、関所を通ることはできなかった。さらに死亡したときにも、住職が死骸を検分し、その死相を見届け、キリシタンでないことを請合いの上、引導を渡すべきであったという。このようにして、幕府の命令によって日本人はすべて、どこかの寺の檀家とならねばならなかった。しかもはじめは、家族の間に信仰を異にする場合は別の寺の檀家になることが認められていたが、のちにはそれが認められず、一家一宗旨となった。したがって法華宗の女性が、真宗の家に嫁に来れば、真宗の信仰を奉ぜざるを得なくなるのであり、そこに信仰の自由は存在しなかった。そして享保七年（一七二二）ごろには、檀那寺を変更することも禁止されるようになったという。これによって、日本人は生れながらに自己の信仰がきめられているという不思議なことになったのである。

これは幕府が、仏教を政治に利用した極端な例であるが、これが、日本人に宗教蔑視の観念を植えつけることとなった。道徳を否定することは、自己に道徳心の欠如していることを意味するように、宗教の蔑視は日本人に聖なるものへの畏敬の念を喪失させることになった。しかも人民の旅行や結婚、死亡届等に寺の住職の証明が必要であることは、僧侶が官僚機構の一翼をになうことであり、体制の側に与《くみ》することであった。そのために僧侶が尊大となり、地位と生活を保証されて、安逸な生活に耽り、堕落に陥るものも少なくなかった。それによって、仏教が民衆の反感を買うこととなった。さらに檀家制度は、檀家に僧侶の生活を保証させることになり、これが民衆や大名の経済を圧迫して、儒者や神道家の排仏論の理由となった。さらに排仏論から寺院の整理や寺領の削減等の問題をおこしている。

これらの問題がかさなって、国民の間に根強い排仏論がたかまり、幕末には勤王僧もなかったわけではないし、仏教界の内部にも自己批判もおこり、戒律の振起による僧風刷新運動も展開されたが、しかし仏教は最後まで旧体制の側に取りのこされて、明治維新の廃仏毀釈を受けることとなった。

教団支配

徳川幕府は有力寺院や宗派に次々に法度を発したが、最初は寺院の紛争に際して発したものが多い。すなわち法度は、慶長六年（一六〇二）高野山に発したものが最初であるが、これは高野山の学侶と行人の紛争について、両者の分離を命じた法度であり、慶長一四年に修験道に発した法度は、当山派と本山派との争いを機会に発せられたものである。高野山では秀吉の時代には木食応其が全山を管理し、教学や修法を行なう学侶方を青巌寺が統べ、行人方を興山寺が統べていた。行人《ぎょうにん》は堂衆ともいい、香華や供米等を司ったが、さらに封禄、貢賦、出納等の仕事をおこない、戦国時代には武器をとって、寺院の防御にも当った。そのために漸次、学侶を抑えて威勢を加えたのである。秀吉によって行人の力は抑えられたが、家康が政権を執ると共に木食は隠退し、行人方の文殊院勢誉があとをついだ。彼は興山寺と青巌寺とを兼領し、行人方の勢力を拡大したので、学侶と行人の間に争いがおこり、慶長六年、学侶方が、青巌寺は学侶方に属すべきことを家康に訴えた。この訴えに基づいて家康の面前で対決し、両者を分離することになり、青巌寺を学侶方に附し、各種権益も二分し、寺領も学侶方と行人方とに分けた。これによって学侶方は勢力を得た。そのとき遍照光院快正や蓮華三昧院頼慶が活躍し、内談議法制を設け、学事も整った。

しかし高野山では学侶と行人の争いがその後も絶えず、幕府は両者を和解させるために種々の処置をしたが、一向に紛争はおさまらなかった。ついに元禄四年（一六九一）幕府は裁断を下し、両者に条目を下した。そしてこの判決に不服であった行人方の興山寺堯誉を閉門に処し、翌年には上使を派遣して、条目に従わない行人六百余人を大隅・薩摩、その他に流し、その住坊を破壊した。これによって五十余年にわたる両派の争いに決着がつけられた。

徳川初期の仏教弾圧に、沢菴等の配流事件と不受不施派の禁制とがある。元和元年（一六一五）幕府は五山十刹・妙心寺・大徳寺等に法度を発布したが、寛永四年（一六二七）に至って、元和以後に幕府の允可を経ずに紫衣・香衣・上人号を得たもの、五山十刹の入院出世したものは法度違反であるとして、その無効を宣告した。これは、幕府を経由しないで紫衣等を勅許した朝廷の権威の否定を意図したものであったが、直接には幕府のこの決定に従わなかった大徳寺の玉室・沢菴（一五七三―一六四五）・江月等にたいする弾圧となって現われた。幕府の処置の中に、妙心・大徳両寺への出世の無効があったが、その理由は、法度には両寺への出世には三十年の修行と千七百則の公案の工夫とが課せられていた。玉室等はこの規定に違反するとしたのである。沢菴等が烈しくこれに反対したのは、参禅修行三十年・透得千七百則というごときは、禅の修行の問題であって、その悟道の判定は禅の達者のみのよくなしうることである。それを政治権力が左右するのは不当であるとして、宗教に対する幕府権力の介入に烈しく抗弁したのである。

しかし法度政治を推進する幕府はこれを認めないで、江月のみは許されたが、大徳寺の玉室は陸奥の棚倉に、沢菴は出羽上ノ山に流され、妙心寺の東源は陸奥津軽に、単伝は出羽の由利に流された。この幕府の処置にたいして、かねてから不満を持っておられた後水尾天皇は明正天皇に譲位して、隠退されたのである。沢菴等は三年後に許され、江戸に入った。その後、家光は沢菴に深く帰依し、品川に東海寺を建ててこれを迎えた。家光は沢菴を幕府の宗教顧問として迎えようとしたが、沢菴は固辞して受けなかった。彼は世俗の名声に幻惑せられず、家光とも専ら仏道を通じての交わりに終始した。著作・歌集・法語等が多く、さらに禅の立場から剣道について述べた『不動智神妙録』などがある。

つぎに不受不施派の禁制は、日蓮宗の中に、不信者からは布施を受けず、また不信者には法を施さないと主張する「不受不施」の一派があった。この思想は古くからあったが、秀吉の催した大仏落慶の千僧供養にさいして、京都妙覚寺の日奥（一五六五—一六三〇）は、日蓮の故事を引いてこれに反対し、千僧供養にあずかることを拒否した。慶長五年（一六〇〇）家康は彼を大坂城に招いて審問し、これを邪義として対馬に流した。一三年後には京都所司代の斡旋によって許されて京都に帰った。その後、関東にも不受不施を主張する者が絶えず、将軍秀忠の夫人の生家である浅井氏の葬礼にも、池上の本門寺・妙本寺を董せる日樹は不受不施を唱えて、その供養を受けず、当時学徳高い中村談林の日賢も日樹に党した。これにたいして日奥に対立した本圀寺の日重（一五四九—一六二三）、弟子の日乾、日遠、さらに日遠の弟子身延山の日暹《にっしん》（　—一六四八）等は国主の供養は別であるとして、「受不施」の立場をとった。受とは不信者からも布施を受けることであるが、とくに寺領や田園等を幕府の供養として受けることを内含している。これにたいして日奥は、秀吉は法華の信者でないために、これを「謗法者」であるとして、その供養を拒否したのである。その後の不受不施派の主張にも、謗法者の布施を受けないという主張があるが、しかし国主を謗法者と判定することは、宗教を媒介として国家に反抗する意味があるために、幕府はこれを危険思想であると判定し、寛永七年（一六三〇）不受不施義の唱導を禁止した。このとき池上本門寺の日樹は信州に流され、中村談林の日賢等は追放され、身延の「受不施」の義が公認された。

しかし信徒にも不受不施義を支持するものが多く、寛文年間（一六六一―一六七二）京都妙覚寺で出家した日講（一六二六―一六九八）等を中心にして、再び不受不施の主張が盛んになった。日講は寛文年間、下総野呂談林に招かれて能化となり、盛んに講席を張って不受不施義を広めた。そのために身延の日暹の弟子日境（　―一六五九）は日講等を幕府に訴え、日境のあとをついだ身延二十八代の日奠（　―一六六七）もこれに続いた。幕府は寛文五年（一六六五）寺領朱印再交付の調査をなし、寺領は幕府の「供養」であると日蓮宗寺院に通告した。これにたいして、日講や平賀日述等は、寺領は国主の仁恩によるもので「恩田」であるから受けてもよいが、供養は受けないとなした。この考えは幕府の容れるところとならず、日講は日向に流され、日述・日院等も流罪になった。後世、日講の系統を不受不施講門派という。日述等を「恩田派」という。これにたいして小湊誕生寺の日明等は、寺領は国主の御慈悲によって下付された悲田であると自己解釈をつけて、朱印手形を受けた。これを「悲田派」という。彼らは不受不施を認めながら、しかも折衷的な態度をとったために、信者一般の信用を失ったという。

その後も不受不施派は潜行的に存続し、潜行教団として種々に分流しながら明治に至った。明治九年、日正が政府に請うて不受不施派の公称が許され、岡山県の妙覚寺を本山とした。日講系統は本尊論において前者と解釈を異にしたため、別立して不受不施講門派となり、同じく岡山県の本覚寺を本山とした。

教学の発展

家康は法度を発布して、仏教教団の自由なる活動を制限したが、しかし学問を大いに奨励した。彼は法度を発布する前に、その宗の僧侶を招いて、論議や法談をなさしめ、これを聴聞し、それを法度に反映させている。例えば曹洞宗の法度には、「三十年の修行成就の僧にあらざれば、法幢を立つべからざること」とあり、さらに「二十年の修行を遂げざれば、江湖の頭を致すべからざること」（同上）とある。長谷寺法度には「学問をなす住山の所化は、二十年に満たざる者は法幢を執るべからざること」とあり、浄土宗法度には「浄土の修学十五年に至らざる者は、両脈伝授有るべからざること」とあり、叡山法度には「山門の衆徒《しゆと》にして学道に勤めざる者は、住坊叶うべからざること」等とある。住職となるためには、一定期間の学問や修行を義務づけ、さらに諸大寺には学問奨励のために寺領や金子を支給して学事を奨励している。このように種々の方法で学問を奨励したために、各宗にそれぞれ檀林（談林）や学寮、学林等が設けられ、教学研究が盛大となった。

(イ)　日蓮宗の談林　諸宗のうちで比較的早く開かれた学校は、日蓮宗の談林である。これは叡山の焼打ちによって、天台宗の学僧が難をさけて日蓮宗に入って、日蓮僧となって天台三大部の講義などを起したからである。天台僧から転宗して日蓮僧となった日球・日詮等が堺の妙国寺で三大部の講義をはじめ、その弟子に日重（一五四九―一六二三）があり、京都の本圀寺の日禎と図り、六条談林（求法院談林）を興している。さらに京都立本寺の日経の弟子日生（一五五三―一五九五）は、日統等と共に叡山に天台を学んだが、日統が下総飯塚に講席を開き、それを助けた日生が同国飯高に飯高談林を開いて、天台三大部を講じた。飯高談林の出来たのは天文の初め頃（一五七三）であるという。飯高談林にはその後、京都から日尊が来てこれを助け、学徒が集まり、日蓮宗教学の一大中心地となった。日生は飯高談林を日尊に譲り、京都に帰り、一五七四年に松ヶ崎談林を興した。日蓮宗では、飯高と松ヶ崎を根本談林といい、後世談林の範とされた。関東では日生の門人の日円が中村談林を開き、同門の日祐は小西談林を開いた。かくして関東には一致派の談林が八談林できた。

京都に六条談林を開いた日重の弟子日乾（一五六〇―一六三五）は寛永四年（一六二七）洛北に鷹ヶ峰談林を創設し、同門の日遠（一五七二―一六四二）は慶長九年（一六〇四）に身延山に西谷談林を開いている。のち京都には一致派の六談林ができている。これにたいして勝劣派にも、関東と関西とに七談林が興っている。これらによって日蓮宗には学問研究が盛んになり、修学年数に応じて学階を設け、学事を整備した。しかし初期の学問は三大部を中心とせる天台の教理の講究であった。それが次第に日蓮の教理の研究にすすみ、いわゆる日蓮宗学の成立に進んだものと考えられる。

(ロ)　真言宗の教学　真言宗の教学は高野山よりも根来寺の系統で盛んであった。根来寺は覚鑁（一〇九五―一一四三）が高野山で排斥されて、一一四〇年に根来の円明寺に移ったのにはじまるが、その後も高野山では確執があり、一二四〇年を経て頼瑜（一二二六―一三〇四）の時、彼が四一歳で大伝法院の学頭職となり、学徳一山を圧して、かえって嫉視を買ったために、高野の大伝法院と密厳院とを根来に移し（一二八八）、根来寺と称した。これによって真言宗は分裂し、高野山や東寺等を「古義」といい、根来寺の系統を「新義」という。ただし、古義、新義と公称するようになったのは明治時代になってからである。

根来寺系統には学者が多く、頼瑜には、『十住心論愚草』三十八巻、大日経疏、釈摩訶衍論、十巻章等に注釈を作り「愚草」と名づけており、著作が多い。当時真言宗には、一法界と多法界とについて、不二説と而二説とがあったが、頼瑜は不二説を主とし、さらに仏身について本地身に即する加持身を立てて、従来の本地身説法に対して加持身説法を主張し、この点で古義と教理を分ったという。そのあと新義派の教理を大成したのは聖憲（一三〇七―一三九二）であった。当時、東寺には頼宝・杲宝《ごうほう》・賢宝の三宝が出て、教学が盛んになった。とくに杲宝（一三〇六―一三六二）が有名であり、経論に多くの注釈を著わしたことで有名であるが、さらに独立の著作も多く、『杲宝私鈔』十二巻、『玉印鈔』十巻等が世に行なわれている。さらに高野山には宥快・長覚・快尊等があって教学を盛んにした。宥快（一三四五―一四一六）が最も学徳高く、而二門に立って空海の著作に注釈をなし、異説を排して教義を組織した。宥快等の説をまとめた『宗義決択集』二十巻が重要視されている。長覚（一三四六―一四一六）は不二門説を表にして『大疏指南鈔』九巻を著わしている。両者は共に本地身説に立ち、根来の加持身説と異なる。

なお高野山には、教学事相を学ぶ学侶のほかに行人と聖《ひじり》とがあった。聖方は、西谷聖・萱堂聖・千手院谷聖等に分かれて称名念仏し、高野山に念仏が流行したが、彼らは高野聖として諸国を遍歴し、弘法大師の信仰による「高野浄土」を説いた。これが、祖先の霊骨を高野山に納めて菩提所とする観念を植えつけ、徳川時代に多数の大名の墓が高野山に建立されることになった。頼瑜によって移植せられた根来寺の教学は盛んになったが、根来寺の学侶には、根来寺育ちの常住衆と地方から修学に来山した客衆との別があった。文明（一四六九—一四八六）の頃、十輪院の道瑜が客衆に推されて学頭となったが、常住衆はこれを快く思わず、妙音院頼誉を推して学頭としたので、同時に二人の学頭ができた。この時代から学頭を「能化」と呼び、学生を「所化」と呼んだ。その後一学頭に帰したが、妙音院頼玄（一五〇五—一五八三）が学頭となったあと、弟子の妙音院専誉が常住衆に推されて、天正一二年（一五八四）に学頭となり、客衆はさらに頼玄の同門の智積院玄宥を学頭に推した。ちょうどこのあと、天正一三年に根来寺は秀吉によって亡ぼされたので、専誉の衆と玄宥の衆とは二分して、豊山・智山に分かれることになった。

根来寺が亡ぼされると、根来寺の学侶は高野山に遁れたが、高野の衆徒に容れられず、やむなく山を下って、専誉は故郷泉州に入り、豊山長谷寺に住し、玄宥は京都に住した。専誉（一五三〇—一六〇四）は法相、華厳、天台を学び、密教を醍醐寺の堯雅、聖空から相伝され、秀吉の弟秀長に請われて長谷寺に住した。そしてこれを再建して豊山《ぶざん》派の本山とした。玄宥（一五二九—一六〇五）は智積院日秀に学び、さらに法相、華厳、天台を究め、根来寺焼却後は、各地に移ったが、慶長五年（一六〇〇）家康が寺領と建物とを与えたので京都に智積院を再興し、これが智山派の本山となった。両者はそれぞれ学山として栄えたが、智山七代の能化に運敞（一六一四—一六九三）があり、京都・江戸等で法筵を開き、智山に密厳堂を建立し、大蔵経を安置し、蔵書も多く、現在も運敞蔵として保存されている。『結網集』『谷響集』等をはじめ、著作が多い。そのあと智暉（一七一七—一七八四）は古唯識の研究をはじめたといわれ、二十代能化の浄空（　―一七七五）は倶舎、唯識の性相学を盛んにし、これが豊山にも影響を与えた。豊山では第九代能化頼意（　―一六七五）が講堂を改築し、十一代亮汰（一六二二―一六八〇）は大いに教学を盛んにし、自由討究の学風を導入した。弟子英岳の時代には学生が千人に満ち、豊山の最盛期であった。法住（　―一八〇〇）が能化となった時代には、智山浄空の盛んにした性相学が豊山でも盛んになり、快道（一七五一―一八一〇）、戒定（一七五〇―一八〇五）などの学者が輩出し、玄奘の新訳の倶舎・唯識のみでなく、真諦の訳した旧訳の唯識説をも兼ね研究し、自由討究の立場から従来の説を批判し、斬新な学風を打ちたてた。快道には、『倶舎論法義』三十巻、『二十唯識論権衡鈔』五巻、『金七十論疏』一巻等をはじめ、名著が多い。戒定には、『二十唯識論帳秘録』二巻、『五教章帳秘録』五巻等があり、いずれも現代でも標準となりうる業績である。法住・快道・戒定等の自由研究には、富永仲基（一七一五―一七四六）の『出定後語』等に見られる批判的な仏典研究の手法が影響を与えたと考えられる。

新義真言宗（豊山・智山）に比較すれば、古義真言宗（高野山・東寺等）の学事は振わない。高野山は家康の時代に内談議法制を設け、学頭二人を置き、学侶を統べた。中期に秀翁（一六二六―一六九九）が現われ、性相学に通じ、『倶舎論図記』四巻をはじめ著作もあり、最高の学階である検校に進んでいる。美濃の法幢（―一七六三―）も高野山で性相学を学び、阿含経を研究し、新旧倶舎を比較研究し、『倶舎論稽古』二巻を著わし、原典研究への新しい研究方法を示している。

(ハ)　浄土宗の檀林　浄土宗には白旗流に道誉と感誉との俊秀が現われて盛大になった。道誉貞把（一五一五―一五七四）は下総生実《おゆみ》（千葉市）に大厳寺を開いて檀林をおこし、弟子を養成して道誉流をおこした。感誉存貞（一五二二―一五七四）は川越に蓮馨寺《れんけいじ》をひらき、檀林を設けて学徒を養成した。「檀林清規」を定め、箇条伝法をはじめ感誉流伝法の祖となった。両系統からすぐれた人材が輩出し、白旗流は盛んになった。感誉の弟子に源誉慈昌

（存応、一五四六―一六二〇）があり、天正一二年（一五八四）増上寺第十二代となり、家康の信任を得て、増上寺を貝塚から現在の地に移し、寺領を給せられ、伽藍を整備し、常紫衣・勅願寺の綸旨を得て、増上寺の中興と仰がれた。観智国師の号を賜わっている。このとき家康より寄贈せられた宋・元・明の三種の大蔵経は現存し、国宝として珍蔵されている。彼は徳川氏と師檀の関係を結び、宗義法制を定め、家康と謀って関東に十八檀林を興した。増上寺、伝通院等の江戸の五檀林と、光明寺、大厳寺、善導寺等の田舎檀林十三ヵ所である。講義の内容は名目部・頌義部等の八部に分かち、一部の修学に凡そ三年、順次に進んで「伴頭」（学頭職）に至る。修学十五年で血脈伝授を許され、二十年にして璽書を許可される。宝暦・明和（一七五一―一七七二）の頃には、増上寺の檀林には学生が二百人から二百五十人くらいいたという。香衣地檀林に住するものは伴頭より選挙し、順次に引込紫衣地、紫衣地、さらに増上寺、知恩院に進むものとした。

増上寺の源誉と同時代に知恩院に満誉尊照（一五六二―一六二〇）があって、秀忠の帰依をうけて、知恩院の諸堂を整備し、寺領千七百石を寄贈された。満誉は源誉と協力して檀林規則を定め、宗義法度をつくり、知恩院を浄土宗の総本山とし、青蓮院門跡の支配を離れて独立した。良純法親王を迎えて、その戒師となり、これが知恩院の華頂門跡の始めである。

浄土宗は徳川氏の宗旨であり、特別に保護された点もあり、その後も人材が多い。とくに霊巌寺を開いた霊巌（一五五四―一六四一）、家康の建てた下野大光院の開山となった呑竜（一五五六―一六二三）、諸国を巡って徳化の盛んな祐天（一六三七―一七一八）、幡随院流の伝法をおこした幡随意（一五四二―一六一五）、明に渡らんとして果たさず、琉球に渡って尚寧王に帰依せられ桂林寺を建てた袋中上人良定（一五五二―一六三九）などが有名である。

学者としては聞証・湛慧・普寂などが有名である。聞証（一六三五―一六八八）は増上寺や奈良に学び、浄土宗義ならびに唯識・三論の教理に達し、『略述法相義』三巻、『三論玄義誘蒙』三巻、『唯識論略解』十巻等をはじめ、著作が多い。とくに略述法相義は法相の項目一三九を挙げて、正義を解説したもので、唯識学の入門書として優れており、よく読まれ、注釈も多い。聞証の弟子義山（一六四八―一七一七）は宗乗・余乗を究め、宗乗の典籍の失われたのを慨き、善本を求めて刊行につとめ、さらに円智と共に『勅修御伝翼讃』六十巻を著わした。

湛慧信培（一六六八―一七三九）は京都の出身で名越流の息庵の弟子となり、増上寺に学び、荻生徂徠にも学んだ。倶舎・唯識・華厳・浄土宗学に通じ、各地に講席を開き、倶舎・唯識を講じ、『倶舎論指要鈔』三十巻がある。さらに鳳潭の華厳の解釈を駁し、『因陀羅手』一巻を著わした。晩年戒律に心をひそめ、沙弥戒を受け、自誓受戒をなし、一七二七年に洛西の長時院を復興して律院となし、梵網経を講じ、菩薩戒を授け、唱名念仏を日課となした。弟子に普寂徳門（一七〇七―一七八一）があり、伊勢の真宗寺院に生れたが、京都に出て湛慧に唯識を、鳳潭に華厳を聞いて、浄土宗に転じ、天台・華厳・唯識の学に達し、禅門の修行もなし、四一歳のとき長時院で自誓受戒をなし、のち江戸の長泉院を興し、これを律院となした。それより没するまで、長泉院および増上寺学寮で講席を開き、天台・華厳・唯識にすぐれた見識を示し、その講録は四十部百四十三巻に達したという。著作には『五教章衍秘鈔』五巻、『唯識述記纂解』十四巻、『倶舎論要解』十二巻、その他があり、さらに彼の仏教全般を概観した書物に、『香海一滴』一巻、『顕揚正法復古集』二巻がある。後者は、華厳・天台・密教・禅・浄土・律の六宗について、その歴史と教理をインドから日本にわたって巧みにまとめたもので、文献を豊富に紹介し、難解な教理を簡潔に組織しており、すぐれた仏教概論であり、普寂の深い学殖を示したものである。

㈡　**華厳の鳳潭**　普寂に影響を与えたものに鳳潭（一六五四―一七三八）がある。鳳潭は僧濬《そうしゅん》といい、幻虎道人と号す。一六歳で出家し、瑞竜鉄眼の資となり僧濬の名を授けられたが、のち鳳潭と改めた。三五歳で受戒し、比叡山に上って天台を研究し、一時大坂に留住して内外の典籍を研究し、とくに華厳を宗とした。晩年には京都に華厳寺を創立し、華厳宗の復興に努めた。学問は各宗にわたり、著作も多いが、天台の性悪説に影響されて華厳を解釈した。智儼・法蔵の説のみをとり、澄観・宗密等を華厳の祖師から排除し、南都相伝の説に反して、『起信論幻虎録』一巻、『五教章匡真鈔』十巻、その他の著作を著わした。そのために彼の華厳説は、普寂や戒定等から反対され、さらに天台・真言・禅・念仏等に関しても、各宗の学者と論難往復し、多数の著作を作っている。彼は各宗の学者から攻撃されたが、しかし起信論の研究でも従来の宗密の注疏による立場を排して、法蔵の『義記』によるべきことを主張し、倶舎論研究も、従来の円暉の頌疏による研究を排し、光宝二記に依るべきを主張する等、元禄享保時代の仏教研究の新機運に新風を吹きこんだものである。

(ホ) 真宗の教学　徳川氏の文教興隆の影響を受けて、両本願寺にも興学の気風がおこった。西本願寺では、准如の次の良如（一六一二―一六六二）の時、寛永一六年（一六三九）に寺中に西本願寺学黌を創設し、宗学研究を奨励し、承応元年（一六五二）にこれを興正寺の南に移した。次の寂如（一六五一―一七二五）は自ら教行信証を講じたという。そのために宗内の宗学研究も盛んになったが、時の学頭成規院西吟（一六〇六―一六六四）にたいして、熊本の月感が宗義の正邪を争い、紛議が続いたために、幕府は学黌を廃止させた。しかしそれから四十年ほどたって、元禄八年（一六九五）に再び東中筋花屋町に学校を造営し、規模を大にして「学林」と称した。その後、学林の転地、改造、制度規則等の変更はあったが、学林は存続して現代に至っている。学林を作った目的は宗乗の研究にあり、時には宗義上の紛争により休講もあったが、毎年夏安居の制度を設け、宗内の徒弟を集めて講義を行なった。受講者は、新隷・下座・中座・耆年・上座・臘満に分け、臘満は十六夏以上受講したものをいう。学生は明和・安永（一七六四―一七八〇）の頃には一〇〇〇をこえ、幕末安政（一八五四―一八五九）の頃には一六〇〇を越えたという。

はじめは能化一人をおき、河内の准玄が抜擢されて能化となり、その後、西吟・知空・若霖等と六代続いた。第七代能化として功存の弟子智洞（　―一八〇六）が寛政九年（一七九七）に能化となるや「三業惑乱」の争いが起った。第六代功存（　―一七九六）の時、越後に「タノマズ秘事」と称する邪義があった。これは、他力の信心には、たのむ心があってはならないという邪義であるが、功存はこれにたいして『願生帰命弁』を著わして、帰仏は身口意の三業にて帰命すべきであると主張した。これは、タノマズ秘事にたいして、真宗にも願生帰命の心のあるべきことを主張したものであるが、しかし「三業帰命」を説いたために、真宗の「一念帰命の他力信心」に反するとして、宗内から陸続と反対が起った。功存の代は宗内の反駁を抑えて、能化職を全うして没したが、智洞が能化職をついで、同じく三業安心説を主張したために、宗内の争いが一段と烈しくなった。

第四代能化の法霖の弟子に義教と僧樸があり、義教が第五代能化となったが、僧樸の系統にすぐれた学者が輩出した。即ち僧樸の弟子に僧鎔と慧雲とがあり、僧鎔より柔遠と道隠、慧雲より大瀛、僧叡、履善等の学者が現われ、功存・智洞の三業安心説を烈しく攻撃した。とくに智洞は僧樸の弟子であったが、能化にならんがために師説に背き、三業安心説をとったのである。彼は自己の智略学才と本山の権威をたのんで、自説を通さんとしたが、大瀛（一七六〇―一八〇四）は「詰問十六条」を学林に送り、さらに『金剛錍』三巻を著わして、智洞を破した。しかし学林が高圧的に臨んだために、諸国の反抗がさらに烈しくなり、ついに幕府は、智洞と道隠（一七四一―一八一三）・大瀛とを二条城に対論せしめ、さらに江戸に召して審問し、ついに智洞ならびに弟子の義霜等は罪を伏し、智洞は獄死して、三業惑乱の争いはおさまった。その後、西本願寺は安心の惑乱をおそれて、能化一人制を廃し、文政七年（一八二四）、勧学・司教・助教・得業等の学階をおき、勧学を六人とし、合議制とした。この時代に宗学に、空華派、越中派、堺派、竜華派等の学派が一時に興って盛大となったが、しかしその後の宗学は、三業惑乱の争いにより、学説が慎重になり、堅実ではあるが、華麗な発展は見られなくなった。

東本願寺の学事は西本願寺よりおくれ、寛文五年（一六六五）に学林を枳殻邸に開設したのが最初である。これは筑紫の観世音寺の講堂を移転して「学寮」と称した。当時幕府がみだりに学校の創設を公許しなかったためである。その後、宝暦四年（一七五四）にこれを高倉通りに移し、講堂・経蔵・書庫・寮舎を建て、文政年間（一八一八―一八二九）さらに規模を拡大した。学寮は宗乗（真宗学）だけでなく、余乗（真宗学以外の仏教学）をも兼学する。余乗には、倶舎・唯識・華厳・天台等の学問が含まれていた。学寮創立以後、安居の制を立て、宝暦（一七五一―一七六四）より春秋二回となし、宗乗をもって本講となし、余乗を副講とした。講師ははじめは一人であったが、寛保三年（一七四三）に嗣講職・擬講職を置き、講師・嗣講・擬講を教授者の学階とし、学生を寮司、擬寮司、平席の三階に分った。学生は毎年増大し、文政一一年（一八二八）には一七一四人、天保九年（一八三八）には一八四七人であったという。これによってすぐれた学者が輩出した。講師は一七一五年に慧空が初代講師となり、慧然・慧琳・慧敞と次第したが、第五代講師香月院深励《じんれい》（一七四九―一八一七）、第六代円乗院宣明（一七五〇―一八二一）の時代に、宗学の黄金時代を出現した。享保元年（一七一六）より慶応四年（一八六八）までに十五代の講師があった。

宗学の発展と共に異解者の出たことは、西本願寺と同様であるが、しかし三業惑乱のごとき深刻な事件はなかった。第五代深励の時代に出羽の公厳、肥後の法幢の異安心があった。宗内でおさまらず、幕府の決裁を仰いだものに頓成（一七九五―一八八七）の異義骨帳がある。幕末の頃に能登の頓成が異義を唱え、講師の説理に伏せず、かえって京都所司代に訴えたので、嘉永五年（一八五二）幕府は頓成を獄に下し、豊前に流した。明治維新になって許されたが、なお自説を捨てなかった。

以上のように宗学の形成にさいして、新義異解を許さず、異解にたいしては幕府の干渉があった。幕府の干渉によって宗学が成立したといってよいのであり、宗学が親鸞の真意の解明に役立った点もあるが、他面では教理の解釈を画一化して、信仰理解を硬直化せしめた点も否定できない。そのためにこの期間には、浄土教に関する独創的な思想は現われていない。むしろ明治になって、幕府の強権が除かれたあとに、清沢満之（一八六三―一九〇三）

や近角常観（一八七一―一九四一）のごとき、自由な信仰の発露が現われている。

なお徳川時代には、真宗と浄土宗との間に、宗名の争いが起った。従来真宗が、一向宗・本願寺宗・門徒宗等の俗称を用いていたのを、安永三年（一七七四）両本願寺、専修寺、仏光寺等が一致して、「浄土真宗」の宗名を用いることを幕府に請うたが、浄土宗の増上寺がこれに反対した。両者は烈しく争ったが、ついに輪王寺宮の取りなしにより、宗名の問題は三万日御預けになった。そして浄土真宗の公称が許されたのは、明治五年である。なお正徳五年（一七一五）に高田派の五天良空（一六六九―一七三三）が『高田開山親鸞聖人正統伝』六巻を著わした。本書は、記事が余りに明細で、高田の正統を力説している点に、却って信を失わせる嫌いがあるが、しかし古くから高田派に伝わる資料を用いており、捨て難い価値も認められている。

さらに西本願寺の継成（　―一七七四）は明和元年（一七六四）学林の安居講師を勤めているが、彼の著わした『阿弥陀仏説林』七巻は、大蔵経中に見られる阿弥陀仏ならびに極楽浄土に関する経文を抜き書きし、略注を加えたものである。二百五十余部の経論から採っており、阿弥陀仏研究の近代的業績の先駆として評価されている。

㈩　時宗　時宗は古くは時衆と称したが、南北朝から室町中期までが時衆教団の最盛期であった。時衆には、一遍の教団だけでなく、一向俊聖の一向派や融通念仏、空也の系統の念仏などを含んでいたらしい。例えば一遍の弟子作阿の開いた市屋派は空也を派祖としているという。一向俊聖（一二三九―一二八七）は一遍（一二三九―一二八九）と同時代に、一遍と同じように遊行聖となって諸国を廻り、賦算（念仏の札をくばること）をして歩いた。そして門弟を時衆と呼んだ。そのために両者ははっきり区別できないが、しかし一向と一遍とは会見することもなく、没交渉であったという。ただし一向は全国を勧進して遊行し、晩年は近江番場の蓮華寺に滞在し、ここで没した。そのために一向派の時衆は、近江を中心にして北陸から関東までも進出し、大きな勢力に発展したらしい。

しかし蓮如が出るに及んで、本願寺教団に圧倒せられ、急速に衰微した。真宗がはじめは一向宗と呼ばれ、一向一揆などといって、一向の時衆と混同されていることも、一向の教団が真宗に併呑されたことを物語るであろう。蓮如は『御文』の中で、「それ一向宗といふは時衆方の名なり。一遍一向これなり」といい、「その名を一向宗といへること、さらにこゝろへがたき次第なり。祖師聖人はすでに浄土真宗とこそおほせさだめられたり。他宗の人の一向宗といふことは是非なし。当流のなかに、われとなのりて一向宗といふことは、おほきなるあやまり」とも言って、一向宗の呼称を厳しく排撃している。しかし真宗に一向宗の呼称は根強かったわけであり、徳川時代になって両本願寺、専修寺等が浄土真宗の宗名を公認されんと幕府に働きかけたが、浄土宗の反対によって成功しなかったのである。

一向宗が真宗の代名詞になったのは、「一向専修念仏」という真宗の信仰の立場にも由来するであろうが、同時に、本願寺教団が拡大せんとする最初に時衆の一向教団を吸収した点にも、大きな理由があろう。蓮如の文章には、一向派の二祖智阿の消息に類似したものがあり、これは蓮如が一向教団に働きかけた証拠であると主張する学者もある。

しかし時衆が急速に衰微したのは、本願寺の併呑だけではない。南北朝から室町初期に発展した時衆は、農民や商人のほかに、守護大名やその武士団を有力信者として持っていた。しかし守護大名は戦国時代に多くは没落し、戦国大名に取ってかわられた。しかるに戦国大名は曹洞宗や臨済宗に帰依したために、関東、奥羽、東海地方には曹洞宗の強固な教線が確立し、しかも庶民層は真宗や日蓮宗に転じたものが多かった。すなわち時衆が、近代初頭の社会変革にさいして、旧勢力を地盤としていたことが、没落した大きな理由である。しかもその後にも、関ヶ原合戦に際して、遊行派第三十二代普光が、会津の上杉氏や常陸の佐竹氏と相応じて、反家康に動いたことが、藤沢道場の寺領削減になったといわれ、関ヶ原合戦後、時宗寺院が後難を恐れて他宗派に転じたともいわれる。

しかも徳川幕府の封建制度が確立すると、全国を自由に旅行する遊行勧進という布教方法も不利であった。時衆は各地を遊行するから、当然各地方の実情にくわしくなるが、これはスパイに悪用される危険がある。そのために時衆の遊行は歓迎されなかったようである。例えば高野山や善光寺・熊野その他には、時宗聖《ひじり》がいて廻国や念仏踊りなどをつとめ、寺々の再興勧進などにしたがっていたが、近世になるとこれらが定着せしめられた。例えば高野山千手院谷を中心とした時宗聖は、慶長一一年（一六〇六）他の高野聖と共に幕府の命によって、聖方《ひじりかた》として高野山の組織の中に吸収された。さらに善光寺の時宗聖は、妻帯有髪であったがこれが妻戸衆となって善光寺に定着した。

時衆は一時は一二派にも分れて盛大を競ったが、この中、四祖呑海（ —一三二七）の開いた遊行派は、諸国を廻国する遊行聖人と、遊行後に相模藤沢の清浄光寺に止住する独住上人との両上人制をさだめて、南北朝以後に盛大となり、他派を圧し、主導権を確立した。秀吉の京都大仏殿の千僧供養にも「遊行」として加わっている。しかし「時衆」が「時宗」と呼ばれるようになったのは、徳川時代になってからのようである。北条早雲と三浦義同との合戦のとき、清浄光寺は三浦方に近づいたために、永正一一年（一五一四）藤沢道場は炎上せしめられ、その後約百年間清浄光寺は再建されず、遊行派は衰微した。しかしその後、慶長年間に清浄光寺は再建され、東海道が江戸と京都を結ぶ幹線路となるにしたがって、清浄光寺の地位が高まった。そして幕府が宗教統制をしき本末制を実施したとき、一遍とは無関係な独自の時衆集団であった一向派をもその傘下に収めて、浅草日輪寺を触頭として、封建体制の中に組み入れられた。そして遊行四十二代尊任の在住した寛文八年から元禄四年（一六六八—一六九一）の間に山規を制定し宗制を定めた。尊任は霊元天皇の信任を得て南方門主の称号を賜わり、しばしば将軍にも謁見して権門に近づき、遊行派を中心とする時宗が成立したと考えられる。元禄一〇年に著わされた『時宗要略』には、一向派等も時宗の中に含められ、遊行派を中心とする時宗十二派の分流が記されている。

(ト)　融通念仏宗　融通念仏が一宗として成立したのも徳川時代になってからである。融通念仏宗は良忍（一〇七二―一一三二）を宗祖とするが、融通念仏そのものは宗派とは関係なく、集団的念仏によって互いの功徳を増すと考える宗教運動であって、ひろく勧進聖たちによって行なわれた。一遍や一向などの念仏も、融通念仏の性格をもっていた。融通念仏とは、一人の念仏が一切人に融通し、一切人の念仏が一人に融通すると説くもので、これは一切がつながっているという華厳宗の教理に立脚している。社会は相互に関連しているから、一人の行為が他に影響を及ぼす。上の者が悪をなせば下の者がそれを見習って、悪が社会を風靡するように、一人が強い決心を持って善を行なえば、社会はそれに感化されて善に向い得る。いわんや多くの人が善をなして互いに助け合えば、その善の力は相互に助け合って大きな力になる。融通念仏は、多くの人の念仏が互いに他に融通（とけあうこと）して、念仏の功徳が増大すると考えるのであり、この立場に立って互いに念仏を勧進する。時衆の念仏勧進もこの系統に含まれるのである。

しかし念仏勧進を融通念仏という用語で説いたのは良忍であり、良忍は諸国を巡歴して、大阪平野に大念仏寺を開いた。その後は時衆などの念仏と区別されなかったのであろうが、南北朝時代に法明房良尊（一二七九―一三四九）が現われて、良忍の融通念仏を中興したという。その後、室町戦国をへて、徳川時代になり本末制度により宗教統制を行なうようになった時、この時代的要請に応じて、大通融観（一六四九―一七一六）が現われて、大念仏寺を再興し、大念仏寺を本山として融通念仏宗を組織したのである。彼は将軍綱吉に請うて宗門復興の許可を受け、元禄二年（一六八九）自ら大念仏寺第四十六世となり、堂宇を興し、一宗の綱紀を定め、同七年に霊元上皇勅して紫衣を賜い、同九年に檀林の勅許を得た。ついで檀林清規・本末規約を定め、末寺の学侶を集めて講筵を張り、『融通円門章』一巻、さらにこれを平易にした『融通念仏信解章』二巻等を著わして、一宗の教学を整備した。本書は融通念仏宗の歴史と教判・教理を十門に分って明らかにしたものである。人間の本性である仏性は最も普遍的なものであり、仏の本性と同じである。この事実に目ざめれば、一切人の本性が仏と相互に融通しあって、融通無礙の世界が実現する。阿弥陀仏もその浄土も、凡夫の心の本性と別のものではない。ゆえに念ぜられる仏と、念ずる凡夫とは異ならない。そこには能念もなく所念もなく、如と如と融通する、これが他力往生の願と行とであるとして、この融通念仏の世界を、天台の一念三千の法と華厳の事実無礙の法界縁起とによって説明している。ここに融観の学問の深いことが示されている。

融通念仏宗の確立は、ひとえに融観の努力に依るものである。融観の著わした清規や規約・序・記等は門人の忍通融海が編集して『大源雑録』とした。

㈠　臨済宗の変遷　禅宗は「清規《しんぎ》」によって僧堂の規矩を定め、弟子を教育する。禅の教育は、坐禅による仏道修行の教育であるから、学問の教育とちがって、まったく特殊な教育法であるが、実践教育法としては完備した内容を持っている。清規には、唐の「百丈清規」が有名であるが、これは失われ、その後宋代に『禅苑清規《ぜんねんしんぎ》』十巻が古清規を復原する形でまとめられた。日本では道元の永平清規二巻、瑩山の瑩山清規二巻、清拙の大鑑清規一巻、無著道忠の小叢林清規三巻、その他がある。禅寺における教育の場所は僧堂（禅堂）であるが、入堂には庭詰等の厳しい試験がある。入堂を許された僧たちは簡素な経済生活をなしつつ、師家の指導をうけて修行する。僧堂には、都寺《つうす》・監寺《かんす》・副寺《ふうす》・維那《いのう》・典座《てんぞ》・直歳《しっすい》の六知事があって、自治によって僧堂の秩序を維持する。僧堂で弟子を教育することは師家のみが許されるのであり、接得には公案を用いる。公案には「趙州《じょうしゅう》の無字」をはじめ、千七百則があるといわれる。そしてこれらの公案を透過して、師家の印可を受けることによって、自ら師家の資格をうる。なお初関を透過するとき、豁然と心境のひらける見性《けんしょう》を体験するという。なお禅家では、正法を伝承するための師の法をつぐ「嗣法」が重要視され、師資相承は入室面授によって行なわれるという。禅宗には各地方の大寺院に僧堂が開単せられ、子弟の養成が行なわれた。子弟は雲水となって各地の僧堂に掛搭《かた》し、師家の鉗鎚をうけて坐禅弁道する。

臨済宗では、五山は振わず、大徳寺に沢菴宗彭が出たが、弟子に伝法を許さなかったために、この法系は絶えた。妙心寺では、東陽英朝の系統に、徳川時代に愚堂東寔《とうしょく》（一五七九―一六六一）が出て、妙心寺に登って多くの弟子を養成した。愚堂の弟子に至道無難《むなん》（一六〇三―一六七六）と一絲文守（一六〇八―一六四六）とが出た。一絲文守の系統に盤珪永琢（一六二二―一六九三）が出て、明僧道者超元に証明され、不生禅を説き出し、巧みに卑近な例を引いて人々の見性成仏に成功せしめた。盤珪の禅は一個半個を打出する専門禅ではなく、一般民衆に不生の仏心を決定せしめる民衆禅であった。人間が父母から生みつけられた心、すなわち平常心が、そのまま不生にして霊明なる仏心であることに気づかしめることを、禅の目的としたのである。そして自己の深い経験から出る言葉によって、多くの人を見性成仏せしめ、生身の釈迦と仰がれた。その間多くの廃寺を復興し、新寺を創建し、播磨の竜門寺の開山となり、後世に大きな徳化を残した。伝記に『盤珪和尚行業記』があり、法話を集めた『盤珪禅師法語』二巻等がある。

至道無難は五〇歳をこえてから出家し、愚堂に従って得法した。のち江戸の小石川に至道庵を営んで住した。相手の能力に応じて、禅を平易に表現し、生活に即した禅を説いた。著書に『即心記』『自性記』ならびに『法語』がある。弟子に道鏡慧端（一六四二―一七二一）がある。一九歳で無難に従い、慧端の名を授けられた。そして二〇歳にして大事を了畢した。のち信州正受庵にかくれ、正受老人と号した。一切の名利を避け、峻烈な禅風によって、弟子に白隠慧鶴（一六八五―一七六八）を打出した。白隠は二四歳で正受老人に就き、数ヵ月で大悟した。一七一六年に故郷駿河の松蔭寺に入り、翌年京都に出て妙心寺第一座となり、諸山の請いによって開法し、伊豆竜沢寺の開山となったが、松蔭寺にかくれて弟子を接得し、八四歳で松蔭寺に寂した。

白隠には弟子が多く法嗣は四十余人という。弟子の中では行持綿密な東嶺円慈（一七二一―一七九二）と大器と称せられ松蔭寺を嗣いだ遂翁《すいおう》元盧（一七一七―一七八九）が有名である。しかし法孫の最も栄えたのは江戸麟祥院に住した峨山慈棹（一七二七—一七九七）である。峨山の弟子に愚渓・隠山・行応・関堂・卓洲等があり、隠山からは太元・棠林、さらに太元の下に大拙・儀山等を出し、関堂・卓洲等にもそれぞれすぐれた弟子を出し、門流四方に分かれて化を張り、現在までも盛大である。白隠は鵠林とも号したので、その法流を「鵠林派」という。現今臨済宗の僧徒でこの法流に属しない者は少ない。故に古来、白隠をもって臨済禅の中興と称し、五百年間出の大徳という。

白隠には著作が多く、遺著に『荊叢毒蕊』十巻があり、さらに『槐安国語』七巻、夜船閑話、遠羅天釜、その他仮名法語等が多い。真正の衲子を打出すると共に、平易な法語を説いて、平易に禅の精神を説き、また処世の道を説き、坐禅和讃や子守唄・おたふく女郎粉引歌等の俚謡までも作って、民衆を教化した。なお夜船閑話は青年時代に彼が病を禅によって克服した闘病記として有名である。

白隠と同時代に古月禅材（一六六七—一七五一）があり、薩摩の島津氏に帰依されて日向の大光寺に住し、各地に寺をおこし、弟子が多い。この系統を古月派という。画人の聖福寺仙厓や、月船禅慧も古月の弟子とせられる。さらにこの時代に無著道忠（一六五三—一七四四）があり、内典・外典から広く禅林用語の故事出典を研究し、『禅林象器箋』二十巻を著わした。これは一種の禅宗辞典として貴重である。さらに卍山師蛮は延宝六年（一六七八）『延宝伝燈録』四十巻を製して、禅家諸師の伝記を明らかにし、さらに元禄一五年（一七〇二）に『本朝高僧伝』七十六巻の大著を撰述し、各宗高僧の伝記を明らかにした。その功績は著大である。その後細川道契（一八一六—一八七六）が、これに続いて『続日本高僧伝』十一巻を撰している。

(リ)　曹洞宗の変遷　曹洞宗では徳川時代に本末制度が組織され、永平寺と総持寺のみが二大本山となり、それまで独立していた大乗寺・永光寺・大慈寺等はすべて本寺の命令にしたがうこととなった。しかも幕府は下野大中寺等の関東の三ヵ寺を一宗の総僧録とし、青松寺等の江戸三ヵ寺を触頭となしたために、一宗の重要問題はこれら関東・府内の七ヵ寺で評議せられ、宗門の中心は北陸から関東に移ったという。

曹洞宗では臨済宗と同じく各地の大寺院に僧堂があり、坐禅の実習により弟子を養成したが、その外に早くから江戸に栴檀林が設けられ、祖録や仏典の研究、漢学詩文の学問がなされた。吉祥寺の看栄稟達が江戸の駿河台に栴檀林を営んだのは一五九二年（豊臣秀次の時代）である。その後明暦の大火（一六五七）によって、栴檀林は吉祥寺と共に本郷駒込に移転し、規模を拡張し内容を整備した。元禄年中（一六八八―一七〇四）卍山道白が綱規を制定し学風を振張し、学侶は一〇〇〇人を超えたという。安永三年（一七七四）の調査によれば学徒六四一人であったという。栴檀林は、祖録経典等のほかに漢学詩文等も教授したために、当時儒学の昌平黌と並んで、江戸の二大学問中心地となった。そのために栴檀林からは多くの碩学が輩出し、教学を盛大にした。しかし同時に曹洞宗に、僧堂の坐禅による実参実究にたいして、学問研究のみによる学解僧を養成する学林とが対立するに至ったという。これは祖典の『正法眼蔵』の研究に、実参実究と学解との二つの方法が可能であることに原因があろう。栴檀林は現在の駒沢大学の前身である。

幕府は関府七ヵ寺をはじめ地方有力寺院に寺領を寄進し、さらに地方の大名で曹洞宗に帰依するもの一百余であったといわれ、それぞれ寺院を興建し、寺領を寄附したので、曹洞宗の隆盛は前代に過ぎた。しかし寺門が隆盛富裕になるにつれて、僧侶が結制・法令を盛大にし、寺格の優劣をきそい、大寺の住職たらんとして、種々の弊害を生じ、元禄のころ特に甚しかったという。そのために師資相承の嗣法を厳守することによってこの弊風を正さんとする運動がおこった。この点に努力したのは月舟・卍山・独菴・天桂等であった。

曹洞宗では古来、師から弟子への伝法が重要視された。これは臨済宗の如き公案透過による印可が、曹洞宗にはないため、伝戒・嗣法が重んぜられたのである。例えば道元の嗣法の門人は懐奘一人、伝戒の門人は四人のみであったという説がある。嗣法は慎重になされたが、一度嗣法した師資の関係は終生変更を許さなかったのである。しかし戦国時代以後には、大寺に入らんがために師を変更したり、二法相続をなしたりする弊風を生じた。これの矯正を主張した最初の人は月舟宗胡（一六一八―一六九六）である。彼の弟子に卍山道白（一六三六―一七一四）があり、月舟の志をついで、独菴玄光（一六三〇―一六九八）・天桂伝尊（一六四八―一七三五）等と相謀り、宗門復古につとめた。そして関東三ヵ寺や幕府に訴え、一師印証と師資面授の制度を確立した。即ち弟子入りの際、血脈と御大事の二物を重授し、嗣書は面授のもののみに与えることにした。この制度を確立することによって宗統復古に効を奏し、従来の弊風を訂正した。卍山には弟子が多く一門が栄え現代に至っている。月舟の他の弟子徳翁良高（一六四九―一七〇九）の一門も栄え、その系統に越後五合庵の大愚良寛（一七五七―一八三一）がある。

なお曹洞宗の特異な禅者に鈴木正三《しょうさん》（一五七九―一六五五）がある。正三は三河の武士の家に生れ、関ヶ原の役や大坂冬の陣・夏の陣にも従軍して武功をたてたが、四二歳の時家督を譲って出家した。得度の師は臨済宗の大愚和尚であったというが、正三の開いた寺は曹洞宗に属しており、思想的には一つの宗派に束縛されない自由な立場に立っていた。彼は日常の職業生活がそのまま仏道修行となるように、命がけで勇猛心をふるって精進すべきことを説いた。例えば念仏するにも、「南無阿弥陀仏・南無阿弥陀仏と、いのちを限りに、ひた責めに責めて、念根を切尽す」るような勇猛心を重視し、二王、不動の禅であるべきことを主張した。彼は、仏教は生活と遊離すべきでないと考え、生活に活きる仏教を主張し、『万民徳用』の中には、それぞれの職業や労働の中に仏道があることを説いている。一般人にもわかる平易な言葉で著作を書いており、『盲安杖』、『驢鞍橋』三巻、『因果物語』三巻など著作が多く、『破吉利支丹』一巻のごとき、キリスト教を批判した書物をも残している。

宗統復古と前後して教学が盛んになり、学者が輩出している。天桂伝尊は宗乗を研究し、正法眼蔵を校訂して『正法眼蔵弁註』を著わし、『報恩編』を作って六祖壇経等を提唱し、『海水一滴』等の著作を残している。天桂のあと老卵が『弁註』の不備を訂正し『那一宝』を著わしている。天桂伝尊以後、指月慧印（一六八九―一七六四）、面山瑞方（一六八三―一七六九）等が現われて、宗乗研究が更に盛んになった。指月は武蔵に西光寺等の三ヵ寺を開いて三光老人と称したが、著述が多く、『参同契不能語』『宝鏡三昧不能語』等と「不能語」と題して多くの著作をなし、祖録宗典を解釈し、識見穏当で宗義の宣揚に大きな功績があった。面山瑞方は一代を永平祖道の発揚に捧げ、禅戒を盛んにし、正法眼蔵をはじめ宗典のほとんどすべてを注解し、著述が甚だ多い。天桂のあとに出て、正法眼蔵をさらに深く究めた人であり『正法眼蔵渉典録闢邪訣』や『面山和尚広録』六十巻がある。

以上のほかにも宗乗学者が多く現われ、それまでほとんど研究されなかった『正法眼蔵』の研究が盛んになり、道元の研究が重視されるようになった。そして幕府の許可を得て、玄透即中によって一七九五年に、はじめて正法眼蔵の開版も行なわれ、さらにつづいて永平清規も上梓された。天桂伝尊の系統にはすぐれた人材が多く輩出し、玄楼奥竜（一七二〇―一八一三）、その弟子風外本光（一七七九―一八四七）、さらにその弟子に奕堂（一八〇五―一八七九）、活宗（一八一六―一八八五）、坦山（一八一九―一八九二）等が現われ、永平寺・総持寺の貫首となり、幕末明治の時代に活躍した。

(ヌ)　黄檗宗の伝来　徳川時代には新興宗教の活動はすべて禁止されており、新仏教としては、黄檗宗の伝来のみがある。当時長崎には、貿易のために中国人が渡来しており、彼らは自己の宗教として禅宗を信奉し、興福寺、福済寺、崇福寺等を建立した。その住僧として隠元の弟子の蘊謙や也嬾が来た。しかし也嬾は渡来せんとして風浪のために海上に没した。その後、慶安三年（一六五〇）道者超元が来て崇福寺に住し、盤珪永琢や独菴玄光、潮音道海（一六二八―一六九五）などがその指導を受けた。ことに盤珪も独菴も道者によって契悟した。しかし道者は六年ほどで明に帰った。その後、長崎興福寺逸然等が隠元隆琦（一五九二―一六七三）の渡来を請うたので、隠元は承応三年（一六五四）黄檗山を弟子に譲って渡来した。

渡来後は隠元は長崎の興福寺・崇福寺に住したが、妙心寺竜渓の請いによって摂津の普門寺に住し、ついで江戸の麟祥院に入り、将軍家綱に謁し、京都に帰り、竜渓の斡旋で京都宇治に、近衛家の土地を寄進され、黄檗山万福寺を建立した。寛文三年（一六六三）祝国開堂の式を行なった。これによって新しく黄檗宗の一宗が開かれることになった。ただし中国においては、黄檗宗と臨済宗とは法系においては同系統である。しかし鎌倉時代に日本に渡来した臨済宗は、宋や元の時代の臨済宗の宗風を伝持したが、その後、中国では、禅宗の一部に禅と念仏の習合が行なわれるようになり、いわゆる「念仏禅」がおこった。とくに明の時代には諸宗合同の傾向が強く、禅浄一致を説く念仏禅が盛んであった。隠元の住した黄檗山も念禅一致が行なわれていたから、それがそのまま日本に伝来した。そのために隠元の黄檗宗は、日本在来の臨済宗や曹洞宗とは異なる宗風となった。ただし黄檗宗は、念仏禅といっても、禅の立場に立つ念仏であるから、万法唯心・心外無別法の立場に立つ念仏である。浄土教の念仏とは異なる。

隠元の弟子は多かったが多くは明人で、黄檗山第二代は木庵性瑫（一六一一―一六八四）で、その後も長く明人僧があとをついでいる。木庵の時に幕府より黄檗山に朱印四百石・白銀が寄進され、殿堂を増築し、基礎が固まった。日本人の隠元の弟子には、妙心寺の竜渓性潜（一六〇二―一六七〇）や潮音道海（一六二八―一六九五）、鉄眼道光（一六三〇―一六八二）などが名が知られる。竜渓は妙心寺に住していて、万福寺開立に努力したため妙心寺一派の非難をうけ、寛文九年隠元の法をつぎ、黄檗宗に帰した。鉄眼は大蔵経を刊行したことで有名であるが次節に述べる。潮音道海は道者超元にも参じ、隠元にも参じたが、木庵に嗣法した。江戸に出たが館林侯に帰依せられ、館林に広済寺を開いた。潮音は神儒仏に通じ、林羅山や熊沢蕃山の排仏論を破し、著作が多い。

黄檗山第五代は高泉性潡（一六三三―一六九五）であるが、彼によって黄檗山は復興した。高泉は寛文元年（一六六一）隠元に呼ばれて渡来し、竜渓とも交わり、元禄五年（一六九二）黄檗山に晋住し、宮中にも召され、将軍綱吉にも謁し、黄檗宗の中興となった。著書も多く、延宝三年（一六七五）『扶桑禅林僧宝伝』十巻を著わし、さらに『東国高僧伝』十巻、『東渡諸祖伝』二巻、『続扶桑僧宝伝』三巻等がある。しかしこれらは卍元師蛮の蒐集した資料を借りて編したところが多いという。高泉の弟子了翁道覚（一六三〇―一七〇七）は隠元にも謁し、高泉に嗣法し、寛文五年江戸の不忍池畔に薬屋を開いて錦袋円を売り、その利益で東叡山に勧学寮をおこし、さらに江戸の棄児を拾って養育したり、長崎や江戸の飢饉を救済する等の社会事業を行なっている。

黄檗宗は長く明人の僧が黄檗山住持となった。人材を中国から請待するために幕府も資金を給してこれを助けたが、このことも容易ではなく、第十四代竜統元棟は日本人である。その後また明人となったが第二十二代以後は日本人である。しかし教勢は振わない。

大蔵経の開版

鉄眼の一切経の出版は有名であるが、わが国の木版印刷は奈良時代からはじまっている。恵美押勝の乱が平定されたあと、称徳天皇の勅願によって作られた「百万塔陀羅尼」の印刷は七七〇年であり、年代の判明している印刷物としては世界最古である。その後、木版による印刷は次第に盛んになるが、とくに鎌倉時代、武士階級に仏教が広まるにつれ仏書の需要がたかまり、仏書の刊行が盛んになった。この時代は奈良が出版の中心であり、これを春日版という。ついで高野山でも建長（一二四九―　）の頃から近世まで引きつづいて出版が行なわれ、高野版の名で知られる。次に室町時代には京都の禅林で内典外典の刊行が盛んであり、五山版の名で知られる。京都の知恩院でもかなりの出版が行なわれた。江戸時代になって徳川幕府が学問を奨励したために、各種の出版が盛んになり、とくに寛文元禄時代（一六六一―一七〇三）には京都や江戸で仏書の刊行が盛んであった。

このような機運に乗じて一切経の出版が企てられたのである。それより以前、鎌倉時代にも一切経の出版が計画されたが、その時は成功しなかった。完成した最初の一切経は天海版の大蔵経である。天海が幕府の支援のもとに、寛永一四年（一六三七）から印行に着手し、慶安元年（一六四八）に全部の出版を完成した。これは天海の寂後五年である。全部で六三二三巻よりなり、木製活字を用いて印刷した。そのために版木は残らない。印刷部数も僅かであったらしい。川越の喜多院や日光輪王寺等に刷本を蔵する。

これにたいして広く天下に普及した大蔵経は鉄眼の出版である。鉄眼道光（一六三〇―一六八二）は肥後の生れで、真宗で出家したが後隠元の長崎に来るに及んで、その名声を慕って黄檗宗に転じた。のち黄檗第二代木庵に嗣法した。寛文年間大坂瑞竜寺を中興し、寛文八年（一六六八）大坂で起信論を講じているとき、大蔵経開版の決意を表明し、その際、観音寺妙宇尼から銀一千両の喜捨を受けた。このとき鉄眼は三九歳であった。その翌年「大蔵経縁起疏」を作って広く道俗に募財し、東奔西走して法財をつのり、天和元年（一六八一）大蔵経の出版を完成した。全部で六七七一巻である。いわゆる鉄眼版一切経といわれ、また黄檗版大蔵経といわれる。版木は現在も宇治黄檗山宝蔵院に蔵せられる。個人の力で大蔵経開版を完遂した鉄眼の法宝護持の熱意は偉大であるが、法弟宝洲道聡の助力も大であった。同時に、時代の仏典を要求する需要も多かったためで、鉄眼版の印刷は部数が多く、仏典研究の進歩に寄与する点多大であった。各宗学林の宗乗・余乗の研究に役立ったことは言うまでもなく、さらに富永仲基（一七一五―一七四六）等大坂壊徳堂一派等の合理的な仏教研究が現われたのも、この一切経の出版に負うところが大きかった。

鉄眼は一切経出版完成三年前の延宝六年に後水尾法皇に新刻大蔵経を進むる表を上り、天和元年に出版の完成と共に、これを幕府に納めるために江戸に下った。しかし畿内に飢饉が起ったのを聞いて、急いで大坂に帰り、窮民を救済し、飢饉の救済でも有名であり、救世大士と称せられた。

教団の改革と戒律

徳川時代に寺檀制度が成立し、寺請制度や宗門改帳等ができると、僧侶はさながら戸籍吏のごとくになり、さらに宗派の自由な活動や競争が幕府によって禁止されたので、僧侶は安逸と無気力に陥り、生活の安定から種々の腐敗堕落を生じた。これにたいして、僧界にたいする一般社会の反感がたかまり、知識階級の排仏論とも相まって、仏教界にたいする非難が起ったのである。一方、仏教界にも自己批判があり、僧風粛正運動もおこり、とくに戒律の復古運動が各宗に現われている。

(イ) 安楽律　伝教大師の大乗戒運動は理想は高遠であったが、十二年間、山に住して修行する制度が厳しいために、大師の滅後間もなくこの制度は乱れた。その後僧兵の跋扈などもあり、信長の叡山破却後には復興も緒についたが、東叡山ができて宗門の勢力は東に移り、叡山に昔日の勢威はよみがえらなかった。その間に勃興したのが妙立（一六三七―一六九〇）・霊空（一六五二―一七三九）等の安楽律の運動である。この運動は叡山飯室谷の安楽院を本拠として行なわれたので「安楽律」というが、内容は四分律の実践である。しかし四分律は小乗戒であるとして、最澄が身命を賭して排撃し、代りに山上に梵網戒の法幢を打ちたてたのである。しかし妙立等がその四分律の実践を叡山に導入したのは、梵網戒は理想は深遠であっても実際には叡山で行なわれず、当時は、大乗の円戒を本覚門の立場で解釈して、かえって堕落を弁護する口実となっていた。そして僧風が乱れて、最澄の意図と反した叡山が出現していたからである。すなわち、たとい小乗戒であろうとも、ともかく戒律を厳守することが祖師の理想に近づくことであると考えたからである。しかも妙立は四明知礼の趙宋天台を通じて天台宗に入ったために、従来の口伝法門を排して三大部を中心とする天台学を説いた。これは円密禅戒の四宗合同の天台宗を立てた最澄の立場とは異なるものである。しかし妙立等も円頓戒を排するものではないから、彼らの立場は「四分兼学」であった。

しかしこの妙立の説が比叡山で認められないのは当然であり、ために坂本を放逐せられ、元禄三年（一六九〇）

五四歳で寂した。しかし弟子に霊空・玄門（智幽）等があり、妙立の寂後、霊空は研究と講演著述等につとめ、師説を拡張し、ついに元禄六年、第五代輪王寺宮公弁法親王の帰依をうけ、叡山飯室谷の安楽院を律院として与えられた。霊空は妙立を中興第一世となし、自ら第二世となって、律院としての規矩を整備した。さらに東叡山の浄名院、日光山の興雲院をも律院となし、三山共に安楽律を広める所とした。しかし安楽律は小乗戒であるから、思想的に最澄の大乗戒と矛盾することは否定できない。この点を霊空は、一向大乗戒は初修行者に授ける一往の相待戒であり、小乗戒は久修行者の持する絶対の妙戒であると会通したが、もとよりこれは強弁であり、伝教大師一代苦心の趣意に反するものである。このような安楽律を強行したために、宗内に反対論が起った。可透や円耳真流（一七三〇―）等が霊空に疑問を提出し、宝暦二年（一七五二）公啓法親王が第八代輪王寺宮となったとき、真流と霊空の弟子智幽（一六六六―一七五二）とが論争をなし、その結果、宝暦八年（一七五八）安楽律は禁止せられた。そして真流が安楽院住持となったが、安永元年（一七七二）第七代の公遵法親王が再び輪王寺宮（第九代）になるに及び、安楽律の禁は解かれ、幕府の命により真流は宗外に追放された。ただし真流は学も深く、『顕戒論闡幽記』四巻、『学生式顕正解』一巻等十二部四十巻の著作がある。なお当時、三井寺に敬光（一七四〇―一七九五）があり、伝教・慈覚・智証等の教学を研究し、とくに智証・安然に心を傾け、一向大乗の円戒を復興せんと志し、『円戒七筌』十巻、『円戒膚談』七巻、『北嶺教時要義』等の著によって、五教五時の宗義を明かし、円頓大戒を広めて安楽律に反対した。著書も多く、弟子に敬天・良厳・敬長その他があり、天台の中興とされる。

このように山門に円耳、寺門に敬光が出て復古に力を尽したが、しかし元禄以後は妙立・霊空の門流が栄え、とくに東叡山浄名院に慧澄（一七八〇―一八六二）が出るに及んで、安楽律と四明の学が一宗を圧することになった。慧澄は字を癡空といい、一〇歳で安楽院で出家し、一九歳で性潭について菩薩大戒をうけ、安楽院仁海について形同沙弥となり、ついで具足戒を受けた。浄名院に輪住し、三大部・五小部等を講じ、天台教観の正旨を顕揚し、その高邁な識見と学解の円熟とは、多くの学徒を争ってその門下に集めしめ、三代の法親王に帰依せられ、すぐれた弟子を多数養成し、他宗にも及んだ。慧澄は戒徳厳明で、妙立・霊空の学統を受けて兼学の律儀を発揚したため、山家の戒学を談ずるものは、ほとんどその跡を絶ったという。なお慧澄より少しおくれて三井に守脱（一八〇四―一八八四）が出た。守脱（大宝）も安楽院聖宝に戒をうけ、浄名院で慧澄に従った。彼も三大部を講じ、著作も多く、慧澄に継ぐものとされるが、慧澄の説のみに従ったのではないという。

このように一向大乗戒を唱える天台宗にすら四分兼修が行なわれ、否定できない力を示すに至ったのは、比叡山の過去の腐敗にたいする深刻な反省に根ざすものと考えられる。

(ロ)　真言律　真言宗に起った律は根本説一切有部律である。四分律宗が四分律に依るのとは異なる。真言宗に明忍（一五七六―一六一〇）が出て、高雄山の晋海の教えをうけて、戒律の頽廃をなげき、南都に遊び、西大寺友尊、中山寺慧雲等と共に、律の興隆を計らんとした。そして高山寺において共に自誓受戒し、山城の槙尾山を復興して、弟子を教導した。のち明に渡らんとしたが、国禁により果たさず、対馬で寂した。弟子に良永・快円・慈忍等がある。良永（一五八五―一六四七）は慧雲に従い自誓受戒し、高野山の新別処円通寺を建てて、真言を修しつつ戒を広めた。

つぎに浄厳（一六三九―一七〇二）は河内の人で、高野山に登って雲雪・朝遍・良意等に従って伝法密灌を受け、独学によって梵語を学んだ。寛文一二年（一六七二）故郷に帰り河内の観心寺に住し、自誓して菩薩戒を受け、延宝四年（一六七六）明忍の旧跡槙尾山に登り、高山寺で自誓受戒して具足戒を受けた。貞享元年（一六八四）江戸に出て講席を張り、聴者はつねに一〇〇〇人を越えたという。三帰依を受けた者六十一万人、光明咒および菩薩戒を受けた者千余人であった。元禄四年、将軍綱吉の命により湯島に霊雲寺を創立し、これを戒律の道場とした。そして結縁灌頂を授け、大元帥法を修し、道俗の帰依者が多く、著作も多い。契中も浄厳より灌頂を受けた。得度の弟子四三六人、灌頂を受ける者一六七人、菩薩戒を受ける者一万五〇〇〇人であった。梵語学者としての功績も逸することはできない。

浄厳が戒律を盛んにしたあと、四分律・根本有部律の研究が盛んになり、慈雲尊者飲光《おんこう》（一七一八―一八〇四）が出るに及んで、正法律（根本有部律）が成立した。慈雲は大坂の出身で、河内の法楽寺貞紀にしたがって得度し、梵字悉曇《しったん》を学んだ。のち南都に遊んで顕密の学を究めた。当時は、槙尾山、河内野中寺、神鳳寺が律園の三僧房と称せられたが、慈雲は野中寺で秀巌について沙弥戒、具足戒を受けた。さらに密灌を授けられ、専ら律を研究した。臨済宗大梅の下で禅にも参じ、二七歳の時長栄寺に住し、大衆の請いにより戒律を講じ、翌年長栄寺を結界して僧房となし、親証に別受羯磨によって具足戒を授け、これを「正法律」と称した。正法律とは、一味和合で宗派の別を立てず、直接に如来の所説に基づいて正法を修行する意味であるという。その後、名声いよいよ高かったが、生駒山に隠退し、梵語悉曇を研究し、『梵学津梁』千巻を作った。八〇歳で河内の高貴寺に移り、築壇結界しこれを戒律の道場とした。そして幕命によりこれを正法律の本山とした。道を問い、戒を受けた道俗の弟子は一万余人であったという。著書に『方服図儀』十巻、『十善法語』十二巻、『表無表章随文釈』その他多数がある。慈雲の十善戒に関する諸著は後世に大きな影響を与え、幕末の勤王僧月照や、明治に仏教復興につとめた釈雲照、福田行誡、大内青巒等も、慈雲の十善戒の継承者であった。現代において仏教の戒律を実際に行なうとすれば、十善戒が最も適切であるからである。近世におけるその先駆者が慈雲であった。

(ハ)　浄土律　浄土宗にも中期に僧風刷新の目的で浄土律が提唱された。これは敬首や霊潭にはじまり、湛慧・関通・普寂等に継承された。徳川中期、華美に流れた僧界において、名聞利養を求めず学業につとめた祐天（一六三七―一七一八）は宗内の円頓戒の弛廃を慨いてその改革に志した。また忍徴（一六四五―一七一一）は法然院を興し、自誓受戒して興律の志があった。これらの人の影響で敬首（一六八三―一七四八）が現われた。彼は増上寺の学侶岸了の下で出家し、忍徴の指示で近江安養寺慧堅（一六四九—一七〇四）の証明によって自誓受戒し、岸了と祐天の世話で正受院を律院としてそこに住し、律を広めた。つぎに祐天と敬首に戒と律とを受けたものに開通（一六九六—一七七〇）がある。彼は尾張の人で江戸で祐天・敬首の教えをうけ、帰って尾張の西方寺に住し、これを律院として円成律寺と称し、ここで念仏と律を広めた。のちこれを義燈・可円に譲り、自らは江戸に出て戒を広め、弟子も多く、感化が大きい。著述も世に行なわれた。

さきの忍徴の弟子に霊潭（一六七六—一七三四）がある。肥前の出身で江戸に出て忍徴や雲臥につき、宗戒両脈をうけ、安養寺慧堅に十重禁戒をうけ、湛堂を証明師として自誓受戒によって具足戒を受けた。京都の千日庵を聖臨庵と改めて律苑となし、盛んに持戒念仏を広めた。霊潭の弟子に湛慧（一六六八—一七三九）と義燈（一六九四—一七四五）とがある。湛慧は倶舎・唯識の学者として令名が高かったが、霊潭に沙弥戒をうけて律に志し、洛西長時院を復興して律院となした。義燈は増上寺に学んだが、京都の聖臨庵に行き霊潭を証明師として自誓受戒し、三河の崇福寺で律を広めた。さきの関通は尾張の西方寺（円成律寺）に義燈を招聘して開祖とした。義燈が寂したあと、弟子の可円が後住となった。

湛慧から倶舎・唯識の学を受けたのが普寂徳門（一七〇七—一七八一）である。普寂は伊勢の真宗寺院に生れたが、一念往生の真宗の教義に疑問を抱いて、真宗を離れ、浄土宗に入った。開通にしばしば教えをうけ、義燈に従って菩薩戒を受け、念仏三昧を苦修錬行し、華厳・天台・禅等を学び、湛慧の長時院で自誓して具足戒を受けた。のち江戸の長泉院に移り、これを律院となし、持戒念仏につとめ、天台・華厳・唯識の学者として令名が高く、著作も多い。

なお名越派に徳本（一七五八—一八一八）があり、念仏の行者として有名であるが、一七八一年紀州往生寺で沙弥戒を受け、一七九八年には自誓して梵網戒を受け、戒唱二門を説き徳化が著しかった。

このように浄土教の律は、江戸・京都・尾張・三河等を中心にして盛んになり、幕末から明治の浄土宗の高僧では、福田行誡をはじめ、浄土律の流れを汲む者が多い。それだけ宗内に影響が大きかったのである。もともと法然の浄土往生の信仰には持戒は要求されておらないのであるが、徳川時代の頽廃した僧界の現実に対する反省として戒律の実践が興ってきたのである。

なお日蓮宗では、一致義と勝劣義、不受不施と受不施等の争いが盛んであったため、戒律の問題は大きな問題とはならなかったが、元政《げんせい》（一六二三―一六六八）の法華律は注目してよい。元政は日政といい、京都の出身で、二六歳の時妙顕寺日豊の室に投じて出家し、三大部を読み、一宗の秘奥をきわめ、三二歳のとき山城の深草に草菴を営み、のちこれが瑞光寺（元政菴）となる。これを法華経修行の道場となし、戒律を厳守し、少時も袈裟を解かず、兀坐して経を誦し、仏を礼し、勤行怠りなく、道俗帰服した。持律厳粛であったので、後世これを草山律、あるいは法華律という。彼は詩文をよくし『草山集』三十巻、その他がある。元政は実践躬行を重視し、宗門の堕落は戒律への自覚の欠如によるとして、戒律の実行を重んじた。元政の法華律は日燈・日孝・日可などの弟子に受けつがれた。

なお真宗にもこの時代に自戒論が現われている。真宗は非僧非俗の生活を建前とするが、現実には肉食妻帯の生活をなし、俗の生活とほとんど異ならない。真宗は、絶対他力の信に立つ宗教であるから、その点では僧と俗との区別は立てられないのである。そのために「非俗」を教理的に基礎づけることは困難である。しかし江戸時代の久しい太平に慣れて、安逸の生活がつづくと種々の弊害を生じた。そして他宗や排仏論者等の非難も起ってきた。例えば黄檗宗の鉄眼は真宗の肉食妻帯を攻撃し、また作者未詳の『親鸞邪偽決』のごときがある。そのために肉食妻帯の僧儀について、外に向ってこれを弁明し、内に向って自粛を呼びかける自戒の著作が現われている。例えば西吟の『客照問答』、円澄の『真宗帯妻食肉儀』、知空の『持妻食肉弁』、性均の『真宗勧誡集』、敬信の『真宗流義問答』などは、真宗学匠の肉食妻帯に関する弁明の書であるが、同時に真宗の肉食妻帯について強い自戒を示している。そのほか高田派の真淳（一七三六―一八〇七）が、天台教学を学び、普寂に唯識や華厳を学び、国に帰って深く道心をおこし、身に円頓戒を護持し、口に念仏を専修することを説き、『下野伝戒記』『下野大戒秘要』等を撰し、本山の勧学堂において戒律を説き、一門の行業を厳整にしたと伝えられる点は、親鸞の「非僧非俗」の「非俗」を教理的に反省したものとして注目に価する。

なおこの時代に真宗に「妙好人」が現われていることも注目される。これは真宗の教義を深く信じて、融通無礙の法悦の生活を送った人々をいうのである。彼らは教育がなく、むしろ愚直な人々であり、貧しい物質生活にも無関心で、信仰の喜びに徹した人々である。妙好人としては、芸州の喜兵衛や大和の清九郎、讃岐の庄松《しょうま》、石見《いわみ》の才市などが有名である。彼らの言行から推して、真宗の信仰に徹した人は禅の悟りを得た人と同じような「無礙」の境地にあることが知られる。西本願寺派の仰誓（　―一七九四）が編した『妙好人伝』二巻があり、その後僧純（―一八四二―）が『妙好人伝』の続編から第五編まで各二巻を編している。

排仏論とその意義

中古以来、本地垂迹説によって仏教は神道と融合していた。さらに五山文学に見られるごとく儒学も僧侶の手で研究されていた。このように仏教と結合して研究されていた神道や儒教が、徳川時代には独立して、僧侶の手を離れて研究されるようになった。徳川幕府が学問を奨励したために儒学が盛んになり、さらに国学の研究を招来するに至った。しかし国学の発達は仏教排斥にも進んだが、同時に勤王思想を鼓吹することになり、これが徳川幕府を倒す思想的根拠になったのである。

徳川幕府は朱子学を公認したので程朱の学を奉ずるものが多かったが、一般に儒教は、その現実主義・人間主義の立場から仏教への批判を強めた。朱子学では、藤原惺窩（一五六一―一六一九）の『千代もと草』、林羅山（一五八三―一六五七）の『羅山先生文集』中の諸論、山崎闇斎（一六一七―一六八二）の『闢異』、室鳩巣（一六五八―一七三四）の『駿台雑話』、五井蘭洲（一六九七―一七六二）の『承聖篇』二巻、中井竹山（一七三〇―一八〇四）の『草茅危言』などは排仏論として有名である。次に陽明学の中江藤樹（一六〇八―一六四八）の『翁問答』、熊沢蕃山（一六一九―一六九一）の『集義外書』『集義和書』その他、あるいは古学派の山鹿素行（一六二二―一六八五）の『聖教要録』、伊藤仁斎（一六二七―一七〇五）の『童子問』その他をはじめ、多くの儒学者の仏教排斥論がある。

儒教から仏教へ向けられた攻撃の第一は、仏教の出家主義が倫理綱常を否定すると見る点である。仏教僧侶の出家は、君臣の義や父子の親等を棄て、仁・義・礼・智・信の五倫五常を破るものであると攻撃する。とくに朱子学は幕府の立てた封建秩序・階級制度を儒教的に合理化せんとする意図があるために、政治的要請からも、仏教の出家主義を烈しく攻撃したのである。しかし仏教には在家仏教もあり、五戒や十善は倫理的な徳目であるし、さらに父母の恩・社会の恩等の四恩にも倫理的性格がある。しかしそういう点は儒家からは無視されたのである。そして真宗の「悪人正機」の教えなども、非倫理的であるとして非難されている。しかしその非難には、人間の罪悪性についての深い反省が見られないのであり、人間を道徳的次元のみで理解するものである。さらに火葬も身体を傷害するとして攻撃される。地獄・極楽の説や輪廻説も否定されている。人智が進歩し、人生経験が豊富になれば、知識人が地獄・極楽の説を否定するのは十分ありうることである。ゆえにこれは、儒家でなくとも、知識人であれば仏教を攻撃しうる点である。したがってこれは仏教内部において、率先して考究すべき問題であったのである。地獄・極楽の問題は、唯心論の立場での理解や指方立相の立場での説明など、種々の解釈があるのであるが、これらの点の疑問を説明するための、仏教者の努力が不足していたことは否定できない。

しかし人間は合理的な思考だけで生きられるのではないのであり、徳川時代はいうまでもなく、現代においても祈禱仏教はますます盛んである。そこに人間の弱さがあり、人間の運命に非合理的な面があることを示すものである。したがって地獄・極楽の説や輪廻説を、合理的思考だけで否定し去るのは、人間の宗教的性格を抹殺してしまう危険があろう。

さらに経済的な観点から、仏教の非生産性が攻撃される。僧侶が労働せず徒食すること、寺院が広い境内や寺領を占有することが土地の浪費であること、大伽藍を建立したり、仏像・梵鐘等を鋳造することを無駄な浪費と見る。とくに本願寺が莫大な懇志を集めることを非難している。これらは国費を浪費するものとして、国家の政治・経済の立場からその弊害を強調している。熊沢蕃山のこの種の説を採用して、備前の池田光政が寺院の整理を断行したことは有名である。しかしこの場合にも、寺院の欠点のみが指摘されており、寺院が民心の安定、安心立命のために役立っている点、宗教的な価値についてはまったく無視されている。

儒家の仏教批判は主として倫理道徳の次元での批判である。仏教の根本思想についての批判は見られない。例えば縁起説や、或いは縁起に基づく報恩の思想、空性、涅槃、法身、仏性等、仏教の本質的な思想は無視されていた。この点について、古文辞学派の荻生徂徠（一六六六―一七二八）は、朱子学派の仏教非難を批判して、朱子学者が説く「心性」の説は仏法を引合せたものであり、仏法から見ればそれは卑賤な説である。その卑賤な説をもって仏教を排撃するのはおかしいと述べている。儒家の仏教批判によって、仏教の道徳的な面は論議せられたが、しかしその宗教的な面は切りすてられ、或いは地獄・極楽等の虚誕な説として片づけられてしまった感がある。当時、仏教僧侶が戒律を守らず、また奢侈にふけり、尊大になり、しかも愚かな人で僧侶になるものが少なくなかったこと等が、仏教に対する民衆の反感をかき立てたであろう。それが儒家の排仏論と一緒になって、仏教軽視の風潮を生じたと考えられる。しかし儒教は道徳哲学・政治哲学ではあっても、しかし宗教とは言えない。日本の思想界において、仏教の宗教的な面を否定してしまえば、それにかわるほどの宗教は存在しなくなる。現代の日本人に宗教的自覚が乏しいのは、この時代から起った現象と思われる。しかしもちろんその理由が、仏教教団の堕落にあり、しかもそれを仏教教団自らが防ぎ得なかったという責任を免れることはできない。

なお徳川時代に仏教の科学的研究がおこったことに注目しなければならない。大坂の懐徳堂一派の富永仲基（一七一五―一七四六）は黄檗版大蔵経の出版に関係し、一切経を読んで、『出定後語』を著わし、仏典成立に「加上説」を創唱した。即ち厖大なる仏典はすべて仏陀の説いたものとされているが、そうではなく、真に仏陀の説いたものは阿含経の中の数章にすぎない。残りの部分は後人の附加である。阿含のあとで小乗の十八部の説が起った。更にそのあとで大乗経典が加上されたのである。まず法華氏の説が現われ、華厳氏の説、大集・泥洹・兼部氏の説、頓部氏の説、秘密曼陀羅金剛手氏の説等が、つぎつぎと現われて、前の教説に加上して、一切経が成立したと説いた。この点を仲基は「それ相加上するにあらざれば則ち道法何ぞ張らん。乃ち古今道法の自然なり」と述べている。この「加上」によって仏教経典群が成立したと見るのは、まったく正しい見方であり、当時としては破天荒の卓見であった。これは仏教経典の科学的研究方法を提示したものであり、豊山の快道や戒定、その他の人々の自由討究の学風に影響を与えたものと見てよい。

この仲基の説は、仏説を阿含の一部分に限定するのであるから、「大乗非仏説論」になるわけである。仲基自身はとくに排仏論者ではないが、この説はその後の排仏論者に利用せられた。仲基のあとに服部天遊（一七二四―一七六九）が『赤裸裸』を著わして大乗非仏説論を唱え、本居宣長（一七三〇―一八〇一）も『玉かつま』の中でこの書を称讃し、平田篤胤（一七七六―一八四三）は『出定笑語』を著わして、出定後語の理論を借用して排仏論を展開した。しかし当時の仏教界には大乗非仏説を受け入れるだけの準備はなかった。浄土宗の文応《もんのう》（一七〇〇―一七六三）は『非出定後語』を作ってこれに反対し、真宗の潮音（一七八三―一八三六）は『摑裂邪網編』二巻を著わして出定後語を破し、『金剛索』一巻を著わして赤裸裸を駁したが、護法的な立場を出るものではなかった。この仲基の説が仏教界で正当に評価されたのは、明治の姉崎正治の『仏教聖典史論』や村上専精の『仏教統一論』などになってからである。

徳川後期には国学者の排仏論が現われている。神道の研究は儒家にもあり、山崎闇斎が垂加流神道を唱えたことは有名であるが、この外にも儒家の中には、儒教と神道とを一致させて考える人が多かった。わが国の古典文化の研究は元禄（一六八八―一七〇三）の前後から盛んになったが、これが国学として発展した。しかし国学の研究が国体論と結合して排仏論になったのは、後期の国学者、本居宣長や平田篤胤になってからである。彼らは儒教や仏教の渡来する以前の古神道の世界を理想世界と考え、それに復古することを考えた。古代の人間は素朴で自然のままに振舞い、特別な理屈をつけない、これが神の道である。しかるに儒教や仏教はその一々に理屈をつけて作為的に振舞う。例えば人が死ねば悲しいのが自然の道であるのに、仏教は悲しむことを悲しむまじきことのように、いろいろと道理をいうが、それは真実の道でない、というような仕方で本居宣長は仏教を批判している。

しかし本居宣長の仏教排斥は穏やかであり、論鋒も鋭くないが、これにたいして平田篤胤の立場は復古神道となっており、宗教的色彩が濃厚であった。神国観念を強調し、『俗神道大意』『出定笑語』等によって、仏教を烈しく排斥している。彼の仏教攻撃は多方面にわたっているが、しかし内容はそれまでの学者の主張を繰り返しているにすぎない場合が多い。ただし彼の文章は平易で、しかも通俗的で分りやすくなっている。そして多くの人に読まれたので、後世に与えた影響も大きかった。そしてこの国家主義的な神道思想が継承されて、明治維新の王政復古運動の思想的原理となったのである。

しかし平田流の神道が優勢であったとしても、篤胤がとくに優れた思想家であったとは思われない。さらに彼の弟子達にも、とくに有名な思想家が輩出したわけではない。しかしそれにも拘らず、彼らの説が社会を動かし、明治維新の指導原理になった点に問題がある。しかも幕末の仏教界が王政復古に反対運動をしたわけではないのに、仏教は明治維新の指導理念からは取り残されて、かえって否定される側に含められたのである。幕末の仏教界には勤王僧も決して少なくなかった。しかし仏教は明治維新において排仏毀釈によって烈しい弾圧を受けた。このように仏教が明治維新の指導理念から排除されたのには色々の理由があろうが、最も大きな理由は、寺院が寺請証文などを出して、戸籍を管掌し、旧支配者の側に立っており、徳川幕府の人民支配の権力機構の中に組みこまれていたためではないかと考える。

しかし排仏毀釈は仏教にとって一大法難であったが、同時にこれを機縁として、仏教界が覚醒せしめられたことも否定できない。徳川中期までは仏教界に人材も輩出し、学者も現われているが、徳川末期には殆んど見るべき人材が見当らない。それが排仏毀釈の法難に際会して、仏教界に多くの人材が輩出し、教勢の挽回に乗り出したのである。明治維新を一大転換期として、仏教界も新しい方向に進み出した。明治以後の仏教についてはここには触れないが、宗教が人間の心に関係する以上、人間の理性と無関係であることはできない。人間の理性や知性を踏まえつつ、しかもこれを超えたところで、人間の問題を解決しうるものでなければならない。そのためには、理性の批判に堪えうるものでなければならない。現代の仏教には、信仰の欠如と修行の欠如とが著しいのであるが、理性を無視して信仰を得ようと試みても、それは失敗に終るであろう。その意味で仏教が現代人の宗教となるためには、知性との対決をどのように果たしていくかにかかっていると言わねばならない。

水野弘元
増補改訂 パーリ語辞典

簡明な訳語と豊富な語彙、さらになじみ深い漢訳語も併記。初学者から上級者まで幅広く活用できる、パーリ語辞典の決定版。便利な略文法付き。

四五〇〇円

水野弘元
仏教要語の基礎知識〈新版〉

仏教理解に必須の基本要語約二〇〇〇を系統的かつ平易に解明し、辞典としての用途にも適うように配慮された、現代人のニーズに応える基本図書。

二〇〇〇円

水野弘元
仏教の基礎知識〈新版〉

仏教の基本的な概念や理論を、豊富な例証を駆使して平易かつ具体的に解明し、また多様な仏教学説の内部構造に光をあて、その人間主義と近代性の意義を説く絶好の入門書。

一七〇〇円

平川 彰
インド仏教史 上〈新版〉

初学者でも容易に通読できるように平易・明快に説かれたインド仏教通史。上巻では、仏教の成立から、原始仏教、部派仏教をへて、初期大乗仏教までを扱う。

三二〇〇円

平川 彰
インド仏教史 下〈新版〉

仏塔信仰に端を発して大衆の宗教として再出発した大乗の系譜を説き、学問寺として発展した有名寺院の内容を考察するとともに後期の一大勢力となった密教までを概説する。

三二〇〇円

吹田隆道［編著］
実習サンスクリット文法
荻原雲来『実習梵語学』新訂版

入手困難だった荻原雲来著（一九一六年刊）の新訂版。明治期の文語体から現代語に改めるほか、初心者でもより体系的・実用的に習得できるようにした。

二七〇〇円

＊価格は税別。

〈著者略歴〉
平川彰（ひらかわ　あきら）
1915年、愛知県生まれ。1941年、東京大学文学部印度哲学梵文学科卒業。文学博士。東京大学教授、早稲田大学教授、国際仏教学大学院大学理事長を歴任。2002年 3 月、逝去。
著書に『平川彰著作集』全17巻、『インド仏教史』全 2 巻、『仏陀の生涯』、『阿毘達磨倶舎論索引』（共著）ほか多数。

インド・中国・日本 仏教通史

1977年 5 月30日　初版第 1 刷発行
2006年 2 月20日　新版第 1 刷発行
2024年 2 月25日　新版第 9 刷発行

著　者　平川　彰
発行者　小林公二
発行所　株式会社春秋社
〒101-0021 東京都千代田区外神田 2-18-6
電話　03-3255-9611（営業）　03-3255-9614（編集）
振替　00180-6-24861
https://www.shunjusha.co.jp/
装　幀　本田　進
印　刷　萩原印刷株式会社

定価はカバー等に表示してあります
ISBN4-393-11822-7

索 引

お

か

き

く

け

こ

と

な

に

ね

の

は

ひ

ふ

へ

ほ

る

れ

ろ

わ